Aus dem Programm Huber: Psychologie Lehrbuch

Jens Asendorpf
Rainer Banse

Psychologie der Beziehung

Verlag Hans Huber
Bern · Göttingen · Toronto · Seattle

Das für den Umschlag verwendete Bild von Gabriele Münter trägt den Titel „Kahnpartie“ und stammt aus dem Jahre 1910.

Adresse des Erstautors:

Prof. Dr. Jens B. Asendorpf
Humboldt-Universität zu Berlin
Institut für Psychologie
Persönlichkeit und soziale Beziehungen
Oranienburger Straße 18
D-10178 Berlin

Die Deutsche Bibliothek – CIP-Einheitsaufnahme

Asendorpf, Jens:
Psychologie der Beziehung / Jens Asendorpf und Rainer Banse - Bern ; Göttingen ; Toronto ; Seattle : Huber, 2000
(Aus dem Programm Huber: Psychologie-Lehrbuch)
ISBN 3-456-83420-9

Druck: AZ Druck und Datentechnik GmbH, Kempten
Printed in Germany

Vorwort

In der empirisch orientierten Psychologie gibt es zahlreiche theoretische Paradigmen und empirische Ergebnisse zu zwischenmenschlichen Beziehungen. Auch wurden in den letzten Jahren methodische Fortschritte in der Analyse von Beziehungsdaten gemacht, die es ermöglichen, Beziehungen als Einheiten auf dyadischer Ebene ernst zu nehmen und nicht von vorneherein auf die in der Psychologie sonst übliche individuelle Ebene zu reduzieren. Es gibt also durchaus eine beachtliche theoretische, methodische und empirische Substanz für eine Psychologie der Beziehung.

Dennoch fällt es nicht leicht, diese Substanz in Form übergreifender Paradigmen und Ergebnisse zu integrieren, weil die Forschung bislang fast ausschließlich auf bestimmte Beziehungstypen gerichtet ist. Es gibt eine lange Tradition der Erforschung z.B. der Eltern-Kind-Bindung, der Partnerwahl und Partnerschaft, der Gleichaltrigenbeziehungen im Kindes- und Jugendalter und der Familienbeziehungen. Aber selten blickt die Forschung über den Tellerrand der jeweils untersuchten Beziehungstypen hinaus.

Deshalb existiert im deutschsprachigen Raum noch keine etablierte Psychologie *aller* zwischenmenschlichen Beziehungen. Im angloamerikanischen Raum gibt es das Gebiet der "Interpersonal Relationships", an dem sich das vorliegende Buch orientiert, obwohl es uns auch dort in der sozialpsychologischen Forschung unterrepräsentiert zu sein scheint. Das hängt damit zusammen, daß die Sozialpsychologie seit Jahrzehnten zu individualistisch an individueller sozialer Kognition oder individuellem Interaktionsverhalten interessiert ist.

Hauptziel des vorliegenden Buches ist es, die Integration der vorliegenden Fragmente einer Psychologie der Beziehung voranzutreiben, indem erstmals im deutschsprachigen Raum der Versuch unternommen wird, alle Beziehungstypen "aus einem Guß" zu behandeln. Es ging uns also nicht darum, ein Kompendium der vorliegenden Literatur zu verfassen, sondern übergreifende Paradigmen und Ergebnisse herauszuarbeiten. Um einen allzu abstrakten Text zu vermeiden, haben wir versucht, zentrale Fragestellungen, Methoden und Ergebnisse möglichst konkret und detailliert zu schildern. Die Darstellung mußte also exemplarisch bleiben.

Auf diese Weise konnten wir eine vergleichsweise große Breite und Tiefe bei knapper Seitenzahl erreichen. Die Darstellung ist voraussetzungslos bis auf einige grundlegende Konzepte der Statistik und Testtheorie wie Korrelation, signifikanter Unterschied, Reliabilität und Validität. Erleichtert wird das Durcharbeiten durch viele konkrete Beispiele, Abbildungen und Tabellen. Kernaussagen und zentrale Inhalte sind besonders hervorgehoben. Am Ende jedes Abschnittes wird weiterführende Literatur empfohlen.

In Kapitel 1 versuchen wir, einige Grundbegriffe zu klären, die auch in der angloamerikanischen Literatur unserer Meinung nach nur unbefriedigend behandelt werden. In Kapitel 2 behandeln wir einige zentrale Konzepte und Ergebnisse für spezifische Beziehungstypen, um dem bis dahin noch etwas dürr erscheinenden Beziehungsbegriff Fleisch zu verleihen. In Kapitel 3 diskutieren wir sieben Paradigmen der Beziehungspsychologie, und zwar primär aus methodologischer Sicht, nicht aus wissenschaftshistorischer. Am Ende dieses Kapitels unternehmen wir den Versuch einer vergleichenden Diskussion dieser Paradigmen mit dem Ziel, ihre unterschiedliche Bandbreite, aber auch ihre Vereinbarkeit herauszuarbeiten. In Kapitel 4 skizzieren wir Wechselwirkungen zwischen individueller Entwicklung und Beziehungsentwicklung und in Kapitel 5 Ergebnisse der historischen und der kulturvergleichenden Beziehungsforschung.

Dieses Buch entstand aus Seminaren und Übersichtsvorlesungen, die die beiden Autoren an der Humboldt-Universität abhielten. Eingeflossen sind auch die Erfahrungen, die wir in empirischen Studien zur Beziehungsentwicklung bei Kindern und Studierenden und zu Partnerschaftsbeziehungen sammeln konnten. Unser besonderer Dank geht an Susanne Wilpers und Franz J. Neyer, die an der Konzeption dieses Buches wesentlich beteiligt waren und auch einige Abschnitte verfaßten, und an Maria von Salisch, die das gesamte Manuskript kritisch gelesen und kommentiert hat. Nicht zuletzt danken wir Harald Schneider für die Herstellung vieler Abbildungen und Jutta Katzer für das Layout.

Berlin, Oktober 1999

Jens B. Asendorpf
Rainer Banse

Inhaltsverzeichnis

1 Was ist eine Beziehung?

Viele Menschen betrachten ihre Beziehungen zu anderen Menschen als den wichtigsten Teil ihres Lebens. Dazu gehören *funktionale Beziehungen*, die sich aus wechselseitigen Rollenerwartungen ergeben, z.B. zwischen Lehrern und Schülern, vor allem aber *persönliche Beziehungen*, die sich zwischen zwei Menschen ungeachtet ihrer sozialen Rollen kraft ihrer Persönlichkeit entwickeln können. Beziehungen stehen im Mittelpunkt der meisten Theaterstücke, Romane und Filme. Beziehungen müßten demnach ein zentrales Thema der Psychologie sein, und man sollte erwarten, daß unter den Teildisziplinen der Psychologie eine ausgefeilte *Beziehungspsychologie* existiert, die nach gemeinsamen Prinzipien der Beziehungen zwischen Eltern und Kindern, Geschwistern, Klassenkameraden, Freunden, Verliebten, Ehepartnern, Arbeitskolleginnen, Lehrern und Schülern, Therapeuten und Klienten sucht.

Dem ist aber nicht so. Im deutschsprachigen Raum gibt es bisher nicht einmal Ansätze zu einer solchen einheitsstiftenden Beziehungspsychologie. Im angloamerikanischen Raum existieren zwar Versuche, "(inter)personal relationships" zum Gegenstand einer interdisziplinären Forschung zu machen, an der sich vor allem Psychologen und Kommunikationswissenschaftler beteiligen (vgl. z.B. das von Duck, 1996, herausgegebene *Handbook of personal relationships*; die Zeitschriften *Journal of Social and Personal Relationships* und *Personal Relationships*). Aber eine methodologisch und methodisch einheitliche Disziplin - so einheitlich wie z.B. die Psycholinguistik - ist dabei noch nicht entstanden.

Zwei Faktoren scheinen die Entwicklung einer Beziehungspsychologie zu erschweren. Zum einen ist die Psychologie traditionell individuumzentriert; Beziehungen betreffen aber immer zwei Menschen, also eine *Dyade*. Das führt zu methodologischen und methodischen Schwierigkeiten, die wohl dafür mitverantwortlich sind, daß Beziehungen von der Sozialpsychologie zugunsten individuumzentrierter Forschung zu sozialer Kognition und Interaktion vernachlässigt werden (was immer wieder zu der Frage führt, wie sozial eigentlich die Sozialpsychologie oder die soziale Kognitionsforschung ist; Strack, 1988). Zum anderen erscheint das Gebiet der Beziehungen auf den ersten Blick äußerst unübersichtlich wegen der enormen Unterschiede zwischen den verschiedenen Beziehungstypen. Daß diese Beziehungstypen dennoch viele Gemeinsamkeiten haben, die einen übergeordneten Begriff der Beziehung rechtfertigen, ist eine historisch neue Erkenntnis der Alltagspsychologie - so neu, daß der abstraktere Begriff der Beziehung und der Bezugsperson in den siebziger Jahren Anlaß für Karikaturen war (vgl. Abb. 1.1).

Auch wenn es bisher keine Beziehungspsychologie gibt, so gibt es doch eine reiche psychologische Forschung zu einzelnen Beziehungstypen: Partnerschaft (Bierhoff & Grau, 1999; Fincham & Bradbury, 1990), Eltern-Kind-Beziehungen (Bornstein, 1995; Kreppner, 1993) und Geschwisterbeziehungen (Kasten, 1993), gemeinsam betrachtet in der Familienpsychologie (Schneewind, 1999); Beziehungen von Kindern zu Gleichaltrigen ("peer relationships"; vgl. Rubin, Bukowski & Parker, 1998); Freundschaften (vgl. Auhagen, 1993; Salisch, 1991); Beziehungen im Berufsleben (Neuberger, 1993). Englischsprachige Überblicke geben z.B. die Monographie von Duck (1991) und die Sammelbände von Duck (1996) und Vanzetti und Duck (1996); einen deutschsprachigen Überblick gibt der Sammelband von Auhagen und Salisch (1993).

In diesem ersten Kapitel wird der Beziehungsbegriff der Alltagspsychologie rekonstruiert und auf dieser Grundlage ein psychologischer Beziehungsbegriff umrissen. An einigen ausgewählten Beispielen wird dann deutlich gemacht, wie Beziehungsqualitäten in der empirischen Psychologie operationalisiert werden können.

Abbildung 1.1. "Ich habe meine Bezugsperson verloren". © Marie Marcks.

1.1 Interaktionsmuster und Beziehungsschema

Wenn das Verhalten von zwei Menschen voneinander abhängig ist, so daß jedes Verhalten des einen eine Reaktion auf das vorangehende Verhalten des anderen ist, stehen beide in *sozialer Interaktion* miteinander. Solche Interaktionen lassen sich durch *Verhaltensketten* beschreiben, z.B. Vorwurf (Frau)→ Rückzug (Mann)→ Vorwurf (Frau)→... Eine solche Verhaltenskette dauert einige Minuten bis zu wenige Stunden; sie beschreibt eine *Interaktionsepisode*.

Verhaltensketten lassen sich durch die relativen Häufigkeiten der einzelnen Verhaltensweisen der beiden Partner pro Zeiteinheit (*Basisraten*) und durch die relativen Häufigkeiten der Reaktionen des einen Partners auf das Verhalten des anderen Partners beschreiben (*Übergangsraten*). Basis- und Übergangsraten beschreiben das *Interaktionsmuster* der beiden Partner in der Interaktionsepisode.

Z.B. könnten beide Partner eine hohe Rate aggressiven Verhaltens zeigen, wobei Partner 1 öfter aggressiv reagiert, ohne daß Partner 2 vorher aggressiv war, während Partner 2 dies nie tut; beide Partner würden jedoch mit hoher Wahrscheinlichkeit auf eine Aggression des anderen mit einer Gegenaggression antworten. In diesem Fall läge ein aggressives Interaktionsmuster vor, das aus langen Aggressions-Gegenaggressionsketten besteht, wobei Partner 1 der "treibende Teil" ist.

Interaktionsmuster beschreiben also nicht einzelne Personen, sondern Paare von Personen (*Dyaden*). Dabei spielen die beiden beteiligten Personen meist eine etwas unterschiedliche Rolle, die sich in unterschiedlichen Wahrscheinlichkeiten für dieselben Verhaltensweisen und in unterschiedlichen Übergangswahrscheinlichkeiten äußert. Die beiden Personen einer Dyade sind dann nicht austauschbar; das Interaktionsmuster ist nicht symmetrisch.

Das Interaktionsmuster in einer Interaktionsepisode läßt sich durch Basisraten und Übergangsraten beschreiben; es charakterisiert eine Dyade, nicht einzelne Personen.

Dieselbe Dyade kann wiederholt in sozialer Interaktion stehen; dann resultiert eine Sequenz von Interaktionsepisoden und Interaktionsmustern. Der zeitliche Abstand zwischen den einzelnen Episoden kann Minuten, Stunden, Tage, aber auch Jahre betragen. Die Interaktionsmuster der einzelnen Episoden sind nicht unabhängig voneinander, weil die Interaktionspartner gleich bleiben und sich mit zunehmender Sequenzdauer eine *Interaktionsgeschichte* der Dyade bildet. Die Konstanz der Interaktionspartner und ihre gemeinsame Interaktionsgeschichte wirken stabilisierend auf das Interaktionsmuster. Deshalb entsteht nach einigen Interaktionsepisoden meist ein *stabiles Interaktionsmuster*, das die betreffende Dyade charakterisiert und Vorhersagen ihres künftigen Verhaltens erlaubt (natürlich nicht unbedingt perfekt). Alltagspsychologisch würde in diesem Fall von einer *Beziehung* gesprochen: Die beiden Personen der Dyade haben eine Beziehung zueinander, die sich in einem stabilen Interaktionsmuster äußert; sie sind *Bezugspersonen* füreinander. Umgekehrt betrachtet lassen sich deshalb Beziehungen durch stabile Interaktionsmuster operationalisieren: Aus stabilen Interaktionsmustern können Beobachter der Dyade auf eine Beziehung schließen.

Beziehungen sind meist durch nicht nur eines, sondern durch viele unterschiedliche Interaktionsmuster charakterisiert. Viele Ehepaare z.B. zeigen ein anderes Interaktionsmuster, wenn sie sich im Privaten streiten, als wenn sie dies in aller Öffentlichkeit tun, und natürlich streiten sie sich nicht nur, sondern lieben sich, frühstücken zusammen, besuchen Freunde usw. Ihre Interaktionsmuster sind *situationsspezifisch*, variieren also von Situationsklasse zu Situationsklasse. *Innerhalb derselben Situationsklasse* aber zeigen sie Regelmäßigkeiten.

Stabile Interaktionsmuster einer Dyade weisen also auf eine Beziehung hin, und umgekehrt weisen Beziehungen stabile Interaktionsmuster auf. Deshalb kann in Anlehnung an Hinde (1993) definiert werden:

Eine Dyade hat genau dann eine *soziale Beziehung*, wenn sie mindestens ein stabiles Interaktionsmuster aufweist.

Diese Definition der sozialen Beziehung bezieht sich auf beobachtbares Interaktionsverhalten. Hinter dem alltagspsychologischen Beziehungsbegriff verbirgt sich aber mehr als nur ein stabiles Interaktionsmuster. Beziehungen sind bei beiden Bezugspersonen auch kognitiv repräsentiert. Mit Baldwin (1992) kann man von dem *Beziehungsschema* jeweils einer Bezugsperson reden. Es besteht aus einem *Bild der eigenen Person in der Beziehung, einem Bild der Bezugsperson* und aus *Interaktionsskripten* für bestimmte Situationen, die die eigene Sicht des Interaktionsmusters in diesen Situationen repräsentieren.

Jede Beziehung ist bei beiden Bezugspersonen dreifach kognitiv repräsentiert als Selbstbild, Bild der Bezugsperson und Interaktionsskripten; diese Repräsentationen sind beziehungsspezifisch.

Das läßt sich am Beispiel eines Ehepaares illustrieren. Der Mann reagiert in typischer Weise auf seine Frau, wenn sie ihm vorwirft, wieder einmal zu spät nach Hause gekommen zu sein: Er zieht sich wortlos in sein Arbeitszimmer zurück (stabiles Interaktionsmuster). Aufgrund dieser Interaktionsgeschichte erwartet die Frau, daß sich ihr Mann auf ihren Vorwurf hin in sein Arbeitszimmer zurückzieht (Interaktionsskript). Sie nimmt sich deshalb in ihrer Ehebeziehung als der fordernde Teil wahr und betrachtet ihren Mann als den ausweichenden, meidenden Teil. Gleichzeitig mag sie ihren Mann aber durchaus als fordernd in dessen Beziehungen im Betrieb wahrnehmen; dort spielt er den Chef. Sich selbst nimmt sie in ihrer Beziehung zu ihrem Chef hingegen als unsicher wahr. Ihre Bilder von sich selbst und ihrem Mann sind also *beziehungsspezifisch*.

Beziehungsschemata können darüber hinaus *normative Vorstellungen* darüber enthalten, was man selbst oder die Bezugsperson in der Beziehung tun und lassen sollte, z.B. eheliche Pflichten erfüllen, nicht fremdgehen. Schließlich können zum Beziehungsschema auch *Zukunftsperspektiven* gehören, z.B. Annahmen über die Dauerhaftigkeit der Beziehung oder Erwartungen über eine künftige Vertiefung der Beziehung.

Interaktionsmuster und Beziehungsschema sind eng aufeinander bezogen. Die Beziehungsschemata beider Bezugspersonen beruhen auf deren subjektiver Wahrnehmung des Interaktionsmusters. Umgekehrt beeinflussen und stabilisieren die Beziehungsschemata aber auch das Interaktionsmuster. Z.B. fördert die Frau dadurch den Rückzug ihres Mannes, daß sie ihn einfach stehen läßt, nachdem sie ihren Vorwurf losgeworden ist, weil sie nichts anderes mehr von ihm erwartet, als daß er sich zurückzieht. Hätte sie nicht diese Erwartung als Teil ihres Interaktionsskripts, wäre es leichter für ihren Mann, ein Gespräch anzufangen, und der Abend würde vielleicht einen anderen Verlauf nehmen.

Abbildung 1.2 illustriert die Wechselwirkung zwischen Interaktionsmuster und Beziehungsschemata. Es handelt sich hierbei um eine gegenseitige Beeinflussung über die Zeit, also um eine dynamische Wechselwirkung. Die Beziehungsschemata sind durch das faktisch vorhandene Interaktionsmuster teilweise, nicht aber vollständig bestimmt, da sie auf der subjektiven Wahrnehmung der jeweiligen Bezugsperson beruhen. Deren Persönlichkeitseigenschaften, z.B. Motive oder Informationsverarbeitungsstile, können deshalb auf ihr Beziehungsschema Einfluß nehmen. Deshalb können sich die Interaktionsskripte beider Bezugspersonen deutlich unterscheiden, und ihr Selbstbild in der Beziehung entspricht nicht unbedingt dem Bild, das ihre Bezugsperson von ihnen hat.

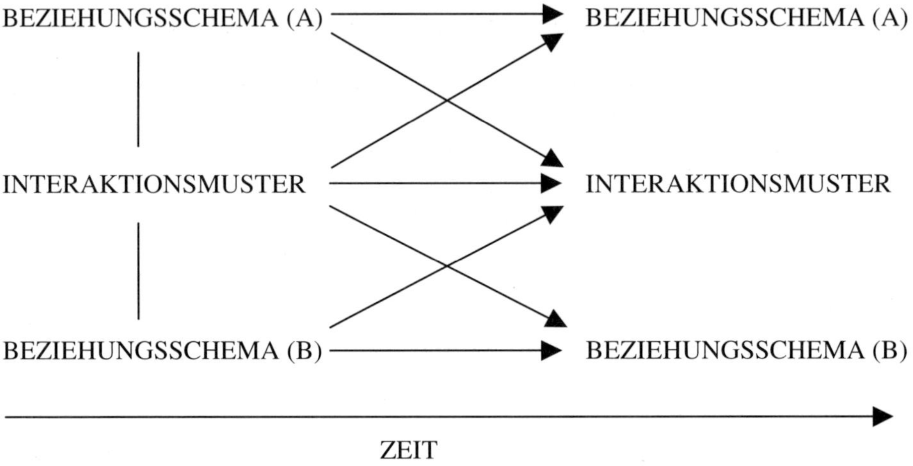

Abbildung 1.2. Dynamische Wechselwirkung zwischen Interaktionsmuster und Beziehungsschemata der beiden Beteiligten A und B an einer Beziehung.

Beziehungsschemata und Interaktionsmuster stehen in dynamischer Wechselwirkung. Das Beziehungsschema einer Person wird nicht nur durch die Interaktionsgeschichte, sondern auch durch Persönlichkeitsmerkmale bestimmt; deshalb können die Schemata der beiden Bezugspersonen derselben Beziehung unterschiedlich ausfallen.

Die drei Komponenten des Beziehungsschemas unterliegen einer affektiven Bewertung, so daß Beziehungen von Präferenzen (A mag B lieber als C), aber auch von Emotionen wie Liebe, Haß, Verlustangst, Scham oder Schuld begleitet sein können; Beziehungen können aber auch bei nur minimaler affektiver Beteiligung bestehen (z.B. manche Arbeitsbeziehungen). Tatsächlich erzeugt ein Beziehungsschema immer auch eine Einstellung gegenüber sich selbst in der Beziehung, gegenüber dem Partner in der Beziehung und gegenüber der Beziehung selbst. Beziehungen sind aber mit solchen individualisierten *Beziehungseinstellungen* nicht identisch, weil sie Konstrukte auf dyadischer Ebene sind.

Beziehungsschemata enthalten immer auch eine affektive Komponente. Sie erzeugen deshalb beziehungsspezifische Einstellungen.

1.2 Rollenbeziehungen und persönliche Beziehungen

Treffen zwei Fremde zusammen, so kann es eine Weile dauern, bis sich zwischen ihnen ein typisches Interaktionsmuster etabliert. Es kann aber auch vorkommen, daß sie von Anfang an ein stabiles Interaktionsmuster und entsprechende Beziehungsschemata zeigen - dann nämlich, wenn sie ihr Verhalten an wechselseitigen *Rollenerwartungen* ausrichten. Verhandlungen zwischen Diplomaten oder Firmenvertretern oder die Interaktion zwischen einem Fußballstürmer und dem Verteidiger der gegnerischen Mannschaft kann von Gespräch zu Gespräch oder Angriff zu Angriff stabil bleiben, weil die Interaktionspartner nur als *Rollenträger* fungieren. "Rolle" bezeichnet dabei eine kulturell bestimmte Erwartung an das Interaktionsverhalten.

Durch soziale Rollen determinierte Interaktionsmuster erfüllen alle Kriterien einer sozialen Beziehung: Stabiles Interaktionsmuster, Interaktionsskript, Selbstbild und das Bild vom Interaktionspartner sind vorhanden und beziehungsspezifisch ausgebildet. Derartige Beziehungen entsprechen aber nur peripher dem alltagspsychologischen Prototyp einer Beziehung, weil sie "unpersönlich" sind: Die Interaktionsmuster bleiben erhalten, wenn man die einzelnen Rollen durch unterschiedliche Personen besetzt. Die Persönlichkeit der Bezugspersonen und die Geschichte ihrer Interaktion haben keinen Einfluß auf ihre Beziehung zueinander. Da solche Beziehungen nicht durch die beteiligten Personen, sondern nur durch die Rollen bestimmt sind, die sie ausüben, definieren wir:

Rollenbeziehungen sind soziale Beziehungen, die durch die sozialen Rollen der beiden Bezugspersonen bestimmt sind.

Rollenbeziehungen stellen den Extremfall gänzlich unpersönlicher Beziehungen dar. Je länger eine Rollenbeziehung dauert, umso wahrscheinlicher wird es jedoch, daß "mehr" daraus wird: Die Bezugspersonen beginnen, auf persönliche Eigenheiten der anderen Person und Ereignisse in ihrer Interaktionsgeschichte zu reagieren, die nicht durch die Rollen vorgegeben sind. Die Beziehung wird *persönlicher.* Wer jemals versucht hat, als Versuchsleiter in einem sozialpsychologischen Experiment eine bestimmte Rolle in der sozialen Interaktion mit Versuchspersonen zu erfüllen, weiß, wie schwierig es ist, das tatsächlich durchzuhalten. Nur mit größter Anstrengung läßt es sich vermeiden, daß aus Rollenbeziehungen *persönliche Beziehungen* werden. Darunter verstehen wir in Übereinstimmung mit alltagspsychologischen Vorstellungen solche Beziehungen, die *dyadentypische Merkmale* aufweisen, d.h. Merkmale, in denen sie sich von dem Prototyp einer reinen Rollenbeziehung unterscheiden. Persönliche Beziehungen fangen da an, wo Erklärungen durch Rollenverhalten nicht mehr ausreichen.

Die soziale Beziehung einer Dyade ist dann eine *persönliche Beziehung*, wenn ihr Interaktionsmuster oder ihre Beziehungsschemata dyadentypische Merkmale aufweisen.

Eine persönliche Beziehung kann zwischen zwei Menschen entstehen, deren soziale Interaktion durch keine Rollen bestimmt ist, z.B. zwischen Freunden, die in keinem gemeinsamen Arbeitszusammenhang stehen. Ihre Beziehung ist in diesem Fall ausschließlich eine Funktion der kontinuierlichen Wechselwirkung zwischen der Persönlichkeit der einen und der Persönlichkeit der anderen Person *und* ihrer gemeinsamen Geschichte. Beides hat einen wesentlichen Einfluß auf ihre Beziehung.

Z.B. wird die Art einer Ehebeziehung durch die Persönlichkeit von Mann und Frau geprägt; ein geselliger Mann und eine schüchterne Frau werden ein anderes Interaktionsmuster entwickeln als zwei gesellige Partner, zwei schüchterne Partner oder ein schüchterner Mann und eine gesellige Frau. Aber selbst zwei eineiige Zwillinge, die eineiige Zwillinge heiraten, so daß sich die Persönlichkeitskonfiguration in beiden Partnerbeziehungen extrem ähnlich ist, werden nicht unbedingt eine sehr ähnliche eheliche Beziehung entwickeln. Die Interaktionsgeschichte der beiden Partnerschaften ist nicht vollständig durch die Persönlichkeit der Beteiligten determiniert. Sie wird auch durch Ereignisse bestimmt, die von außen her auf die weitere Beziehungsentwicklung wirken. Z.B. mag das eine Paar durch ein Versehen bei der Verhütung ungewollt ein Kind bekommen, das andere jedoch nicht, wodurch seine Beziehungsentwicklung in eine ganz andere Bahn gelenkt werden könnte. Einflüsse von Dritten, aber auch schlicht zufällige Ereignisse können auf diese Weise "einfrieren" und den weiteren Verlauf einer Beziehung mitbestimmen. Diese beziehungsexternen Einflüsse begrenzen die Vorhersagbarkeit von Beziehungen.

Persönliche Beziehungen sind durch die Persönlichkeit der beiden Bezugspersonen und äußere Einflüsse auf die Beziehung bestimmt.

Bei persönlichen Beziehungen, die auch durch Rollenerwartungen mitbestimmt sind, geraten diese Rollenerwartungen in eine Wechselwirkung mit den Faktoren, die die Beziehung persönlich machen. Bestehende Rollen werden dyadenspezifisch ausgestaltet, oder eine bestehende persönliche Beziehung wird durch Rollenerwartungen verändert. Z.B. können sich zwei Arbeitskollegen befreunden, weil sie ähnliche Hobbies haben und dadurch ihre Beziehung verändern, oder zwei verfeindete Arbeitskollegen können durch eine Versetzung in Positionen, in denen sie kooperieren müssen, freundlicher zueinander gestimmt werden.

Viele Beziehungen basieren auf einer Mischung aus Rollenerwartungen und persönlichkeitsspezifischen Faktoren.

Im folgenden konzentrieren wir uns auf persönliche Beziehungen, weil sie verbreiteter sind als reine Rollenbeziehungen und da Rollenbeziehungen dazu tendieren, persönlich zu werden; auch entsprechen sie eher dem Prototyp dessen, was in der Alltagspsychologie unter einer Beziehung zwischen zwei Menschen verstanden wird. Der Einfachheit halber werden wir künftig den Zusatz "persönlich" weglassen, es sei denn, wir wollen die persönliche Ausgestaltung einer Beziehung besonders betonen.

Weiterführende Literatur

Joas, H. (1991). Rollen- und Interaktionstheorien in der Sozialisationsforschung. In K. Hurrelmann & D. Ulich (Eds.), *Neues Handbuch der Sozialisationsforschung* (4. Aufl., pp. 137-152). Weinheim: Beltz.

1.3 Individuelle und dyadische Effekte

Beziehungen charakterisieren Dyaden, nicht einzelne Personen. Persönliche Beziehungen werden aber wesentlich durch individuelle Faktoren mitbestimmt, nämlich durch die Persönlichkeit der Bezugspersonen. Wie wir gesehen haben, ist diese Determinierung "von unten", von der individuellen Ebene her, jedoch nicht vollständig, weil die beiden Persönlichkeiten im Verlauf ihrer gemeinsamen Geschichte in Wechselwirkung miteinander treten. Dadurch entstehen auf dyadischer Ebene Beziehungsmerkmale, die sich nicht vollständig aus Merkmalen der individuellen Ebene ableiten lassen ("emergente Merkmale").

Wegen dieser emergenten Merkmale läßt sich eine Psychologie der Beziehung nicht auf eine Psychologie des Individuums zurückführen. Das wird in der psychologischen Forschung und Literatur nicht immer berücksichtigt. Da die meisten psychologischen Fragestellungen individueller Natur sind und wir auch in der Alltagspsychologie spontan dazu neigen, das Individuum als Einheit der Betrachtung zu wählen, werden dyadische Fragestellungen oft mit individuellen Fragestellungen verwechselt. Das sei hier in Anlehnung an Gonzalez und Griffin (1997) am Beispiel des Gesprächsverhaltens von Dyaden deutlich gemacht. Es handelt sich hierbei um ein Beispiel aus der Interaktionsforschung, das die Probleme der Ignorierung dyadischer Effekte besonders eindrücklich deutlich macht. Die Probleme bestehen in gleicher Weise in der Beziehungsforschung.

Stinson und Ickes (1992) beobachteten verschiedene Aspekte des Gesprächsverhaltens in 24 Dyaden gleichgeschlechtlicher Studenten, darunter die Häufigkeit des Sprechens und des Blickens zum Gesprächspartner. Betrachten wir die 48 Personen in den 24 Dyaden als unabhängige Beobachtungseinheiten, so können wir die Korrelation zwischen Sprechen und Blicken bestimmen: sie betrug 0.39. Je häufiger eine Versuchsperson sprach, desto öfter blickte sie ihren Gesprächspartner an.

Diese positive Korrelation kann im Prinzip auf zwei ganz unterschiedliche Ursachen zurückgeführt werden: eine *individuelle* Ursache und eine *dyadische* Ursache. Spontan wird sicherlich von den meisten Menschen an eine individuelle Ursache gedacht: Wer häufiger spricht, blickt den Gesprächspartner öfter an. Letztlich werden die Daten also persönlichkeitspsychologisch erklärt: Es gibt kommunikative Menschen, die oft reden und ihren Partner oft anblicken, und unkommunikative Menschen, die wortkarg sind und wenig Blickkontakt halten.

Zweifel an dieser individualistischen Interpretation kommen dann auf, wenn dieselben Daten dyadisch betrachtet werden. Zum einen kann die Korrelation *zwischen den beiden Gesprächspartnern* in einem Merkmal bestimmt werden. Sie mißt also die *Konsistenz* des Merkmals zwischen den Gesprächspartnern. Diese Konsistenz betrug in der Studie von Stinson und Ickes (1992) für Sprechen 0.84 und für Blicken 0.57, d.h. wer oft redete, dessen Gesprächspartner redete auch oft, bzw. wer seinen Gesprächspartner oft anblickte, der wurde auch oft von seinem Gesprächspartner angeblickt. Es gab also *lebhafte Dyaden* mit häufigem Sprecherwechsel und häufigem Blickwechsel und *wenig lebhafte Dyaden*, in denen die Gesprächspartner entweder lange Monologe hielten oder lange schwiegen bzw. ihren Partner entweder lange ansahen oder ihn nur selten ansahen. Die individuelle Korrelation von 0.39 könnte deshalb möglicherweise rein dyadisch erklärt sein. Wenn die Partner ein interessantes Thema gefunden hatten oder sich stritten, gab es häufigere Sprecherwechsel *und* häufigere Blickwechsel, und wenn sie nicht so richtig warm miteinander wurden, war die Konversation zäh, mit entsprechend seltenem Sprecher- und Blickwechsel.

Zum anderen kann die *Kreuzkorrelation* zwischen der Sprechhäufigkeit *einer Person* und der Blickhäufigkeit *ihres Partners* betrachtet werden: sie betrug 0.47, war also *höher* als die individuelle Korrelation von 0.39. Der Begriff Kreuzkorrelation rührt daher, daß diese Korrelation Partner und Merkmale kreuzt (vgl. Abbildung 1.3).

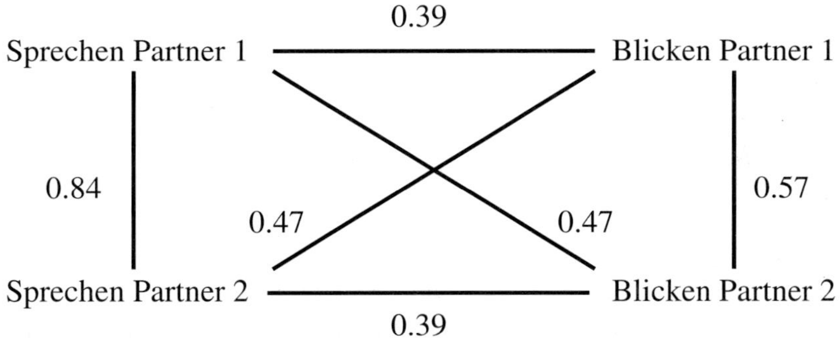

Abbildung 1.3. Konsistenz, individuelle Korrelation und Kreuzkorrelation in der Studie von Stinson und Ickes (1992).

Wie Abbildung 1.3 deutlich macht, gibt es zwei unterschiedliche individuelle Korrelationen (nämlich für Partner 1 und für Partner 2) und zwei unterschiedliche Kreuzkorrelationen (nämlich zwischen Partner 1 und 2 und zwischen Partner 2 und 1). Da es aber in diesem Fall völlig beliebig ist, wer als Partner 1 und wer als Partner 2 bezeichnet wird (die Partner sind *austauschbar*), können Unterschiede zwischen den beiden individuellen bzw. Kreuzkorrelationen ignoriert werden (faktisch sind sie auch sehr gering). Deshalb werden in der Berechnung der individuellen Korrelationen und der Kreuzkorrelationen beide Fälle gepoolt.

Daß die Kreuzkorrelation so hoch ist, ist aus individualistischer Sicht erstaunlich, denn wenn der Zusammenhang zwischen Sprechen und Blicken *nur* auf Persönlichkeitseigenschaften der betrachteten Personen beruhen würde, wäre eine Nullkorrelation zwischen den Gesprächspartnern zu erwarten, da die Dyaden in dieser Studie zufällig zusammengestellt wurden. Aber wie die Konsistenzen schon zeigen, beruhen die Unterschiede zwischen den Gesprächspartnern stark auf Unterschieden zwischen den Dyaden.

Eine ausschließlich persönlichkeitspsychologische Interpretation ist hier also nicht sinnvoll. Von der dyadischen Natur individuell bestimmter Merkmale kann *nur dann* abgesehen werden, wenn diese Merkmale nicht zwischen den Partnern der Dyade korrelieren. Oder anders herum:

Wenn ein Merkmal zwischen den Interaktionspartnern einer Dyade bzw. zwischen den Bezugspersonen einer Beziehung korreliert, muß an dyadische Interpretationen der Ergebnisse gedacht werden.

Dyadische und individuelle Ursachen für beobachtete Unterschiede in individuellem Verhalten schließen sich natürlich nicht aus. Die Korrelationen zwischen den beiden Gesprächspartnern besagen nur, daß dyadische Effekte hier eine Rolle spielten. Generell können dabei zwei ganz unterschiedliche Arten dyadischer Effekte unterschieden werden: *Selektionseffekte* und *Interaktionseffekte*. Selektionseffekte gehen auf eine nicht zufällige Paarung der Partner der Dyaden zurück. Z.B. korrelieren IQ, Bildung und viele Einstellungen und Werthaltungen zwischen Ehepaaren schon, *bevor sie sich überhaupt kennenlernen* (vgl. Kap. 2.1.1). Das liegt nicht nur daran, daß Menschen mit vergleichbarer Intelligenz, Bildung, Einstellungen und Werthaltungen sich anziehend finden, sich deshalb eher befreunden, verlieben und letztlich heiraten (*"aktive Partnerwahleffekte"*), sondern auch daran, daß die *Gelegenheit*, ähnliche Menschen zu treffen, größer ist als die Gelegenheit, unähnliche Menschen zutreffen (*"passive Partnerwahleffekte"*). Denn die meisten Menschen halten sich in bestimmten sozialen Kreisen auf, die durch ein bestimmtes Bildungsmilieu und damit zusammenhängende Einstellungen und Werte gekennzeichnet sind. Es ist viel wahrscheinlicher, daß eine

Studentin in ihrem Alltag einen grün gesinnten Kriegsdienstverweigerer mit Abitur trifft als einen rechtsradikalen Bundeswehrfan ohne Hauptschulabschluß.

Dyadische Effekte können aber auch erst im Verlauf der Interaktion der Dyaden entstehen. Z.B. könnte eine anfangs unpolitische Studentin durch ihre Freundschaft mit einem grün gesinnten Kriegsdienstverweigerer Teile seines Wertesystems übernehmen, oder ein Hauptschulabgänger wird durch seine Freundschaft mit einer Studentin dazu animiert, das Abitur auf dem zweiten Bildungsweg nachzuholen. In der Studie von Stinson und Ickes (1992) handelte es sich um eine zufällige Paarung von Studenten, so daß die dyadischen Effekte ausschließlich auf Interaktionseffekte zurückgingen.

Dyadische Effekte können auf aktive und passive Partnerwahleffekte und/oder auf Interaktionseffekte zurückgehen.

Gonzalez und Griffin (1997) schlugen eine Methode vor, die es erlaubt, dyadische und individuelle Effekte durch die Bestimmung von *latenten dyadischen* und *individuellen Korrelationen* voneinander zu trennen. Es handelt sich dabei um Schätzungen der *voneinander unabhängigen dyadischen bzw. individuellen Effekte*. Die latente dyadische Korrelation r_d korrigiert die Kreuzkorrelation für die von beiden Partner geteilte Varianz in beiden Merkmalen (z.B. in Sprechen und Blicken). Deshalb ist sie immer höher als die Kreuzkorrelation. Im Beispiel von Stinson und Ickes (1992) beträgt die latente dyadische Korrelation 0.68: In Dyaden, in denen mehr gesprochen wird, schauen sich die Partner häufiger an. Die latente dyadische Korrelation r_d zwischen zwei Merkmalen ist nur dann hoch, wenn die Merkmalsausprägungen *beider* Partner zwischen den beiden Merkmalen korrelieren; von daher ist sie eine bessere Schätzung dyadischer Effekte als die Korrelation zwischen den Mittelwerten der Dyaden.

Nach Gonzalez und Griffin (1997) wird die *latente* individuelle Korrelation r_i bestimmt durch Korrektur der individuellen Korrelation für die dyadischen Effekte. Die latente individuelle Korrelation ist Null, wenn die individuelle Korrelation gleich der Kreuzkorrelation ist. In diesem Fall ist ja die individuelle Korrelation bereits vollständig durch die von der Kreuzkorrelation erfaßten dyadischen Effekte erklärt, so daß für "rein individuelle" Effekte nichts mehr übrig bleibt. Im Beispiel von Stinson und Ickes (1992) ist die latente individuelle Korrelation sogar *negativ*, weil die Kreuzkorrelation größer ist als die individuelle Korrelation: die latente individuelle Korrelation beträgt -0.33. Personen, die *weniger* sprechen, schauen also nach Kontrolle dyadischer Effekte ihren Gesprächspartner *mehr* an.

Die latente individuelle Korrelation von –0.33 widerspricht also in diesem Beispiel der beobachteten individuellen Korrelation von 0.39. Diese große Diskrepanz liegt an dem starken dyadischen Effekt von 0.68. Dieses Beispiel zeigt, daß sich dyadische und individuelle Effekte widersprechen können. In solchen Fällen führen die individuellen Korrelationen, die dyadische und rein individuelle Effekte in einen Topf werfen, besonders leicht zu Fehlinterpretationen. Entsprechendes gilt für Beziehungsdaten:

> Korrelationen zwischen Merkmalen von Bezugspersonen enthalten meist dyadische und rein individuelle Effekte. Sie können mit Hilfe von latenten dyadischen und latenten individuellen Korrelationen geschätzt werden.

Letztlich gehen diese Befunde darauf zurück, daß der Blickkontakt in Gesprächen zwei ganz verschiedene Ursachen hat. Die positive latente dyadische Korrelation zwischen Sprechen und Blicken kommt dadurch zustande, daß Gespräche mehr oder weniger lebhaft sind, bedingt vor allem dadurch, ob die Gesprächspartner ein gemeinsames Thema finden, zu dem sie ihre Gedanken austauschen können, oder nicht. In lebhaften Gesprächen wird häufiger geblickt und gesprochen. Die negative latente individuelle Korrelation zwischen Sprechen und Blicken kommt dadurch zustande, daß es oft Dominanzunterschiede zwischen den Partnern einer Dyade gibt. Der dominantere Partner redet häufiger und blickt *seltener*, weil beim Reden der Partner im allgemeinen weniger häufig angeblickt wird als beim Zuhören (vgl. Kleinke, 1986). Der dyadische Effekt ist stärker als der individuelle Effekt, so daß die individuelle Korrelation von 0.39 zwischen Sprechen und Blicken positiv ist. Sie ist aber das Resultat von zwei gegenläufigen Effekten und von daher nicht sinnvoll interpretierbar.

Weiterführende Literatur

Neyer, F.J. (1998). Zum Umgang mit dyadischen Daten: Neue Methoden für die Sozialpsychologie. *Zeitschrift für Sozialpsychologie*, *29*, 291-306.

1.4 Persönlichkeit – Beziehung – Gruppe

Obwohl also die dyadischen Konzepte der Beziehungspsychologie streng von den individuellen Konzepten der Persönlichkeitspsychologie getrennt werden müssen, gibt es dennoch konzeptuelle Parallelen zwischen Beziehungs- und Persönlichkeitspsychologie (vgl. Tabelle 1.1).

Tabelle 1.1: Entsprechung zwischen Beziehungs- und Persönlichkeitspsychologie

	Beziehungspsychologie	Persönlichkeitspsychologie
Analyseeinheit	Dyade	Person
Beobachtbar	Interaktion	Individuelles Verhalten
Konstrukte	Interaktionsmuster	Verhaltensdisposition
	Interaktionsskript	Verhaltensskript
	Selbstbild[a]	Selbstbild
	Bild der Bezugsperson[a]	Fremdbild
	Beziehung	Persönlichkeit

[a] beziehungsspezifisch

In der Persönlichkeitspsychologie werden aus Regelmäßigkeiten individuellen Verhaltens Verhaltensdispositionen erschlossen. Diese Persönlichkeitseigenschaften sind nicht direkt beobachtbar, sondern psychologische *Konstrukte* (vgl. z.B. Asendorpf, 1999, Kap. 2.4). Entsprechend könnte man aus stabilen Interaktionsmustern auf "Interaktionsdispositionen" von *Dyaden* schließen - dies ist aber eine unübliche Sichtweise.

Enger ist die Parallele zwischen individuellen Verhaltensskripten und Interaktionsskripten, dem Selbstbild und dem Selbstbild in der Beziehung sowie zwischen dem Fremdbild und dem Bild der Bezugsperson. Die Gesamtheit aller Persönlichkeitseigenschaften macht die Persönlichkeit eines Menschen aus; entsprechend machen Interaktionsmuster und Beziehungsschemata (bestehend aus Interaktionsskript, Selbstbild und Bild der Bezugsperson) *beider Bezugspersonen* die Beziehung einer Dyade aus.

Eine weitere Parallele zwischen Beziehungs- und Persönlichkeitspsychologie betrifft die Einzigartigkeit von Persönlichkeit und persönlicher Beziehung. Die Persönlichkeit eines Menschen besteht aus seinen individuellen Besonderheiten, d.h. aus denjenigen Eigenschaften, in denen er sich von Menschen ähnlichen Alters aus derselben Kultur unterscheidet (vgl. Asendorpf, 1999, Kap. 1.5, 3.1); entsprechend besteht eine persönliche Beziehung (nicht eine Rollenbeziehung!) aus Merkmalen einer Dyade, in denen sie sich von anderen Dyaden unterscheidet. Die Persönlichkeit ist personspezifisch, Interaktionsmuster und Beziehungsschema sind beziehungsspezifisch.

Ab wann ist das Interaktionsmuster und ab wann sind Interaktionsskript, Selbstbild und das Bild der Bezugsperson beziehungsspezifisch? Folgendes Beispiel verdeutlicht das Problem. Ein Schalterbeamter bei der Post reagiert auf unterschiedliche Weise auf Kunden, die Briefmarken kaufen wollen. Er reagiert auf alte anders als auf junge, auf geschniegelte und gebügelte anders als auf zerlumpte, und wenn der Bürgermeister der Gemeinde erscheint, verhält er sich besonders beflissen. In jedem dieser Fälle resultiert ein unterschiedliches Interaktionsmuster, das auf ein unterschiedliches Interaktionsskript des Schalterbeamten schließen läßt. Sein Selbstbild und das Bild, das er von seinem jeweiligen Kunden hat, möge entsprechend von Fall zu Fall variieren. Hat der Schalterbeamte deshalb jeweils eine persönliche Beziehung zu diesen Kunden?

Nicht unbedingt. Der Schalterbeamte reagiert ja nur auf bestimmte *Typen* von Menschen in besonderer Weise. Sein Verhalten und seine Kognitionen sind zwar *situationsspezifisch*, wobei die Situationen in diesem Fall durch einen bestimmten Personentyp definiert werden - z.B. zerlumpt, Bürgermeister -, aber sie sind *nicht beziehungsspezifisch*. Beziehungsspezifisch wären sie nur dann, wenn sie spezifisch für eine *bestimmte* Bezugsperson wären.

Was aber genau bedeutet beziehungsspezifisch? Es gibt nur einen Bürgermeister in der Gemeinde; reagiert der Schalterbeamte besonders beflissen ihm gegenüber *als Person* oder *als Bürgermeister*? Im Einzelfall läßt sich das nicht mehr entscheiden. Es ließe sich entscheiden durch ein Feldexperiment, in dem man verschiedene Personen Briefmarken bei diesem Schalterbeamten kaufen ließe, wobei einige ihm gegenüber als Bürgermeister, andere gleichen Alters und ähnlichen Aussehens z.B. als Sachbearbeiter im Finanzamt angekündigt würden. Reagiert der Schalterbeamte auf die fiktiven Bürgermeister ähnlich wie auf den echten, aber anders auf die fiktiven Sachbearbeiter, so ist sein Interaktionsmuster nicht beziehungsspezifisch, sondern rollenspezifisch. Reagiert er auf den Bürgermeister seiner Gemeinde anders als auf die fiktiven Bürgermeister, so ist sein Verhalten beziehungsspezifisch, und es besteht eine persönliche Beziehung zwischen ihm und diesem Bürgermeister.

Persönliche Beziehungen erfordern mehr als nur situationsspezifisches Verhalten und situationsspezifische Kognitionen: Sie erfordern beziehungsspezifisches Verhalten und beziehungsspezifische Kognitionen.

Da Menschen meist mehr als nur eine Beziehung haben, kann es zu *Wechselwirkungen zwischen Beziehungen* kommen. Eifersucht ist eine Emotion, die sich auf die Beziehungen zwischen drei Personen (eine *Triade*) bezieht. Erfährt z.B. eine Frau, daß ihr Mann mit einer anderen Frau fremdgeht, so verändert dies ihre Beziehung zu ihrem Mann (und zu dieser Frau, falls sie zu ihr eine Beziehung hat). Ihre Beziehung zu ihrem Mann steht also in Wechselwirkung mit der Beziehung ihres Mannes zu einer anderen Frau.

Wechselwirkungen zwischen zwei Beziehungen erfordern mindestens drei Personen, von denen mindestens eine Person Beziehungen zu zwei Mitgliedern der Triade hat. Die Balancetheorie von Heider (1958) behandelt systematisch die in diesem Fall auftretenden *triadischen Beziehungseffekte*, wobei jedoch nur zwei Beziehungsqualitäten unterschieden werden: positiv und negativ. Die Balancetheorie behandelt Phänomene wie "Der Feind meines Freundes ist mein Feind" oder "Der Feind meines Feindes ist mein Freund".

Beziehungen sind zwar auf dyadischer Ebene definiert, können aber aufgrund von Wechselwirkungen zwischen Beziehungen durch triadische Effekte beeinflußt sein.

Stehen drei oder mehr Menschen regelmäßig an dem gleichen Ort in wechselseitiger sozialer Interaktion, so spricht man von einer *Gruppe*. Hierzu zählen Kindergartengruppen, Schulklassen, Arbeitsgruppen, aber auch Wohngemeinschaften und Familien (im Sinne der Lebensgemeinschaft, nicht der Verwandtschaft). Die Gruppenmitglieder können, müssen aber nicht persönliche Beziehungen zueinander entwickeln. Außenseiter in Schulklassen haben kaum persönliche Beziehungen zu ihren Klassenkameraden. In Familien dagegen dürften praktisch immer persönliche Beziehungen zwischen allen Beteiligten vorliegen, selbst wenn sie über "Beziehungslosigkeit" klagen.

Gruppen weisen meist eine bestimmte *funktionale Struktur* auf: Die Gruppenmitglieder haben bestimmte Positionen inne, die durch bestimmte Rollen bestimmt sind, z.B. Präsident - Vizepräsident - Kassenwart - einfaches Mitglied. Die funktionale Gruppenstruktur legt das Interaktionsverhalten in der Gruppe zu einem wesentlichen Teil fest. Dadurch entstehen *Rollenbeziehungen*, z.B. zwischen Vorgesetzten und Untergebenen im Betrieb, Mittelfeldspielern und Stürmern in der Fußballmannschaft, Referent und Zuhörern im Seminar. Jenseits dieser Rollenbeziehungen können persönliche Beziehungen zwischen bestimmten Gruppenmitgliedern entstehen. Je größer die Gruppe ist, desto unwahrscheinlicher ist dies.

> In Gruppen entstehen Rollenbeziehungen durch die funktionale Gruppenstruktur. Sie beeinflussen alle persönlichen Beziehungen in der Gruppe.

Persönliche Beziehungen in Gruppen sind deshalb besonders schwer zu behandeln, weil sie nicht nur durch triadische Effekte beeinflußt werden - das gilt für alle Beziehungen -, sondern auch durch die funktionale Gruppenstruktur und andere systemische Gruppeneigenschaften. Dazu zählen u.a. *Statushierarchien*, die auf einer funktionalen Gruppenstruktur fußen können, zum Teil aber auch hiervon unabhängig entstehen können, z.B. in Kindergartengruppen; *Segregation* der Gruppenmitglieder nach Merkmalen wie Alter, Geschlecht oder Hautfarbe; *Cliquenbildung* zwischen Gruppenmitgliedern, die eine wechselseitige Freundschaft oder gemeinsame Interessen verbindet.

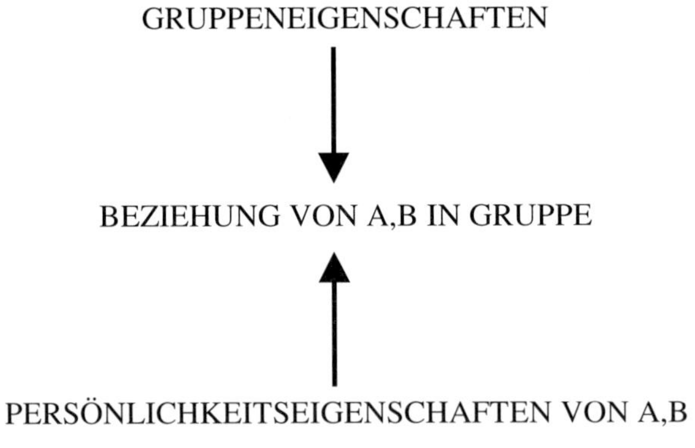

Abbildung 1.4. Doppelte Determiniertheit der Beziehung zweier Personen A und B in einer Gruppe.

> Beziehungen in Gruppen werden durch Gruppeneigenschaften beeinflußt.

Diese systemischen Eigenschaften auf Gruppenebene können Rückwirkungen auf die dyadische Ebene ausüben, z.B. indem Freundschaften zwischen Mitgliedern mit unterschiedlichem Status, unterschiedlichen Segregationsmerkmalen oder aus unterschiedlichen Cliquen erschwert werden. Persönliche Beziehungen in Gruppen werden also nicht nur von der individuellen Ebene ("von unten her") beeinflußt, sondern auch von Gruppeneigenschaften ("von oben her"). Persönliche Beziehungen in Gruppen sind damit doppelt determiniert (vgl. Abb. 1.4).

Da Beziehungen durch triadische Effekte und Gruppeneigenschaften beeinflußt sein können, reicht es für ein Verständnis von Beziehungen nicht immer aus, Beziehungen von der individuellen Ebene, also "von unten her", zu verstehen. Es kann notwendig sein, die Einbettung von Beziehungen in übergeordnete soziale Strukturen - vor allem Triaden oder Gruppen - zu berücksichtigen. Kenny und LaVoie (1985) haben eine varianzanalytische Methode vorgeschlagen, individuelle und Gruppeneffekte voneinander zu trennen, die vom Prinzip her der Methode entspricht, die Gonzalez und Griffin (1997) für die Trennung dyadischer und rein individueller Effekte vorschlugen (vgl. Abschn. 1.3).

Weiterführende Literatur

Hinde, R.A. (1987). *Individuals, relationships and culture.* Cambridge, UK: Cambridge University Press.

Kenny, D.A. & LaVoie, L. (1985). Separating individual and group effects. *Journal of Personality and Social Psychology, 48*, 339-348.

1.5 Beziehungsklassifikationen

Die große Vielfalt sozialer Beziehungen hat Anlaß zu verschiedenen Beziehungsklassifikationen nach *Beziehungstypen* gegeben, unter denen sich bis heute keine klar durchgesetzt hat. Vor allem fehlen empirisch basierte Klassifikationen wie etwa die auf dem lexikalischen Ansatz beruhenden Persönlichkeitsklassifikationen, in denen alle Eigenschaftsworte einer Sprache systematisch auf wenige statistisch unabhängige Persönlichkeitsdimensionen reduziert werden (z.B. die Big Five im Deutschen und Englischen; vgl. hierzu Goldberg, 1990; Asendorpf, 1999, Kap. 4.1.1). Vielmehr existiert ein Nebeneinander mehr oder weniger ähnlicher Kriterien, nach denen Beziehungstypen unterschieden werden. Neben der schon besprochenen Unterscheidung zwischen Rollenbeziehungen und persönlichen Beziehungen gibt es zum einen eine Klassifikation nach (kulturell definierten) Verwandtschaftstypen. In westlichen Kulturen sind dies vor allem Beziehungen zwischen Eltern und Kind, Großeltern und Kind, Onkel/Tante und Kind, Geschwistern, Cousins und Cousinen.

Wird diese zunächst rein kategoriale Klassifikation auf die ihr zugrundeliegende genetische Verwandtschaft zurückgeführt (wobei Adoptiveltern und –geschwister von leiblichen Eltern und Geschwistern unterschieden werden müssen), führt dies zu einer besser begründeten dimensionalen Klassifikation von Beziehungen nach ihrer genetischen Ähnlichkeit. Diese Klassifikation ist immer dann sinnvoll, wenn Beziehungen aus evolutionärer Sicht betrachtet werden, denn viele evolutionspsychologische Annahmen über die soziale Interaktion (z.B. das Ausmaß, in dem jemand andere unterstützt) beziehen sich direkt auf den Grad der genetischen Ähnlichkeit (vgl. hierzu Kap. 3.3).

Unter der genetischen Ähnlichkeit wird dabei die Ähnlichkeit in den interindividuell variierenden Varianten eines Gens verstanden, nicht die Ähnlichkeit in den Genen. Denn alle Menschen teilen fast alle Gene; selbst Schimpansen und Menschen teilen über 99% ihrer Gene. Viele Gene variieren aber in ihrer genauen Basensequenz von Person zu Person, und diese unterschiedlichen Varianten desselben Gens werden *Allele* genannt. Z.B. wird die Blutgruppe durch ein Gen bestimmt, das in drei verschiedenen Allelen (A, B, 0) vorkommt. Die *genetische Ähnlichkeit* zweier Menschen läßt sich deshalb als prozentuale Übereinstimmung in den *Allelen* aller Gene definieren.

Etwas vereinfacht dargestellt, stammt die Hälfte der Allele eines Kindes von der Mutter und die andere Hälfte vom Vater, wobei die Aufteilung von Gen zu Gen zufällig variiert. Somit ergibt sich eine mittlere genetische Ähnlichkeit zwischen Eltern und Kindern von 50%. Auch zweieiige Zwillinge und Geschwister unterschiedlichen Alters teilen 50% ihrer Allele. Eineiige Zwillinge teilen 100% ihrer Allele, weil sie derselben befruchteten Eizelle entstammen, sind also genetisch identisch. Großeltern teilen 25% ihrer Gene mit ihren Enkelkindern. Adoptivgeschwister sind sich nicht genetisch ähnlich, ebensowenig Adoptiveltern und Adoptivkinder. Es gibt also eine Dimension der genetischen Ähnlichkeit von Bezugspersonen, die von eineiigen Zwillingen über Geschwister/Eltern-Kind, Großeltern-Enkelkinder zu Adoptivgeschwistern/ Adoptiveltern-Kind reicht.

Genetisch nichtverwandte Bezugspersonen, z.B. Ehepartner, Freundinnen, Klassenkameraden und Arbeitskolleginnen scheinen auf den ersten Blick keine genetische Ähnlichkeit aufzuweisen. Auf den zweiten Blick stimmt dies jedoch nicht ganz. So führen Prozesse der Partnerwahl dazu, daß sich Ehepartner in manchen Persönlichkeitseigenschaften ähnlich sind (z.B. korrelieren ihre Intelligenz und der sozioökonomische Status ihrer Herkunftsfamilie substantiell miteinander – eine Korrelation um 0.40). Dieser Persönlichkeitsähnlichkeit liegt auch eine genetische Ähnlichkeit zugrunde, weil diese Merkmale teilweise genetisch beeinflußt sind (vgl. hierzu Asendorpf, 1999, Kap. 6.2.2). Die auf der Partnerwahl beruhende genetische Ähnlichkeit wird in der Genetik als *Homogamie* bezeichnet. Selbst Adoptivgeschwister sind sich nicht vollständig genetisch unähnlich, weil die Adoptivagenturen dazu tendieren, Kinder an Adoptiveltern zu vermitteln, deren sozioökonomischer Status dem ihrer Herkunftsfamilie ähnelt (*selektive Plazierung*); allerdings ist dieser Effekt schwach (vgl. Asendorpf, 1999, Kap. 6.2.2).

In naher Zukunft wird sich die globale genetische Ähnlichkeit von Bezugspersonen und ihre Ähnlichkeit in spezifischen Genen direkt durch Genomanalyse bestimmen lassen. Diese Möglichkeit dürfte in Analogie zur molekulargenetischen Persönlichkeitsforschung (vgl. hierzu Asendorpf, 1999, Kap. 6.3.1) eine heute noch gar nicht existierende molekulargenetische Beziehungsforschung auf den Plan rufen, in der Effekte der genetischen Ähnlichkeit auf die Beziehungsqualität untersucht werden. Dadurch dürften genetische Aspekte von Beziehungen wesentlich an Bedeutung auch für die psychologische Beziehungsforschung gewinnen.

Beziehungen variieren in der genetischen Ähnlichkeit der Bezugspersonen. Diese genetische Dimension von Beziehungen dürfte künftig wesentlich an Bedeutung gewinnen.

Ein weiteres, objektiv meßbares Merkmal, in dem sich Beziehungen unterscheiden, ist die Altersähnlichkeit der Bezugspersonen. Sie spielt vor allem bei Kindern und Jugendlichen eine große Rolle, so daß sich hier der schlecht ins Deutsche übersetzbare englische Begriff der *Peers* etabliert hat. Unter Peers werden *nichtverwandte* Kinder, Jugendliche oder junge Erwachsene verstanden, die ein ähnliches Alter aufweisen (Geschwister werden also *nicht* als Peers bezeichnet). Die Mitglieder einer Kindergartengruppe oder einer Schulklasse sind Peers (deshalb werden diese sozialen Gruppen auch übergreifend als *Peer-Gruppen* bezeichnet), aber auch fast immer die Freunde eines Kindes oder eines Jugendlichen. Auch die Kommilitonen von Studierenden sind fast immer Peers. Im weiteren Verlauf des Erwachsenenalters wird der Peer-Begriff jedoch wegen der zunehmenden Altersheterogenität der sozialen Gruppen und der Freunde und Bekannten nicht mehr verwendet.

Peers sind nichtverwandte Kinder, Jugendliche oder junge Erwachsene ähnlichen Alters, Peer-Beziehungen sind Beziehungen zwischen Peers, Peer-Gruppen sind soziale Gruppen, die aus Peers bestehen.

Von daher lassen sich Beziehungen nach der Altersähnlichkeit klassifizieren. Am größten ist sie bei Zwillingen, groß ist sie bei Peers und am geringsten ist sie zwischen Urgroßeltern und Urenkeln. Statt der genaueren Klassifikation nach dem Altersabstand in Jahren kann auch die gröbere nach dem Generationsunterschied betrachtet werden.

Neben diesen Beziehungsklassifikationen nach Verwandtschaftsgrad, genetischer Ähnlichkeit und Altersähnlichkeit werden Beziehungen oft nach der Art des vorherrschenden Interaktionsmusters oder Beziehungsschemas klassifiziert. Hier gibt es beliebig viele Klassifikationsmöglichkeiten, je nachdem welches Beziehungsmerkmal betrachtet wird. Besonders häufig beziehen sich derartige Klassifikationen auf Beziehungsmerkmale, die sich auf eine grundlegende Dimension der psychischen Nähe versus Distanz beziehen lassen. Sechs solche Merkmale sollen hier vergleichend skizziert werden: Enge, Intimität, Liebe, Sexualität, Bindung und Unterstützung. Diese Merkmale weisen Ähnlichkeiten aber auch Unterschiede auf, die es möglich machen, die sich aus den Merkmalen ergebenden Beziehungsklassifikationen deutlicher zu trennen als in der Alltagspsychologie. Der entscheidende Unterschied zur Alltagspsychologie ist aber, daß diese Merkmale nicht nur verbal beschrieben, sondern in Form psychologischer Meßverfahren *operationalisiert* werden, so daß sie sich empirisch untersuchen lassen (vgl. für den Begriff der Operationalisierung z.B. Asendorpf, 1999, Kap. 1.4).

Die *Enge* von Beziehungen betrifft nicht die räumliche Nähe der Bezugspersonen, sondern deren "psychische Nähe". Das Gefühl der Nähe zu jemandem ist ein alltagspsychologisch gut verankertes Konzept, das direkt abgefragt werden kann; es charakterisiert dann einen affektiven Aspekt des Beziehungsschemas. Kelley, Berscheid, Christensen, Harvey, Huston et al. (1983) versuchten, die Nähe einer Beziehung direkt auf Merkmale des Interaktionsmusters zu beziehen, nämlich auf den *Grad der wechselseitigen Abhängigkeit* der Bezugspersonen:

Nach Kelley et al. (1983) ist eine Beziehung desto enger,
(1) je häufiger sich die beiden Bezugspersonen beeinflussen,
(2) je stärker der Einfluß jeweils ist,
(3) je unterschiedlicher die betroffenen Aktivitäten sind,
(4) je länger diese wechselseitige Abhängigkeit bestanden hat.

Berscheid, Snyder und Omoto (1989) entwickelten einen Fragebogen, der die ersten drei Kriterien durch Selbstbeurteilung erfassen soll, soweit dies überhaupt sinnvoll möglich ist.

Enge-Skalen von Berscheid et al. (1989)
(1) *Häufigkeit*: Minuten pro Tag, die in der letzten Woche mit der Bezugsperson *alleine* (ohne Beisein anderer) verbracht wurden;
(2) *Vielfalt*: Zahl unterschiedlicher Aktivitäten mit der Bezugsperson in der letzten Woche (Ankreuzen von 38 vorgegebenen Aktivitäten);
(3) *Stärke*: Stärke der Beeinflussung durch die Bezugsperson in 34 vorgegebenen Aktivitäten, Entscheidungen und Plänen.

Die Häufigkeit der wechselseitigen Beeinflussung wurde also indirekt durch den Anteil der privat miteinander verbrachten Zeit operationalisiert. Die Dauer der Abhängigkeit (Kriterium 4 von Kelley et al., 1983) wurde ignoriert, da sie kaum retrospektiv beurteilt werden kann. Die drei Skalen zeigten bei 241 Studierenden mäßig hohe positive Interkorrelationen für deren engste Beziehung, so daß sie zu einem Engeindex aggregiert wurden. Bei 83 unverheirateten heterosexuellen Paaren korrelierte der Engeindex 0.43 zwischen Mann und Frau, d.h. er läßt sich tatsächlich als dyadisches Merkmal betrachten (vgl. Abschn. 1.3). Die 114 von den Studierenden berichteten Liebesbeziehungen wurden von ihnen individuell als signifikant enger beurteilt als die 87 Freundschafts- und die 34 Familienbeziehungen.

Daß mit dem Engeindex nicht einfach nur die Einschätzung der psychischen Nähe gemessen wurde, wird daran deutlich, daß der Engeindex individuell nur 0.20 mit der direkten Einschätzung der psychischen Nähe in der Beziehung korrelierte. Dies dürfte vor allem daran liegen, daß der Engeindex weniger durch die affektive Bewertung der Beziehung beeinflußt ist als das direkte Näheurteil: Eine Beurteilung der positiven versus negativen Bewertung der Bezugsperson korrelierte 0.20 mit dem Engeindex, aber 0.41 mit dem direkten Näheurteil. Der Engeindex ist also weniger "affektiv geladen"; er spiegelt eher die wechselseitige Verbundenheit im Verhalten wider. Die Validität des Engeindex wird vor allem darin deutlich, daß er bei den relativ instabilen studentischen Liebesbeziehungen etwas besser eine Trennung vorhersagte als die direkte Näheeinschätzung: Der Engeindex korrelierte –0.29 mit einer Trennung bis zu 9 Monate nach der Erhebung, das direkte Näheurteil nur –0.14.

Besonders enge Beziehungen bestehen zwischen Partnern, aber auch zwischen Eltern und ihren Kindern (natürlich jeweils nicht in jedem Einzelfall, sondern im Durchschnitt), wobei die Enge der Eltern-Kind-Beziehung mit dem Alter des Kindes im allgemeinen abnimmt. Beziehungen mittlerer Enge sind die meisten Freundschaften und viele Arbeitsbeziehungen, wobei hier wie auch bei Geschwistern die Enge je nach konkreter Beziehung stark variieren kann. Beziehungen geringer Enge bestehen zwischen Bekannten und weitläufigeren Verwandten.

Unter *Intimität* wird in der Psychologie nicht dasselbe wie Enge oder Nähe verstanden, auch nicht eine sexuelle Beziehung, sondern eine Beziehung, die durch eine starke, meist wechselseitige *Selbstenthüllung* gekennzeichnet ist (Jourard, 1971; Spitznagel, 1986). Selbstenthüllung liegt vor, wenn ich einem Interaktionspartner private Gedanken und Gefühle mitteile, die Fremde nie erfahren würden - wohlgehütete Geheimnisse werden nur besten Freunden, Partnern oder Eltern anvertraut. Intimität setzt eine gewisse psychische Nähe voraus und fördert bzw. stabilisiert enge Beziehungen (Tschann, 1988). Operationalisiert wird Intimität meist durch die Selbstenthüllungsskala von Jourard (1971).

Liebe als Beziehungsmerkmal bezieht sich auf den Grad der *wechselseitigen* Liebe zwischen zwei Erwachsenen, meist Peers. Dadurch lassen sich *Liebesbeziehungen* (auch *romantische Beziehungen* genannt) von anderen engen Beziehungen trennen. Alltagspsychologisch nicht einfach zu unterscheiden sind Liebe und *Mögen* als Form der individuellen Wertschätzung zwischen Peers; nicht selten geht ja einer Liebesbeziehung eine Phase des "nur" Mögens voraus. Rubin (1970) entwikkelte Selbstbeurteilungsskalen zur getrennten Messung von Liebe und Mögen, wobei Liebe in dieser Operationalisierung relativ zu Mögen durch stärkere Abhängigkeit und geringere Bewunderung gekennzeichnet ist:

Typische Items der *Liebesskalen* von Rubin (1970):
(1) *Liebe*: "Es würde sehr schwer für mich werden, ohne ... auszukommen"
(2) *Mögen*: "... gehört zu der Art Menschen, die ich selbst gern sein würde"

Sexualität als Beziehungsmerkmal bezieht sich auf das Vorhandensein *gemeinsamer* sexueller Aktivitäten. Operationalisiert wird der Grad der Sexualität in einer Beziehung meist durch die Frage nach der Häufigkeit von Geschlechtsverkehr im letzten Monat – einem Zeitraum, für den noch annähernd valide Schätzungen abgegeben werden können. Fragen nach Sexualität betreffen die Intimspäre der Befragten. Deshalb sollte immer die Möglichkeit einer ausdrücklichen *Antwortverweigerung* eingeräumt werden, die unterscheidbar gemacht werden muß von der Angabe keiner sexuellen Aktivität, da sonst die Ergebnisse deutlich verzerrt werden. Z.B. kann man in einem Fragebogen die Kategorie "Diese Frage möchte ich nicht beantworten" vorsehen, die von den Befragten angekreuzt werden kann.

Bindung bezieht sich darauf, wieweit die Bezugsperson bei Gefahr aufgesucht wird, um *Sicherheit* zu erlangen (vgl. genauer dazu Abschn. 3.4). Typischerweise sind Eltern solche "Sicherheitsspender" für ihre Kinder; später werden sie durch Lebensgefährten oder sehr gute Freunde ersetzt. Wie das Beispiel der Eltern-Kind-Bindung zeigt, ist Bindung ein *asymmetrisches* Konzept, d.h. Kinder suchen Sicherheit bei ihren Eltern, nicht umgekehrt. Selbst in den eher symmetrisch angelegten Partnerschaften kann Bindung asymmetrisch verteilt sein. Während in der Bindungsforschung meist unterschiedliche *Bindungsstile* unterschieden werden, ist zur Klassifikation von Beziehungen primär die Unterscheidung *sichere versus unsichere Bindung* entscheidend; welche Art der Unsicherheit vorliegt, kann als sekundär betrachtet werden. Operationalisiert wird sichere Bindung sehr unterschiedlich je nach Alter und betrachtetem Beziehungstyp. Während die Eltern-Kind-Bindung vor allem durch Verhaltensbeobachtung in standardisierten Situationen erfaßt wird (*Strange Situation Test* von Ainsworth, Blehar, Waters & Wall, 1978; vgl. Abschn. 3.4), finden sich im Erwachsenenalter Interviewverfahren (z.B. das *Adult Attachment Interview* von George, Kaplan & Main, 1985; vgl. Abschn. 3.4) und Fragebogenverfahren zur Selbsteinschätzung des Bindungsstils (vgl. Asendorpf, 1999, Kap. 5.4.2, und Abschn. 3.4).

Hier sei als Beispiel einer Operationalisierung sicherer versus unsicherer Bindung im Erwachsenenalter die von Asendorpf, Banse, Wilpers und Neyer (1997) entwickelte Skala genannt. Sie ist zur Erfassung sicherer Bindung an den Partner geeignet; bei anderen Beziehungen im Erwachsenenalter, z.B. mit der Mutter oder dem besten Freund, wird "mein Partner" durch "meine Mutter" bzw. "mein Freund" ersetzt.

Sicherheitsskala von Asendorpf et al. (1997)
Ich fühle mich von meinem Partner akzeptiert
Ich kann mich gut auf meinen Partner verlassen
Ich finde es einfach, meinem Partner gefühlsmäßig nahe zu kommen
Ich habe Schwierigkeiten, mich auf meinen Partner ganz zu verlassen (-)
Ich fühle mich unwohl, wenn ich meinem Partner nahe komme (-)
Ich mache mir Sorgen,von meinem Partner nicht akzeptiert zu werden (-)
(-) umgepoltes Item
Die Fragen wurden auf einer Skala von
1="stimmt gar nicht" bis 5="stimmt völlig" beurteilt

Anwendungen dieser Skala ergaben in verschiedenen studentischen und nicht-studentischen Stichproben folgende Sicherheitshierarchie für Beziehungen im jungen Erwachsenenalter (Tab. 1.2):

Tabelle 1.2: Mittlere Bindungssicherheit im jungen Erwachsenenalter (nach Asendorpf et al., 1997)

Beziehung	Sicherheit
Partner	4.28^{c}
Mutter	4.01^{b}
Freunde gleichen Geschlechts	3.75^{ab}
Ex-Partner	3.65^{ab}
Freunde anderen Geschlechts	3.60^{a}
Vater	3.59^{ab}

Anmerkung. Mittelwerte mit gleichen Indizes unterscheiden sich nicht signifikant.

Der Partner ist also die entscheidende sicherheitsspendende Bezugsperson; es folgen die Mutter und dann sonstige Beziehungen, wobei der Ex-Partner nicht mehr Sicherheit bietet als andere gegengeschlechtliche Freunde (aber auch nicht weniger). Diese Angaben sind Mittelwerte; im Einzelfall kann die Hierarchie natürlich ganz anders ausfallen.

Unterstützung durch die Bezugsperson ist ebenfalls ein intensiv untersuchter Aspekt von Beziehungen, durch den sich unterstützende von wenig unterstützenden Beziehungen trennen lassen. Ähnlich wie Bindung kann die Unterstützung in einer Beziehung ausgesprochen asymmetrisch verteilt sein. Unterschieden werden zum einen *emotionale Unterstützung* (z.B. trösten), *instrumentelle Unterstützung* (z.B. finanziell unterstützen) und *informationelle Unterstützung* (z.B. Ratschläge geben). Zum anderen müssen unterschieden werden die *tatsächlich erhaltene* Unterstützung, die *subjektiv erfahrene* Unterstützung und die *potentielle* Unterstützung, d.h. das Gefühl, Unterstützung zu finden, wenn es einmal nötig sein sollte (Asendorpf, 1999, Kap. 5.5; Laireiter, 1993; Sarason, Pierce & Sarason, 1990). Während verschiedene Aspekte der psychischen Gesundheit meist positiv mit potentieller Unterstützung korrelieren, korrelieren sie bisweilen *negativ* mit erhaltener Unterstützung; zu letzterem trägt bei, daß Kranken eher Unterstützung offeriert wird als Gesunden. Die drei Unterstützungsformen sind also nicht austauschbar (vgl. Asendorpf, 1999, Kap. 5.5; Sarason et al., 1990).

Operationalisiert wird die erhaltene Unterstützung meist durch direkte Einschätzung der Unterstützungsgeber (nicht durch die Empfänger!), die erfahrene Unterstützung durch direkte Einschätzung der Unterstützungsempfänger und die potentielle Unterstützung durch Fragen, die mögliche Belastungen oder Krisen thematisieren. Z.B. wurde von Asendorpf & Wilpers (in Druck) folgende Operationalisierung verwendet:

Operationalisierung potentieller Unterstützung
Falls ich einmal Sorgen oder Probleme habe, würde ich mich an diese Person wenden, um mit ihr meine Sorgen oder Probleme zu besprechen:
1=nie bis 5 = immer

Pierce, Sarason und Sarason (1991) konnten zeigen, daß die von Studenten wahrgenommene Unterstützung beziehungsspezifisch ist, d.h. nur mäßig zwischen Mutter, Vater und Freunden korrelierte. Bei der Vorhersage von Einsamkeit lieferten die beziehungsspezifischen Unterstützungsfragen einen unabhängigen, zusätzlichen Beitrag zu einem Fragebogen, der wahrgenommene Unterstützung beziehungsunspezifisch erfaßte. Entsprechende Befunde erhielten van Aken und Asendorpf

(1997) bei Schulkindern: Deren Selbstwertgefühl hing von der wahrgenommenen Unterstützung durch Eltern und Klassenkameraden (nicht aber Freunden außerhalb der Klasse) ab, wobei Unterstützung durch die Eltern und Unterstützung durch Klassenkameraden nicht austauschbar waren: fehlte Unterstützung in einem Bereich, war das Selbstwertgefühl niedriger und unabhängig von der Unterstützung im anderen Bereich. In der Berliner Beziehungsstudie korrelierte potentielle emotionale Unterstützung ebenfalls gering zwischen Eltern und Freunden und zeigte innerhalb derselben Beziehung deutliche Zusammenhänge mit der beurteilten Bindungssicherheit, nicht aber beim Vergleich verschiedener Beziehungstypen (Asendorpf et al., 1997; Asendorpf & Wilpers, in Druck).

Erhaltene, erfahrene und potentielle Unterstützung sind unterschiedliche Unterstützungsaspekte, die nicht austauschbar sind. Unterstützung ist beziehungsspezifisch und hat beziehungsspezifische Korrelate.

Tabelle 1.3 faßt die in diesem Abschnitt diskutierten dimensionalen Beziehungsklassifikationen zusammen, indem prototypische Beziehungen mit hoher, mittlerer und niedriger Ausprägung des Klassifikationsmerkmals aufgelistet werden.

Tabelle 1.3: Dimensionale Klassifikationen persönlicher Beziehungen

	Beispiele für Beziehungen mit Merkmalsausprägung		
Merkmal	hoch	mittel	niedrig
Genetische Ähnlichkeit	Eineiige Zwillinge	Geschwister, Eltern-Kind	Adoptivgeschwister, Ehepartner
Altersähnlichkeit	Zwillinge	Peers, Geschwister	Eltern-Kind
Enge	Eltern-Kind, Partner	Erzieher-Kind	Bekannte
Intimität	Beste Freunde, Partner	Eltern-Kind	Erzieher-Kind
Liebe	Liebespartner	Lebensgefährte[a]	Bekannte
Sexualität	Sexpartner	Lebensgefährte[a]	Bekannte
Bindung	Eltern-Kind, Partner	Freunde	Bekannte
Unterstützung	Eltern-Kind, Partner	Freunde	Bekannte

[a] Nach mehrjähriger Beziehung typischerweise.

1.6 Beziehungsqualitäten

Beziehungen desselben Typs können von Dyade zu Dyade in den verschiedensten Aspekten variieren, die etwas über die *Qualität* der Beziehung aussagen. Diese Variation kann beobachtbare Eigenschaften des Interaktionsmusters oder die Beziehungsschemata betreffen. Ähnlich wie eine Persönlichkeitsdisposition ist die Beziehungsqualität ein nicht direkt beobachtbares Konstrukt, das aus Verhaltensindikatoren erschlossen wird. Die im letzten Abschnitt im Rahmen der Beziehungsklassifikation diskutierten Merkmale können auch zur Differenzierung von Beziehungen desselben Typs verwendet werden, also als Beziehungsqualitäten aufgefaßt werden. Z.B. variierte in einer studentischen Stichprobe das Ausmaß der sicheren Bindung an die Mutter interindividuell von einer ausgesprochen unsicheren Bindung (Wert 1.2 bei einem Skalenminimum von 1) bis zu einer sehr sicheren Bindung (Wert 5.0 bei einem Skalenmaximum von 5). Neben der Unterscheidung sicher-unsicher gibt es eine Differenzierung von verschiedenen Formen der unsicheren Bindung, auf die in Abschn. 3.4 ausführlich eingegangen wird.

Das Ausmaß der erhaltenen, erfahrenen oder potentiellen Unterstützung, Sexualität, Liebe, Intimität oder Enge und Gruppenbestimmtheit bezeichnen ebenfalls Beziehungsqualitäten, durch die sich Beziehungen desselben Typs charakterisieren lassen. Dies gilt auch für die genetische Ähnlichkeit (sind sich z.B. Freunde mehr oder weniger genetisch ähnlich?) und die Altersähnlichkeit, die besonders bei Geschwisterbeziehungen ein wesentliches Unterscheidungsmerkmal ist (vgl. Abschn. 2.1.3).

Daneben gibt es zahlreiche Beziehungsmerkmale, die primär zur Unterscheidung von Beziehungen desselben Typs verwendet werden, nicht aber zur Klassifikation von Beziehungstypen. Einer der wenigen systematischen Ansätze der Klassifikation von solchen Beziehungsqualitäten geht auf persönlichkeitspsychologische Modelle *interpersonaler Eigenschaften* zurück. Darunter werden Persönlichkeitseigenschaften verstanden, die das individuelle Verhalten in sozialen Interaktionen und in persönlichen Beziehungen beeinflussen wie z.B. Freundlichkeit, Hilfsbereitschaft, Dominanz, Fügsamkeit, Gesprächigkeit.

Auf Vorarbeiten von Leary (1957) und anderen fußend, formulierte Wiggins (1979) ein zweidimensionales Modell interpersonaler Eigenschaften, in dem Gegensatzkonstrukte wie z.B. dominant – unterwürfig oder warmherzig – kaltherzig um einen Mittelpunkt herum angeordnet sind, der das statistisch durchschnittliche Verhalten repräsentiert. Die Ähnlichkeit der Eigenschaften wird in einem solchen Kreismodell (auch

Zirkumplexmodell genannt) durch den Winkel repräsentiert, den zwei Eigenschaften zueinander bilden. Gegensätze liegen also 180° auseinander, während Eigenschaften, die keine Beziehung zueinander aufweisen, 90° voneinander entfernt sind. Abbildung 1.5 zeigt das revidierte Zirkumplexmodell von Wiggins, Trapnell und Phillips (1988).

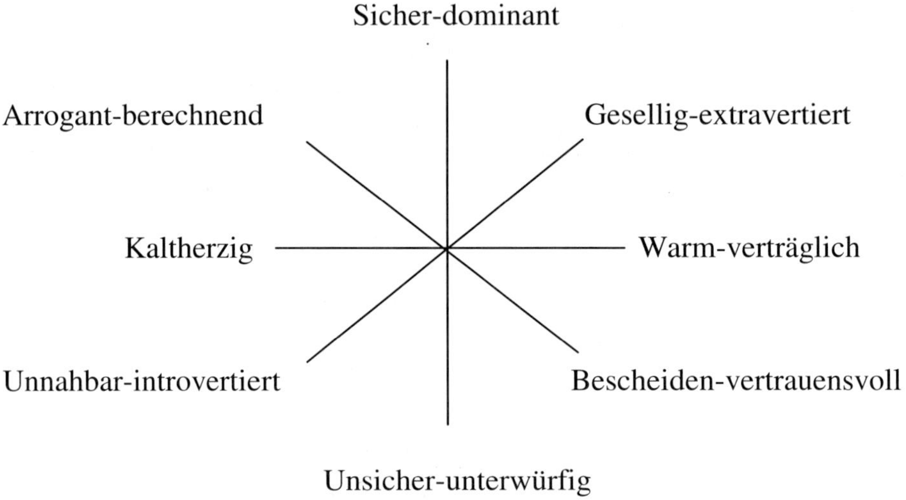

Abbildung 1.5. Das interpersonale Kreismodell von Wiggins et al. (1988).

Dieses Modell konnte empirisch gut bestätigt werden (vgl. z.B. Wiggins et al., 1988), und seine Validität konnte durch Korrelationen der selbstbeurteilten Eigenschaften mit beobachtetem Interaktionsverhalten belegt werden (Gifford & O'Connor, 1987). Wie McCrae und Costa (1989) zeigten, kann es als Teil des Fünffaktorenmodells der Persönlichkeit aufgefaßt werden (Big Five Modell; vgl. Asendorpf, 1999, Kap. 4.1.1). Der Kreis kann nämlich so gedreht werden, daß seine vertikale Achse dem Faktor Extraversion und seine horizontale Achse dem Faktor Verträglichkeit entspricht (repräsentiert durch bescheiden – arrogant). Interpersonale Eigenschaften variieren also primär auf den Dimensionen Extraversion und Verträglichkeit.

Benjamin (1974) erweiterte dieses Modell für interpersonale Eigenschaften zu einem *doppelten* Kreismodell für interaktives Verhalten, das sich zur Beziehungsbeschreibung eignet: das SASB-Modell ("structural assessment of social behavior"). Sie unterschied *transitive Beschreibun-*

gen, die sich auf das Verhalten der Bezugsperson beziehen, von *intransitiven Beschreibungen*, die sich auf das eigene Verhalten beziehen. Z.B. beschreibt ein Kind das Verhalten seiner Mutter ihm gegenüber transitiv und sein eigenes Verhalten der Mutter gegenüber intransitiv. Benjamin (1974) nahm an, daß interaktives Verhalten sowohl transitiv als auch intransitiv auf zwei Dimensionen variiert: Anschlußsuche und Interdependenz (die wechselseitige Abhängigkeit der Bezugspersonen voneinander). Aus transitiver Perspektive kontrastiert die Anschlußdimension liebevolle Zuneigung mit feindseliger Zurückweisung, aus intransitiver Perspektive liebevolle Hingabe mit Angst und Gegenaggression. Die Interdependenzdimension kontrastiert transitiv Kontrolle mit Gewährenlassen und intransitiv Unterwerfung mit Eigenständigkeit.

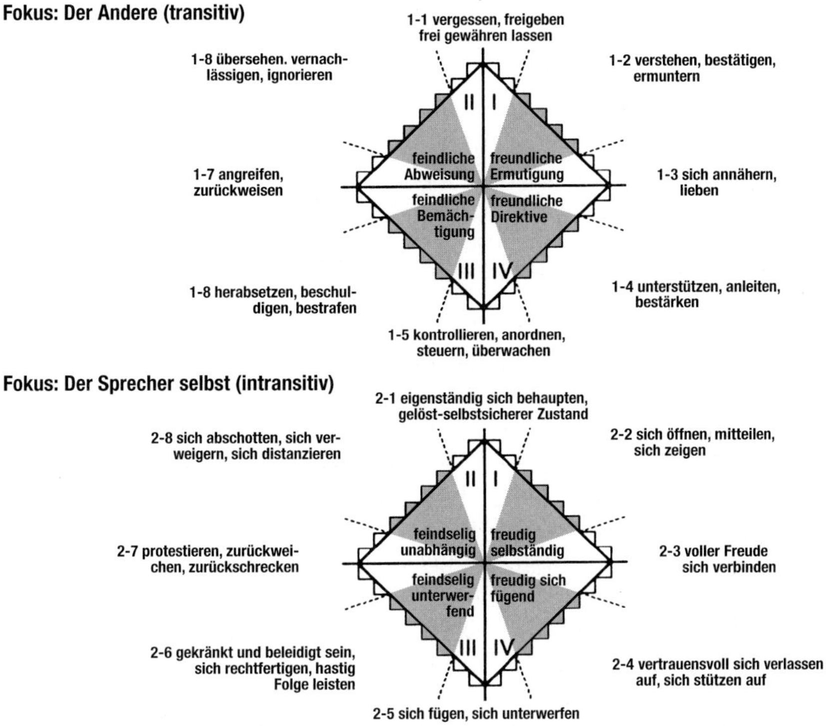

Abbildung 1.6. Die beiden Kreismodelle für transitive und intransitive Beschreibungen des Interaktionsverhaltens im SASB-Modell (nach Tress, 1993, Abb.4. © Asanger).

Benjamin (1974) nahm zusätzlich an, daß die beiden Kreismodelle des SASB-Modells durch die *Komplementarität* des transitiven und intransitiven Verhaltens empirisch verknüpft sind (*Komplementaritätsprinzip*). Kontrolle der einen Bezugsperson sei meist von Unterwerfung der anderen Bezugsperson begleitet, und Gewährenlassen sei mit Eigenständigkeit assoziiert. Das läßt sich empirisch prüfen. In einer unveröffentlichten Untersuchung mit 40 Studierenden fanden wir bei Operationalisierung dieser Dimensionen durch den SASB-Fragebogen von Tscheulin und Glossner (unveröffentlicht), daß deren Beziehung zu engen Bezugspersonen (Eltern oder Partner) tatsächlich durch Komplementarität in beiden Dimensionen gekennzeichnet waren, und zwar auch dann, wenn das (in)transitive Urteil der Studierenden mit dem komplementären Urteil *ihrer Bezugspersonen* korreliert wurde. Z.B. korrelierte das studentische Urteil über eigene Dominanz mit ihrem Urteil über die Unterwerfung der Bezugsperson zu 0.65 und mit dem Selbsturteil ihrer Bezugsperson in bezug auf ihre Unterwerfung immerhin noch zu 0.29.

Dreyer und Horowitz (1997) fanden, daß studentische Versuchspersonen ein Gespräch mit einem Fremden dann als besonders angenehm beurteilten, wenn er sich bezüglich Dominanz komplementär zu ihnen verhielt. Die Komplementarität bezüglich Aggression oder Zurückweisung ist in der Agressions- und Angstforschung ebenfalls gut bestätigt.

Das Komplementaritätsprinzip im SASB-Modell ist empirisch bestätigt.

Die meisten Untersuchungen zur Beziehungsqualität beziehen sich allerdings auf nur eine einzelne, meist alltagspsychologisch abgeleitete Dimension von Beziehungen. Hierzu gehören z.B. das Ausmaß des Konflikts zwischen den Bezugspersonen und ihre Zufriedenheit mit der Beziehung und ihre Abhängigkeit von der Bezugsperson. Die Zufriedenheit mit der Beziehung kann daher sinnvoll nur durch Selbstbeurteilung erhoben werden, bei Partnerschaften z.B. durch die *Dyadic Adjustment Scale* (DAS) von Spanier (1976) oder die *Relationship Assessment Scale* (RAS) von Sander und Böcker (1993). Die RAS erfragt die Zufriedenheit mit der Partnerschaft durch sieben fünfstufige Items wie z.B. "Wie gut kommt Ihr Partner Ihren Bedürfnissen entgegen?".

Vertrauen bezeichnet ebenfalls eine primär auf den anderen bezogene Bewertung der Beziehung. Vertrauen basiert auf der Zuversicht, daß andere sich positiv einem selbst gegenüber verhalten werden. Rempel, Holmes und Zanna (1985) rekonstruierten Vertrauen durch drei zunehmend abstraktere Kriterien, die sie durch entsprechende Selbstbeurteilungs-Skalen operationalisierten:

Typische Items der *Vertrauensskalen von Rempel et al. (1985)*
(1) *Vorhersagbarkeit*: "Mein Partner ist ausgesprochen unvorhersagbar. Ich weiß nie, wie er/sie sich vom einen Tag zum anderen verhalten wird" (umgepolt).
(2) *Verläßlichkeit*: "Selbst wenn mein Partner Entschuldigungen vorbringt, die wenig wahrscheinlich klingen, bin ich mir sicher, daß er/sie die Wahrheit sagt."
(3) *Glaube an die Beziehung*: "Wenn ich meine Probleme mit meinem Partner bespreche, weiß ich schon bevor ich irgendetwas sage, daß er/sie liebevoll reagieren wird".

Neben den Skalen Liebe und Mögen wurden von Rubin (1973) weitere Skalen entwickelt, die unterschiedliche *Liebesstile* messen sollen. Lee (1973) postulierte 6 verschiedene Aspekte von Liebe, die interindividuell relativ unabhängig voneinander variieren sollten. Hendrick und Hendrick (1986) entwickelten Skalen zu ihrer Erfassung, die sich als relativ unabhängig erwiesen und auch in deutscher Fassung vorliegen.

Typische Items der *Liebesskalen von Lee nach Bierhoff und Klein (1991)*

Agape	Ich würde alles aushalten für das Wohl meines Partners.
Eros	Unser Sexualleben ist sehr intensiv und befriedigend.
Pragma	Ich versuche, mein Leben sorgfältig zu planen, bevor ich meinen Partner wähle.
Mania	Wenn ich in meiner Liebesbeziehung Ärger habe, färbt das auf alle anderen Lebensbereiche ab.
Storge	Erst wenn eine gewisse Vertrautheit besteht, kann ich jemanden wirklich lieben.
Ludus	Seitensprünge verschweige ich lieber, um meinen Partner nicht zu verletzen.

Diese Auflistung von Beziehungsqualitäten gibt keine erschöpfende Übersicht (eine solche Auflistung würde im wahrsten Sinne des Wortes erschöpfend wirken), sondern sollte nur an wenigen Beispielen exemplarisch zeigen, wie in der empirischen Psychologie Beziehungsqualitäten operationalisiert werden können. Weitere Beziehungsqualitäten werden in den folgenden Kapiteln diskutiert.

1.7 Beziehungsfunktionen

Daß unterschiedliche Beziehungstypen unterschiedliche Funktionen für das Wohlbefinden und die Persönlichkeitsentwicklung der Bezugspersonen haben, wurde bisher am systematischsten für die Unterstützung durch Bezugspersonen untersucht. Die Bereichsspezifität der Unterstützungswirkung, wie sie z.B. in der in Abschn. 1.5 zitierten Studie von van Aken und Asendorpf (1997) deutlich wurde, legt die Hypothese nahe, daß unterschiedliche Arten von Bezugspersonen unterschiedliche Unterstützungsfunktionen ausüben. Weiss (1974) nahm an, daß Beziehungen im Erwachsenenalter verschiedene Unterstützungsfunktionen ("social provisions") leisten können:

6 Unterstützungsfunktionen nach Weiss (1974)
(1) *Bindung*
(2) *Verläßlichkeit* (auch ohne emotionale Nähe)
(3) *Selbstwertstärkung*
(4) *Soziale Integration* (Kontakt gewährleisten)
(5) *Beratung*
(6) *Gelegenheit zu eigener Unterstützung*

Beziehungen unterschiedlichen Typs erfüllen diese 6 Funktionen in unterschiedlicher Weise. Z.B. sind unterstützende Beziehungen von Eltern zu ihren Kindern im Jugendalter eher durch Bindung, Verläßlichkeit und Beratung gekennzeichnet, während diese Jugendlichen Selbstwertstärkung und soziale Integration eher aus unterstützenden Beziehungen zu Gleichaltrigen schöpfen. Auch können unterschiedliche Bezugspersonen desselben Typs bestimmte Beziehungsfunktionen unterschiedlich gut erfüllen (z.B. Mutter besser als Vater; ein Freund besser als der andere).

Daß Beziehungen spezifische Unterstützungsfunktionen ausüben, wird in empirischen Untersuchungen oft dadurch verdeckt, daß Beurteilungen der Beziehungsqualität durch eine starke Tendenz beeinflußt werden, eine Beziehung als generell positiv oder negativ zu empfinden, so daß unterschiedliche positive und negative Aspekte der Beziehung stark korrelieren. Trotz dieser Schwierigkeit wird die spezifische Funktion von Beziehungen dann deutlich, wenn die Rangfolge unterschiedlicher unterstützender Funktionen pro Beziehung betrachtet wird. Dies sei hier am Beispiel der Studie von DeRosier und Kupersmidt (1991) illustriert (vgl. für ähnliche Ergebnisse Furman & Buhrmester, 1985, und Asendorpf & van Aken, 1995). Befragt wurden 210 nordamerikanische Viert- und Sechstklässler nach der erfahrenen Unterstützung durch diverse Typen von Bezugspersonen. An Unterstützungsarten wurde Zuneigung, Intimität (im psychologischen Sinn), instrumentelle Hilfe und Kontakt erhoben. Abbildung 1.7 zeigt, daß die Rangfolge der Unterstützungsarten zwischen verschiedenen Beziehungstypen variierte.

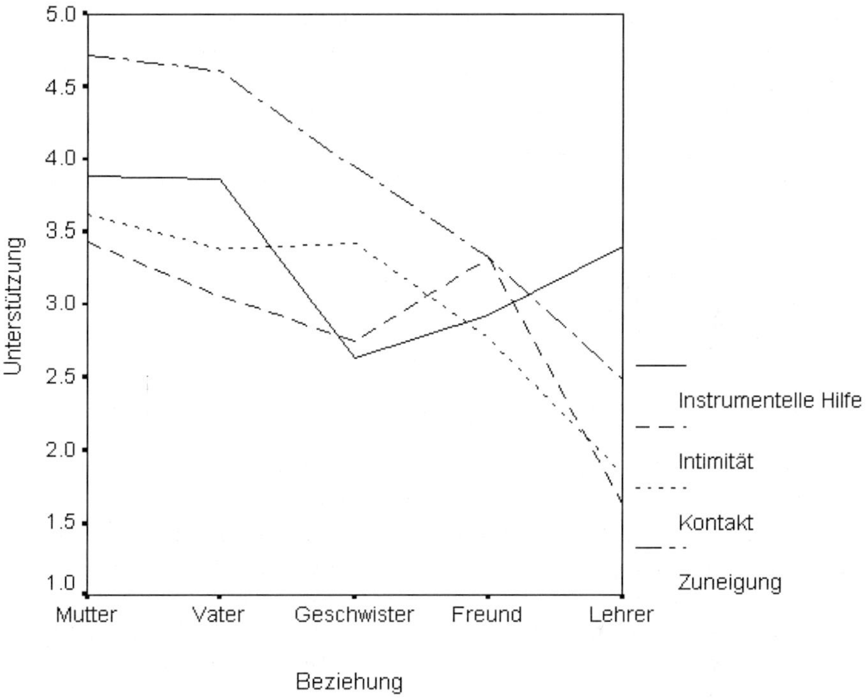

Abbildung 1.7. Beziehungsspezifische Unterstützung von Kindern. Angegeben sind Mittelwerte der erfahrenen Unterstützung für 4 Unterstützungsformen und 5 Beziehungstypen.

Weiterführende Literatur

Laireiter, A. (Hrsg.). (1993). *Soziales Netzwerk und soziale Unterstützung*. Bern: Huber.

Belle, D. (Ed.) (1989). *Children's social networks and social supports.* New York: Wiley.

1.8 Beziehungsdynamik

Persönliche Beziehungen entstehen primär durch Wechselwirkung zwischen zwei Persönlichkeiten; zusätzlich werden sie durch triadische Effekte und Rollenerwartungen beeinflußt. Diese Wechselwirkung zwischen zwei Persönlichkeiten braucht Zeit, um sich zu entfalten, und die Stabilität einer persönlichen Beziehung ist immer nur eine relative: Beziehungen können sich ändern. Persönliche Beziehungen haben einen Beginn, einen Verlauf "mit Höhen und Tiefen" und ein Ende: sie *entwickeln* sich.

Diese Entwicklung von Beziehungen läßt sich in Analogie zur individuellen Entwicklung durch ein *Stufenmodell* beschreiben: Erstes Zusammentreffen (Geburt), Phase des Kennenlernens (Kindheit), Etablierte Beziehung (Erwachsenenalter), Trennung (Tod). Wenn alltagspsychologisch von einer Beziehung, "die noch in den Kinderschuhen steckt", oder von einer "reifen Beziehung" gesprochen wird, schwingt diese Analogie mit. Ein etwas differenzierteres Stufenmodell stammt aus der Kleingruppenforschung (Lacoursiere, 1980; Tuckman & Jensen, 1977):

5 Stufen der Beziehungsentwicklung nach Lacoursiere (1980)
(1) *Orientierung ("forming"):* Die Bezugspersonen prüfen ihre wechselseitigen Erwartungen und bauen ein erstes Beziehungsschema auf.
(2) *Konflikt ("storming"):* Konflikte zwischen Erwartungen an den anderen und dessen Verhalten entstehen und werden ausgetragen.
(3) *Anpassung ("norming"):* Erwartungen und tatsächliches Verhalten passen sich wechselseitig einander an und stabilisieren sich.
(4) *Performanz ("performing"):* Erwartungen und Verhalten passen gut zueinander; die Dyade funktioniert nahezu reibungslos.
(5) *Auflösung ("adjourning"):* Aus inneren oder äußeren Gründen kommt es zu einer Distanzierung der Bezugspersonen voneinander, die in einer Auflösung der Dyade endet.

Dieses Modell läßt sich insofern auf dyadische Beziehungen übertragen, als Dyaden als Spezialfälle von Kleingruppen aufgefaßt werden. Wie auch bei Stufenmodellen der individuellen Entwicklung wird hier von einer gerichteten Entwicklung auf einen Zielzustand hin ausgegangen, so daß Begriffe wie Verlangsamung, Fixation auf eine Stufe oder Regression von einer späteren Stufe auf eine frühere angemessen erscheinen. Die Annahme einer zielgerichteten Entwicklung läßt sich für persönliche Beziehungen (McCall, 1988) oder die Entwicklung sozialer Organisationen (Kimberly, 1980) aber ebensowenig aufrecht erhalten wie für die individuelle Entwicklung, denn die postulierte Abfolge läßt sich empirisch nicht belegen. So fand z.B. Krain (1975) bei Paarbeziehungen wenig Evidenz für den zu erwartenden Anstieg von Konflikten gegen Anfang der Beziehung, gefolgt von einer Phase der Anpassung.

Stufenmodelle beschreiben die Beziehungsdynamik nicht angemessen.

Konflikte und nachfolgende Anpassungsprozesse finden sich vielmehr zu allen Zeitpunkten der Beziehungsentwicklung. Wie auch die individuelle soziale Entwicklung oder die Entwicklung sozialer Organisationen läßt sich Beziehungsentwicklung nach der anfänglichen Orientierungsphase eher durch ein *Phasenmodell* beschreiben: Phasen unterschiedlicher stabiler Interaktionsmuster und Beziehungsschemata folgen aufeinander, ohne daß in dieser Aufeinanderfolge eine klare Richtung auf ein Ziel hin erkennbar wäre (McCall, 1988).

Die Transformation von einer Phase zu einer nächsten beruht dabei sowohl auf inneren als auch auf äußeren Ursachen. *Innere Ursachen* stammen aus der Beziehung selbst, z.B. langsam abnehmende eheliche Zufriedenheit aufgrund nachlassenden sexuellen oder intellektuellen Interesses aneinander; erreicht die Unzufriedenheit einen kritischen Punkt, führt dies zu Konflikten mit nachfolgender Neuanpassung oder Auflösung der Beziehung. *Äußere Ursachen* stammen aus der Umwelt der Dyade. Dazu gehören insbesondere Veränderungen in sozialen Systemen, in die die Dyade eingebettet ist. So können z.B. Freundschaften in Schulklassen durch Veränderungen der Klassenstruktur verändert werden (z.B. bei Weggang oder Neuaufnahme von Schülern). Allgemeiner kann jede Veränderung anderer Beziehungen einer der beiden Bezugspersonen deren Beziehung zueinander verändern (z.B. wenn ein chronischer Konflikt des Vaters am Arbeitsplatz die Beziehung zu seiner Frau verändert).

Angemessener zur Beschreibung der Beziehungsdynamik sind Phasenmodelle; Phasenübergänge können auf inneren oder äußeren Ursachen beruhen.

Weiterführende Literatur

McCall, G.J. (1988). The organizational life cycle of relationships. In S.W. Duck (1988) (Ed.), *Handbook of personal relationships* (pp. 467-484). New York: Wiley.

2 Beziehungstypen

In diesem Kapitel geben wir eine knappe Übersicht über Fragestellungen und Befunde zu den wichtigsten Beziehungstypen: Partner-, Eltern-Kind-, Geschwister-, Freundschafts-, Berufs- und Nachbarschaftsbeziehungen. Typ-übergreifende Paradigmen werden erst im nachfolgenden Kapitel behandelt. Damit dieser Überblick nicht zu abstrakt ausfällt, vertiefen wir die Darstellung an einigen Stellen exemplarisch. Wir beziehen uns in diesem Kapitel ausschließlich auf psychologische Untersuchungen in westlichen Industrienationen; in Kapitel 5 wird dann der Blick erweitert auf andere Kulturen. Wir gliedern die Übersicht für jeden Typ nach *universellen Fragestellungen*, die sich auf Gemeinsamkeiten aller Beziehungen dieses Typs beziehen (ist z.B. die Mutter-Kind-Beziehung typischerweise enger als die Vater-Kind-Beziehung?), und nach *differentiellen Fragestellungen* (welche Unterschiede gibt es z.B. zwischen Mutter-Kind-Dyaden in der Qualität ihrer Beziehung?).

2.1 Beziehungen in Familien

Während Gegenstand der Familienpsychologie (Schneewind, 1999) das *gesamte System* der Familie ist, beschränken wir uns hier auf eine Behandlung jeweils eines Beziehungstyps *in* Familien; Wechselwirkungen zwischen diesen innerfamiliären Beziehungen werden in Kapitel 3.6 thematisiert. Relativ ausführlich behandeln wir Partnerschaft, Eltern-Kind- und Geschwisterbeziehungen. Vergleichsweise wenig untersucht sind Beziehungen zwischen Kindern und ihren Großeltern; hierzu sei auf Schmidt-Denter (1988) und Szinovacz (1998) verwiesen.

2.1.1 Partnerwahl und Partnerschaft

Obwohl das Bedürfnis nach einer Partnerbeziehung eine menschliche Universalie zu sein scheint, sind die Organisationsformen von Partnerschaft sowohl historisch als auch interkulturell sehr verschieden. So ist es in Deutschland heute üblich, daß sich die Partner in gegenseitigem Einverständnis selber wählen, wobei die Partnerschaft durch Heirat gesellschaftlich sanktioniert werden kann, aber nicht muß, und es möglich ist, eine Heirat wieder aufzulösen und noch einmal zu heiraten. Aus der Perspektive unserer stark individualistischen Kultur erscheint uns dieses Konzept der Partnerschaft selbstverständlich, wenn nicht gar "natürlich".

Ein Blick auf die jüngere Vergangenheit oder auf andere Kulturen macht deutlich, daß dem nicht so ist. So spielt z.B. im kollektivistischer geprägten Japan die individuelle Wunscherfüllung eine weitaus geringere Rolle als das Wohl der eigenen Gruppe. Ehen werden in der Regel von den Eltern aufgrund rational-ökonomischer Kriterien gestiftet, und die Eheleute haben kaum Gelegenheit, sich vorher kennenzulernen. Entsprechend ist nicht nur japanischen Eltern die Idee einer "Liebesheirat" suspekt, auch japanische Studenten bewerten das Konzept der romantischen Liebe deutlich negativer als amerikanische oder deutsche Studenten. Statt der in westlichen Kulturen üblichen Idealisierung des Verliebtseins denken Japaner an negative Facetten dieses Zustandes wie eine gewisse Verwirrtheit und drohende Eifersucht, die das harmonische Zusammenleben gefährden könnten. Statt gegenseitiger Sympathie zwischen den Ehepartnern wird die enge Beziehung zwischen Mutter und Kind besonders hoch bewertet (Trommsdorff, 1991).

Das uns Vertraute ist also keineswegs universell gültig. Befunde über Partnerschaften müssen daher in besonderem Maße auf dem Hintergrund der jeweils herrschenden sozialen und religiösen Verhältnisse gesehen werden; Generalisierungen auf andere Kulturen (oder andere Kohorten der gleichen Kultur) sind nur sehr eingeschränkt zulässig. Im folgenden werden in einer universellen Perspektive Rahmendaten zu Partnerschaft und Ehe dargestellt. Anschließend werden in differentieller Perspektive Befunde zur Partnerwahl sowie der Qualität und Stabilität von Partnerschaften skizziert. Natürlich kann die immense Literatur zu diesem Thema nur exemplarisch dargestellt werden. Zum Abschluß des Kapitels wird auf Gemeinsamkeiten und Unterschiede zwischen heterosexuellen und homosexuellen Partnerschaften eingegangen.

Universelle Sicht

Bis in die frühen 70er Jahre waren in Deutschland Partnerschaft und Ehe beinahe austauschbare Begriffe. So waren etwa 90% aller 34-jährigen westdeutschen Frauen (mindestens einmal) verheiratet (vgl. Abb. 2.1). Danach kam es zu einer Abnahme der Eheschließungen und einer Zunahme der Ehescheidungen (vgl. Tab. 2.1). In der DDR wurden mehr Ehen geschlossen und geschieden als in der Bundesrepublik. Der historische Trend war aber in beiden Staaten ähnlich, so daß von einer getrennten Betrachtung beider deutscher Staaten abgesehen werden kann. Die Abnahme von Eheschließungen und die Zunahme von Scheidungen gilt allgemein für die westlichen Industriestaaten, wobei es allerdings in Europa ein deutliches Nord-Süd-Gefälle gibt.

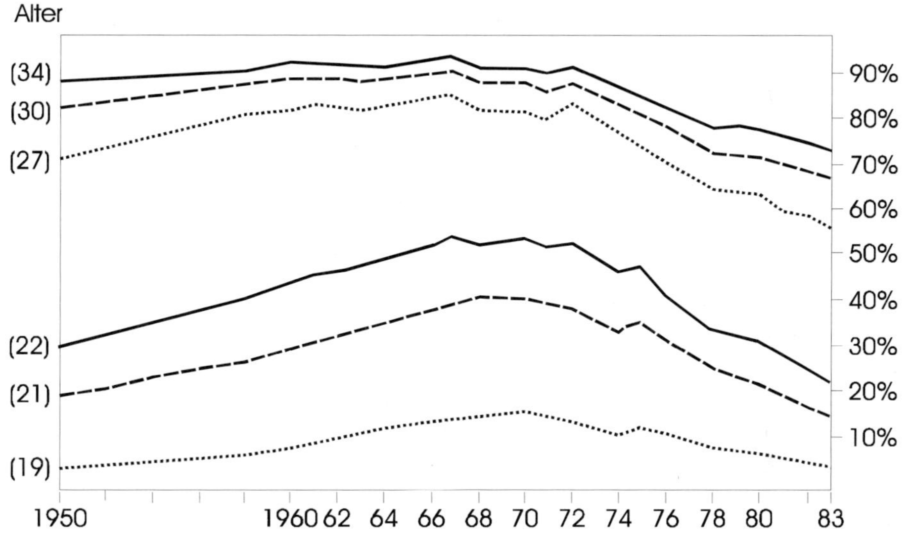

Abbildung 2.1. Anteil verheirateter Frauen in Abhängigkeit vom Alter, 1950-83.

Trotz der deutlichen Abnahme von Eheschließungen und der Zunahme von Scheidungen ist es keineswegs so, daß Ehepaare schon eine gesellschaftliche Randgruppe wären. Von den Deutschen im Alter unter 50 Jahren waren 1996 immerhin 78% der Männer und 78,5% der Frauen verheiratet (und 9,7% bzw. 11,3% geschieden). In der Altersgruppe unter

35 Jahren war der Anteil der Verheirateten deutlich geringer, lag aber immer noch bei 47,7% für Männer und 62,2% für Frauen (Eurostat Jahrbuch, 1997).

Tabelle 2.1: Anzahl der Eheschließungen und Ehescheidungen in Deutschland pro 1000 Einwohner von 1960 bis 1996 (Statistisches Bundesamt, 1998)

	1960	1970	1980	1990	1996
Eheschließungen	9,5	7,4	6,3	6,5	5,2
Ehescheidungen[a]	0,9	1,3	1,6	1,9	2,3

[a] *früheres Bundesgebiet*

Bei dieser Quote für die jüngere Generation muß berücksichtigt werden, daß nicht nur weniger Ehen geschlossen werden, sondern daß dieses auch immer später geschieht. So nahm das Durchschnittsalter von Eheschließenden bei der ersten Heirat von 1985 bis 1996 um etwa 3,5 Jahre zu (im Jahre 1996 betrug es bei Männern 30,0 und bei Frauen 27,6 Jahre). Die Anzahl von nichtehelichen Lebensgemeinschaften hat sich entsprechend erhöht. Auffällig ist dabei, daß diese Form der Partnerschaft vor allem von Paaren ohne Kinder gewählt wird (vgl. Tab. 2.2).

Tabelle 2.2: Lebensformen der Altersgruppe 18-32-Jähriger in Prozent (nach Schlemmer, 1991)

		nichteheliche Partner		
	ohne Partner	getrennt wohnend	zusammen wohnend	eheliche Partner
mit Kindern	6,1	2,8	6,5	84,6
ohne Kinder	40,8	29,0	14,8	15,4

Diese Daten legen nahe, daß die Ehe einen Bedeutungswandel durchgemacht hat. Während die Ehe noch in den 60er Jahren dazu diente, eine Partnerschaft gesellschaftlich zu sanktionieren, wird sie heute vor allem dann geschlossen, wenn Kinder gewünscht oder erwartet werden. Aus dieser Sicht ist der Rückgang von Eheschließungen auch in direktem Zusammenhang mit dem starken Geburtenrückgang seit den 60er Jahren zu sehen (Schneewind, 1999).

Die Ehe hat sich von der gängigen Form der Partnerschaft zur Institution für die Familie gewandelt: Von den 18-32-Jährigen mit Kindern sind 85% verheiratet, und nur 26% aller Ehepaare haben keine Kinder.

Der zweite Trend in Bezug auf die Ehe in den meisten westlichen Industrieländern ist die starke Zunahme von Scheidungen. Tabelle 2.1 zeigt, daß sich die Scheidungsquote in Deutschland von 1960 bis 1990 mehr als verdoppelt hat. Während in Deutschland etwa eine Scheidung auf drei Eheschließungen kommt, ist das Verhältnis in Großstädten wie Berlin fast 1:2. Die im Vergleich zu den nordeuropäischen Ländern und den USA sehr niedrige Scheidungsquote in Italien legt die Vermutung nahe, daß die Scheidungsrate von der Akzeptanz von Scheidungen in der Bevölkerung abhängt, so daß unzufriedene Ehepaare im liberalen Dänemark sich scheiden lassen, während ähnlich unzufriedene Paare im katholisch geprägten Italien dies nicht tun.

Falls die zunehmende Scheidungsrate durch die Liberalisierung der Scheidung vollständig erklärt würde, müßte man erwarten, daß die durchschnittliche Zufriedenheit in den weiterbestehenden Ehen entsprechend zunimmt. Glenn (1991) konnte jedoch zeigen, daß dies für eine große amerikanische Stichprobe nicht zutraf. Im Gegenteil, von 1973 bis 1988 nahm der Prozentsatz der Verheirateten, die ihre Ehe als sehr glücklich schilderten, nicht zu, sondern sogar um etwa 6% ab. Auch in einer neueren Erhebungswelle bis 1994 finden sich keine überzeugenden Hinweise auf eine Zunahme der Ehezufriedenheit (Glenn, 1998). Übrigens ist es keineswegs so, daß alle unglücklichen Ehen geschieden würden. So klassifizierten z.B. Heaton und Albrecht (1991) in ihrer Untersuchung 7,2% der Ehen als "stabil und unglücklich".

Eine mögliche Erklärung für seltenere und spätere Eheschließungen, den Geburtenrückgang und die steigende Scheidungsquote könnte in einem Trend zu stärkerem Individualismus und persönlicher Selbstverwirklichung liegen (Miegel & Wahl, 1994). Es ist plausibel anzunehmen, daß das Bedürfnis nach individueller Selbstverwirklichung im beruflichen und privaten Leben insgesamt stärker geworden ist, so daß die Entscheidung für Ehe und Familie mit den damit verbundenen Einschränkungen individueller Bedürfnisbefriedigung später gefällt wird, und daß solche Einschränkungen im Durchschnitt stärkere Unzufriedenheit hervorrufen als noch vor 40 Jahren oder gar zu Beginn des Jahrhunderts.

Das stärkere Streben nach individueller Selbstverwirklichung in Beruf und Privatleben scheint ein wesentlicher Grund für vier demographische Trends zu sein: weniger Eheschließungen, spätere Eheschließungen, Geburtenrückgang und mehr Ehescheidungen.

Differentielle Sicht

Attraktion und Partnerwahl. Es gibt nur wenige Themen des sozialen Lebens, denen soviel Aufmerksamkeit geschenkt wird wie dem Entstehen und der Beendigung von Partnerschaften. Eine ganze Sparte der Medien widmet sich ausgiebig den vermeintlichen oder tatsächlichen Liebesbeziehungen öffentlicher Personen, aber auch bei "normalen" Menschen wird Beginn und Ende von Partnerschaften durch das soziale Umfeld mit großem Interesse verfolgt. So ist es nicht verwunderlich, daß die Alltagspsychologie eine große Anzahl von "Erklärungen" für das Zustandekommen und auch das Scheitern von Liebesbeziehungen bereithält. Dazu zählen die widersprüchlichen Aussagen "gleich und gleich gesellt sich gern" und "Gegensätze ziehen sich an".

Beide Aussagen wurden auch als wissenschaftliche Theorien formuliert und empirisch getestet. Die Befundlage ist sehr eindeutig: Nur für das biologische Geschlecht stellt Unähnlichkeit oder Komplementarität die Regel und Ähnlichkeit die Ausnahme dar. Bei vielen anderen untersuchten Merkmalsbereichen wie Alter, soziale Schicht, ethnische Herkunft, Religionszugehörigkeit, bestimmte Werthaltungen und Einstellungen, Bildungsniveau, Intelligenz, physische Attraktivität und Gesundheit und findet man deutlich positive Korrelationen zwischen Eigenschaften von Ehepartnern (Klein, 1991). Lykken und Tellegen (1993) stellten die in der Literatur berichteten Ähnlichkeiten für eine Reihe von Merkmalen zusammen (vgl. Tabelle 2.3). Besonders hoch ist die Ähnlichkeit zwischen Partnern für die Merkmale Religiosität, Konservatismus und Autoritarismus, die eine komplexe Mischung aus kognitiver Komplexität, Temperament, Werten und Einstellungen darstellen. Lediglich im Bereich von Persönlichkeitseigenschaften werden gelegentlich negative Korrelationen gefunden, der mittlere Zusammenhang ist aber auch hier mit 0.15 positiv.

Mit Ausnahme des biologischen Geschlechts ähneln sich Liebespartner in einer großen Anzahl von soziodemographischen, physischen und psychischen Merkmalen.

Tabelle 2.3: Ähnlichkeiten zwischen Ehepartnern (nach Lykken und Tellegen, 1993)

Merkmalsbereiche	Korrelationen
Körpermaße	.10 bis .30
IQ	.37
Bildungsniveau	.38 bis .52
Physische Attraktivität	.46
Persönlichkeit	-.23 bis .47
Werte	.20 bis .58
Religiosität, Konservatismus, Autoritarismus	.40 bis .70

Kommt die Ähnlichkeit zwischen Partnern dadurch zustande, daß Personen aktiv Partner suchen, die ihnen ähnlich sind? Die berichteten Korrelationen geben hierüber keine Auskunft. Zunächst muß man sich vergegenwärtigen, daß man für viele Merkmale positive Korrelationen zwischen Partnern finden würde, selbst wenn die aktive Partnerwahl vollkommen zufällig wäre. Die meisten Menschen bewegen sich in der Ausbildung, im Beruf und auch in der Freizeit in einem sozialen Milieu, in dem viele der oben genannten Merkmale charakteristische Ausprägungen haben, so daß es viel wahrscheinlicher ist, ähnliche Personen zu treffen als unähnliche (vgl. Abschn. 1.3).

Da die Ähnlichkeit zwischen Partnern nicht unbedingt aktives Suchen oder Vermeiden widerspiegelt, sondern durch die Drittvariable "soziales Milieu" verursacht sein kann, läßt sich aus den gefundenen Korrelationen auch nicht ableiten, ob Ähnlichkeit zwischen Partnern für die Partnerschaft eher förderlich, hinderlich oder bedeutungslos ist. Dies macht z.B. ein Befund aus der methodisch ungewöhnlich sorgfältigen Studie von Eysenck und Wakefield (1981) an 566 britischen Ehepaaren deutlich. Erfragt wurden u.a. politische Einstellungen. Wie auch in Deutschland (vgl. z.B. Marx & Laege, 1995) variierten diese Einstellungen auf zwei unabhängigen Hauptdimensionen: linke versus rechte Haltung und radikal versus gemäßigt. Beide Dimensionen korrelierten stark positiv zwischen den Partnern (0.51 für links-rechts, 0.56 für Radikalismus). Die Partner waren sich also ähnlich in ihrer politischen Einstellung.

Die Ähnlichkeit der Partner im Merkmal Radikalismus korrelierte schwach, aber überzufällig (0.15) mit der Zufriedenheit des Paares. Wenn also beide Partner wenig radikale oder stark radikale Ansichten hatten, waren sie zufriedener mit ihrer Ehe, als wenn der eine viel radikaler war als der andere. Die Ähnlichkeit der Partner auf der Dimension links-rechts korrelierte aber mit der mittleren Zufriedenheit des Paares praktisch Null (0.03). Aus einer hohen mittleren Ähnlichkeit von Paaren in einem Persönlichkeitsmerkmal kann also nicht geschlossen werden, daß eine besonders hohe Ähnlichkeit förderlich und eine relativ niedrige Ähnlichkeit hinderlich für die Beziehungsqualität ist.

Bei Merkmalen wie körperlicher Gestalt, physischer Attraktivität oder Persönlichkeitseigenschaften kann die Ähnlichkeit von Paaren kaum durch das soziale Milieu, sondern eher durch einen aktiven Wahlprozeß erklärt werden. Experimentelle Daten zur Einstellungsähnlichkeit weisen darauf hin, daß nicht Ähnlichkeit Sympathie hervorruft, sondern eine starke Unähnlichkeit zu Ablehnung führt (Rosenbaum, 1986). Es liegt daher nahe zu vermuten, daß nicht ein in bestimmten Eigenschaften ähnlicher Partner gesucht wird, sondern extrem unähnliche vermieden werden. Bei Merkmalen, die kulturell stereotyp bewertet werden, wie z.B. physische Attraktivität oder Intelligenz, ist dagegen anzunehmen, daß jeder Suchende bestrebt ist, einen möglichst attraktiven Partner zu finden. Auch bei dieser "Maximierungsstrategie" ergibt sich ganz automatisch eine Paarung von ähnlich attraktiven Personen, weil jede Person dazu tendiert, deutlich unattraktivere potentielle Partner zurückzuweisen, von deutlich attraktiveren aber selber zurückgewiesen wird. Da auch andere Faktoren die Wahl beeinflussen, ist der empirisch gefundene Zusammenhang für wertbehaftete Merkmale zwar nicht perfekt, aber substantiell.

Die Ähnlichkeit zwischen Partnern läßt sich auf drei Ursachen zurückführen: eine höhere Wahrscheinlichkeit, ähnliche potentielle Partner kennenzulernen als unähnliche; eine aktive Vermeidung sehr unähnlicher Partner; und eine aktive Suche nach dem attraktivsten Partner.

Neben der Ähnlichkeit zu Beginn der Partnerschaft wurde auch die alltagspsychologische Annahme untersucht, daß sich Partner im Laufe der Zeit immer ähnlicher werden. Tatsächlich ist es ja nicht unplausibel, daß sich Partner sowohl gegenseitig beeinflussen als auch gemeinsam Erfahrungen machen, die sie in gleicher Weise ändern. Caspi, Herbener und Ozer (1992) untersuchten diese Frage empirisch für ästhetische, politische und religiöse Werte. Sie fanden, daß Ehepaare sich im Verlauf von 20 Jahren zwar nicht ähnlicher wurden, aber auch nicht unähnlicher. Dieser Befund weist auf einen von den Partnern geteilten Umwelteffekt hin, der die Paare ähnlicher macht. Gäbe es diesen Einfluß nicht, wäre nämlich zu erwarten, daß die Paare aufgrund der relativ geringen Stabilität von Werten und Einstellungen über den langen Untersuchungszeitraum im Mittel auseinanderdriften würden.

Qualität und Stabilität von Partnerschaften. Die große Zahl von Scheidungen in den westlichen Industriestaaten zieht enorme soziale und materielle Folgekosten nach sich. So empfinden nur etwa 20% der Geschiedenen die Scheidung als positiv (Albrecht, 1980). Viele Untersuchungen belegen starke gesundheitliche und psychische Beeinträchtigungen bei Geschiedenen oder in Trennung Lebenden, bis hin zu erheblich gesteigertem Risiko für psychiatrische Hospitalisation, Unfälle, Gewaltdelikte und Suizide (Bodenmann, 1995).

Die Auswirkung einer Scheidung auf Kinder sind ebenfalls dramatisch (Amato & Keith, 1991), und immer mehr Kinder erleben die Scheidung ihrer Eltern (in den USA zur Zeit etwa 36% der weißen und 75% der schwarzen Kinder, Gottman, 1994) oder gar zwei Scheidungen (etwa 10%, Hetherington & Clingempeel, 1992). Deshalb hat die Erforschung der Mechanismen, die zu Trennung und Scheidung führen, auch eine enorme praktische Bedeutung, weil sie eine notwendige Voraussetzung für eine effiziente Prävention und Intervention bei Eheproblemen darstellt.

Die überwiegende Mehrheit der Ehepartner und der betroffenen Kinder leiden stark unter einer Ehescheidung.

Trotz der unbestrittenen Bedeutung von Ehescheidungen muß darauf hingewiesen werden, daß Stabilität und Qualität von Partnerbeziehungen zwar zusammenhängen, aber in der Forschungspraxis strikt unterschieden werden müssen. So erscheint z.B. in einer Evaluationsstudie für Ehetherapie die Ehezufriedenheit ein sinnvolleres Erfolgskriterium zu sein als die Ehestabilität, da eine weiterbestehende unglückliche Ehe aus psychologischer Sicht nicht als Interventionserfolg angesehen werden kann. Bei Längsschnittstudien ist außerdem zu beachten, daß Parameter der Beziehungsqualität und -stabilität verschiedene Stadien eines Prozesses abbilden können. Gottman (1994) schlug ein Kaskadenmodell der Auflösung von Partnerbeziehungen vor: Niedrige Beziehungszufriedenheit führe zu ernsthaften Trennungsgedanken, diese zur Trennung und diese zur Scheidung (vgl. Abb. 2.2).

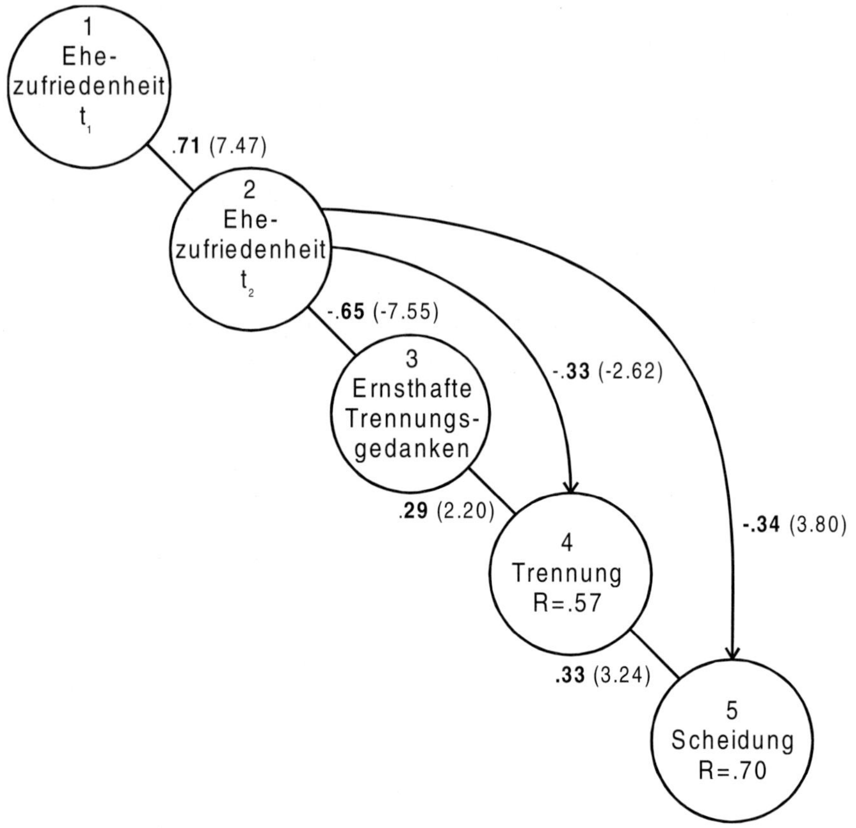

Abbildung 2.2. Kaskadenmodell der Trennung nach Gottman (1994).

Bei Längsschnittuntersuchungen über wenige Jahre ist daher damit zu rechnen, daß scheiternde Beziehungen sich zu einem bestimmten Meßzeitpunkt an verschiedenen Punkten dieser Kaskade befinden können. Diese Abfolge ist allerdings nur dann naheliegend, wenn man sie von hinten nach vorn betrachtet: Scheidungen geht häufig eine Trennung voraus, dieser Trennungsgedanken, etc. Umgekehrt kann ein unzufriedenes Paar zwar Trennungsgedanken hegen, diese aber nie in die Tat umsetzten. Aus diesen Gründen sind die Interkorrelationen der Variablen in der Kaskade naturgemäß relativ niedrig. Einige Autoren bezweifeln jedoch, daß die Trennungskaskade überhaupt eine sinnvolle Beschreibung des Trennungsprozesses darstellt, weil die vorgeschlagene Abfolge der Ereignisse weder notwendig noch hinreichend für eine Scheidung sei (Berscheid & Reis, 1998).

Ehequalität und Ehestabilität sind unterschiedliche Konstrukte, die nur mäßig hoch korrelieren. Man kann die Trennung als einen mehrstufigen Prozeß auffassen:
niedrige Ehequalität → ernsthafte Trennungsgedanken → Trennung → Scheidung.

In der Praxis wird die partnerschaftliche Zufriedenheit durch Fragebogenverfahren erfaßt wie z.B. den Partnerschaftsfragebogen (PFB) von Hahlweg (1979, 1996) oder die Relationship Assessment Scale (RAS) von Hendrick (1988) (deutsche Version von Sander und Böcker, 1993). Items der RAS sind z.B. "Wie zufrieden sind Sie insgesamt mit Ihrer Beziehung?" (*sehr unzufrieden – sehr zufrieden*) und "Wie gut kommt Ihr Partner Ihren Bedürfnissen entgegen?" (*überhaupt nicht – vollkommen*). Diese reliable und mit nur sieben Items auch sehr ökonomische Skala hat im Gegensatz zu vielen anderen Verfahren den Vorteil, daß keine theoretischen Vorannahmen über Ursachen oder Symptome niedriger Beziehungszufriedenheit in die Messung eingehen. So enthält die RAS keine Fragen nach Verhaltensweisen ("Wie häufig streiten Sie sich mit Ihrem Partner?"), sondern fragt lediglich nach der subjektiven Bewertung der Beziehung.

Unter der partnerschaftlichen Stabilität wird verstanden, ob die Partnerschaft nach einem bestimmten Zeitraum noch besteht oder ob die Trennung eingeleitet oder vollzogen ist. Die Partnerschaftszufriedenheit ist zwar ein guter Prädiktor für die partnerschaftliche Stabilität, kann aber mit ihr nicht gleichgesetzt werden, weil es nicht wenige stabil-unglückliche Partnerschaften gibt (Heaton & Albrecht, 1991). Auch ist die Zufriedenheit ein individuelles Merkmal, das zwischen den beiden Partnern variieren kann (die Korrelation zwischen den Partnern beträgt etwa 0.65), während die Stabilität ein dyadisches Merkmal ist, das die Beziehung charakterisiert. Welche Faktoren eine gute Partnerschaft fördern, kann also getrennt für Zufriedenheit und für Stabilität beantwortet werden, wobei Merkmale, die stabil-glückliche Partnerschaften fördern, natürlich von besonderem Interesse sind.

Welche Faktoren bewirken, daß Partnerschaften stabil und glücklich, stabil und unglücklich oder unglücklich verlaufen und mit einer Trennung enden? Obwohl die Erforschung dieses Problems auf ein besseres

Verständnis eines Entwicklungsprozesses abzielt, wurde die überwiegende Mehrzahl der einschlägigen Studien in querschnittlichen Designs durchgeführt. Diese Praxis ist zwar wesentlich ökonomischer, hat sich jedoch als sehr problematisch herausgestellt. So gibt es Befunde, nach denen Variablen positiv mit der aktuellen Beziehungszufriedenheit zusammenhängen, aber negativ mit der Beziehungszufriedenheit zu einem späteren Zeitpunkt (Berscheid & Reis, 1998; Gottman & Krokoff, 1989). Aus diesem Grund gibt es in den letzten Jahren einen klaren Trend zu längsschnittlichen Designs.

Karney und Bradbury (1995) führten eine Metaanalyse von 115 Längsschnittstudien zur Ehequalität und -stabilität durch. Aufgrund der Ergebnisse schlugen sie ein allgemeines *Adaptationsmodell der Ehe* vor, das eine Systematisierung der zahlreichen bisher untersuchten Prädiktoren der Partnerschaftsentwicklung erlaubt. Im Modell werden drei Gruppen von Prädiktoren unterschieden: *überdauernde Eigenschaften*, *belastende Ereignisse* und *adaptive Prozesse*. Unter *adaptiven Prozessen* sind allgemeine typische Bewältigungsprozesse des Paares zu verstehen (Bodenmann, 1995). Diese sind von zentraler Bedeutung, weil sie zwischen den *überdauernden Eigenschaften* der Partner oder der Dyade und den *belastenden Ereignissen* vermitteln: Wenn es nicht gelingt, angemessene adaptive Verhaltensweisen zu zeigen, sagt das Modell eine Verminderung der ehelichen Zufriedenheit und schließlich die Trennung vorher (vgl. Abb. 2.3).

Individuelle Persönlichkeitsmerkmale der Partner wie z.B. ihr Bildungsniveau, ihr Neurotizismus oder ihr Bindungsstil (vgl. Abschn. 3.4), die Passung dieser Persönlichkeitsmerkmale innerhalb und zwischen Partnern und überdauernde dyadische Merkmale wie die Existenz von Kindern, eines gemeinsamen Hauses oder die Beziehungsdauer vor der Ehe gehören zu den überdauernden Eigenschaften (Karney & Bradbury, 1995, sprachen zwar von "vulnerabilities", meinten damit aber auch das Gegenteil, nämlich protektive Faktoren). Arbeitslosigkeit, Streß am Arbeitsplatz, Krankheit, ein Seitensprung eines der Partner, Schwierigkeiten mit den Kindern etc. zählen zu den belastenden Ereignissen für die Partnerschaft.

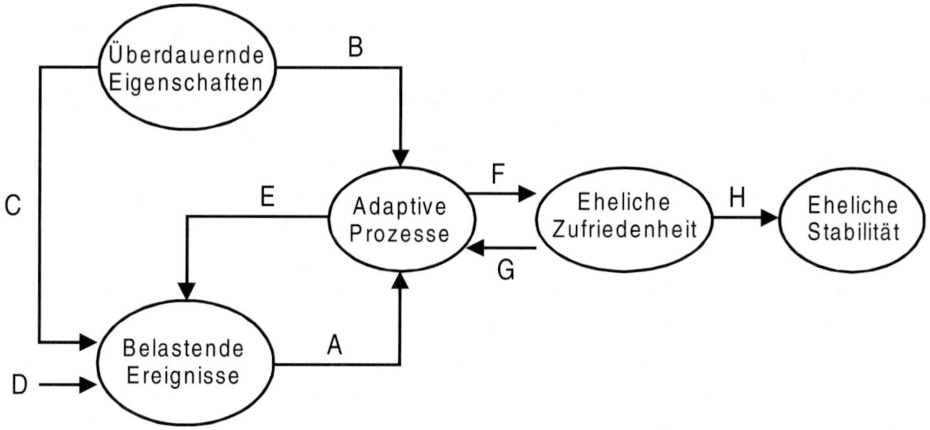

Abbildung 2.3. Das Adaptationsmodell der Ehe nach Karney und Bradbury (1995).

Die im Modell postulierten Prozesse sind in der Abbildung durch Pfeile gekennzeichnet. Karney und Bradbury (1995) nahmen an, daß die belastenden Ereignisse nicht nur durch Zufall bedingt sind (D), sondern auch von den überdauernden Eigenschaften abhängen können (C; vgl. z.B. Magnus, Diener, Fujita & Pavot, 1993, für den Einfluß von Neurotizismus auf belastende Ereignisse) und von der Art der adaptiven Prozesse (E; vgl. z.B. Hooley, Orley & Teasdale, 1986, für den Einfluß eines negativen Verhaltens des Partners auf die Rückfallrate depressiver Patienten nach ihrer Rückkehr nach Hause). Etwas obskur ist der Pfad G von der ehelichen Zufriedenheit zu den adaptiven Prozessen. Als Beleg hierfür zitierten Karney und Bradbury (1995) Studien, in denen die eheliche Zufriedenheit Jungverheirateter einen Zuwachs an positiven Verhaltensweisen des Partners vorhersagte. Vermutlich zeigte sich hier lediglich ein Effekt überdauernder Eigenschaften, der bei Jungverheirateten nicht sichtbar wurde. Sparsamer ist die Annahme, daß die ganze Kaskade bis zur Trennung, beginnend mit ehelicher Unzufriedenheit, nur eine Konsequenz adaptiver Prozesse ist.

Das Modell von Karney und Bradbury (1995) ist gut geeignet, die wesentlichen psychologischen Einflußfaktoren auf die Qualität und Stabilität von Partnerschaften und ihre Wechselwirkungen zu beschreiben.

Karney und Bradbury (1995) diskutierten zahlreiche Studien, die die einzelnen Einflußpfade des Modells belegen oder jedenfalls plausibel machen. Der Wert des Modells kann darin gesehen werden, daß es allgemein genug ist, um einen Rahmen für alle Untersuchungen zu Risikofaktoren für Scheidung und stabil-unglückliche Ehen zu liefern, und mit der Berücksichtigung belastender Ereignisse und der nicht so offensichtlichen Pfade C und E speziell genug ist, um empirische Untersuchungen anzuregen. Diese müssen künftig vor allem die genaue Art der überdauernden Eigenschaften, der belastenden Faktoren, ihrer Interaktion und der adaptiven Prozesse klären, die das Abgleiten eines Paares auf die schiefe Bahn der Trennungs-Kaskade fördern oder verhindern.

Die Kaskade zur Trennung hängt von der Fähigkeit des Paares ab, belastende Ereignisse zu vermeiden oder gemeinsam positiv zu verarbeiten.

Überdauernde Eigenschaften. Mit welchen überdauernden Eigenschaften im Sinne Karney und Bradburys (1995) hängt die Ehe*zufriedenheit* zusammen? Hierzu erhoben Eysenck und Wakefield (1981) an 566 Ehepaaren neben den Variablen des Eysenck Personality Inventory (Extraversion, Neurotizismus, Psychotizismus und eine Lügenskala) eine ganze Reihe von potentiellen Prädiktoren: soziodemographische Daten bezüglich Familie, Erziehung, Partnerschaft, Alter und Einkommen, soziale Einstellungen (politische Einstellung, Radikalismus), Einstellungen zur Sexualität (Libido und sexuelle Zufriedenheit) und berichtetes Sexualverhalten. Die Varianzaufklärung der mittleren Ehezufriedenheit durch soziale Einstellungen war schwach (5% erklärte Varianz), mittelstark für Persönlichkeit (20%; Neurotizismus und Psychotizismus mit Korrelationen um –0.25) und Hintergrundvariablen (25%) und stark für Einstellungen zur Sexualität (42%) und für Sexualverhalten (62%). Leider beruhen diese Resultate auf Analysen, in denen die Abhängigkeit der Prädiktorengruppen untereinander nicht betrachtet wurde. Der Einfluß der Persönlichkeit wird bei dieser Analyse eher unterschätzt, da indirekte Effekte der Persönlichkeit auf die Ehezufriedenheit, z.B. über die Sexualität, nicht berücksichtigt werden.

In einer prospektiven Längsschnittstudie über fünf Jahre untersuchte Kurdek (1993) eine ganze Reihe potentieller Prädiktoren für die *Trennung* von Paaren. Tabelle 2.4 zeigt Variablen, für die signifikante Mittelwertsunterschiede zwischen stabilen und beendeten Beziehungen auftraten.

Tabelle 2.4: Risikofaktoren für Trennungen und ihre Effektstärken (mod. nach Kurdek, 1993)

<table>
<tr><th rowspan="2">Risikofaktoren</th><th colspan="2">Effektstärke r[a]</th></tr>
<tr><th>Frauen</th><th>Männer</th></tr>
<tr><td colspan="3">Demographische Variablen</td></tr>
<tr><td>Kurze Schulbildung</td><td>.46</td><td>.38</td></tr>
<tr><td>Geringes Einkommen</td><td>.22</td><td>.16</td></tr>
<tr><td>Stiefmutter oder Stiefvater sein</td><td></td><td>.20</td></tr>
<tr><td>Schon einmal geschieden (Summe beider Partner)</td><td colspan="2">.21</td></tr>
<tr><td>Keine gemeinsamen Finanzen</td><td colspan="2">.29</td></tr>
<tr><td>Kurze Beziehungsdauer vor der Ehe</td><td colspan="2">.23</td></tr>
<tr><td colspan="3">Persönlichkeit</td></tr>
<tr><td>Hoher Neurotizismus</td><td>.27</td><td>.29</td></tr>
<tr><td>Niedrige Gewissenhaftigkeit</td><td>.15</td><td></td></tr>
<tr><td>Geringe Zufriedenheit mit sozialer Unterstützung</td><td></td><td>.22</td></tr>
<tr><td>Viele dysfunktionale Einstellungen</td><td>.16</td><td>.21</td></tr>
<tr><td colspan="3">Interdependenz</td></tr>
<tr><td>Geringe Zufriedenheit</td><td>.46</td><td>.43</td></tr>
<tr><td>Wenig Glauben an die Beziehung</td><td>.42</td><td>.33</td></tr>
<tr><td>Geringe Bindung</td><td>.22</td><td></td></tr>
<tr><td>Geringe intrinsische Motivation</td><td>.35</td><td>.32</td></tr>
<tr><td>Geringe instrumentelle Motivation</td><td>.21</td><td></td></tr>
</table>

[a] Angegeben sind signifikante Effektstärken r.

Kurdek analysierte auch Differenzen zwischen den Werten beider Partner und interpretierte diese als Maß für Paardiskrepanzen. Da die Abhängigkeit der Differenzwerte von den absoluten Werten beider Partner nicht berücksichtigt wurde, sind die Ergebnisse dieser Analyse jedoch problematisch und werden hier nicht berichtet. Die Resultate von Kurdek (1993) zeigen, daß Neurotizismus nicht nur querschnittlich negativ mit der Beziehungszufriedenheit zusammenhängt, sondern auch einen Risikofaktor für die Ehestabilität darstellt. Insgesamt zeigt sich, daß die Persönlichkeitsvariablen Trennungen schlechter vorhersagen als Beziehungsvariablen und soziodemographische Variablen. Dabei muß allerdings angemerkt werden, daß soziodemographische Variablen wie "Dauer der Beziehung vor der Ehe" und "gemeinsame Finanzen" auch als Operationalisierungen psychologischer Variablen interpretiert werden können (nämlich als "Vertrautheit vor der Ehe" und "Vertrauen zueinander").

Der Befund, daß Neurotizismus ein Risikofaktor für Beziehungen darstellt, wird auch in einer Längsschnittstudie von Kelly und Conley (1987) bestätigt, in der 249 Paare über den außergewöhnlich langen Zeitraum von 45 Jahren untersucht wurden. Die Paare wurden 1935 in ihrer Verlobungszeit zum ersten Mal untersucht. Der zu diesem Zeitpunkt durch Bekanntenurteil erhobene Neurotizismus korrelierte mit der partnerschaftlichen Zufriedenheit 20 Jahre später zu –0.27 bei den Männern und zu –0.26 bei den Frauen. Nach 45 Jahren sank die Korrelation bei den Männern auf –0.11, stieg jedoch bei den Frauen auf –0.31. Diese Vorhersage der späteren Zufriedenheit durch den Neurotizismus in einer frühen Phase der Partnerschaft ist nicht nur deshalb bemerkenswert, weil Rückwirkungen einer schlechten Beziehung auf den eigenen Neurotizismus keine Rolle spielen können, sondern weil die über 20 oder gar 45 Jahre stabilen Partnerschaften bereits für niedrigen Neurotizismus ausgelesen waren (s.u.). Zudem ist der Befund besonders aussagekräftig, weil der Neurotizismus durch Bekannte beurteilt wurde, so daß die Zusammenhänge nicht durch eine differentielle Tendenz zu sozial erwünschten Antworten erklärt werden können.

Auch in der Studie von Kelly und Conley (1987) erwies sich Neurotizismus nicht nur als Prädiktor der Beziehungszufriedenheit, sondern auch der Stabilität der Beziehung. Der Neurotizismus des Mannes und der Frau sagte Trennung sowohl nach 20 Jahren als auch nach 45 Jahren überzufällig vorher, wobei der Effekt auf eine späte Trennung stärker für den Neurotizismus des Mannes war. Neurotizismus eines Partners in jungen Jahren ist also selbst noch in langfristigen Partnerschaften ein steter Risikofaktor.

Neurotizismus ist ein Risikofaktor bei Männern und Frauen für spätere partnerschaftliche Unzufriedenheit und Instabilität, selbst noch nach 20 Jahren Partnerschaft.

Andere Persönlichkeitsmerkmale sagten die aktuelle Zufriedenheit, die spätere Zufriedenheit und die Stabilität der Partnerschaft schlechter vorher als Neurotizismus. So erwies sich bei Kelly und Conley (1987) z.B. mangelnde Impulskontrolle des Mannes als schwacher Risikofaktor für frühe Trennung und Unzufriedenheit nach 45 Jahren Partnerschaft, nicht aber für frühe Trennung oder Unzufriedenheit in den ersten 20 Jahren der Partnerschaft, und mangelnde Impulskontrolle der Frau zeigte lediglich einen schwachen Effekt auf die Unzufriedenheit nach 45 Jahren Partnerschaft.

Kelly und Conley (1987) führten eine der wenigen Analysen durch, in denen stabil-unzufriedene Partnerschaften separat analysiert wurden. Sie unterschieden drei Arten von Paaren: stabil-unzufriedene Paare, die 45 Jahre lang zusammen blieben, wobei aber Mann und Frau nach 20 und nach 45 Jahren unterdurchschnittliche Zufriedenheitswerte angaben; stabil-zufriedene Paare (die restlichen stabilen Paare) und Paare, die sich getrennt hatten. Die Ergebnisse für die stabil-unzufriedenen Paare sind allerdings mit Vorsicht zu interpretieren, weil sie auf nur 17 Paaren beruhen. Tabelle 2.5 zeigt die Mittelwerte der drei Paar-Typen in vier Persönlichkeitseigenschaften, die zu Beginn der Studie erhoben worden waren. Sie sind als *z*-Werte ausgedrückt (diese Werte haben den Mittelwert 0 und die Standardabweichung 1 in der gesamten Stichprobe).

Tabelle 2.5: Geschlechtsweise Mittelwerte (*z*-Werte) in Persönlichkeitseigenschaften im Alter von 20-30 Jahren für drei Arten von Paaren (nach Kelly & Conley, 1987)

	Neurotizismus	Extraversion	Impulskontrolle	Verträglichkeit
Männer				
Stabil-zufrieden	-0.22	-0.05	0.25	0.08
Stabil-unzufrieden	0.30	-0.30	-0.08	-0.42
Getrennt	0.32	-0.03	-0.21	0.02
Frauen				
Stabil-zufrieden	-0.18	-0.04	0.02	0.09
Stabil-unzufrieden	-0.07	0.04	-0.02	0.17
Getrennt	0.32	-0.06	0.05	-0.14

Männer in stabil-zufriedenen Partnerschaften hatten also z.B. zu Beginn der Partnerschaft Neurotizismuswerte, die eine halbe Standardabweichung unter denen der Männer in stabil-unzufriedenen oder getrennten Partnerschaften lagen. Stabil-unzufriedene Partnerschaften wurden durch Neurotizismus, Introversion und mangelnde Verträglichkeit der Männer gefördert, während Merkmale der Frauen praktisch keine Beziehung zu stabil-unzufriedenen Beziehungen aufwiesen.

Ein Problem so langandauernder Studien wie der von Kelly und Conley (1987) besteht darin, daß die Risikofaktoren für stabil-unzufriedene Beziehungen und Trennung sich inzwischen geändert haben könnten. Bei den verheirateten Paaren in der Studie von Kelly und Conley (1987) lag die Scheidungsquote nach 45 Jahren bei 20%, während sie heute in den USA etwa doppelt so hoch ist. Daß Neurotizismus der kritischste Persönlichkeitsfaktor ist, gilt aber genauso für Studien an jungen Paaren, die in den letzten Jahren durchgeführt wurden (Karney & Bradbury, 1997; Kurdek, 1993).

Die Vorhersagekraft von Persönlichkeitsbeurteilungen für die Partnerschaftsqualität liegt bei bestenfalls 0.40, wenn mehrere Eigenschaften optimal kombiniert werden (multiple Regression; Kelly & Conley, 1987). Wenn in amerikanischen Studien auch Mitglieder der Unterschicht vertreten sind, sagt der sozioökonomische Status Zufriedenheit und Stabilität ähnlich stark vorher, ist aber auch in den USA im Mittel über viele Studien schwächer als der Persönlichkeitseffekt (eine Korrelation um 0.15; Karney & Bradbury, 1995). Kelly und Conley (1987) rekrutierten ihre Teilnehmer fast ausschließlich aus der weißen Mittelschicht (der mittlere IQ betrug 113); entsprechend gering war der Einfluß der Ausbildungsdauer von Mann und Frau auf die Partnerschaftsqualität.

In Mittelschichtstichproben ist der Persönlichkeitseffekt auf die Partnerschaftsqualität deutlich größer als der Effekt des sozioökonomischen Status oder der Ausbildungsdauer.

Auf dem Hintergrund des Modells von Karney und Bradbury erscheint es wünschenswert, den Einfluß mehrerer Prädiktorvariablen auf die Beziehungsqualität und –stabilität simultan zu untersuchen. Bodenmann und Cina (1999) legten eine Längsschnittstudie mit 70 Paaren über einen Zeitraum von vier Jahren vor, in der zum ersten Meßzeitpunkt der aktuelle Streß (belastende Ereignisse im Sinne Karney & Bradburys), individuelles Coping und dyadisches Coping (überdauernde Eigenschaften) erhoben wurden. Zum zweiten Meßzeitpunkt vier Jahre später wurden die Paare in die Gruppen *stabil-glücklich*, *stabil-unzufrieden* und *getrennt* eingeteilt. Mittels Varianzanalysen und Diskriminanzanalysen wurde geprüft, ob sich diese drei Gruppen schon zum ersten Meßzeitpunkt in den Merkmalen Streß, individuelles und dydisches Coping unterschieden. Die Ergebnisse zeigen, daß dyadisches Coping eine bessere Vorhersage der Beziehungsqualität über vier Jahre erlaubt als die erlebte Belastung und individuelles Coping.

An diesem Befund ist zunächst interessant, daß es im Falle der Copingstrategien offenbar überdauernde Eigenschaften auf dyadischer Ebene gibt, die sich nicht ohne weiteres auf individuelle Persönlichkeitsmerkmale reduzieren lassen. Die Ergebnisse zeigen auch, daß für die Vorhersage der Entwicklung der Partnerschaft die Unterscheidung zwischen Beziehungszufriedenheit und Trennung sehr wichtig ist, da beide

Variablen in unterschiedlicher Weise mit Prädiktorvariablen zusammenhängen können. So zeigten in der Studie von Bodenmann und Cina zum ersten Meßzeitpunkt die glücklich-stabilen Paare höhere Werte in dyadischem Coping als die stabil-unglücklichen Paare. Die inzwischen getrennten Paare wiesen über fast alle Skalen mittlere Werte auf, und nicht (wie man erwarten könnte) noch niedrigere als die unglücklichen Paare. Dieser Befund hängt möglicherweise mit der Dynamik der Trennung zusammen: Gerade bei ernsten Beziehungsproblemen unternehmen die Partner große Anstrengungen, die Beziehung zu retten. Dabei werden z.T. auch adäquate Verhaltensweisen gezeigt (wie im Falle des dyadischen Copings). Wenn die Beziehung jedoch trotz dieser hohen Investition als unbefriedigend erlebt wird, ist das Trennungsrisiko vermutlich besonders hoch (siehe auch Kap. 3.5).

Genetischer Einfluß auf das Scheidungsrisiko. Wenn Kinder die Scheidung ihrer Eltern erlebt haben, ist ihr eigenes Scheidungsrisiko etwa 10% höher als das einer Vergleichsgruppe (Pope & Mueller, 1979). Dieser Befund wird gewöhnlich auf die Lernerfahrung der betroffenen Kinder während der Scheidung der Eltern zurückgeführt. Alternativ kann das familiär erhöhte Scheidungsrisiko aber auch durch genetische Faktoren verursacht sein. Die Tatsache, daß Neurotizismus ein Risikofaktor für Scheidung ist, weist in diese Richtung, da auch Neurotizismus eine genetische Komponente aufweist (vgl. Asendorpf, 1999, Kap. 6.2.2).

In einer Zwillingsstudie untersuchten McGue und Lykken (1992) den *genetischen Einfluß auf das Scheidungsrisiko* direkt. Sie befragten eine große Stichprobe von (amerikanischen) Zwillingen, die beide schon einmal verheiratet waren (722 eineiige und 794 gleichgeschlechtliche zweieiige Paare) nach deren Ehescheidungen. Scheidungen der Eltern und Schwiegereltern wurden ebenfalls erfaßt. Die Daten zeigen einen starken genetischen Einfluß auf das Scheidungsrisiko. Während sich für zweieiige Zwillinge das Scheidungsrisiko knapp verdoppelte, wenn der Zwilling geschieden war, erhöhte sich das Risiko für eineiige Zwillinge mit geschiedenem Zwillingsgeschwister beinahe um das sechsfache. Das von beiden Ehepartnern eingebrachte "genetische Scheidungsrisiko" war additiv, d.h. es wurde kein Partnerinteraktionseffekt beobachtet. Der geschätzte Einfluß geteilter Umweltfaktoren (wie z.B. die Erfahrung der Scheidung der Eltern) auf das Scheidungsrisiko war nahe Null.

Die Effektstärke des genetischen Einflusses wird von den Autoren eindrucksvoll demonstriert: Wenn zwei (nicht verwandte) eineiige Zwillinge heiraten würden, deren jeweiliges Zwillingsgeschwister und auch die jeweiligen Eltern geschieden sind, beträgt das vorhergesagte Scheidungsrisiko 75%. Wenn bei einem solchen Paar jedoch weder die Eltern noch die Zwillingsgeschwister geschieden sind, beträgt das vorhergesagte Scheidungsrisiko nur 5%.

Dieser Befund ist nicht nur für Laien überraschend, sondern stößt auch bei vielen Psychologen und Therapeuten auf Ablehnung. Die Skepsis beruht häufig auf der Annahme, daß ein verhaltensgenetisch bestimmter substantieller genetischer Einfluß mit "schicksalhaft vorgegeben" und "unabänderbar" gleichzusetzen und damit therapeutischen Bemühungen von vorneherein der Boden entzogen sei.

Diese Annahme ist jedoch falsch (vgl. Asendorpf, 1999, Kap. 6.3.1). Ein genetischer Einfluß bedeutet nicht, daß es ein deterministisch wirkendes "Scheidungs-Gen" gibt, sondern deutet auf ein Zusammenwirken verschiedener teilweise genetisch bedingter Persönlichkeitseigenschaften hin, die ihrerseits Risikofaktoren für ungünstige adaptive Prozesse im Sinne von Karney und Bradbury (1995) darstellen. So kamen Jockin, McGue und Lykken (1996) zu dem Ergebnis, daß etwa 25% der Scheidungsvarianz von Paaren durch die genetische Komponente von drei Persönlichkeitsvariablen (gemessen mit dem MPQ von Tellegen, 1982) erklärt werden konnte. Ein genetischer Einfluß spricht auch nicht gegen eine gezielte Intervention zur Änderung des Verhaltens. Im Gegenteil, gerade bei Personen mit Temperamentseigenschaften, die ungünstige adaptive Verhaltensweisen begünstigen, könnte z.B. ein präventives Training zur dyadischen Streßverarbeitung (Bodenmann, 1997) besonders Erfolg versprechend sein.

Ein substantieller Anteil des Scheidungsrisikos ist genetisch bedingt und teilweise über den genetischen Anteil von Persönlichkeitseigenschaften erklärbar.

Adaptive Prozesse. Im Modell von Karney und Bradbury (1995) kommt den *adaptiven Prozessen* eine Schlüsselrolle zu, weil sie zwischen äußeren Einflüssen und Dispositionen des Paares vermitteln. Seit den 70er Jahren wurde in der *Eheinteraktionsforschung* ein besonders wichtiges adaptives Verhalten von Paaren intensiv untersucht, nämlich das Interaktionsverhalten während einer Diskussion über einen wichtigen Konflikt in der Ehe. Wir stellen hier exemplarisch zwei Forschungsansätze aus dieser Tradition dar, in denen nicht nur die Häufigkeit bestimmter Verhaltensweisen der Partner detailliert untersucht wurde, sondern auch die Dynamik der Interaktion.

Ein häufig benutzter Untersuchungsansatz besteht darin, Paare im Labor gezielt in Situationen zu bringen, von denen man annimmt, daß sie besonders gut Auskunft über Partnerschaftsprobleme geben. Eine solche Situation ist das *Konfliktgespräch*: Die Paare werden gebeten, 10 oder 15 Minuten lang ein ungelöstes und wichtiges Problem ihrer Partnerschaft zu besprechen. Diesem Vorgehen liegt die Annahme zugrunde, daß eine wichtige Ursache für Partnerschaftsprobleme in Defiziten im Umgang mit Konflikten besteht. Neben solchen konfliktträchtigen Situationen werden auch emotional neutral oder positiv gefärbte Situationen verwendet (z.B. Gottman & Levenson, 1992). Ebefalls aus Gründen der Ökonomie werden bei Beobachtungsstudien häufig Extremgruppenansätze gewählt: Verglichen wird das Verhalten von zufriedenen Paaren mit solchen, die sich selber als unzufrieden schildern oder um eine Ehetherapie nachsuchen.

Konfliktgespräche sind diagnostisch aufschlußreiche Situationen zur Erfassung des charakteristischen Konfliktverhaltens von Paaren.

Hahlweg (1991) untersuchte 60 deutsche Ehepaare hoher, mittlerer oder niedriger Ehezufriedenheit. Sie wurden gebeten, im Videolabor einen ihrer Ehekonflikte zu diskutieren. Das Interaktionsverhalten wurde mit Hilfe des Kategoriensystems für partnerschaftliche Interaktion (KPI; Hahlweg, Reisner, Kohli, Vollmer, Schindler & Revenstorf, 1984) kodiert. Dieses Beobachtungssystem enthält neben 11 verbalen Kategorien (z.B. Selbstöffnung, Positive Problemlösung, Kritik, Abwertung, Metakommunikation) eine Qualifizierung des nonverbalen Verhaltens für jede Verbalkategorie. Eine Analyse der Häufigkeiten dieser Kategorien ergab in Übereinstimmung mit den Befunden in der Literatur, daß glückliche Ehepaare sowohl im verbalen als auch im nichtverbalen Verhalten insgesamt mehr positive und weniger negative Verhaltensweisen zeigten als unglückliche Ehepaare.

Der reine Vergleich von Mittelwertsunterschieden von Verhaltenshäufigkeiten bildet Unterschiede in der Interaktion zwischen zufriedenen und unzufriedenen Paaren nur sehr grob ab. Diese werden deutlich, wenn man die Dynamik der Interaktion näher betrachtet. Dazu analysierte Hahlweg die Wahrscheinlichkeiten, daß auf ein bestimmtes Verhalten des Partners A ein bestimmtes Verhalten des Partners B folgt, auf das A wiederum mit einem bestimmten Verhalten reagiert (z.B. $A_{\text{direkte Äußerung}} \rightarrow B_{\text{Ablehnung}} \rightarrow A_{\text{Kritik}}$).

Hier zeigten sich deutliche Unterschiede zwischen zufriedenen und unzufriedenen Paaren. Während bei zufriedenen Ehen auf eine direkte

Äußerung ("Ich fühle mich unbehaglich, wenn wir bei Deinen Eltern sind") der Partner sich fast immer akzeptierend, zustimmend oder wenigstens neutral äußerte, reagierten die Partner in unglücklichen Ehen viel häufiger mit Kritik oder Ablehnung. Während die Partner in glücklichen Beziehungen also ziemlich sicher sein können, daß der Partner positiv oder wenigstens neutral z.B. auf eine Selbstöffnung reagiert, ist das Verhalten des Partners in unglücklichen Beziehungen kaum vorhersehbar; da eine negative Reaktion etwa genauso wahrscheinlich ist wie ein positives oder neutrales Verhalten.

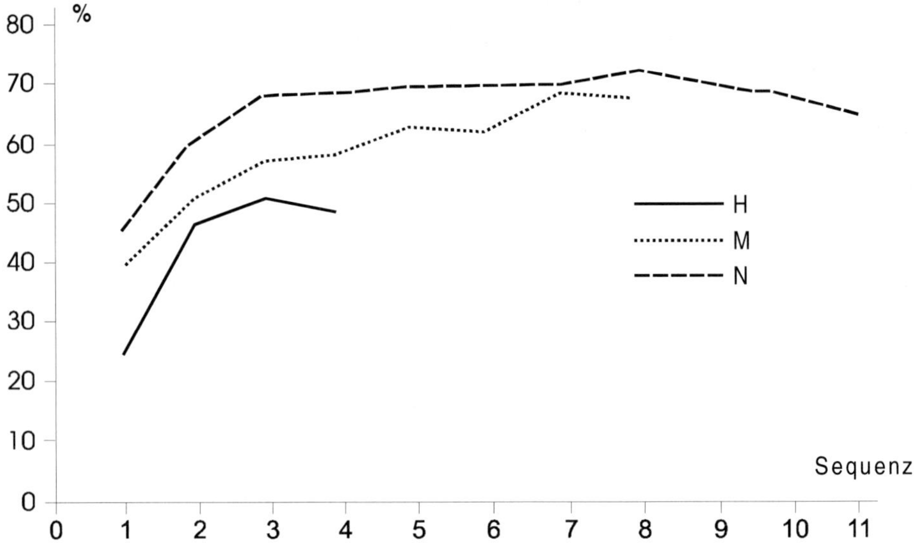

Abbildung 2.4. Verbale negative Eskalation für Paare mit hoher (H), mittlerer (M) und niedriger (N) Ehequalität.

Ein weiteres spezifisches Verhaltensmuster unglücklicher Paare ist die verbale negative Eskalation (vgl. Abb. 2.4). Die Abbildung zeigt die bedingten Wahrscheinlichkeiten negativer Reaktionen als Funktion der Länge von Ketten negativer Reaktionen. Die Sequenzlänge 1 zeigt die allgemeine Häufigkeit (Basisrate) von negativen verbalen Äußerungen. Diese kommen bei Paaren mit niedriger Ehequalität viel häufiger vor (ca. 45%) als bei Paaren mit hoher Ehequalität (ca. 25%). Die Werte bei Sequenzlänge 2 geben die Wahrscheinlichkeit an, daß der Partner negativ auf die erste negative Äußerung reagiert.

Die Abbildung zeigt, daß diese Wahrscheinlichkeit bei unglücklichen Paaren viel größer war als bei zufriedenen Paaren. Dieser Gruppenunterschied setzte sich über die ganze Verhaltenssequenz fort. Zudem zeigten unglückliche Paare viel längere Ketten negativen Verhaltens. Während glückliche Paare eine negative Eskalation nach spätestens vier Interaktionen durch eine positive oder neutrale Äußerung beendeten, fand Hahlweg (1991) bei unzufriedenen Paaren Ketten von bis zu 11 negativen Interaktionen. Es fällt diesen Paaren also besonders schwer, eine einmal begonnene Auseinandersetzung zu beenden. Dieses Verhaltensmuster erinnert stark an den von Patterson (1982) beschriebenen Prozeß gegenseitiger Nötigung in Familien mit aggressiven Jungen. Auch hier war das Verhalten durch lange Ketten von Aggression und Gegenaggression gekennzeichnet (vgl. Abschn. 2.1.2).

Unglückliche Paare zeigen in Konfliktsituationen häufig negative Eskalationen.

Bei unglücklichen Paaren beobachtet man im Verhalten mehr negative *und* weniger positive Verhaltensweisen als bei glücklichen Paaren. Ein relativ einfaches Verfahren zur Beschreibung der Interaktionsdynamik von Paaren basiert auf der RCISS-Kodierung (vgl. Tab. 2.6).

Tabelle 2.6: Rapid Couples Interaction Scoring System (RCISS; Krokoff, Gottman & Haas, 1989).

Positiv	Negativ
neutrale oder positive Problembeschreibung	sich beschweren
aufgabenorientierte Problembeschreibung	kritisieren
Zustimmung	negatives Sprechen über Beziehungsprobleme
Humor-Lachen	ja-aber
andere positive Reaktionen	defensiv
	den anderen abwerten
	Eskalation negativen Affekts
	andere negative Reaktionen

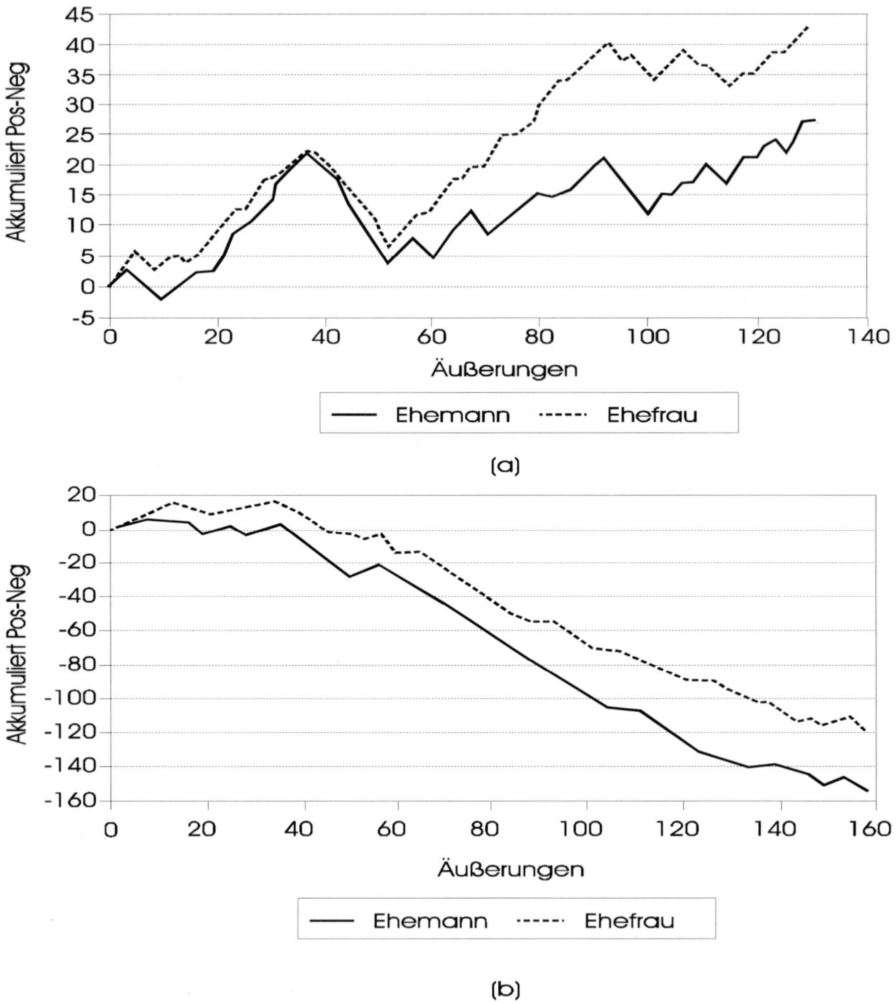

Abbildung 2.5 Graphische Darstellung der Interaktionsqualität eines regulierten (a) und eines nicht regulierten Paares (b).

Für jeden Sprechakt beider Partner wird die Differenz zwischen der Anzahl positiver und negativer Codes gebildet. Diese Differenzen werden dann über die gesamte Interaktion kumuliert. In der graphischen Darstellung ergibt sich daraus eine aufsteigende Linie, wenn mehr positive als negative Codes vorliegen, eine flache Linie bei ausgeglichenem

Verhältnis und eine abfallende Linie, wenn negative Kodierungen überwiegen (vgl. Abb. 2.5).

Gottman schlug nun eine einfache Einteilung vor: Weisen beide Linien eine positive Steigung auf, ist das Paar *reguliert* und hat ein geringes Scheidungsrisiko. Ist aber *wenigstens eine* der Linien flach oder negativ, so ist das Paar *unreguliert* und weist ein hohes Scheidungsrisiko auf (vgl. Abb. 2.5). Die von Gottman (1994) vorgelegten Daten aus einer prospektiven Längsschnittstudie über vier Jahre bestätigten diese Vorhersage. Unregulierte Paare waren zum ersten Meßzeitpunkt und vier Jahre später unzufriedener mit der Ehe. Mehr unregulierte als regulierte Paare hatten eine Trennung erwogen (71% versus 33%), hatten sich getrennt (36% versus 17%) oder waren inzwischen geschieden (19% versus 7%).

In einer neueren Untersuchung unterteilten Johnson und Bradbury (1999) die Paare, in denen nur ein Partner einen negativen Verlauf aufwies, in solche, bei denen der negative Verlauf sofort einsetzte, und solche, bei denen dies erst später im Verlauf des Konfliktgespräches geschah. Interessanterweise zeigten nur letztere eine niedrigere Beziehungszufriedenheit. Dieser Befund ist nicht direkt mit Gottmans Ergebnissen vergleichbar, weil Johnson und Bradbury ein anderes Kodiersystem benutzten (das Verbal Tactics Coding Scheme, Sillars, 1981). Die Daten deuten aber darauf hin, daß eine genauere Analyse der Topographie des Interaktionsverhaltens vielversprechend erscheint, um die Vorhersage der Entwicklung der Beziehung zu verbessern.

Verlaufsanalysen des Verhältnisses positiver und negativer Verhaltensweisen in Konfliktsituationen geben Aufschluß über die Qualität der Partnerschaft.

Neben der Einteilung in regulierte und nichtregulierte Paare erlauben derartige Interaktionsanalysen (und eine Anzahl weiterer Kodierungen, insbesondere des emotionalen Ausdrucks) eine weitere Differenzierung regulierter und unregulierter Paare. Gottman (1994) unterschied drei Typen stabiler Paare, nämlich *Vermeider*, *Validierer* und *Impulsive* (Avoiders, Validators, Volatiles). Diese unterschieden sich vor allem im Niveau positiven und negativen Affekts und durch ihren Umgang mit Konflikten. Während Vermeider Konflikten aus dem Wege gingen und nur wenig Emotionen ausdrückten, redeten Validierer über Konflikte und zeigten dabei eine mittlere Intensität positiver und negativer Emotionen. Auch Impulsive gingen Konflikte an, zeigten dabei aber eine hohe Intensität von positiven und negativen Emotionen (Fitzpatrick, 1988, entwikkelte unabhängig von Gottman eine konzeptuell sehr ähnliche Typologie).

Die zwei Typen nichtregulierter Paare nannte Gottman (1994) *Feindselige* (Hostiles) und *Abgelöst-Feindselige* (Detached Hostiles). Gottman betonte, daß sich diese Typologie nicht in ein dimensionales System einbetten lasse. Es handele sich vielmehr um eine begrenzte Anzahl möglicher Organisationsformen von Interaktionsverhalten, von denen drei langfristig stabil sind und die beiden anderen zur Auflösung der Beziehung führen. Diese Aussage ist aber bisher nicht überzeugend empirisch belegt.

Interessant ist, daß bei allen stabilen Typen positive und negative RCISS-Codes zwar sehr unterschiedliche Häufigkeiten, aber ein identisches Verhälnis von 5:1 aufwiesen. Für die beiden unregulierten Typen berichtete Gottman (1994) hingegen positive und negative Kodierungen im Verhältnis von 1:1. Zur Zeit ist noch unklar, wie stabil diese "Gottman-Konstante" stabiler Partnerschaft ist. Eine Schlußfolgerung läßt sich jedoch schon jetzt aus Gottmans Arbeiten ziehen: Der von Ehetherapeuten typischerweise angestrebte Interaktionsstil, der dem der Validierer entspricht, scheint nicht die einzige Art erfolgreichen Interaktionsverhaltens zu sein. Auch die Konfliktminimierung der Vermeider und die sehr emotionale Umgangsweise der Impulsiven ist mit stabiler Partnerschaft vereinbar, solange die Interaktion durch wesentlich mehr positives als negatives Verhalten geprägt ist.

Gottman (1994) unterschied drei stabile Beziehungstypen: Vermeider, Validierer und Impulsive, deren Interaktion durch zunehmende Konfliktbereitschaft und Emotionalität gekennzeichnet sei. Zwei weitere Beziehungstypen seien unstabil: Feindselige und Abgelöst-Feindselige. Bei den drei stabilen Typen beträgt laut Gottman das Verhältnis von positiven zu negativen Verhaltensweisen etwa 5:1, bei den instabilen 1:1.

Aus persönlichkeitpsychologischer Sicht drängt sich hier eine interessante Spekulation auf: Möglicherweise gibt es eine individuelle Prädisposition zu einem der drei Interaktionsstile. Wenn zwei Partner zu verschiedenen Stilen prädisponiert sind, könnte diese mangelnde Passung eine zunehmend negativer getönte Interaktion bewirken, dann zu feindseligem Verhalten und letztlich zur Trennung führen (Gottman, 1994).

Verschiedene Ansätze der Partnerschaftsforschung haben also eine ganze Reihe von Prädiktoren zur Vorhersage der Beziehungszufriedenheit und –stabilität identifiziert. Trotzdem ist der Erfolg bei der Vorhersage begrenzt, auch wenn in manchen Publikationen eine korrekte Vorhersage des Beziehungsstatus von mehr als 90% gefeiert wird. Solche Zahlenangaben sind doppelt irreführend. Zum einen beruhen sie häufig auf multiplen Regressionen bzw. Diskriminanzanalysen, die aus einer Vielzahl von Variablen einer Studie die besten Prädiktoren auswählen und dann optimal kombinieren. Solche Optimalkombinationen profitieren vom Zufall, überschätzen daher den wahren Zusammenhang und müssen an einer unabhängigen Stichprobe kreuzvalidiert werden. Dieser Schritt unterbleibt meist in der Partnerschaftsforschung, weil aufgrund des großen Aufwandes die Stichproben für eine Kreuzvalidierung zu klein sind.

Zum anderen muß die erzielte korrekte Zuordnung mit der rein zufällig zu erwartenden verglichen werden, was merkwürdigerweise in der Partnerschaftsliteratur unüblich ist. Die per Zufall zu erwartende korrekte Zuordnung liegt bei Längsschnittstudien über einige Jahre aufgrund der sehr ungleichen Häufigkeiten von stabilen versus getrennten Beziehungen weit über 50%. Wenn etwa 90% der untersuchten Paare nach 5 Jahren noch zusammen sind, und man per Zufall für 90% der Stichprobe vorhersagt, daß sie sich nicht trennen werden, liegt man schon durch bloßes Raten in 82% der Fälle richtig (diese Zahl ergibt sich aus den kombinierten Wahrscheinlichkeiten nach der Formel: $0{,}90 \times 0{,}90 + 0{,}10 \times 0{,}10 = 0{,}82$).

Auf der anderen Seite ist es aus prinzipiellen Gründen kaum möglich, das Schicksal von Beziehungen perfekt vorherzusagen, weil dieses nicht nur von zwei Individuen abhängt, sondern auch von äußeren Ereignissen (den belastenden Ereignissen im Modell von Karney & Bradbury, Abb. 2.3), die nur zum Teil von der Persönlichkeit der Partner beeinflußt sind. Unter diesen Rahmenbedingungen ist es schon beachtlich, daß man individuelle und dyadische Risikofaktoren gefunden hat, die über viele Jahre hinweg replizierbare und substantielle Wirkungen auf die Qualität und Stabilität von Beziehungen aufweisen.

Die empirische Psychologie ist heute in der Lage, die langfristige Qualität und Stabilität von Beziehungen besser als der Zufall vorherzusagen. Die Komplexität der inneren Beziehungsdynamik und äußere, nicht vorhersagbare Einflüsse auf die Beziehung begrenzen allerdings die Vorhersagegenauigkeit erheblich.

Homosexuelle Partnerschaften. In den westlichen Industriestaaten ging eine Liberalisierung sozialer Normen nicht nur mit einer Veränderung heterosexueller Partnerschaften und einer Pluralisierung der Formen familiären Zusammenlebens einher. Eine stärkere gesellschaftliche Tolerierung der Homosexualität führte auch dazu, daß etwa seit dem Beginn der 70er Jahre ein bis dahin völlig unterdrücktes Phänomen in Erscheinung trat: gleichgeschlechtliche Partnerschaften (Hoffmann, Lautmann & Pagenstecher, 1993). Während schwule und lesbische Beziehungen in den Medien und im öffentlichen Leben zunehmend präsent sind, hinkt die wissenschaftliche Bearbeitung homosexueller Partnerschaften deutlich hinterher. In der sozialpsychologischen Literatur finden sich erst ab den 80er Jahren einige empirische Untersuchungen. An dieser Stelle soll nicht versucht werden, das vielschichtige Phänomen homosexueller Beziehungen erschöpfend zu behandeln (siehe De Cecco, 1988; Kurdek, 1995). Stattdessen sollen einige Gemeinsamkeiten und markante Unterschiede zwischen homosexuellen und heterosexuellen Partnerschaften skizziert werden.

Trotz des verbreiteten und hartnäckigen Vorurteils gibt es nur sehr wenige homosexuelle Beziehungen, in denen die Geschlechtsrollenverteilung traditioneller heterosexueller Beziehungen imitiert wird (Hoffmann et al., 1993; Peplau, 1988). Empirische Untersuchungen zeigen, daß in der überwiegenden Mehrheit der homosexuellen Beziehungen eine egalitäre und flexible Rollenverteilung vorherrscht. Statt dem Modell des heterosexuellen Ehepaars folgt das "Beziehungsskript" homosexueller Paare damit eher der Beziehung zum "besten Freund oder Freundin" mit dem zusätzlichen Element romantischer Anziehung.

Schwule und lesbische Paare sind im Mittel ebenso zufrieden mit ihren sexuellen Beziehungen wie heterosexuelle Paare. Im Sexualverhalten gibt es jedoch deutliche Unterschiede zwischen den Gruppen. Schwule Männer haben ein variableres Sexualverhalten und mehr sexuelle Kontakte außerhalb der Partnerschaft als heterosexuelle Männer und heterosexuelle oder lesbische Frauen. In den ersten Jahren der Beziehung haben schwule Männer auch häufiger miteinander Geschlechtsverkehr als heterosexuelle oder lesbische Paare. Blumstein und Schwartz (1983) fanden jedoch, daß sich dieser Trend nach längerer Beziehungsdauer umkehrt. Nach etwa zehn Jahren Partnerschaft berichten schwule Partner über weniger Geschlechtsverkehr miteinander als heterosexuelle Paare. Lesbische Paare berichten unabhängig von der Beziehungsdauer weniger genitalen Geschlechtsverkehr, aber mehr Zärtlichkeit als schwule oder heterosexuelle Paare.

Statt durch komplizierte sozialisationstheoretische Überlegungen (wie z.B. bei Murphy, 1994) kann die unterschiedliche Häufgkeit von Geschlechtsverkehr durch einen simplen Geschlechtseffekt sparsam erklärt werden: Männer haben im Mittel deutlich mehr Interesse an genitalem Sex und an sexuellen Beziehungen ohne emotionale Bindung (vgl. Asendorpf, 1999, Kap. 7.5.5). Wenn man annimmt, daß sich dieser individuelle Effekt beider Partner in der Dyade mindestens additiv auf das gemeinsame sexuelle Verhalten auswirkt, werden für die drei verschiedenen Partnerschaftstypen gerade die empirisch gefundenen Ergebnisse vorhergesagt. Das sexuelle Verhalten schwuler und lesbischer Paare unterscheidet sich also nicht so sehr aufgrund der sexuellen Orientierung von dem heterosexueller Paare, sondern einfach dadurch, daß bei homosexuellen Paaren die unterschiedlichen sexuellen Bedürfnisse von Männern und Frauen stärker zum Ausdruck kommen als bei Paaren beiderlei Geschlechts.

Viele Unterschiede im Sexualverhalten zwischen lesbischen, schwulen und heterosexuellen Partnerschaften lassen sich durch Geschlechtsunterschiede erklären, die in gleichgeschlechtlichen Dyaden stärker zum Ausdruck kommen als in gemischtgeschlechtlichen Dyaden.

Da homosexuelle Partnerschaften egalitärer sind und es keine Probleme mit Geschlechtsunterschieden innerhalb der Partnerschaft gibt, liegt die Frage nahe, ob homosexuelle Partnerschaften besser "funktionieren" als heterosexuelle. Das scheint nach den bisher vorliegenden Daten aber nicht der Fall zu sein (Kurdek, 1991, 1998). Auch die Korrelate der Beziehungszufriedenheit sind über alle drei Partnerschaftstypen erstaunlich ähnlich (Kurdek, 1995). Schließlich unterscheidet sich auch die Stabilität zusammenwohnender Paare der drei Partnerschaftstypen weder absolut noch im Hinblick auf die Prädiktoren für eine Trennung (Blumstein & Schwartz, 1983; Kurdek, 1992).

Homosexuelle Partnerschaften sind im Mittel ebenso glücklich und stabil wie heterosexuelle Partnerschaften. Die Beziehungszufriedenheit und die Stabilität der Partnerschaft lassen sich für alle drei Partnerschaftstypen auf die gleichen Faktoren zurückführen.

Insgesamt scheint das Funktionieren der Beziehung bei homosexuellen und heterosexuellen Partnerschaften also von den gleichen Faktoren abzuhängen. Für die Beziehungspsychologie haben diese Befunde die wichtige Konsequenz, daß zumindest nach dem derzeitigen Stand des

Wissens Theorien der Partnerschaft, die eher für heterosexuelle Partnerschaften entwickelt wurden, auch auf homosexuelle Partnerschaften anwendbar sind. Die Anwendbarkeit von "heterozentrierten" Theorien auf homosexuelle Partnerschaften stellt damit ein starkes Argument für eine Beziehungspsychologie dar, die anstrebt, Gesetzmäßigkeiten von Beziehungen zu finden, die sich auf viele Beziehungstypen verallgemeinern lassen.

Weiterführende Literatur

Bierhoff, H.W. & Grau, I. (1999). *Romantische Beziehungen.* Bern: Huber.

Gottman, J.M. (1994). *What predicts divorce?* Hillsdale, NJ: Erlbaum.

2.1.2 Eltern-Kind-Beziehungen

Universelle Sicht

Zu Mutter-Kind-Beziehungen gibt es eine weitaus umfangreichere Literatur als zu Vater-Kind-Beziehungen. Ursache hierfür ist die Tatsache, daß Mütter typischerweise weitaus mehr Zeit mit ihren Kindern verbringen und eine nähere und intimere Beziehung zu ihnen haben als Väter. Von daher sind in Beurteilungsuntersuchungen differenziertere und möglicherweise auch validere Urteile von Mutter oder Kind über ihre Beziehung zu erwarten; zudem erleichtert die zeitlich eingeschränktere Berufstätigkeit von Müttern jüngerer Kinder und das größere Interesse von Frauen an sozialen Beziehungen die Durchführung von Befragungen und Beobachtungen. Nicht zuletzt interessieren sich viele Psychologen auch deshalb mehr für die Mutter-Kind-Beziehung, weil sie aufgrund alltagspsychologischer und psychoanalytischer Vermutungen annehmen, daß diese Beziehung die Persönlichkeitsentwicklung des Kindes stärker beeinflusse als die Vater-Kind-Beziehung.

Dennoch gibt es inzwischen eine substantielle, empirisch orientierte Literatur auch zu Vater-Kind-Beziehungen (vgl. Fthenakis, 1985; Schmidt-Denter, 1988; Kallenbach, 1996). Sie zeigt, daß sich die Vaterrolle in westlichen Industrienationen in den letzten Jahrzehnten deutlich gewandelt hat. Parallel zu einer zunehmenden Berufsorientierung der Frauen entwickelten Männer eine zunehmende Familienorientierung, so daß zumindest auf der Ebene der Einstellungen eine Balance zwischen dem Engagement in Familie und Beruf angestrebt wird (Kallenbach, 1996). Allerdings klaffen Einstellung und Realität oft auseinander, wie z.B. eine Untersuchung in Nordrhein-Westfalen zeigte (Ministerium für Arbeit, Gesundheit und Soziales des Landes NRW, 1990): Zwar sprach sich jeder 7. Mann für die paritätische Teilung der Hausarbeit aus, aber nur jeder 50. verwirklichte sie auch. Während berufstätige Frauen im Durchschnitt 3 Stunden täglich mit Hausarbeit und Kinderpflege verbrachten, waren es bei den berufstätigen Männern nur gut 1 Stunde.

Im folgenden sind einige zentrale vergleichende empirische Befunde zur Mutter-Kind- versus Vater-Kind-Beziehung aufgelistet (vgl. Fthenakis, 1985; Collins & Russell, 1991). Die meisten dieser Unterschiede können auf die zeitlich intensivere Berufstätigkeit der Väter zurückgeführt werden. Deshalb nehmen die Unterschiede seit den 60er Jahren ab, bedingt durch die zunehmende Berufstätigkeit der Mütter und die wachsende Ausbildungszeit der Väter (in letzter Zeit zudem durch Halbtagstätigkeit, Arbeitslosigkeit und "Babyjahr" auch bei Vätern).

Unterschiede zwischen Mutter-Kind- und Vater-Kind-Beziehungen
(1) Mütter sind häufiger und länger mit ihren Kindern zusammen als Väter.
(2) Väter übernehmen weniger Betreuungsfunktionen.
(3) Der relative Anteil spielerischer Aktivitäten ist in der Vater-Kind-Interaktion *größer* als in der Mutter-Kind-Interaktion.
(4) Väter interagieren mit ihren Kindern häufiger in der Eltern-Kind-Triade, Mütter häufiger in der Mutter-Kind-Dyade.
(5) Der Erziehungsstil der Väter ist *weniger* restriktiv als der der Mütter.
(6) Väter beschäftigen sich mehr mit ihren Söhnen als mit ihren Töchtern; Mütter dagegen beschäftigen sich mit Söhnen und Töchtern etwa gleich viel.

Daß Väter anders mit ihren Kindern umgehen als Mütter, ist empirisch gut belegt. Einige Unterschiede lassen sich direkt auf generelle Geschlechtsunterschiede in Einstellungen und Verhalten zurückführen, z.B. daß Väter ihre Kinder mehr motorisch fordern (z.B. Raufen, Ballspielen) und mit ihnen mehr funktional spielen (z.B. Spielautos herumfahren lassen) (vgl. hierzu Asendorpf, 1999, Kap. 7.5.2). Weniger gut ableitbar aus generellen Geschlechtsunterschieden ist, daß Väter einen größeren Anteil der Zeit, die sie ihren Kindern widmen, mit Spaziergängen, Spielen und abendlichem Zubettgehen verbringen, während Mütter relativ mehr Zeit für Routinetätigkeiten wie Körperpflege und Füttern und wenig interaktiven Tätigkeiten aufwenden (z.B. das Kind zum Einkaufen mitnehmen oder bei der Hausarbeit "nebenher" spielen lassen). Es scheint geradezu eine Regel derart zu geben, daß die Väter sich umso mehr mit den Kindern beschäftigen, je angenehmer die Tätigkeit für sie ist, während die notwendigen aber weniger attraktiven Tätigkeiten eher von den Müttern erledigt werden. Hier zeigen sich deutlich Überreste des traditionellen Geschlechtsrollenverständnisses.

Mutter-Kind- und Vater-Kind-Beziehungen haben aber auch vieles gemeinsam:

Gemeinsamkeiten von Mutter-Kind- und Vater-Kind-Beziehungen
(1) Das Kind ist Mutter und Vater genetisch gleich ähnlich.
(2) In traditionellen Familien hat das Kind den längsten und bis etwa zum Jugendalter auch den intensivsten Kontakt mit Mutter und Vater unter allen erwachsenen Bezugspersonen.
(3) Mutter und Vater unterstützen typischerweise das Kind mehr als alle anderen Erwachsenen, wozu sie genetisch prädisponiert ("inklusive Fitness"; vgl. Abschn. 3.3) und moralisch und juristisch verpflichtet sind.
(4) Väter können Unterstützungsfunktionen genauso gut ausüben wie Mütter.
(5) Das Kind entwickelt typischerweise eine Bindung an Mutter *und* Vater, die enger ist als an alle anderen Erwachsenen.

Entgegen der verbreiteten Meinung, Eltern würden Jungen anders behandeln als Mädchen, konnten Lytton und Romney (1991) in einer Metaanalyse von 172 Beobachtungsstudien so gut wie keine Unterschiede in der Beziehung von Eltern zu Jungen versus Mädchen feststellen, jedenfalls nicht in westlichen Kulturen. Mäßige Unterschiede (Effektgrößen um 0,30) zeigten sich nur in der Bekräftigung geschlechtstypischen Verhaltens (Jungen wurden stärker bekräftigt als Mädchen) und in der motorischen Stimulierung (Jungen wurden mehr stimuliert als Mädchen).

Eltern behandeln Jungen und Mädchen ähnlich. Ausnahmen sind eine stärkere motorische Stimulierung der Jungen und eine stärkere Bekräftigung der Jungen für geschlechtstypisches Verhalten.

Insbesondere fanden Lytton und Romney (1991), daß Väter ihre Söhne stärker für geschlechtstypisches Verhalten bekräftigten als Mütter ihre Töchter. In diesem Fall gab es also eine Wechselwirkung zwischen dem Geschlecht der Eltern und dem der Kinder. Russell und Saebel (1997) gingen diesen Wechselwirkungen systematisch nach und kamen zu dem Ergebnis, daß es nur wenige solche Wechselwirkungen gibt. Angesichts des insgesamt geringen Einflusses des Geschlechts der Eltern und Kinder auf die Eltern-Kind-Beziehung ist es sinnvoll, Eltern-Kind-Beziehungen als eine relativ einheitliche Klasse von Beziehungen zu behandeln. Im folgenden werden Merkmale der Eltern-Kind-Beziehung dargestellt, die typischerweise für die Beziehung von Söhnen und Töchtern zu beiden Elternteilen gelten.

Von vielen Autoren wird hervorgehoben, daß Eltern-Kind-Beziehungen sich von Peer-Beziehungen durch ihre *Asymmetrie* unterscheiden würden (vgl. vor allem Youniss, 1980): Die Bezugspersonen seien sich in vieler Hinsicht unähnlich, z.B. hinsichtlich ihrer kognitiven Fähigkeiten, ihrer Lebenserfahrung, ihrer Interessen und ihrer physischen und psychischen Abhängigkeit voneinander; insbesondere könnten die Eltern das Kind stärker beeinflussen als umgekehrt.

Diese Betonung der Asymmetrie in Eltern-Kind-Beziehungen wich in den letzten Jahren einer differenzierteren Betrachtungsweise (vgl. z.B. Kreppner, 1993). Bis in die siebziger Jahre hinein wurden Korrelationen zwischen elterlichem Erziehungsstil und kindlicher Persönlichkeit grundsätzlich einseitig kausal interpretiert: Die Eltern beeinflussen die Persönlichkeitsentwicklung des Kindes. Erst seit Bell (1968) darauf hinwies, daß solche Korrelationen ja auch auf Einflüsse des Kindes auf die Eltern zurückgehen könnten, wurde diese umgekehrte Kausalrichtung ernsthaft erwogen und Evidenz dafür gesammelt. So liegt die Annahme nahe, daß ein Kind, das von früh an viel schreit, bei seinen Eltern einen besorgteren oder kontrollierenderen Erziehungsstil hervorruft als ein Kind, das ausgeglichen ist und wenig schreit, und der vielfach gefundene Zusammenhang zwischen Aggressivität des Kindes und rigide-kontrollierendem Erziehungsstil seiner Eltern könnte wesentlich auf Wirkungen des Kindes auf seine Eltern zurückzuführen sein.

Lytton (1990) stellte die wichtigsten Argumente zusammen, die dagegen sprechen, daß kindliche Aggressivität auf einem bestimmten Erziehungsstil seiner Eltern beruht (s. nächste Seite). Er bezog sich dabei auf experimentelle Laborstudien, deren Aussagekraft begrenzt ist, weil dort nur kurzfristige Effekte beobachtbar sind, aber auch einfache, alltagspsychologisch gut repräsentierte Befunde wie der massive Geschlechtsunterschied in aggressivem Verhalten, der zumindest durch geschlechtsunabhängige Effekte des elterlichen Verhaltens nicht erklärt werden kann. Diese Argumente zeigen, daß aggressive Kinder einen deutlichen Einfluß auf das Erziehungsverhalten ihrer Eltern haben, schließen aber natürlich nicht aus, daß es unabhängig davon auch Wirkungen des elterlichen Erziehungsstils auf die Aggressivität ihrer Kinder gibt.

Bei kindlicher Aggressivität ist die Korrelation zwischen dem Verhalten der Kinder gegenüber ihren Eltern und dem elterlichen Erziehungsstil zumindest teilweise durch das Kind verursacht.

Sieben Argumente gegen die Annahme, daß kindliche Aggressivität auf einem bestimmten Erziehungsstil seiner Eltern beruht:

(1) Medikamentöse Dämpfung hyperaktiver Kinder (z.B. durch Ritalin) wirkt sich auch auf das elterliche Erziehungsverhalten aus.

(2) Kinder, die in einer Laborstudie instruiert wurden, sich aggressiv zu gebärden, riefen bei Müttern rigide-autoritäres Verhalten ihnen gegenüber hervor.

(3) In einer Laborstudie riefen aggressive Jungen bei Müttern nichtaggressiver Jungen rigide-autoritäres Verhalten hervor, während Mütter aggressiver Jungen nichtaggressive Jungen nicht zu aggressivem Verhalten provozierten.

(4) Bestrafung vermehrt aggressives Verhalten bei aggressiven Kindern, vermindert es aber bei nichtaggressiven Kindern.

(5) Bei aggressiven Kindern finden sich gehäuft minimale körperliche Anomalien, die auf pränatale Störungen hinweisen.

(6) Jungen sind im Durchschnitt wesentlich aggressiver als ihre Schwestern.

(7) Adoptierte Jungen ähneln in ihrer Aggressivität ihrem leiblichen Vater stärker als ihrem erziehenden Vater.

Inzwischen ist das klassisch-sozialisationstheoretische Bild von Eltern, die ihr Kind beherrschen, dem dynamisch-interaktionistischen Bild einer reziproken Beziehung zwischen Kind und Eltern gewichen (vgl. Asendorpf, 1999, Kap. 2.6). Ein gutes Beispiel hierfür ist die Kommunikation zwischen Säuglingen und ihren Müttern. Wurden die Mütter aufgefordert, ihren Kindern gegenüber ein unbewegtes Gesicht zu zeigen, produzierten diese bis zu neun verschiedene Gesichtsausdrücke, um ihre Mutter wieder in die Kommunikation einzubeziehen (Tronick, 1989).

Ein weiteres Beispiel ist das Konzept des Prozesses der gegenseitigen Nötigung von Patterson (1982). Durch ausgedehnte Verhaltensbeobachtungen in Familien mit aggressiven Kindern und Kontrollfamilien konnte Patterson zeigen, daß die kritische Variable in Familien mit aggressiven Kindern *nicht* häufige "aus heiterem Himmel hereinbrechende" Aggression des Kindes ist, sondern ein Teufelskreis, bestehend aus Aggression des Kindes, erfolglosem Kontrollversuch der Eltern oder Geschwister und erneuter Aggression des Kindes. Für Patterson (1982) ist dieser *Prozess der gegenseitigen Nötigung* (der "coersive process") der kritische Faktor, der Aggressivität stabilisiert und aufrecht erhält.

Patterson (1982) kam zu dieser Sichtweise durch genaue Analyse der Verhaltensketten, die ein erstes aggressives Verhalten des Kindes auslöste. Die beiden Familientypen unterschieden sich nämlich kaum in der Rate dieses ersten Auftretens aggressiven Verhaltens. Der Hauptunterschied bestand vielmehr in der *Länge* der Verhaltensketten, die aus

Aggression (Kind) $\rightarrow$ Aggression (andere) $\rightarrow$ Aggression (Kind) $\rightarrow$ ...

bestanden, wobei sowohl Eltern als auch Geschwister an diesen Aggressionsketten beteiligt waren. Während in den Kontrollfamilien die Gegenaggression der anderen Familienmitglieder meist erfolgreich war, so daß es bei Aggression (Kind) $\rightarrow$ Aggression (andere) blieb, reagierten aggressive Kinder auf Gegenaggression mit hoher Wahrscheinlichkeit wieder mit Aggression, so daß die Ketten sehr lang ausfielen.

Aggressive Kinder sind durch Gegenaggression kaum zu bremsen; dadurch kommt es zum Prozeß der gegenseitigen Nötigung.

Die starke Reziprozität in der Eltern-Kind-Interaktion gilt nicht nur für aggressives Verhalten, sondern auch für Spielverhalten, das typischerweise von Eltern und Kindern initiiert und gesteuert wird (vgl. z.B. Stevenson, Leavitt, Thompson & Roach, 1988). Trotz der zweifellos bestehenden Unterschiede zwischen Eltern und Kindern im kognitiven Niveau, bei den Interessen und der physischen Abhängigkeit ist die Eltern-Kind-Beziehung deshalb reziproker als früher angenommen wurde:

Eltern-Kind-Beziehungen sind trotz großer altersbedingter Unterschiede in Fähigkeiten, Interessen und physischer Abhängigkeit durch viele reziproke Einflüsse zwischen Kindern und Eltern gekennzeichnet.

Betrachten wir die Entwicklung der Eltern-Kind-Beziehung über die gesamte Lebensspanne der Kinder, so wird eine insgesamt eher ausgewogene Bilanz der Abhängigkeit voneinander deutlich: Eine größere Abhängigkeit des Kindes im Kindesalter wird durch eine größere Abhängigkeit der Eltern während der Ablösung des Jugendlichen vom Elternhaus (Collins & Russell, 1991) und im Alter ausgeglichen (z.B. bei Pflegebedürftigkeit; vgl. Schütze, 1993).

Die Entwicklung der Eltern-Kind-Beziehung beginnt häufig schon vor der Zeugung des Kindes mit der Ausformung eines Beziehungsschemas der Eltern, das durch das Erleben der Schwangerschaft der Mutter erste Veränderungen erfährt (Gloger-Tippelt, 1988). Auch das Kind besitzt bereits kurz nach der Geburt Rudimente eines Beziehungsschemas zur Mutter. So können Neugeborene schon während der ersten 3 Tage nach der Geburt die Stimme ihrer Mutter von der Stimme anderer Frauen unterscheiden und präferieren (DeCasper & Fifer, 1980) und bevorzugen den Brustgeruch der Mutter gegen Ende der 1. Woche nach der Geburt (MacFarlane, 1975).

Mit der Geburt setzt typischerweise ein intensiver Prozeß der Eltern-Kind-Kommunikation auf dem taktilen, dem akustischen, dem visuellen und auf dem kinästhetischen Kanal ein, in deren Verlauf sich eine starke emotionale Bindung zunächst der Eltern an das Kind und später des Kindes an die Eltern herausbildet. Die Bedeutung der kinästhetischen Stimulation des Kindes durch Hochnehmen, im Gehen tragen, auf der Schulter reiten lassen usw. wird meist unterschätzt; schon die große, ungebrochene Beliebtheit von Spielen wie Hoppe-hoppe-Reiter weist aber auf die positive Rolle kinästhetischer Stimulation in der Eltern-Kind-Interaktion hin.

Entgegen manchen (alltags)psychologischen Vorstellungen gibt es dabei *keine* sensitive Periode für die Bindung des Kindes an einen Elternteil. Ob z.B. die Mutter die Geburt des Kindes erlebt oder nicht (z.B. wegen einer Narkose) oder ob der Vater bei der Geburt oder in den ersten Tagen nach der Geburt anwesend ist oder nicht, hat keinen nachweisbaren Einfluß auf die Eltern-Kind-Beziehung (Fthenakis, 1985).

Falsch ist auch die Vorstellung, das Kind repräsentiere seine Eltern erst im Alter von ca. 8 Monaten, wenn es die kognitive Stufe der Objektpermanenz erreiche (Piaget, 1932). Inzwischen ist klar nachgewiesen, daß Kinder wesentlich früher fähig sind, die Konstanz eines Objekts kognitiv zu repräsentieren (Baillargeon & DeVos, 1991). Vielmehr scheinen Kinder ihre Schemata der elterlichen Beziehungen graduell zu entwickeln.

Ein wesentlicher Aspekt dieser Beziehungsschemata ist die Qualität der *Bindung*, d.h. die Repräsentation der Mutter und/oder des Vaters als Sicherheit spendende "Basisstation", von der aus das Kind seine Umwelt explorieren kann. Bindung ist also kein Merkmal des Kindes alleine, sondern charakterisiert die Beziehung zwischen dem Kind und einem Elternteil. Deshalb kann es unterschiedliche Bindungsqualitäten ein und desselben Kindes an Mutter und Vater geben und unterschiedliche Bindungsqualitäten des erstgeborenen und des zweitgeborenen Kindes an die Mutter (vgl. hierzu Abschn. 3.4). Im 2. Lebensjahr sind Kinder typischerweise stark abhängig von ihren "Bindungsfiguren", so daß sie auch kurzzeitige Trennungen meist als belastend empfinden. Bringt man Kinder im 2. Lebensjahr zusammen mit einem Elternteil in eine unbekannte, interessante Umgebung, so zeigt sich ein typisches zyklisches Verhalten zwischen Exploration der Umwelt und Rückkehr zum Elternteil, um Sicherheit "zu tanken" (Bischof, 1975; Jones, 1985).

Die Bindung des Kindes an seine Eltern entwickelt sich graduell während der ersten Monate nach der Geburt und erreicht im 2. Lebensjahr ihre maximale Stärke; es gibt keine sensitive Periode hierfür.

Mit wachsendem Alter werden Kinder allmählich unabhängiger von ihren Eltern. So lassen sich im Alter von 6 Jahren bindungsrelevante Reaktionen erst nach Trennungen von ca. 1 Stunde und in der mittleren Kindheit erst nach Trennungen von Tagen hervorrufen. Andere vertraute Erwachsene wie z.B. Lehrer und in wachsendem Maße auch vertraute Gleichaltrige können hier Funktionen von Bindungsfiguren übernehmen (z.B. trösten bei Verletzungen); vgl. auch 2.2.

Im Jugendalter verlieren die Eltern in den Beurteilungen ihrer Kinder relativ zu Gleichaltrigen etwas an emotionaler Bedeutung. Das wird z.B. deutlich, wenn die von den Kindern wahrgenommene Unterstützung durch Eltern und Peers zwischen 4. Klasse und Studienbeginn betrachtet wird (vgl. Abb. 2.6). Die wahrgenommene Unterstützung durch die Eltern sinkt, und der Konflikt erreicht in der Pubertät ein Maximum. Zum Studienbeginn scheint die wahrgenommene Unterstützung durch die Eltern wieder zuzunehmen.

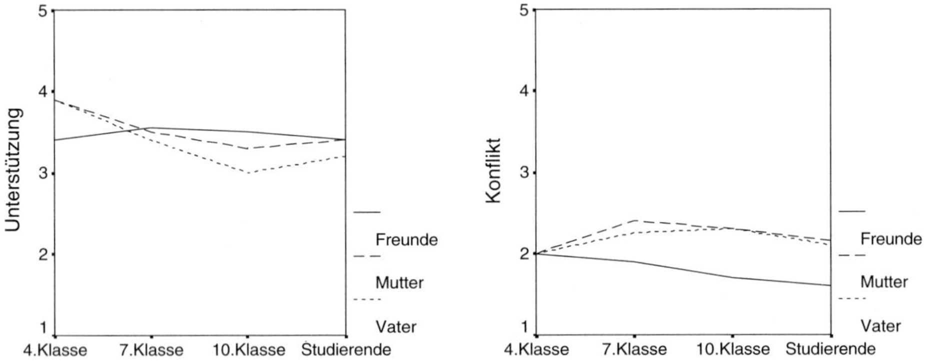

Abbildung 2.6. Von Schülern der 4.-10. Klasse und Studenten wahrgenommene Unterstützung und Konflikte in ihren Beziehungen zu Eltern und gleichgeschlechtlichen Freunden (nach Furman & Buhrmester, 1992).

Diese relative Hinwendung zu Gleichaltrigen wurde lange Zeit von Jugendforschern als Nachlassen der Bindung an die Eltern interpretiert. Detailliertere Studien von Sullivan und Sullivan (1980), Youniss (1983) und einer Vielzahl anderer Autoren haben jedoch gezeigt, daß die zunehmende Orientierung an Gleichaltrigen typischerweise mit einer nahezu unverändert starken Bindung an die Eltern einhergeht. Larson, Richards, Moneta, Holmbeck und Duckett (1996) untersuchten mit Hilfe der Piepsertechnik den Anteil der Wachzeit, den Schüler der 5.-12. Klasse mit Familienmitgliedern verbrachten (die Schüler wurden mehrere Tage lang in unregelmäßigen Abständen durch einen Piepston aufgefordert, ihre aktuelle Aktivität zu protokollieren). Der mit Familienmitgliedern verbrachte Anteil an der Wachzeit sank von 35% auf 14%. Der Anteil, der mit Mutter oder Vater in *dyadischer* Interaktion verbracht wurde, nahm jedoch nicht ab; was stark abnahm, war die Beteiligung an Interaktionen zwischen mehr als zwei Familienmitgliedern (z.B. gemeinsame Mahlzeiten, Einkäufe, Ausflüge). Die Autoren interpretierten dieses Muster als Lösung ("disengagement") von der Familie bei gleichzeitiger Aufrechterhaltung enger Beziehungen zu den Eltern.

Die Beziehung zu den Eltern bleibt im Verlauf des Jugendalters meist eng.

Mit Beginn der Pubertät nehmen aber die *Konflikte* mit den Eltern zu (vgl. Abb. 2.6), auch aus Sicht der Eltern. Diese Konflikte beruhen auf den schnellen Entwicklungsveränderungen der Jugendlichen, die eine Neudefinition ihrer Rolle in den Eltern-Kind-Beziehungen erzwingen. Gefördert wird dieses Konfliktpotential durch die Reifungslücke zwischen biologischem Alter und sozialem Alter (Erikson, 1960).

Auch für junge Erwachsene, die aus dem Elternhaus ausgezogen sind, behalten die Eltern für eine Weile ihre besondere emotionale Bedeutung bei; selbst das Eingehen einer Partnerschaft vermindert diese kaum. Das wurde auch in der Berliner Beziehungsstudie deutlich. Diese Studie wird in diesem Buch immer wieder zur Illustrierung wichtiger Konzepte und Ergebnisse der Beziehungspsychologie herangezogen.

Berliner Beziehungsstudie
In der Berliner Beziehungsstudie wurden bei 312 Erstsemestern aller Fakultäten der Humboldt-Universität zu Berlin in der 1. Woche ihres 1.Semesters die Persönlichkeit und Bindungsqualität, das aktuelle Selbstwertgefühl und alle signifikanten Beziehungen erhoben. Diese Erhebungen wurden bis zum Beginn des 4.Semesters alle 3 Monate wiederholt (Persönlichkeit und Bindungsqualität nur alle 6 Monate), so daß die Veränderungen der Beziehungen und des Selbstwertgefühls längsschnittlich erfaßt werden konnten. Insgesamt 171 Studierende nahmen an den Erhebungen bis zum letzten, siebten Meßzeitpunkt zu Beginn des 4. Semesters teil. Zudem nahm eine Teilstichprobe von 112 Studierenden an zwei jeweils dreiwöchigen Tagebuchuntersuchungen in der Mitte des 1. und 2. Semesters teil, in der sie alle signifikanten sozialen Interaktionen protokollierten.

Abb. 2.7 zeigt die von den Teilnehmern der Berliner Beziehungsstudie beurteilte potentielle Unterstützung in Abhängigkeit von der Art der Unterstützung und dem Vorhandensein eines Partners.

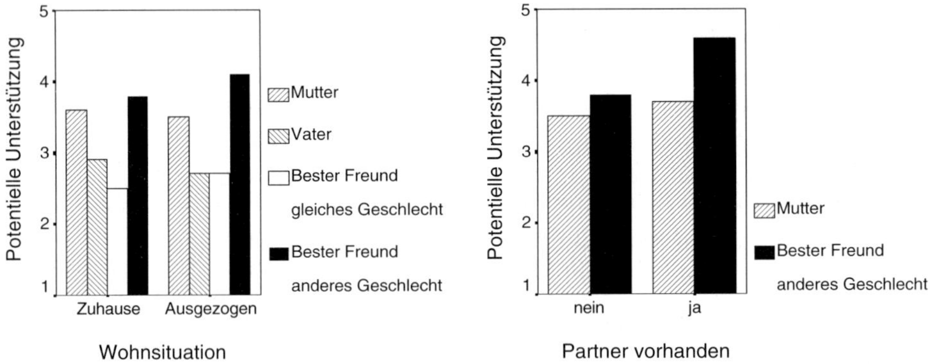

Abbildung 2.7. Potentielle emotionale Unterstützung durch Eltern und Freunde in Abhängigkeit von der Wohnsituation (links) und der Partnerschaft (rechts) in der Berliner Beziehungsstudie.

Wie Abbildung 2.7 zeigt, war die von den Studierenden zu Studienbeginn auf einer Skala von 1-5 eingeschätzte potentielle Unterstützung durch die Mutter höher als die durch den Vater und durch alle gleichgeschlechtlichen Peers und nur unwesentlich geringer als die stärkste potentielle Unterstützung durch gegengeschlechtliche Peers (der beste Freund wurde durch maximale potentielle Unterstützung unter allen Peers operationalisiert). Das galt sowohl für noch zu Hause lebende als auch für ausgezogene Berliner (Nichtberliner wurden hier nicht berücksichtigt, da ihre Wohnsituation mit einem Ortswechsel konfundiert ist), es galt sowohl für weibliche als auch für männliche Studenten, und es galt auch 18 Monate später zu Beginn des 4. Semesters. Wurde eine Partnerschaft eingegangen, so war der Partner regelmäßig der beste Freund des anderen Geschlechts. Wie Abbildung 2.7 zeigt, war in diesem Fall die potentielle Unterstützung durch den Partner höher, die Unterstützung durch die Mutter aber nicht niedriger. Die Eltern behielten also ihre Unterstützungsfunktion.

Wenn die Kinder ihrerseits Kinder bekommen, läßt die Bedeutung der Eltern kaum nach; im Gegenteil wird durch die Enkelkinder oft die Eltern-Kind-Beziehung neu vertieft - bis dahin, daß die Großeltern Betreuungsaufgaben für ihre Enkelkinder übernehmen und dadurch auch für ihre Kinder neu an Bedeutung gewinnen (vgl. Schmidt-Denter, 1988). In einer retrospektiven Befragungsstudie berichteten Personen im mittleren Erwachsenenalter, daß sich die emotionale Nähe zu ihren Eltern während des Jugendalters auf dem Tiefpunkt befand, im jungen Erwachsenenalter wieder anstieg und im mittleren Erwachsenenalter leicht absank (Rossi & Rossi, 1990).

Nach Blenkner (1965) durchleben Erwachsene im Alter zwischen 40 und 50 eine "filiale Krise", während der sie erkennen müßten, daß ihre Eltern nicht mehr primär eine Stütze für sie sind, sondern umgekehrt mehr und mehr auf ihre Hilfe angewiesen sind. Diese Krise münde in die "filiale Reife", die dazu befähige, Verantwortung für die Eltern zu übernehmen, ohne in Form eines Rollentauschs die Eltern zu Kindern zu machen. Empirisch scheinen diese Entwicklungsprozesse aber kaum untersucht worden zu sein (vgl. Schütze, 1993).

Eltern sind wichtige Quellen der Unterstützung bis ins mittlere Erwachsenenalter ihrer Kinder hinein.

Differentielle Sicht

Die Eltern-Kind-Interaktionsmuster unterscheiden sich von Geburt an stark. Auf Seiten des Kindes nehmen in diesem frühen Alter Temperamentseigenschaften Einfluß auf das Verhalten der Eltern, während auf elterlicher Seite vor allem der Einfluß der Einfühlsamkeit auf die Bindung des Kindes untersucht wurde. Diese Zusammenhänge werden in Kap. 3.4 ausführlich dargestellt. Zusätzlich bestehen große Unterschiede in der Intensität des Kontakts mit dem Kind, besonders bei Vater-Kind-Dyaden.

Bei älteren Kindern und Jugendlichen ist besser als die Bindungsqualität das Ausmaß der wahrgenommenen Unterstützung durch die Eltern untersucht, das dem Konstrukt der sicheren versus unsicheren Bindung sehr nahe kommt (Sarason, Pierce & Sarason, 1990). Bei zwölfjährigen Kindern fanden van Aken und Asendorpf (1997) eine Beeinträchtigung des allgemeinen Selbstwertgefühls, wenn weder Mutter noch Vater als ausreichend unterstützend erlebt wurden. In der Berliner Beziehungsstudie ergab sich ein entsprechendes Ergebnis, wenn auch der (statistisch signifikante) Zusammenhang zwischen potentieller Unterstützung durch die Eltern und dem allgemeinen Selbstwertgefühl nur schwach war (0.17). Starke Zusammenhänge sind hier nicht zu erwarten, da das allgemeine Selbstwertgefühl von einer Vielzahl von Faktoren abhängt, z.B. von der erlebten Unterstützung durch Peers und dem Erfolg im Leistungsbereich (Studium, Beruf). Immerhin ist auch noch bei jungen Erwachsenen ein Effekt schlechter Beziehungen zu Eltern auf das Selbstwertgefühl nachweisbar.

Eine äußerst umfangreiche Literatur gibt es zu elterlichen *Erziehungsstilen* als einem wesentlichen Aspekt der Eltern-Kind-Beziehung. Unterschieden werden hier meist *Erziehungseinstellungen* und *Erziehungsziele*, die dem Beziehungsschema der Eltern zuzuordnen sind, und *Erziehungspraktiken* als Teil des Interaktionsmusters zwischen Eltern und Kind. Methodisch können sie durch Befragung der Eltern (*selbstperzipierter Erziehungsstil*), Befragung der Kinder (*kindperzipierter Erziehungsstil*) und Beobachtung des *Erziehungsverhaltens* untersucht werden. Aus beziehungspsychologischer Sicht fällt hier sofort ins Auge, daß nur der elterliche Anteil der Eltern-Kind-Beziehung rekonstruiert wird. Der Anteil des Kindes wird in der Erziehungsstilforschung typischerweise in Form beziehungs*un*spezifischer Persönlichkeitsmerkmale untersucht (Baumrind, 1971; Stapf et al., 1972).

Faktorenanalysen des selbstperzipierten, aber auch des beobachteten Erziehungsverhaltens ergeben meist 2 Hauptdimensionen: *Wärme* (Akzeptanz/Responsivität) und *Kontrolle* (Baumrind, 1971; Lukesch, 1975). Durch Kreuzklassifikation der beiden Dimensionen entstehen 4 Typen von Erziehungsstilen (Maccoby & Martin, 1983) (vgl. Tab. 2.7).

Tabelle 2.7: 4 Typen von Erziehungsstilen

	Akzeptanz/Responsivität	
Kontrolle	Hoch	Niedrig
Stark	autoritativ-reziprok	autoritär
Gering	permissiv	laissez-faire

Nach einer kurzen Phase in den 60er Jahren, als ein "antiautoritärer" Erziehungsstil (hier permissiv genannt) als erstrebenswertes Ideal galt, setzte sich die Sichtweise durch, daß eher ein autoritativ-reziproker Erziehungsstil anzustreben sei, da er stärker mit einem positiven Selbstwertgefühl und sozialer Kompetenz des Kindes korreliere, während ein permissiver Stil eher mit geringer sozialer Verantwortung und Unselbständigkeit des Kindes assoziiert sei (Baumrind, 1971), was nicht unumstritten ist (vgl. Maccoby & Martin, 1983). Unumstritten ist, daß sowohl ein autoritärer als auch ein laissez-faire-Stil negative Korrelate aufweist.

Ziel der klassischen Erziehungsstilforschung war es nicht, Eltern-Kind-Beziehungen zu beschreiben, sondern die kindliche Persönlichkeit durch den Erziehungsstil der Eltern zu erklären, wobei Korrelationen zwischen Erziehungsstil und kindlicher Persönlichkeit einseitig kausal als Wirkungen des Erziehungsstils auf die kindliche Persönlichkeit interpretiert wurden. Diese Art von Forschung wird inzwischen aus drei Gründen kaum noch betrieben (vgl. auch Asendorpf, 1999, Kap. 6.2; Rowe, 1997):

Drei Argumente gegen die klassische Erziehungsstilforschung

(1) Korrelationen zwischen Erziehungsstil und kindlicher Persönlichkeit sind beim Vergleich von Eltern-Kind-Dyaden aus unterschiedlichen Familien nicht interpretierbar, weil sie (a) auf Effekten des Erziehungsstils auf die Persönlichkeit des Kindes, (b) auf Effekten der Persönlichkeit des Kindes auf den Erziehungsstil seiner Eltern und (c) auf gemeinsamen genetischen Faktoren von Eltern und Kindern beruhen können.

(2) Adoptionsstudien, in denen der genetische Einfluß kontrolliert ist, zeigen, daß die Korrelationen zwischen Erziehungsstil und kindlicher Persönlichkeit minimal sind.

(3) Der Erziehungsstil der Eltern variiert deutlich von Kind zu Kind, ist also eher eine Beziehungsqualität als ein (beziehungsunabhängiges) Persönlichkeitsmerkmal der Eltern.

Daß der Erziehungsstil von Eltern stark beziehungsspezifisch ist, wurde erst in den letzten Jahren deutlich, als man die Konsistenz des

Erziehungsstils zwischen Geschwistern durch Hausbeobachtungen einschätzen ließ. Einschätzungen des Erziehungsstils durch die Eltern ergeben nämlich regelmäßig eine hohe Konsistenz zwischen Geschwistern, und frühe Befunde, daß die Konsistenz für den kindperzipierten Erziehungsstil weitaus niedriger ausfällt, wurden oft dadurch zu erklären versucht, daß die Einschätzungen des Erziehungsstils durch die Kinder unreliabel oder invalide seien. Beobachtungsstudien des Erziehungsverhaltens stützten aber klar die Wahrnehmung der Kinder. Invalide ist also die Wahrnehmung der Eltern, daß sie sich unterschiedlichen Kindern gegenüber ähnlich verhalten: Eltern überschätzen massiv die Konsistenz ihres Verhaltens gegenüber ihren Kindern.

Das wurde z.B. in dem Nonshared Environment in Adolescent Development Project deutlich (NEAD; Reiss, Plomin, Hetherington, Howe, Rovine, Tryon & Stanley, 1994), in dem 720 Familien mit gleichgeschlechtlichen Geschwistern im Alter von 10-18 Jahren untersucht wurden. Tabelle 2.8 gibt eine Übersicht über Konsistenzen zwischen Geschwistern in der Einschätzung verschiedener Beziehungen aus Sicht des Kindes, der Eltern oder von Beobachtern zu Hause (jeweils gemittelt über positive und negative Aspekte dieser Beziehungen).

Tabelle 2.8: Konsistenz von Beziehungsqualitäten zwischen Geschwistern (Korrelationen gerundet; nach Plomin, 1994)

Urteiler/Beziehung	Korrelation zwischen Geschwistern
Urteil der Kinder	
Erziehungsstil der Eltern ihnen gegenüber	.25
Geschwisterbeziehung	.40
Ihre Beziehung zu Freunden	.20
Urteil der Eltern	
Erziehungsstil gegenüber dem Kind	.70
Geschwisterbeziehung	.80
Beziehung des Kindes gegenüber Freunden	.50
Urteil von Beobachtern	
Verhalten des Kindes gegenüber den Eltern	.20
Verhalten der Eltern gegenüber dem Kind	.30

Es gibt große Unterschiede in den Erziehungspraktiken von Eltern gegenüber unterschiedlichen Geschwistern, die von den Eltern unterschätzt und von den Geschwistern realistisch wahrgenommen werden.

Der Erziehungsstil der Eltern gehört also eher zu den von Geschwistern *nicht* geteilten Umweltbedingungen (vgl. zum Unterschied zwischen geteilten und nicht geteilten Umweltbedingungen Asendorpf, 1999, Kap. 6.2). Deshalb gibt es in den letzten Jahren vermehrt den Versuch, Unterschiede in der Persönlichkeit von Geschwistern auf Unterschiede im elterlichen Erziehungsstil zu beziehen. Es handelt sich dabei also um eine Neuauflage der Erziehungsstilforschung, in der jedoch der Erziehungsstil nicht in seiner Variation zwischen Familien, sondern in seiner Variation innerhalb von Familien untersucht wird.

Die bisher umfangreichste und methodisch sorgfältigste Studie hierzu ist wiederum das o.g. NEAD-Projekt. Pike, McGuire, Hetherington, Reiss und Plomin (1996) fanden, daß nach Kontrolle genetischer Unterschiede nur etwa 1,5% der Unterschiede im antisozialen Verhalten zwischen Geschwistern auf Unterschiede im negativen Verhalten ihrer Mütter zurückgeführt werden konnten. Der weitaus größte Teil der Unterschiede zwischen den Geschwistern derselben Familie ließ sich also *nicht* durch das untersuchte mütterliche Verhalten aufklären, wenn vermittelnde genetische Faktoren kontrolliert wurden. Auch der Einbezug des Vaters änderte dieses Bild nicht wesentlich. Weitere Studien dieser Art konnten bisher ebenfalls keine deutlichen Beziehungen zwischen Persönlichkeitsunterschieden von Geschwistern und unterschiedlicher Behandlung durch ihre Eltern nachweisen (vgl. Rowe, 1997).

Der Einfluß einer unterschiedlichen Behandlung durch die Eltern auf die Entwicklung spezifischer Persönlichkeitseigenschaften von Geschwistern ist gering.

Dieses Ergebnis scheint zunächst dem Hauptergebnis verhaltensgenetischer Einflußschätzungen zu widersprechen, wonach von Geschwistern nicht geteilte Umweltfaktoren bedeutsamer für ihre Persönlichkeitsentwicklung sind als geteilte (vgl. z.B. Asendorpf, 1999, Kap. 6.2). Es muß jedoch berücksichtigt werden, daß die in diesem Kapitel behandelten Studien sich auf elterliches Verhalten beziehen. Das schließt nicht aus, daß andere nichtgeteilte Umweltmerkmale wesentlich bedeutsamer sind, z.B. unterschiedliche Einflüsse durch Peers, Erzieher, aber auch

Variablen wie die Geschwisterposition (z.B. Erstgeborenes, Zweitgeborenes) oder komplexe Wechselwirkungen zwischen Umweltfaktoren.

Insgesamt scheint damit der nichtgenetische Einfluß der Eltern auf die Persönlichkeitsentwicklung ihrer Kinder in der Öffentlichkeit, aber auch von der Psychologie des 20. Jahrhunderts, deutlich überschätzt worden zu sein. Weder der von Kindern derselben Familie geteilte noch der von ihnen nicht geteilte Erziehungsstil ihrer Eltern scheint deutliche Wirkungen auf ihre Persönlichkeitsentwicklung zu haben, wenn genetische Einflüsse der Eltern auf ihre Kinder kontrolliert werden:

Der nichtgenetische Einfluß der Eltern auf die Persönlichkeitsentwicklung scheint stark überschätzt zu werden. Zumindest konnte bis heute kein deutlicher Einfluß empirisch belegt werden.

Diese Schlußfolgerung bezieht sich auf die "normale" Variation des Erziehungsstils in unausgelesenen Stichproben von Familien. Damit ist natürlich nicht gesagt, daß Extremformen des Erziehungsstils, z.B. Kindesmißhandlung, keine Effekte auf die Kinder haben. Diese Extremformen sind aber so selten, daß ihr Einfluß auf den Zusammenhang zwischen Erziehungsstil und Persönlichkeit in einer gesamten Population von Menschen unbedeutend ist.

Weiterführende Literatur

Bornstein, M. (Ed.) (1995). *Handbook of parenting (Vols.1 & 2).* Hillsdale, NJ: Erlbaum.

Rowe, D.C. (1997). *Genetik und Sozialisation.* Weinheim: Psychologie Verlags Union.

2.1.3 Geschwisterbeziehungen

Unter "Geschwistern" werden im folgenden immer Geschwister unterschiedlichen Alters verstanden. Für die Besonderheiten der Beziehungen zwischen Zwillingen, die etwa 1,5% der Geburten ausmachen, sei auf Schepank (1996) verwiesen.

Universelle Sicht

Geschwister zu haben, ist trotz des Trends zur Einzelkindfamilie immer noch statistisch normal: Etwa zwei Drittel aller Kinder wachsen zusammen mit Geschwistern auf (Bundesminister für Jugend, Frauen, Familie und Gesundheit, 1990). Die subjektive Bedeutsamkeit der Geschwisterbeziehung ist dabei in der Kindheit vor allem eine Funktion der Altersdifferenz: Mit wachsendem Altersabstand verringert sich die Intensität der Beziehung, insbesondere der Konflikt. So fanden Asendorpf und van Aken (1995) bei zwölfjährigen Schülern eine Korrelation von -0.42 zwischen Altersabstand und Konflikt. Bei jungen Erwachsenen scheint der Altersabstand zum Geschwister jedoch keine Rolle mehr zu spielen; in der Berliner Beziehungsstudie war die Korrelation zwischen Altersabstand und Konflikt nicht signifikant.

Die Betonung der von Geschwistern *nicht* geteilten Umweltbedingungen in der neueren Sozialisationsforschung hat das Interesse auch an der Beziehung von Geschwistern zueinander neu belebt (Hetherington, Reiss & Plomin, 1994). Betont wird dabei die Unterschiedlichkeit der sozialen Welt, in der Geschwister aufwachsen (Dunn & Plomin, 1996). Auch die Geschwisterbeziehung selbst wird von den beiden Beteiligten unterschiedlich wahrgenommen. So betrug die Konsistenz der Qualität der Geschwisterbeziehung in der schon in Abschn. 2.1.2 erwähnten Studie von Reiss et al. (1994) aus Sicht der Geschwister nur 0.40 (aus Sicht der Eltern jedoch 0.80; vgl. Tab. 2.8).

Auf Unterschieden zwischen Geschwistern gründet auch das Konzept der *Geschwisterposition* (Erstgeborenes, Zweitgeborenes usw.). Die Altersdifferenz zwischen Geschwistern unterschiedlichen Alters führt zu charakteristischen Asymmetrien im Erleben und Verhalten (vgl. von Salisch, 1993). Die "Entthronung" des Erstgeborenen bei der Geburt des Zweitgeborenen (Adler, 1926) ist für die meisten Erstgeborenen ein Stressor, der zu einer vorübergehenden Zunahme von Anklammern an die Mutter, Weinerlichkeit, sozialem Rückzug oder Aggressivität und Schlafproblemen führt und zu einer unsicheren Bindung an die Mutter

(Teti, Sakin, Kucera, Corns & Eiden, 1996). Nach dieser vorübergehenden Streßphase ist das Verhalten älterer Kinder ihren Geschwistern im Säuglingsalter gegenüber zunächst komplementär angelegt: Die älteren bemuttern die jüngeren, was von den Eltern unterstützt wird. Nach Kreppner, Paulsen und Schütze (1982) nimmt feindseliges Verhalten des älteren Geschwisters mit dem Krabbeln des jüngeren (um 9 Monate herum) zu, bis sich mit dem Beginn des Sprechens (um 16 Monate) die Beziehung auf dem Niveau einer Spielpartnerschaft etabliert und mehr symmetrische Aspekte aufweist.

Dennoch überwiegen auch hier die asymmetrischen Aspekte; z.B. versuchen die Jüngeren, die Älteren durch Nachahmen zum gemeinsamen Spiel zu bewegen, während die Älteren Spielangebote der Jüngeren überwiegend zurückweisen (Schütze, 1986). Später kehrt sich dies um: Ältere im Grundschulalter initiieren eher Spiele mit ihren Geschwistern im Kindergartenalter als umgekehrt (Abramovitch, Corter, Pepler & Stanhope, 1986). Diese Asymmetrien sind bei einem Altersabstand von 3-4 Jahren ausgeprägter als bei einer kleineren Altersdifferenz (Minett, Vandell & Santrock, 1983); dies weist daraufhin, daß der unterschiedliche kognitive Entwicklungsstand eine wesentliche Ursache für die beobachtbaren Asymmetrien ist.

In der mittleren Kindheit und im Jugendalter ist nach den Befunden von Buhrmester und Furman (1990) keine Beziehung von Kindern so konfliktreich wie die Geschwisterbeziehung; dies konnten van Aken und Asendorpf (1997) an Münchner Schülern bestätigen. Wie die Berliner Beziehungsstudie zeigt, nimmt im jungen Erwachsenenalter der Konflikt mit Geschwistern an Stärke ab: Jetzt ist er zwar immer noch etwas stärker als mit anderen Gleichaltrigen, aber geringer als mit den Eltern (vgl. Abb. 2.8).

Die starken Konflikte zwischen Geschwistern in Kindheit und Jugend dürften nicht auf die asymmetrischen Aspekte der Geschwisterbeziehung, sondern auf ihre symmetrischen Aspekte zurückzuführen sein (von Salisch, 1993). Die hohe Vertrautheit mit dem Geschwister ermöglicht eine genaue Kenntnis von dessen "wunden Punkten". Die Unaufkündbarkeit der Beziehung und die räumliche Nähe schaffen zahllose Gelegenheiten, es dem anderen "heimzuzahlen", wodurch Konflikte gut eskalieren können. Umgekehrt stehen Geschwister genau deshalb auch unter Druck, sich wieder zu einigen. Dies führt zu dem charakteristischen Auf und Ab der Geschwisterbeziehung zwischen heftigem Streit und schneller Versöhnung.

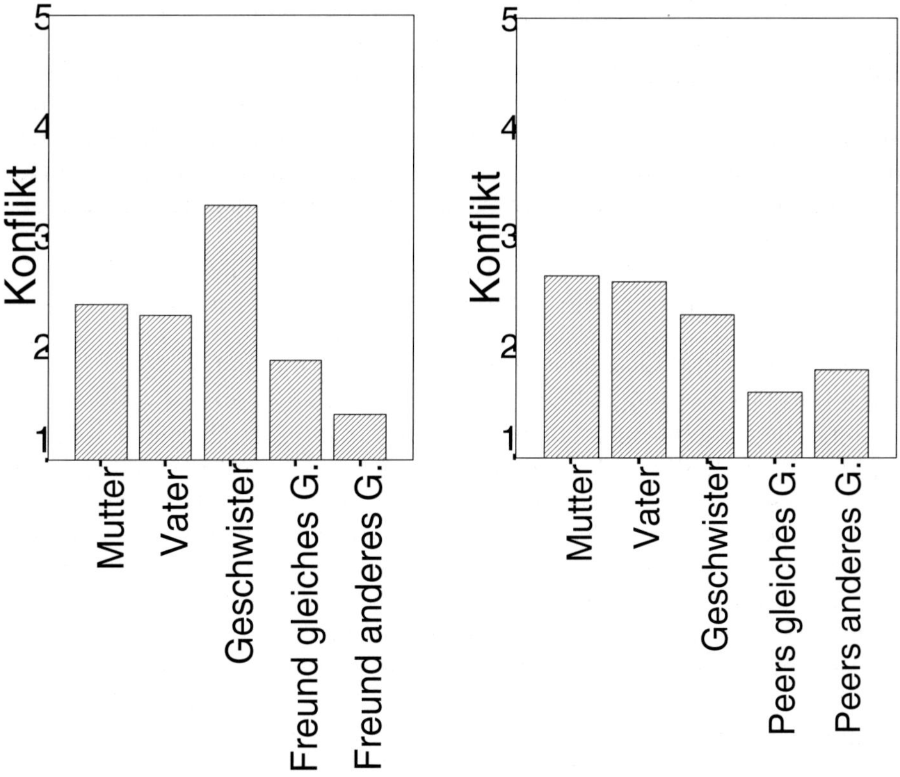

Abbildung 2.8. Konfliktstärke gegenüber verschiedenen Bezugspersonen bei Siebtklässlern (links) und Erstsemestern (rechts).

Im Verlauf des Erwachsenenalters nimmt die Intensität der Geschwisterbeziehung zunächst in dem Maße ab, wie die Geschwister durch Partner und eigene Kinder beansprucht werden. Im Alter nimmt dann die Intensität tendentiell wieder zu, verbunden mit einer Zunahme positiver und einer Abnahme negativer Gefühle zueinander; diese Zunahme kann jedoch durch die zunehmende Immobilität im Alter auch ausbleiben oder nur von kurzer Dauer sein (Bedford, 1993). Erschwert wird eine Interpretation der vorliegenden Literatur dadurch, daß fast nur Querschnittsstudien vorliegen, so daß Altersunterschiede und Einflüsse des historischen Zeitpunkts (Kohortenunterschiede) nicht zu trennen sind.

Die Geschwisterbeziehung ist in der Kindheit durch besondere Nähe und Konflikt gekennzeichnet (besonders bei kleinem Altersabstand) sowie - mit Ausnahme von Zwillingen - durch Asymmetrien in der kognitiven Entwicklung. Mit wachsendem Alter nehmen diese Merkmale an Bedeutung ab; erst im höheren Erwachsenenalter nimmt die Bedeutung der Geschwister wieder zu, wobei positiv-symmetrische Aspekte überwiegen.

Differentielle Sicht

Das Geschlecht der Geschwister hat einen wesentlichen Einfluß auf deren Gefühl der Verbundenheit: Im Erwachsenenalter sind die Beziehungen zwischen Schwestern enger als die Beziehungen zwischen Brüdern (Adams, 1968; Cumming & Schneider, 1961). Dies scheint seine Ursache aber nicht in der Geschwisterbeziehung selbst zu haben, sondern auf einen allgemeinen Geschlechtsunterschied zurückzugehen: Beziehungen zwischen Mädchen oder Frauen sind generell intimer und näher als solche zwischen Jungen oder Männern (Furman & Buhrmester, 1992; Reis, Senchak & Solomon, 1985). Furman und Buhrmester (1992) fanden für wahrgenommene Unterstützung sogar einen stärkeren Geschlechtsunterschied für gleichgeschlechtliche Freunde als für gleichgeschlechtliche Geschwister.

Temperamentsunterschiede der Geschwistern beeinflussen ihre Beziehung miteinander von Anfang an. So fanden z.B. Thomas und Chess (1977), daß Kinder mit schwierigem Temperament (vgl. hierzu Asendorpf, 1997) die Geburt eines Geschwisters belastender erlebten als Kinder mit einfachem Temperament. Hyperaktive Kinder haben eine sehr viel konfliktreichere Geschwisterbeziehung als normale Kinder (Mash & Johnson, 1983), und jüngere Geschwister reagieren negativer auf hyperaktive ältere Geschwister als auf normale ältere Geschwister (Brody, Stoneman & Burke, 1987).

Während diese Unterschiede im wesentlichen individuelle Effekte der jeweils betrachteten Kinder auf ihr Verhalten und das Verhalten des Geschwisters sind, wurden auch dyadische Effekte der Temperamentspassung zwischen Geschwistern untersucht. Munn und Dunn (1989) operationalisierten die Nicht-Passung in einem Temperamentsmerkmal durch die absoluten Differenzen zwischen den Geschwistern. Diese Temperamentsdiskrepanzen korrelierten positiv mit Geschwisterkonflikten, woraus die Autorinnen den Schluß zogen, daß Temperamentsdiskrepanzen Geschwisterkonflikte fördern. Stoneman und Brody (1993) differenzierten diese Sicht insofern, als sie zwischen problematischen und unproblematischen Eigenschaftsausprägungen unterschieden. Sie fanden, daß Geschwisterkonflikte am schwächsten bei Geschwisterpaaren waren, in denen beide Partner wenig aktiv waren, und am stärksten bei Paaren, in denen beide Partner stark aktiv waren (in *beiden* Fällen war die Diskrepanz minimal). Dies widerlegt die Diskrepanzhypothese.

Alternativ könnte man vermuten, daß ein temperamentsmäßig ausgeglichener Partner die potentiell konfliktförderlichen Tendenzen eines unausgeglichenen Partners abpuffert, so daß viele Konflikte nur dann auftreten, wenn beide Geschwister unausgeglichen sind. Aber auch das war nicht der Fall. Vielmehr erwies sich bei Temperamentsdiskrepanzen die *Geschwisterposition* als entscheidend. War das ältere Geschwister sehr aktiv, war dies von vielen Konflikten begleitet, war das jüngere sehr aktiv, gab es wenige Konflikte. Offenbar dominiert das Temperament des älteren Geschwisters das Ausmaß der Geschwisterkonflikte, weil es aufgrund seines höheren Alters die Art der Geschwisterinteraktion stärker beeinflußt. Dieses Beispiel zeigt exemplarisch, wie Beziehungsqualitäten (hier: Konflikt) durch eine Wechselwirkung zwischen Persönlichkeitsmerkmalen (aktives Temperament) und Beziehungsmerkmalen (Geschwisterposition) beeinflußt werden können.

Geschwisterkonflikte werden durch eine Wechselwirkung zwischen Temperament und Geschwisterposition beeinflußt.

Ein weiteres Beispiel für die Bedeutsamkeit des Altersunterschieds von Geschwistern ist die Konsistenz des elterlichen Erziehungsverhaltens zwischen Geschwistern (vgl. Abschn. 2.1.2). In den allermeisten Studien wird diese Konsistenz in bezug auf Geschwister *unterschiedlichen* Alters festgestellt. Die in diesen Studien gefundene starke Inkonsistenz des Erziehungsstils könnte deshalb wesentlich auf Altersunterschiede der Kinder zurückgehen, denn Eltern passen ihren Erziehungsstil oft an das Alter der Kinder an (z.B. Ausmaß und Art der ausgeübten Kontrolle über das Kind). Abgesehen von Zwillingsstudien ist es nur in Längsschnittstudien möglich, den Erziehungsstil von Eltern gegenüber Geschwistern des gleichen Alters zu untersuchen.

Dunn und Mitarbeiter untersuchten in einer solchen Längsschnittstudie (Colorado Adoption Study) das Erziehungsverhalten der Mütter gegenüber Geschwistern, als diese in *demselben* Alter waren (Dunn & Plomin, 1990). Die Ergebnisse zeigten einen starken Alterseinfluß: Die

Mütter waren nach Kontrolle des Altersunterschieds deutlich konsistenter ihren Kindern gegenüber als ohne solche Kontrolle, weil ihr Erziehungsverhalten demselben Kind gegenüber wenig stabil war. Z.B. war eine Mutter, die besonders feinfühlig mit ihrem erstgeborenen Säugling umging, nicht unbedingt besonders feinfühlig diesem Kind gegenüber im Alter von 3 Jahren, war aber ihrem zweitgeborenen Säugling gegenüber wieder eher feinfühlig (jeweils im Vergleich zu anderen Müttern).

Mütter verhalten sich unterschiedlichen Kindern des gleichen Alters gegenüber oft ähnlicher als gegenüber demselben Kind in unterschiedlichem Alter.

Altersunterschiede, aber auch Persönlichkeitsunterschiede zwischen Geschwistern, die auf genetischen und nichtgeteilten Umwelteinflüssen beruhen, sind dafür verantwortlich, daß geteilte Umweltbedingungen unterschiedliche Effekte auf Geschwister haben können. Beardsall und Dunn (1992) untersuchten den Einfluß kritischer Lebensereignisse im Verlauf von 3 Jahren auf die Entwicklung von Geschwistern, darunter auch den Einfluß geteilter Ereignisse wie Krankheit der Mutter oder Arbeitslosigkeit des Vaters. 60% dieser geteilten Ereignisse hatten einen deutlich unterschiedlichen Einfluß auf die Geschwister. Dieses Ergebnis steht in Einklang mit der neueren Bewältigungsforschung, wonach nicht kritische Ereignisse selbst, sondern ihre persönlichkeitsabhängige Verarbeitung Einfluß auf die Persönlichkeitsentwicklung ausüben (vgl. Asendorpf, 1999, Kap. 6.4).

Geteilte Umweltbedingungen haben oft sehr unterschiedliche Wirkungen auf Geschwister.

Hier wird deutlich, daß ein wesentlicher Unterschied zwischen geteilten Umwelt*bedingungen* (objektiv, von außen festgestellte Bedingungen, denen Geschwister ausgesetzt sind) und geteilten Umwelt*einflüssen* (gleiche Einflüsse geteilter Umweltbedingungen auf die Persönlichkeitsentwicklung) gemacht werden muß. Die Ergebnisse von Beardsall und Dunn (1992) legen nahe, daß die Wirkungen geteilter Umweltbedingungen oft von Geschwistern nicht geteilt werden. Dies ist möglicherweise ein wesentlicher Grund für die Tatsache, daß der Einfluß geteilter Umwelteinflüsse auf die Persönlichkeitsentwicklung so gering ist, obwohl Geschwister viele Umweltbedingungen teilen.

Geteilte Umweltbedingungen führen oft zu nicht geteilten Umwelteinflüssen.

Andere Einflüsse auf die Geschwisterbeziehung resultieren aus unterschiedlichen Beziehungen der Geschwister zu den Eltern. Diese Wechselwirkungen zwischen Geschwister- und Eltern-Kind-Beziehungen werden in Abschn. 3.6 behandelt.

Viel diskutiert sind die langfristigen Konsequenzen einer unterschiedlichen Geschwisterposition. Da die Geschwisterposition so einfach zu erheben ist, gibt es hierzu eine Flut von Untersuchungen. Bis etwa 1980 schien das Ergebnis klar zu sein: Erstgeborene seien leistungsmotivierter, etwas intelligenter, ängstlicher und weniger gesellig als Spätergeborene. Ernst und Angst (1983) wiesen daraufhin, daß dieses Ergebnis fast ausschließlich auf Studien beruhte, in denen Geschwister aus unterschiedlichen Familien miteinander verglichen wurden. Da die Chance, Erstgeborenes zu sein, in westlichen Industrienationen aber mit der sozialen Schicht steigt, sind Geschwisterposition und soziale Schicht in diesen Studien konfundiert.

Kontrolliert man Faktoren, die zwischen Familien variieren, indem man nur Erst- und Spätergeborene *innerhalb derselben Familie* vergleicht, so zeigen sich nach Ernst und Angst (1983) ab dem Jugendalter *keine* Unterschiede in der Persönlichkeit, wenn diese von Freunden, Lehrern oder selbstbeurteilt wird. Nur Eltern beschreiben ihre Erstgeborenen auch nach Kontrolle der sozialen Schicht als ernster, ruhiger, introvertierter, empfindsamer und verantwortlicher, also als "erwachsener". Ihr Urteil ist offenbar durch Altersunterschiede der Geschwister beeinflußt. Sie kontrastieren z.B. einen 16-jährigen nicht mit anderen 16-jährigen, sondern mit seinen jüngeren Geschwistern und kommen dadurch zu Fehlschlüssen in der Persönlichkeitsbeschreibung (ihr Urteil ist durch einen *Kontrasteffekt* beeinflußt).

Die Geschwisterposition ist mit der sozialen Schicht und mit Altersunterschieden konfundiert. Nach Kontrolle dieser Effekte läßt sich nach der Analyse von Ernst und Angst (1983) kein Einfluß der Geschwisterposition auf die Persönlichkeit im Erwachsenenalter nachweisen.

Jüngst stellte Sulloway (1997) diese Schlußfolgerung von Ernst und Angst (1983) in Frage. In einer umfangreichen Analyse der Akzeptanz von 28 wissenschaftlichen Neuerungen (z.B. Newtons Mechanik, Darwins Evolutionstheorie, Einsteins Relativitätstheorie, Heisenbergs Unschärferelation) durch die Wissenschaftler der damaligen Zeit (quantifiziert durch Analyse der vorliegenden historischen Dokumente) fand er, daß diese Akzeptanz bei Spätergeborenen erheblich höher war als bei Erstgeborenen. Im Falle der Evolutionstheorie wertete er z.B. die Berichte über 405 Wissenschaftler aus; die Akzeptanz bei den Spätergeborenen war 4,4 mal höher als bei den Erstgeborenen. Da die Akzeptanz von wissenschaftlichen Neuerungen mit dem Lebensalter sinkt, läßt sich der Geschwisterpositionseffekt auch auf das Lebensalter beziehen. Erstgeborene im Alter von 25 Jahren akzeptierten die Evolutionstheorie nur so häufig (30%) wie Spätergeborene im Alter von 80 Jahren (vgl. Abb. 2.9).

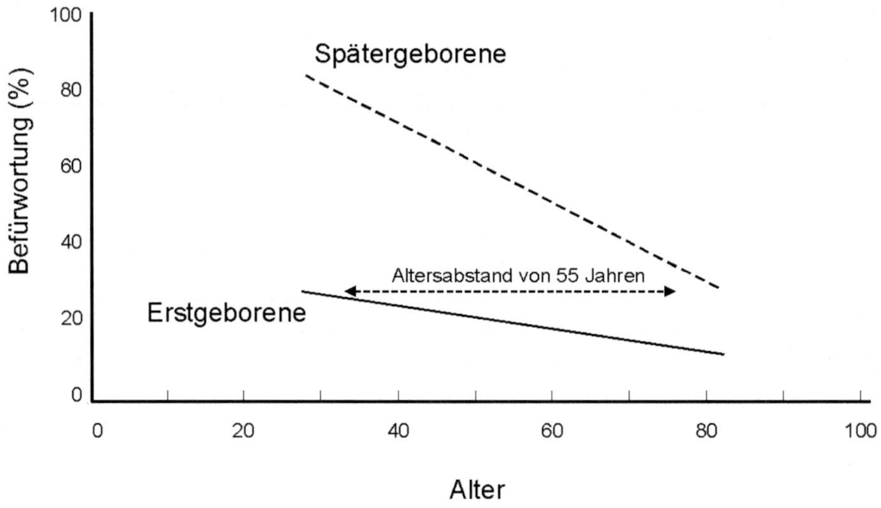

Abbildung 2.9. Akzeptanz der Evolutionstheorie durch 405 Wissenschaftler in Abhängigkeit von deren Alter und Geschwisterposition (nach Sulloway, 1997).

Daß die Evolutionstheorie sich dennoch relativ schnell verbreitete, führte Sulloway (1997) u.a. auf den Umstand zurück, daß es zur damaligen Zeit 2,6 mal mehr Spätergeborene als Erstgeborene gab. Diese Quote ist heutzutage in westlichen Industrienationen unter 1 gesunken, weil Eltern im Durchschnitt weniger als zwei Kinder haben. Um konfundierende Einflüsse von Geschwisterzahl und sozialer Schicht auszuschließen, führte Sulloway (1997) entsprechende Kontrolluntersuchungen durch und konnte zeigen, daß der Geschwisterpositionseffekt unabhängig von Geschwisterzahl und sozialer Schicht ist (lediglich bei adligen Wissenschaftlern war die höhere Akzeptanz der Spätergeborenen nicht überzufällig). Eine separate Analyse von 105 Wissenschaftlern, von denen mindestens jeweils zwei aus derselben Familie stammten, bestätigte ebenfalls eine höhere Akzeptanzrate der Spätergeborenen.

Nach Sulloway (1997) akzeptieren Erstgeborene wissenschaftliche Neuerungen zögerlicher als Spätergeborene.

Sulloway (1997) erklärte diese Befunde durch einen *allgemeinen Zusammenhang* zwischen Geschwisterposition und Persönlichkeit. Spätergeborene unterschieden sich von Erstgeborenen am stärksten im fünften Faktor des Fünffaktorenmodells der Persönlichkeit (vgl. Asendorpf, 1999, Kap. 4.1.1). Dieser Faktor wird als "Offenheit gegenüber neuen Erfahrungen", "Intellekt" oder "Kultur" bezeichnet und umfaßt Eigenschaften wie künstlerisch-philosophisch-wissenschaftliches Interesse, Intelligenz, Kreativität und Nachdenklichkeit; er korreliert mit nonkonformistischen, eher liberalen Einstellungen (McCrae, 1996).

Als Beleg für diese Annahme reanalysierte Sulloway (1997) 196 von Ernst und Angst (1983) zusammengestellte Studien zum Zusammenhang zwischen Geschwisterposition und Persönlichkeit, in denen Effekte der Geschwisterzahl oder der sozialen Schicht bereits kontrolliert waren. Dazu gruppierte er die jeweils untersuchten Eigenschaften nach den fünf Faktoren der Persönlichkeit. Der engste Zusammenhang zwischen Geschwisterposition und Persönlichkeit fand sich danach für den Offenheitsfaktor (21 signifikant positive, 20 nichtsignifikante und 2 signifikant negative Korrelationen in den 43 Studien). Sulloway (1997) schätzte die "wahre", um Meßprobleme bereinigte Korrelation zwischen Geschwisterposition und Offenheit auf 0.40. Da es keinen bedeutsamen Einfluß der Geschwisterposition auf Intelligenztestergebnisse gibt (Ernst und Angst, 1983), muß dieser Geschwisterpositionseffekt auf Eigenschaften wie Kreativität, Nachdenklichkeit und Nonkonformismus zurückgehen. Bei den anderen Faktoren war der Zusammenhang schwächer (höhere Gewissenhaftigkeit, geringere Verträglichkeit und höherer Neurotizismus der Erstgeborenen); am geringsten war er bei Extraversion (geschätzte Korrelation 0.10).

Nach Sulloway (1997) sind Erstgeborene weniger offen gegenüber neuen Erfahrungen, gewissenhafter, weniger verträglich und neurotischer als Spätergeborene.

Problematisch ist, daß Sulloway (1997) in dieser Analyse Elternurteile der Persönlichkeit einschloß, die ebenso wie Geschwisterurteile einem starken Kontrasteffekt unterliegen (s.o.). Zumindest ein Teil der gefundenen Unterschiede in den Persönlichkeitsbeurteilungen könnte hierauf zurückgehen (z.B. die höheren Werte der Erstgeborenen in Gewissenhaftigkeit). Die höhere Akzeptanz wissenschaftlicher Neuerungen bei den Spätergeborenen betrifft dieser Einwand jedoch nicht.

Daß Sulloway (1997) zu anderen Schlußfolgerungen über Effekte der Geburtsposition auf die Persönlichkeit kam als Ernst und Angst (1983), selbst bei Analyse desselben Datensatzes, hängt auch mit der Art der statistischen Auswertung der Daten zusammen. Ernst und Angst (1983) gruppierten ihre Daten nach mehr Kategorien als nur fünf, so daß die Zahl der Studien pro Kategorie kleiner war, was wiederum die relativ schwachen Effekte der Geschwisterposition verwischte. Außerdem verglichen sie nur informell die Zahl der Bestätigungen, der Nichtbestätigungen und der konträren Befunde miteinander, während Sulloway (1997) Überlegungen zur Wahrscheinlichkeit des gefundenen Ergebnismusters anstellte. So scheinen 21 Bestätigungen höherer Offenheit bei Spätergeborenen gegenüber 20 nichtsignifikanten Befunden und 2 konträren Ergebnissen (s.o.) nur eine schwache Tendenz anzudeuten, weil nur eine Minderheit der Studien die Hypothese bestätigte. Per Zufall sollten aber bei 43 Studien nur $43 \cdot 0{,}05 = 2{,}15$ Studien die Hypothese signifikant bestätigen, da die entsprechenden statistischen Tests nur eine Irrtumswahrscheinlichkeit pro Studie von 5% zulassen. Auch gab es rund 10mal mehr Bestätigungen der Hypothese als Bestätigungen der entgegengesetzten Hypothese.

Diskrepanzen zwischen den Interpretationen derselben Daten durch Ernst und Angst (1983) und Sulloway (1997) gehen u.a. auf methodische Unterschiede zurück: Sulloway ignorierte das Problem der Kontrasteffekte und verwendete eine stärkere Methode der Metaanalyse.

Die höhere Offenheit von Spätergeborenen führte Sulloway (1997) im Kern darauf zurück, daß Spätergeborene aufgrund ihrer Unterlegenheit dem Erstgeborenen gegenüber dazu neigten, die Machtverhältnisse in der Familie, insbesondere in der Geschwisterbeziehung, in Frage zu stellen, während die Erstgeborenen ihre Machtposition konservativ-defensiv zu verteidigen trachteten. Zu der Machtposition der Erstgeborenen gehört nicht nur ihre körperliche und intellektuelle Überlegenheit gegenüber den Spätergeborenen im Kindesalter, sondern auch eine privilegierte Beziehung zu den Eltern, die in vielen Kulturen durch kulturelle Normen gefestigt wird (z.B. Erbrecht des ältesten Sohnes). Dieses Erklärungsmuster läßt sich in der Literatur mindestens bis zu Adler (1926) zurückverfolgen.

Dieser Haupteffekt der Geburtsposition wird nach Sulloway (1997) durch eine Vielzahl von Faktoren modifiziert wie z.B. Temperament, Geschlecht und soziale Schicht. Als Beispiel sei hier seine Analyse der Wechselwirkung zwischen Geburtsposition und Konflikten mit den Eltern genannt. Danach waren erstgeborene Wissenschaftler, die einen starken Konflikt mit einem Elternteil hatten (ob Vater oder Mutter scheint keine Rolle zu spielen) ebenso offen gegenüber wissenschaftlichen Neuerungen wie spätergeborene (vgl. Abb. 2.10). Der Haupteffekt des Konflikts mit den Eltern war aber nur etwa halb so groß wie der Haupteffekt der Geschwisterposition. Diese Ergebnisse müssen nicht bedeuten, daß Konflikte mit den Eltern eine offene Einstellung fördern, wie es Sulloway (1997) zu glauben scheint. Sie könnten auch dadurch bedingt sein, daß Kinder, die aus genetischen oder anderen Gründen zu höherer Offenheit disponiert sind, einerseits mehr Konflikte mit ihren Eltern provozieren und andererseits im Erwachsenenalter offener gegenüber Neuerungen sind.

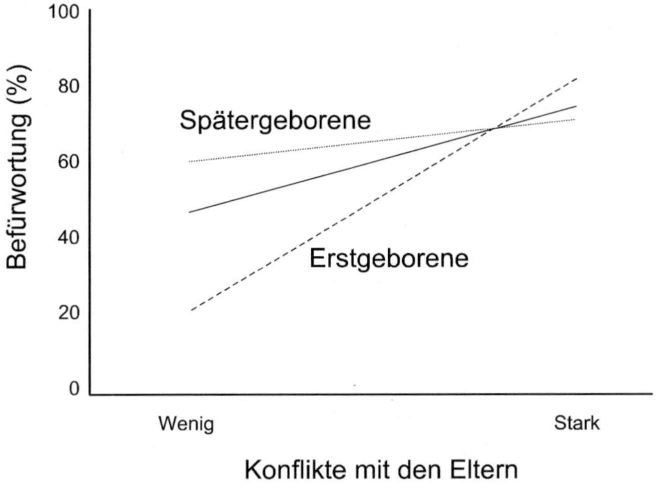

Abbildung 2.10. Wechselwirkung zwischen Geburtsposition und Konflikt mit den Eltern in bezug auf die Akzeptanz wissenschaftlicher Neuerungen bei Wissenschaftlern (nach Sulloway, 1997). Durchgezogene Linie: Mittlerer Zusammenhang.

Diese und zahlreiche andere von Sulloway (1997) diskutierte Wechselwirkungen zeigen, daß Effekte der Geschwisterposition im Einzelfall immer im Kontext anderer Entwicklungsbedingungen (einschließlich genetischer Unterschiede) betrachtet werden müssen. Die Geschwisterposition scheint überzufällige statistische Vorhersagen im Mittel über viele Menschen auf die Erwachsenenpersönlichkeit zu ermöglichen. Im Einzelfall besagt sie alleine noch nichts. Das ist nicht überraschend, sondern gilt für einzelne Bedingungen der Persönlichkeitsentwicklung ganz allgemein (vgl. Asendorpf, 1999, Kap. 6.4).

Die Geschwisterposition wirkt auf die Persönlichkeitsentwicklung immer nur im Kontext anderer Entwicklungsbedingungen.

Weiterführende Literatur

Dunn, J. & Plomin, R. (1996). *Warum Geschwister so verschieden sind.* Stuttgart: Klett-Cotta.

Kasten, H. (1993). *Die Geschwisterbeziehung* (Band 1 & 2). Göttingen: Verlag für Psychologie.

Sulloway, F.J. (1997). *Der Rebell der Familie: Geschwisterrivalität, kreatives Denken und Geschichte.* Berlin: Siedler.

2.2 Peer-Beziehungen

Die Bedeutung von Peer-Beziehungen (Beziehungen zu Gleichaltrigen; vgl. Abschn. 1.5) im Kindes- und Jugendalter wird u.a. dann deutlich, wenn alle subjektiv bedeutsamen Beziehungen erfragt werden. Dies taten z.B. van Aken und Asendorpf (1997) bei 139 zwölfjährigen Schulkindern (vgl. Tab. 2.9).

Tabelle 2.9: Bezugspersonen von Schulkindern.

	Anzahl			Alter (Jahre)		
Bezugsperson	Mittel	Minimum	Maximum	Mittel	Minimum	Maximum
Mutter	1,00	1	1	40,5	30	52
Vater	0,96	0	1	43,6	31	60
Großeltern	1,14	0[a]	5	68,2	50	93
Geschwister	1,05	0[b]	4	12,0	1	32
Klassenkameraden	3,86	0	9	11,5	11	14
Andere Erwachsene	3,30	0	9	37,5	18	80
Sonstige Peers	3,07	0	9	11,8	7	17
Jüngere Kinder	0,17	0	3	3,6	1	6
Alle Bezugspersonen	14,55	8	22			

[a] 61 Kinder gaben keine Großeltern an.
[b] 37 Kinder gaben kein Geschwister an.

Die Tabelle macht deutlich, daß die Kinder unter den außerfamiliären Beziehungen etwa doppelt so viele zu Peers (Klassenkameraden und Freunde in ähnlichem Alter) angaben wie zu Erwachsenen; Beziehungen zu deutlich jüngeren Kindern spielten keine Rolle. Die Literatur zu außerfamiliären Beziehungen von Kindern und Jugendlichen bezieht sich fast ausschließlich auf Beziehungen zu Peers. Außerfamiliäre Beziehungen zu Erwachsenen werden höchstens unter dem Stichwort "Mentoren" behandelt (Hamilton & Darling, 1989), worunter Erwachsene verstanden werden, die Sozialisationsfunktionen über ihre Berufs- oder Verwandtenrolle hinaus ausüben (z.B. ein Lehrer, der sich außerhalb des Unterrichts speziell um einen Schüler kümmert; ein Nachbar, der für politische Diskussionen aufgesucht wird) .

Solche außerfamiliären Beziehungen zu Erwachsenen können wichtige Sozialisationsfunktionen erfüllen, die in einzelnen Bereichen bedeutsamer sein können als die der Eltern. Dennoch werden sie in empirischen Untersuchungen kaum thematisiert, weil sie sehr heterogen und entsprechend schwer zu untersuchen sind. Die folgende Übersicht bezieht sich deshalb ausschließlich auf Beziehungen zu Peers.

Universelle Sicht

Peer-Beziehungen wurden in der Psychoanalyse nahezu völlig ignoriert; im symbolischen Interaktionismus (Mead, 1934) spielten sie eine unspezifische Rolle als soziale Spiegel bei der Entwicklung des Selbstkonzepts und Selbstwertgefühls. Eine spezifische Rolle in der Entwicklung wurde Peerbeziehungen erst von Sullivan (1953) zuerkannt. Danach fänden sie zunächst im Kontext größerer Gruppen statt und seien im Großen und Ganzen untereinander austauschbar, bis sich dann mit dem Beginn der Pubertät einzelne enge Freundschaftsbeziehungen entwickelten, in denen die ersten intensiven Erfahrungen mit nahen, reziproken Beziehungen unter Gleichen gemacht würden. Fehlende Integration in die "Peer-Kultur", insbesondere soziale Isolation in Gruppen und fehlende Freundschaften, sei Ursache für spätere soziale Minderwertigkeitsgefühle.

Die Wiederentdeckung von Piagets Entwicklungstheorie in den 60er Jahren lenkte das Interesse auf Piagets (1932) Hypothese, daß Kinder in der symmetrischen, egalitären Interaktion mit Gleichaltrigen besser als in der asymmetrischen Interaktion mit Erwachsenen kognitive Konflikte zwischen unterschiedlichen Perspektiven, Ideen und Erklärungen austragen und lösen könnten. Da nach Piagets Auffassung die kognitive Entwicklung auf der Lösung *intra*individueller Konflikte beruht und diese Konflikte durch die unterschiedlichen Perspektiven Gleichaltriger geschürt und produktiv ausgetragen werden könnten, spiele die Gleichaltrigen-Interaktion eine zentrale Rolle in der sozial-kognitiven Entwicklung (insbesondere der Moralentwicklung). Piaget interessierte sich also nicht für Peer-*Beziehungen*, sondern nur für Peer-*Interaktionen* in ihrer Funktion für die individuelle sozial-kognitive Entwicklung.

Eine ähnliche Funktion nehmen Peer-Interaktionen in Vygotskis (1978) Entwicklungstheorie ein, wonach kognitive Entwicklung wesentlich durch soziale Interaktion in der "Zone der proximalen Entwicklung" gefördert werde, d.h. wenn das Verhalten beider Interaktionspartner auf ähnlichem kognitiven Niveau abläuft und damit wechselseitig verständlich und anregend ist. Wenn auch Vygotski selbst dabei mehr als Piaget die Unterstützung durch Erwachsene im Auge hatte, die sich dazu auf kindliches kognitives Niveau begeben müssen, wandten neuere Theoretiker seinen Ansatz auf die Unterstützung durch kognitiv überlegene Peers an (z.B. Rogoff, 1990). Während Piaget eher kognitive Konflikte zwischen Gleichaltrigen desselben Entwicklungsniveaus als Motor der Entwicklung betonte, unterstrich Vygotski die Rolle der Kooperation zwischen Gleichaltrigen leicht unterschiedlichen Niveaus. Konflikt und Kooperation schließen sich dabei nicht aus: Konflikte können kooperativ verarbeitet werden (vgl. Rubin, Bukowski & Parker, 1998). Der Unterschied zwischen Piaget und Vygotski bezieht sich deshalb vor allem auf die leichte Altersasymmetrie als Motor der Entwicklung.

Aus Sicht der Lerntheorie schließlich sind Peers ideale Modelle für den Erwerb eigener Verhaltenstendenzen durch Imitation und spielen eine bedeutsame Rolle als Verstärker solcher Verhaltenstendenzen, z.B. beim Erwerb und der Stabilisierung geschlechtstypischer Verhaltensweisen (Hartup, 1983). Diese behavioristische Sicht verlor jedoch zunehmend an Attraktivität, nachdem klar wurde, wie stark Lernen selbst persönlichkeitsabhängig ist (vgl. Asendorpf, 1999, Kap. 2.3).

Nach Piaget und Vygotski stimuliert die Interaktion mit Peers die sozialkognitive Entwicklung; aus lerntheoretischer Sicht wird viel von Peers gelernt. Beides unterstreicht die wichtige Rolle Gleichaltriger in der Sozialisation.

Die frühesten Peer-*Beziehungen* sind bereits im Alter von 2 Jahren beobachtbar (Peer-*Interaktionen* gibt es noch früher). Ross und Lollis (1989) beobachteten das Interaktionsverhalten von 2-3 Jahre alten Kindern im dyadischen Spiel mit jeweils zwei verschiedenen Partnern. Jedes Paar spielte 18mal jeweils 40 Minuten miteinander. Nach etwa 10 Sitzungen bildeten sich überzufällige Beziehungseffekte heraus, d.h. es entwickelten sich dyadentypische Interaktionsmuster, die aus den individuellen Verhaltenstendenzen der jeweils beteiligten Kinder nicht vorhergesagt werden konnten (Analyse auf der Basis des statistischen *Modells sozialer Beziehungen* von Kenny & LaVoie, 1984; vgl. Asendorpf, 1999, Kap. 5.3.2).

Beziehungen zu Gleichaltrigen lassen sich schon im 2. Lebensjahr beobachten.

In Kindergartengruppen sind dyadische Beziehungen auf ganz analoge Weise identifizierbar und zeigen eine wachsende Stabilität über die Zeit. Asendorpf und Schäfer (in Vorbereitung) ließen das Verhalten von 84 Neulingen in 13 Kindergartengruppen über einen Zeitraum von 2 Jahren hinweg in regelmäßigen Abständen von ca. 3 Wochen beobachten und analysierten dyadentypische Spielpräferenzen auf der Basis des statistischen Modells sozialer Beziehungen. Diese dyadentypischen Präferenzen zeigten eine zunehmende Stabilität (Korrelationen von 0.41 vom 1. zum 2. Halbjahr bis zu 0.55 vom 3. bis zum 4. Halbjahr).

Auch wenn striktere Kriterien an die Existenz von Beziehungen gelegt werden, nämlich Reziprozität positiver oder negativer Verhaltensweisen, gibt es bereits im 2. Lebensjahr Beziehungen zwischen Gleichaltrigen (Ross, Conant, Cheyne & Alevisos, 1992). Derartige Beziehungen im Kindergartenalter beruhen vor allem auf Ähnlichkeiten in Alter, Geschlecht und Aktivitätspräferenzen (Rubin, Lynch, Coplan, Booth & Rose-Krasnor, 1994). Ob Beziehungen in diesem Alter, die durch ein besonders prägnantes reziprok-positives Interaktionsmuster oder bestimmte gemeinsame Aktivitäten gekennzeichnet sind, jedoch als Freundschaften bezeichnet werden können, ist mangels klarer Kriterien für Freundschaften unklar (vgl. Krappmann, 1993).

Erst im Schulalter erlauben es Interviewtechniken ("Was ist ein guter Freund" oder "Was erwartest Du von einem guten Freund?"), das Freundschaftskonzept von Kindern zu rekonstruieren. Nach Bigelow (1977) kann man drei Stufen des Freundschaftskonzepts unterscheiden:

Drei Stufen in der Entwicklung des Freundschaftskonzepts im Schulalter
(1) 7-9 Jahre: *Belohnungsstufe*: Freunde sind diejenigen Peers, die besonders belohnend sind – sie wohnen in der Nähe, haben interessantes Spielzeug und ähnliche Spielinteressen.
(2) 10-11 Jahre: *Normative Stufe*: Gemeinsame Werthaltungen und gegenseitige Unterstützung und Loyalität werden zentral.
(3) 11-13 Jahre: *Empathische Stufe*: Freunde werden sich ihrer gemeinsamen Interessen bewußt und pflegen eine intime Beziehung (starke Selbstenthüllung, Teilen von Geheimnissen.

Nach Selman (1980) beruht die Abfolge dieser Stufen vor allem auf der wachsenden Fähigkeit, die Perspektive anderer bewußt zu übernehmen. So werden z.B. Geburtstagsgeschenke nicht nach eigenen Interessen, sondern nach den vermuteten Interessen des Beschenkten ausgesucht. Youniss (1980) betonte die wachsende Fähigkeit, Beziehungen als wirklich reziprok zu verstehen. Während anfangs der eigene Beitrag überschätzt wird, entwickelt sich später eine balanciertere Sicht. Diese Entwicklungstrends sind empirisch gut belegt (vgl. Rubin et al., 1998).

Freundschaftsbeziehungen sind durch einen höheren Anteil positiver Verhaltensweisen und eine höhere emotionale Intensität gekennzeichnet, nicht jedoch durch weniger Konflikt (Newcomb & Bagwell, 1995).

Freunde achten jedoch mehr auf Konfliktlösungen, die die Interessen beider Parteien berücksichtigen und die Beziehung nicht gefährden (Hartup, 1996).

Neben Freundschaften ist eine andere Beziehungsform gleichaltriger Kinder genauer untersucht worden: *Täter-Opfer-Dyaden* ("bully-victim dyads"; Olweus, 1996). In praktisch jeder Schulklasse lassen sich 1-2 Kinder ausmachen, die von Klassenkameraden regelmäßig (mindestens einmal pro Woche) über längere Zeit (mindestens ein halbes Jahr) physisch oder verbal schikaniert werden. Meist wird ein Opfer von mehreren Tätern belästigt; deshalb gibt es mehr Täter als Opfer. Schuster (1997) fand in deutschen Schulklassen (5.-11. Klasse) eine Rate von 5% Opfer, die überraschend konstant über die einzelnen Klassen war: in *jeder* der 16 untersuchten Klassen gab es ein oder zwei Opfer – es gab keine Klasse ohne Opfer und keine mit mehr als zwei Opfern. Schüler- und Lehrerurteil deckten sich dabei gut (eine Korrelation von 0.71). Diese konstante Rate deutet darauf hin, daß die Opfer eine wichtige Funktion für die Klasse übernehmen. Alltagspsychologisch wird hier von einer "Sündenbockfunktion" der Opfer gesprochen: Nicht auslebbare Aggressionen der Gruppenmitglieder werden auf das Opfer verschoben und dort ausgelebt.

Gegen diese Erklärung spricht, daß die Opfer meist nicht von allen oder den meisten Klassenkameraden schikaniert werden, sondern nur von einer bestimmten Tätergruppe (Olweus, 1996). Wie auch bei Gewalt in der Ehe sind Täter-Opfer-Beziehungen keine rein negativen Beziehungen, nicht einmal aus Sicht der Opfer. So fanden Dodge, Price, Coie und Christopoulos (1990), daß die Opfer die Täter nicht stärker ablehnten als andere Gleichaltrige.

In Schulklassen lassen sich regelmäßig ein bis zwei Opfer identifizieren, die meist von einigen Tätern über einen längeren Zeitraum schikaniert werden.

Bis zur Pubertät steigt die Geschlechtertrennung stark an, so daß im Alter von 12 Jahren 90% der Peer-Beziehungen aus gleichgeschlechtlichen Dyaden bestehen. Ab der Pubertät überflügeln Freundschaften mit Peers die emotionale Bedeutung der Beziehung zu den Eltern (vgl. 2.1.2, Abb. 2.6), und Peer-Beziehungen nehmen den überwiegenden Teil der sozialen Interaktion ein (Larson et al., 1996). Die Kriterien für Freundschaften werden strikter, so daß Jugendliche etwas weniger Freunde benennen als Kinder (Epstein, 1986). Kognitiv sind Freundschaften durch eine stärkere Anerkennung der Beziehungen der Freunde zu Dritten gekennzeichnet (Selman & Schultz, 1990).

Wie schon die Beziehungen in der frühen Kindheit sind auch die Freundschaften im Jugendalter durch Ähnlichkeit der Freunde in verschiedensten Bereichen gekennzeichnet: Intelligenz; schulbezogene Einstellungen und Motive; Interessen, z.B. sportliche; Aggressivität; Hilfsbereitschaft; Drogenkonsum (vgl. Hartup, 1996). Hartup (1996) wies darauf hin, daß neben individuellen Präferenzen auch geteilte soziodemographische Faktoren wie Wohnumgebung oder soziale Schicht und Gruppenprozesse die Ähnlichkeit von Freunden fördern. Die Ähnlichkeit bezieht sich nämlich nicht nur auf die spezielle Beziehung, sondern auch auf die kompletten Peer-Netzwerke der Freunde: Deren Mitglieder sind sich untereinander ebenfalls ähnlich. So bilden antisoziale Jugendliche deviante Cliquen aus antisozialen Mitgliedern (Dishion, Andrews & Crosby, 1995). Die Ähnlichkeit der Freunde fördert wiederum deren Ähnlichkeit durch wechselseitige Verstärkung. Dies ist sowohl für normkonforme wie auch für antisoziale Verhaltenstendenzen gut belegt (vgl. Hartup, 1996).

Ähnlichkeit der Persönlichkeit fördert Beziehungen und Freundschaften direkt durch individuelle Präferenzen und indirekt durch soziodemographische Faktoren und Gruppenprozesse.

Harris (1995) trug zahlreiche Argumente zusammen, die dafür sprechen, daß die Gleichaltrigen in vieler Hinsicht eine bedeutsamere Rolle in der Individualentwicklung spielen als Eltern oder Geschwister. Z.B. ziehen Kinder von Immigranten bald die Sprache ihrer Peers der Sprache ihrer Eltern vor, sogar zu Hause (Baron, 1992), und es ist die Sprache ihrer Peer-Gruppe, nicht die ihrer Eltern, die sie später als Erwachsene sprechen. Diese schnelle Übernahme der Sprache des Landes findet sich bei ihren Eltern nicht. Gibt es keine gemeinsame Sprache der Peers - wie z.B. in Hawaii gegen Ende des 19. Jahrhunderts - so kreieren sie eine neue; das Kreolisch auf Hawaii entstand so aus der Peer-Gruppe heraus (Bickerton, 1983). In Zeiten, als die Taubstummen-Gestik als entwicklungshemmend angesehen wurde, schlugen Versuche fehl, taube Kinder vom Gebrauch der Taubstummen-Gestik abzuhalten: Die Kinder erlernten sie schnell gegen den Widerstand ihrer Eltern und Erzieher, sobald sie mit anderen taubstummen Kindern zusammentrafen, die diese Gestik benutzten (Meier, 1991).

Versuche von Eltern, ihre Kinder "geschlechtsneutral" zu erziehen, änderten genauso wenig an der geschlechtstypischen Entwicklung (Serbin, Powlishta & Gulko, 1993) wie die besondere familiäre Situation von Kindern, die bei homosexuellen oder lesbischen Paaren aufwuchsen

(Patterson, 1992), weil Kinder und Jugendliche vor allem von Peers geschlechtstypisches Verhalten lernen, nicht von ihren Eltern.

Harris (1995) postulierte in ihrer *Gruppensozialisationstheorie*, daß *alle* Sozialisationseinflüsse der Eltern zunächst den Filter der Peer-Gruppe passieren müßten, um wirksam zu werden. Dies ist sicherlich nicht immer so; z.B. zeigen empirische Studien zur Transmission von Einstellungen und Werten, daß religiöse und politische Überzeugungen eher "vertikal" von den Eltern auf die Kinder, profane Überzeugungen, etwa daß Jogging gesund sei oder welche Turnschuhe "in" sind, dagegen eher "horizontal" von Peers übertragen werden (Cavalli-Sforza, Feldman, Chen & Dornbusch, 1982).

Es bleibt eine empirische Frage zu klären, welche Persönlichkeitsbereiche eher durch die Eltern und welche eher durch die Gleichaltrigen beeinflußt werden. Kein Zweifel kann daran bestehen, daß die Peers wesentliche Sozialisationsfunktionen ausüben.

Differentielle Sicht

Da ein Kind fast immer Beziehungen zu mehreren Peers hat, beziehen sich differentielle Fragestellungen meist auf Unterschiede in der Gesamtheit der Peer-Beziehungen: Wieviele Freunde hat ein Kind, wieviel Unterstützung erfährt es durch Peers, wie ist seine Stellung in der Peer-Gruppe (Kindergarten, Schulklasse)? Unterschiede in der Qualität einzelner Beziehungen wurden nur für Freundschaften genauer untersucht.

Besonders häufig sind Studien zu Unterschieden in den Beziehungen zu Mitgliedern der Kindergartengruppe oder Schulklasse, da diese Gruppen gut abgrenzbar und untersuchbar sind. Meist handelt es sich um soziometrische Untersuchungen, in denen alle Mitglieder einer solchen Gruppe gebeten werden, andere für bestimmte positive oder negative Rollen zu nominieren (z.B. Freund, Banknachbar, "mag ich", "mag ich nicht"). Die Zahl positiver und negativer erhaltener Nominierungen sagt etwas über die Beliebtheit und Unbeliebtheit in der Gruppe aus. Die Beliebtheits- und Unbeliebtheitswerte korrelieren zwar negativ, nicht aber stark negativ, weil es Gruppenmitglieder gibt, die weder beliebt noch unbeliebt sind ("Ignorierte"), und solche, an denen sich die Geister scheiden: sie sind bei einem Teil der Gruppe beliebt und bei einem anderen Teil unbeliebt ("Kontroverse"); vgl. Abb. 2.11.

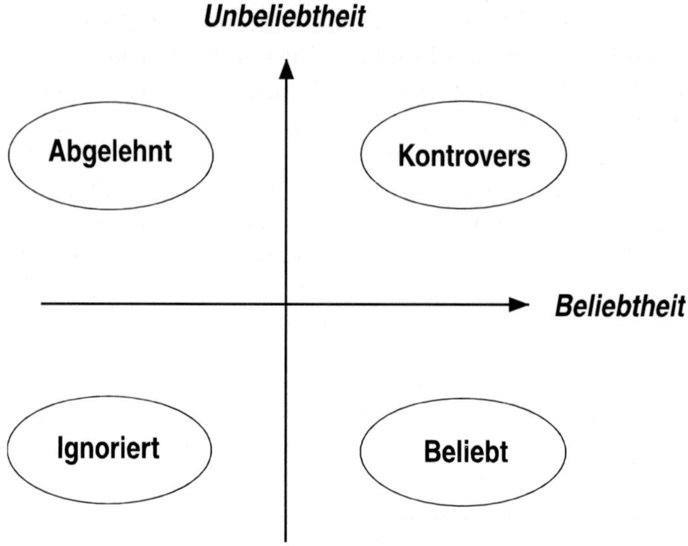

Abbildung 2.11. Zweidimensionales Modell des soziometrischen Status.

Der soziometrische Status beruht zwar auf Beziehungen, beschreibt aber nicht Beziehungen, sondern ein Umweltmerkmal des betreffenden Gruppenmitglieds: seinen *Beziehungsstatus* in der Gruppe (vgl. Asendorpf, 1999, Kap. 5.3). Wird nicht nach mögen oder nicht mögen gefragt, sondern nach Freunden, kann man mit dieser Technik auch die Freunde eines Kindes in der Klasse identifizieren. Allerdings finden sich oft einseitige Wahlen – A wählt B als Freund, B wählt aber nicht A. Diese einseitigen Wahlen sind nicht nur Resultat einer etwas unterschiedlichen Auffassung der beiden Kinder, was ein Freund ist, sondern beruhen zum Teil auch auf Wunschdenken: Beliebte Kinder werden überproportional von anderen einseitig gewählt. Deshalb werden für Freundschaften meist *reziproke* Wahlen gefordert: A wählt B als Freund und B wählt A.

Der Beziehungsstatus in Gruppen kann durch Soziometrie erhoben werden. Freundschaften können durch reziproke Wahlen erfaßt werden.

Freunde zu haben ist besser als keine zu haben - das ist das Ergebnis zahlloser korrelativer Studien, die Kinder ohne einen Freund mit solchen verglichen, die mindestens einen Freund angeben (Newcomb & Bagwell,

1995). Vor allem bei Gruppenwechseln ist es anfangs hilfreich, wenn ein Freund denselben Wechsel mitmacht (Berndt, 1989). Bagwell, Newcomb und Bukowski (1998) verglichen die langfristigen Effekte von Freundschaften in der späten Kindheit mit denen der (soziometrisch erfaßten) Beliebtheit in der Peer-Gruppe. Die Beliebtheit, nicht aber die Zahl der Freunde, sagte den Schulerfolg, den Berufserfolg, Zukunftspläne und soziale Aktivitäten im jungen Erwachsenenalter zwölf Jahre später vorher. Die Zahl der Freunde wiederum, nicht aber die Beliebtheit bei den Peers, sagte ein späteres positives Selbstwertgefühl und die Abwesenheit von Depressionen vorher. Dies galt für das Selbstwertgefühl auch dann, wenn entsprechende Kompetenzen bzw. das Selbstwertgefühl in der Kindheit statistisch kontrolliert wurden. Dies zeigt, daß soziometrischer Status und Freundschaften unterschiedliche Konstrukte mit unterschiedlichen Entwicklungskonsequenzen sind, die ihre Wirkung zusätzlich zu der Stabilität individueller Kompetenzen bzw. des Selbstwertgefühls entfalten (vgl. zur Differenzierung von Peer-Beziehungen und Freundschaften auch Krappmann, 1993).

Freunde zu haben ist in Kindheit und Jugend korreliert mit positiven individuellen Eigenschaften. Langfristig fördern Freundschaften das Selbstwertgefühl.

Mindestens so wichtig wie die Frage, *ob* ein Kind Freunde hat, ist die Frage, *welche* Freunde es hat (Hartup, 1996). In der Aggressionsliteratur ist inzwischen gut dokumentiert, daß bei Kindern und Jugendlichen, die Risikofaktoren für antisoziales Verhalten aufweisen, der Anschluß an eine deviante Clique dieses Risiko deutlich erhöht (Dishion et al., 1995) und die Abwendung von antisozialen Freunden dieses Risiko deutlich vermindert (Mulvey & Aber, 1988). Freundschaften können in bestimmten Fällen also auch negative Implikationen haben.

Freundschaften aggressiver Kinder erhöhen das Risiko antisozialen Verhaltens, weil sie sich oft aggressive Freunde suchen.

Werden positive und negative Freundschaftsqualitäten simultan betrachtet, zeigt sich auch in Längsschnittstudien ein deutlich unterschiedlicher Effekt. Berndt und Keefe (1992) fanden, daß Jugendliche, die unterstützende, intime Freundschaften angaben, sich zunehmend am Unterricht beteiligten, während solche, die ihre Freundschaften als konfliktreich und rivalisierend beschrieben, zunehmende Schulprobleme bekamen. Aber auch hier ist nicht klar, ob dies nicht an individuellen

Eigenschaften der Schüler lag, die einerseits die Qualität ihrer Freundschaften und andererseits ihre Haltung zur Schule beeinflußten.

Die Täter in Täter-Opfer-Beziehungen (s.o.) sind durch erhöhte Aggressivität (nicht nur gegenüber dem Opfer) und besondere körperliche Stärke charakterisiert (Olweus, 1996). Die Opfer gehören fast ausschließlich zu den *abgelehnten* Kindern der Gruppe. Schuster (1997) fand, daß 82% der Opfer zu den soziometrisch abgelehnten Kindern ihrer Klasse gehörten. Umgekehrt waren aber nur 38% der Abgelehnten auch Opfer. Das liegt vor allem daran, daß viele aggressive Kinder abgelehnt werden, wegen ihrer Aggressivität aber nicht zu Opfern gemacht werden. Ablehnung ist eine notwendige, nicht aber eine hinreichende Bedingung für Viktimisierung. Hinzu kommen submissive Züge der Opfer, die potentielle Täter geradezu zur Viktimisierung herausfordern. Hierzu gehört schüchternes Verhalten, das Fehlen von Gegenwehr bei Angriffen und körperliche Schwäche bei Jungen (Olweus, 1996). Schuster (1999) konnte experimentell zeigen, daß die Opfer sich in einem Spiel auch dann kooperativ verhielten, wenn die anderen auf ihre Kosten Punkte machten: Sie ließen sich von den anderen ausnutzen.

Die Täter in Täter-Opfer-Beziehungen sind durch erhöhte Aggressivität und körperliche Stärke charakterisiert, die Opfer durch Schüchternheit, körperliche Schwäche und fehlende Gegenwehr.

Beziehungen zu Freunden außerhalb der Gleichaltrigengruppe scheinen eine andere Funktion zu haben als Beziehungen innerhalb dieser Gruppe. So fanden van Aken und Asendorpf (1997) bei 12jährigen Schülern, daß die wahrgenommene Unterstützung durch Klassenkameraden nicht mit der durch Freunde außerhalb der Klasse korrelierte. Fehlende Unterstützung durch Klassenkameraden, nicht aber durch Freunde, war mit einem niedrigen sozialen Selbstwertgefühl assoziiert und konnte nicht durch eine gute Beziehung zu einem Freund kompensiert werden.

Dasselbe galt für Geschwisterbeziehungen. Abramovitch et al. (1986) fanden keine Korrelation zwischen der Qualität der Beziehungen von Kindern zu Geschwistern und sonstigen Gleichaltrigen, und Stocker und Dann (1992) sogar eine kompensatorische Beziehung: Kontrollierende und rivalisierende Kinder in Geschwisterbeziehungen verhielten sich Freunden gegenüber besonders positiv.

Beziehungen zu Klassenkameraden, Freunden außerhalb der Klasse und Geschwistern sind nicht ähnlich und nicht austauschbar; sie scheinen unterschiedliche Unterstützungsfunktionen auszuüben.

Besser untersucht als die Rolle spezifischer Freundschaften ist die Rolle des soziometrischen Status in der Persönlichkeitsentwicklung. Cowen, Pedersen, Bagigian, Izzo und Trost (1973) ließen 811 Drittklässler durch ihre Klassenkameraden für verschiedene Persönlichkeitseigenschaften nominieren (z.B. Aggressivität, spielt alleine). 11-13 Jahre später wurde ein psychiatrisches Register nach diesen Kindern durchsucht. Wer im Register auftauchte, also mindestens einmal in psychiatrischer Behandlung gewesen war, war in der 3. Klasse öfter für sozial unerwünschte Eigenschaften nominiert worden, als wer nicht im Register aufgetaucht war.

Eine genauere Analyse der in Längsschnittstudien gefundenen Prädiktoren für spätere Probleme im Kindes- und Jugendalter ergibt, daß zwei Klassen von Problemen unterschieden werden müssen: Externalisierungs- und Internalisierungsprobleme (Achenbach & Edelbrock, 1981). Zahlreiche Studien fanden, daß abgelehnte Schüler (viele negative Nominierungen) später Externalisierungsprobleme wie frühzeitiger Schulabgang, Aggressivität, starker Drogenkonsum oder Kriminalität zeigten (Parker & Asher, 1987). So fanden z.B. Ollendick, Weist, Borden und Green (1992), daß 17,5% der in der 4. Klasse von ihren Klassenkameraden abgelehnten Schüler fünf Jahre später nicht den Abschluß der 9. Klasse erreichten, während dies nur für 5,4% der beliebten und 3,1% der ignorierten Schüler galt (ignorierte Schüler scheinen etwas bessere Leistungen aufzuweisen als beliebte; vgl. Wentzel & Asher, 1995). Roff, Sells und Golden (1972) erhoben den soziometrischen Status von annähernd 38.000 Kindern im Alter von 8-11 Jahren. Abgelehnte hatten ein nahezu doppelt so hohes Risiko, bis zum Alter von 14 Jahren delinquent zu werden als beliebte. Im Gegensatz zu den neueren Freundschaftsstudien wurden in allen diesen Studien jedoch frühe Persönlichkeitsmerkmale nicht kontrolliert, so daß unklar ist, wieweit sie spezifische Effekte der Peer-Beziehungen belegen.

Neuere Studien zeigen, daß das Risiko für spätere Externalisierungsprobleme steigt, wenn zusätzlich zur Ablehnung Aggressivität als Prädiktor hinzugenommen wird (Coie, Terry, Lenox, Lochman & Hyman, 1995). Denn neben solchen *aggressiv-abgelehnten* ("aggressive-rejected") Kindern gibt es auch *zurückgezogen-abgelehnte* ("withdrawnrejected"); diese Gruppe tendiert *nicht* zu späteren Externalisierungsproblemen (Rubin et al., 1998). Es ist also nicht die Ablehnung durch Gleichaltrige an sich, sondern Aggressivität, die zu Ablehnung führt, die einen Risikofaktor für Externalisierungsprobleme darstellt.

In Peer-Gruppen aggressive und gleichzeitig abgelehnte Kinder tendieren später zu Externalisierungsproblemen.

Zurückgezogene Kinder tendieren dagegen zu späteren Internalisierungsproblemen (Minderwertigkeitsgefühle im sozialen Bereich, Einsamkeit, Depression). So fanden Asendorpf und van Aken (1994), daß Kinder, die im Kindergarten durch ihre Schüchternheit auffielen, im Grundschulalter ein negatives Selbstwertgefühl im sozialen Bereich (nicht aber im kognitiven Bereich) zeigten. Rubin und Mills (1988) fanden, daß Kinder, die durch passiv-zurückgezogenes Verhalten im Kindergartenalter bis zur 2. Klasse auffielen, in der 5. Klasse über ein negativeres soziales Selbstwertgefühl, Einsamkeit und depressive Tendenzen berichteten, und Rubin, Chen, McDougall, Bowker und McKinnon (1995) konnten diesen Zusammenhang nochmals zwischen der 5. und 9. Klasse replizieren. Zumindest im Falle der Studie von Asendorpf und van Aken (1994) galt dies auch, wenn ein frühes Persönlichkeitsmerkmal (Schüchternheit gegenüber Fremden) kontrolliert wurde.

In Gleichaltrigengruppen sozial zurückgezogene oder schüchterngehemmte Kinder tendieren später zu Internalisierungsproblemen.

Rubin, LeMare und Lollis (1990) formulierten zwei Entwicklungsmodelle für die Ablehnung durch Gleichaltrige im Jugendalter. Das erste sagt Externalisierungsprobleme, das zweite Internalisierungsprobleme vorher. Unter Externalisierungsproblemen werden Auffälligkeiten wie Hyperaktivität, Aggressivität oder Delinquenz verstanden, bei denen die Probleme "nach außen getragen" werden. Unter Internalisierungsproblemen werden Probleme verstanden, die die Jugendlichen "in sich hineinfressen" wie z.B. Minderwertigkeitsgefühle, Einsamkeit, depressive Verstimmung. Nach Rubin et al. (1990) beruhen beide Problemtypen auf einer Kaskade von Risikofaktoren, die bereits im Säuglingsalter beginnt, die Bindungsqualität zur Mutter, den mütterlichen Erziehungsstil und familiäre Streßfaktoren einschließt und sich ab dem Grundschulalter vor allem auf die Beziehungen zu Gleichaltrigen bezieht. Diese zwei Entwicklungsmodelle werden hier in modifizierter Form kurz skizziert.

Das Modell für die Entwicklung von Externalisierungsproblemen beginnt mit genetischen und pränatalen (vorgeburtlichen) Umweltrisiken für die Gehirnentwicklung. Genetische Risiken sind bisher vor allem aus Adoptionsstudien bekannt, in denen Externalisierungsprobleme von Jugendlichen untersucht wurden, die kurz nach ihrer Geburt von ihren leiblichen Eltern getrennt und von Adoptiveltern erzogen wurden. Dabei zeigte sich weder ein deutlicher Effekt der erziehenden Eltern noch einer der leiblichen Eltern, sondern ein multiplikativer Effekt beider Faktoren. Wenn sowohl die leiblichen auch die erziehenden Eltern Externalisierungsprobleme aufwiesen, traf dies auch eher auf die Jugendlichen zu. Externalisierungsprobleme nur der leiblichen oder nur der Adoptiveltern erhöhten dieses Risiko nicht wesentlich (vgl. Asendorpf, 1999, Kap. 6.2.5). Die genetischen Risiken bestehen also in einer größeren Anfälligkeit gegenüber Umweltrisiken.

Pränatale Risiken für Externalisierungsprobleme sind u.a. an *minimalen körperlichen Anomalien* erkennbar (z.B. krummer kleiner Finger oder Lücke zwischen erstem und zweitem Zeh). Daß solche Anomalien gehäuft bei Externalisierungsproblemen auftreten, wird deshalb als Indikator für eine gestörte pränatale Entwicklung angesehen (Halverson & Victor, 1976; Paulhus & Martin, 1986). Perinatale Probleme (Probleme bei der Geburt), vor allem *Sauerstoffmangel* mit nachfolgender leichter Hirnschädigung, sind ebenfalls mit späteren Externalisierungsproblemen assoziiert. Nach der Geburt besteht ein robuster Zusammenhang zwischen Störungen vor allem der Aufmerksamkeitssteuerung und späteren Externalisierungsprobleme (Moffitt & Henry, 1991).

Schon vor und kurz nach ihrer Geburt können Kinder einem Komplex aus genetischen und Umweltrisiken für spätere Externalisierungsprobleme ausgesetzt sein.

Kleinkinder, die diesen Risiken ausgesetzt waren, haben eher ein *schwieriges Temperament* (Thomas & Chess, 1977), d.h. sie sind eher motorisch unruhig, irritierbar, schwer zu beruhigen und haben keine stabilen Biorhythmen. So fand Hertzig (1983), daß neuropsychologische Probleme unabhängig von der sozialen Schicht und dem IQ der Kinder in der frühen Kindheit mit einem schwierigen Temperament korrelieren.

Ein schwieriges Temperament ist schon für psychisch stabile Eltern ein Problem, und es wird umso mehr zu einem Problem, je labiler die Eltern selbst sind. Auf *insensitive Mütter*, die wenig in der Lage sind, auf die Bedürfnisse des Kindes einzugehen, reagieren viele Kinder mit schwierigem Temperament in Streßsituationen mit einem unsicher-vermeidenden Verhalten der Mutter gegenüber (*Bindung vom Typ A* an die Mutter; vgl. Abschn. 3.4). Typ A Bindung im 2. Lebensjahr wiederum korreliert mit späterer Aggressivität im Kindergarten (Renken, Egeland, Marvinney, Mangelsdorf & Sroufe, 1989).

Bindungstheoretiker, die in der Tradition von Bowlby (1969) in der Mutter-Kind-Bindung den Prototyp späterer sozialer Beziehungen sehen (vgl. 3.4), ziehen hier einen direkten Kausalschluß von der frühkindlichen Bindungsqualität zum Verhalten Gleichaltrigen gegenüber. Das hier präferierte Modell dagegen betrachtet eine unsicher-vermeidende Bindung an die Mutter nur als einen von vielen Indikatoren für ein schwieriges Temperament, der zudem nur bei Insensitivität der Mutter zu beobachten ist. Diese Insensitivität ist nur eine von mehreren Variablen, die Externalisierungsprobleme fördern; im Modell wird angenommen, daß unter ungünstigen Umständen auch eine sehr sensitive Mutter diese Probleme bei ihrem Kind nicht verhindern kann.

Insensitive Mütter führen bei Kindern mit schwierigem Temperament zu einer unsicher-vermeidenden Bindung, die wiederum späteres aggressives Verhalten fördert.

Zentraler als die Bindung zur Mutter (oder zum Vater) ist im Modell das schwierige Temperament. Es stellt die Geduld der Eltern vor eine harte Probe. Als Antwort darauf entwickeln die meisten Eltern (nicht nur die insensitiven) einen *rigide-autoritären Erziehungsstil* dem Kind gegenüber, um die Kontrolle zu behalten (Bell & Chapman, 1986); versagt auch das, kommt es häufig zu Kurzschlußreaktionen bis hin zur Kindesmißhandlung (Hunter, Kilstrom, Kraybill & Loda, 1978). Hier nimmt also das Temperament des Kindes Einfluß auf das Erziehungsverhalten.

Umgekehrt sagt aber auch ein rigide-autoritärer Erziehungsstil der Eltern unabhängig vom Temperament des Kindes späteres aggressives Verhalten der Kinder vorher (Weiss, Dodge, Bates & Pettit, 1992). Aber auch mangelnde Aufsicht über das Kind, mangelndes Engagement in der Erziehung ("laissez-faire") und eine ablehnende Haltung gegenüber dem Kind korrelieren mit Aggressivität im Kindesalter (Loeber & Stouthamer-Loeber, 1986), wobei diese Umweltfaktoren sowohl Ursachen als auch Konsequenzen des kindlichen Problemverhaltens sein können. Alle diese kritischen Aspekte des elterlichen Verhaltens dem Kind gegenüber sind im Modell als "inadäquater Erziehungsstil" zusammengefaßt.

Ein inadäquater Erziehungsstil der Eltern kann frühe Risiken für aggressives Verhalten verstärken.

Unabhängig von den ursprünglichen Risiken (auf Seiten des Kindes, seiner Eltern oder auf beiden Seiten; genetisch oder umweltbedingt) etabliert sich in den betroffenen Familien ein Teufelskreis aus Aggression des Kindes - erfolglosem Kontrollversuch der Eltern oder Geschwister - erneuter Aggression des Kindes, ein *Prozeß der gegenseitigen Nötigung* (vgl. Abschn. 2.1.2). Dieser Prozeß ist nach Patterson (1982) der kritische Faktor, der Aggressivität im Kindes- und Jugendalter stabilisiert und aufrecht erhält.

Teil dieses Prozesses ist nach Dodge (1980. 1986) ein *feindseliger Attributionsstil* des Kindes: Mehrdeutig (aggressiv oder nicht aggressiv) interpretierbares Verhalten von Interaktionspartnern wird als feindselig wahrgenommen und mit Aggression beantwortet. Aggressive Kinder neigen also dazu, das Verhalten anderer, das aggressiv gedeutet werden kann (aber nicht muß), eher als feindselig zu interpretieren als nichtaggressive. Das führt zu einer erhöhten Rate aggressiven Verhaltens und fördert ihren Ruf bei den Peers, aggressiv zu sein. Wie Dodge (1980) zeigen konnte, fördert dieser negative Ruf bei den Peers Mißtrauen und die Erwartung aggressiven Verhaltens; sie gehen sozusagen gleich in Abwehrstellung. Das wiederum wird von aggressiven Kindern als aggressives Verhalten wahrgenommen. So entsteht ein Teufelskreis aus sich selbst verstärkender Aggression-Gegenaggression, der die ursprüngliche Aggressivität noch weiter fördert.

Ein weiteres Problem ist, daß die Aggressionen aggressiver Kinder für die Opfer der Aggression oft völlig überraschend kommen, nämlich dann, wenn sie auf einer feindseligen Fehlinterpretation mehrdeutigen Verhaltens der Opfer beruhen. Das führt bei den Opfern, aber auch bei Zuschauern, z.B. Lehrern, zu der Meinung, es mit einem unberechenbaren oder absichtlich grausamen Kind zu tun zu haben: Das Kind hat sich einen *schlechten Ruf* erworben.

Aggressive Kinder attribuieren mehrdeutiges Verhalten anderer als feindselig; das festigt ihren Ruf, aggressiv zu sein.

Dieser schlechte Ruf schlägt sich in *sozialer Ablehnung* durch die Peers nieder, wie zahlreiche soziometrische Studien belegen: Vom Kindergartenalter an korreliert Aggressivität in der Gruppe mit einem bestenfalls kontroversen, meist jedoch negativen soziometrischen Status (Coie, Dodge & Kupersmidt, 1990). Aber auch Erzieher und Lehrer bilden sich ein negatives Urteil. Diese negativen Beziehungen in Kindergarten und Schule wirken auf das negative Bild der Eltern von ihrem Kind zurück und verstärken es. Deshalb ist die Konsistenz des Aggressivitätsurteils zwischen Eltern, Lehrern und Gleichaltrigen höher als bei den meisten anderen Persönlichkeitsbeurteilungen (Ramsey, Patterson & Walker, 1990).

Aggressive Kinder werden von Gleichaltrigen meist abgelehnt.

Wichtig für die weitere Entwicklung des Kindes sind die Konsequenzen aus der Ablehnung durch Gleichaltrige, Eltern und Lehrer. Die Ablehnung *kann* (muß aber nicht) zu einer sozialen Außenseiterposition des Kindes führen. In diesem Fall ist Aggressivität mit sozialer Isolation gepaart, und dieses aggressiv-zurückgezogene Verhaltensmuster geht mit einem negativen sozialen Selbstwertgefühl einher (Hymel, Bowker & Woody, 1993). Im Gegensatz zu schüchtern-zurückgezogenen Kindern, deren soziales Selbstwertgefühl noch stärker beeinträchtigt ist (Hymel et al., 1993), fallen aggressiv-zurückgezogene Kinder weiterhin durch antisoziales Verhalten auf, eingeschlossen kriminelles Verhalten (Moskowitz & Schwartzman, 1989). Da es sich eher um Einzelgänger handelt, fallen aggressiv-zurückgezogene Jugendliche weniger stark auf als der zweite Typ aggressiver Jugendlicher, der gruppenweise auftritt.

Oft schließen sich nämlich aggressiv-abgelehnte Kinder mit Beginn des Jugendalters *devianten Gruppen* an (Cliquen ähnlich strukturierter Gleichaltriger, in denen bestimmte Formen antisozialen Verhaltens die Gruppennorm sind; vgl. Dishion, Patterson, Stoolmiller & Skinner, 1991). In solchen Cliquen können auch aggressiv-abgelehnte Kinder eine soziale Bestätigung finden, die ihr Selbstwertgefühl stabilisiert (es tendiert dann eher in Richtung Selbstüberschätzung; Hymel et al., 1993). Ihr antisoziales Verhalten wird aber durch die Gruppennormen noch weiter verstärkt: Um dazuzugehören und den anderen zu imponieren, schlagen diese Jugendliche vollends über die Stränge. Fehlende elterliche Sorge, fehlende sozialverträgliche Lebensperspektiven und mangelnder Erwerb positiver Konfliktverarbeitungskompetenzen fördern diesen Prozeß der antisozialen Gruppensozialisation. Ein Abgleiten in die Kriminalität ist dann nur noch schwer zu verhindern (Elliott, Huizinga & Ageton, 1985).

Ablehnung durch Gleichaltrige kann zu einem selbstwertmindernden sozialen Rückzug führen, aber auch zu einem selbstwertfördernden Anschluß an eine deviante Gruppe.

Die zentrale Frage danach, unter welchen Bedingungen Kinder auf Ablehnung mit sozialem Rückzug und unter welchen sie mit Anschluß an eine deviante Gruppe reagieren, ist derzeit noch offen; hierfür kommen sowohl Persönlichkeitsmerkmale der Kinder als auch Merkmale ihrer sozialen Umwelt in Betracht. Auch ist wenig darüber bekannt, inwiefern sich aggressiv-zurückgezogene von aggressiv-gruppenorientierten Jugendlichen in der spezifischen Art ihres antisozialen Verhaltens unterscheiden.

Abbildung 2.12 auf der nächsten Seite faßt dieses Entwicklungsmodell für späteres antisoziales Verhalten zusammen. Ein Großteil der Kinder, die diesem Entwicklungsmodell folgen, ist ab der mittleren Kindheit durch Externalisierungsprobleme gekennzeichnet, ein kleinerer Teil entwickelt eine Mischform aus Externalisierungs- und Internalisierungsproblemen (antisoziales Verhalten plus vermindertes Selbstwertgefühl).

Konsistent mit dem Modell sind auch die Ergebnisse von Olweus (1996) zu späterem antisozialen Verhalten von männlichen Tätern aus Täter-Opfer-Beziehungen im Jugendalter. Von den früheren Tätern wurden 60% bis zum Alter von 24 Jahren mindestens einmal wegen einer Straftat verurteilt. Über ein Drittel wiesen sogar drei Straftaten auf, während diese Rate bei den anderen Jugendlichen dieser Studie bei nur 10% lag. Die Täter im Jugendalter zeigten also bis ins Erwachsenenalter hinein Externalisierungsprobleme.

Das Modell für die Entwicklung von Internalisierungsproblemen ist analog konzipiert. Ein früher Risikofaktor für spätere Internalisierungsprobleme ist eine *niedrige Reizschwelle* und eine *geringe Anpassungsfähigkeit an neue Situationen* (Snidman, Kagan, Riordan & Shannon, 1995). Über spezifische genetische und pränatale Risiken für diesen Temperamentsfaktor ist wenig bekannt. Verhaltensgenetische Schätzungen sprechen für einen genetischen Einfluß ab dem 2. Lebensjahr, nicht aber früher (vgl. Asendorpf, 1997), und diskutiert wird zur Zeit ein saisonaler Einfluß auf die Schwangerschaft (erhöhtes Risiko, wenn die Mitte der Schwangerschaft in die Zeit minimaler Tageslänge fällt). Die geringere Sonneneinstrahlung scheint Einfluß auf den Stoffwechsel der Mutter und indirekt auf den Stoffwechsel des Fötus zu haben und so die Entwicklung dieses Temperamentfaktors zu fördern (Gortmaker, Kagan, Caspi & Silva, 1997).

Schon vor und kurz nach ihrer Geburt können Kinder einem Komplex aus genetischen und Umweltrisiken für spätere Internalisierungsprobleme ausgesetzt sein.

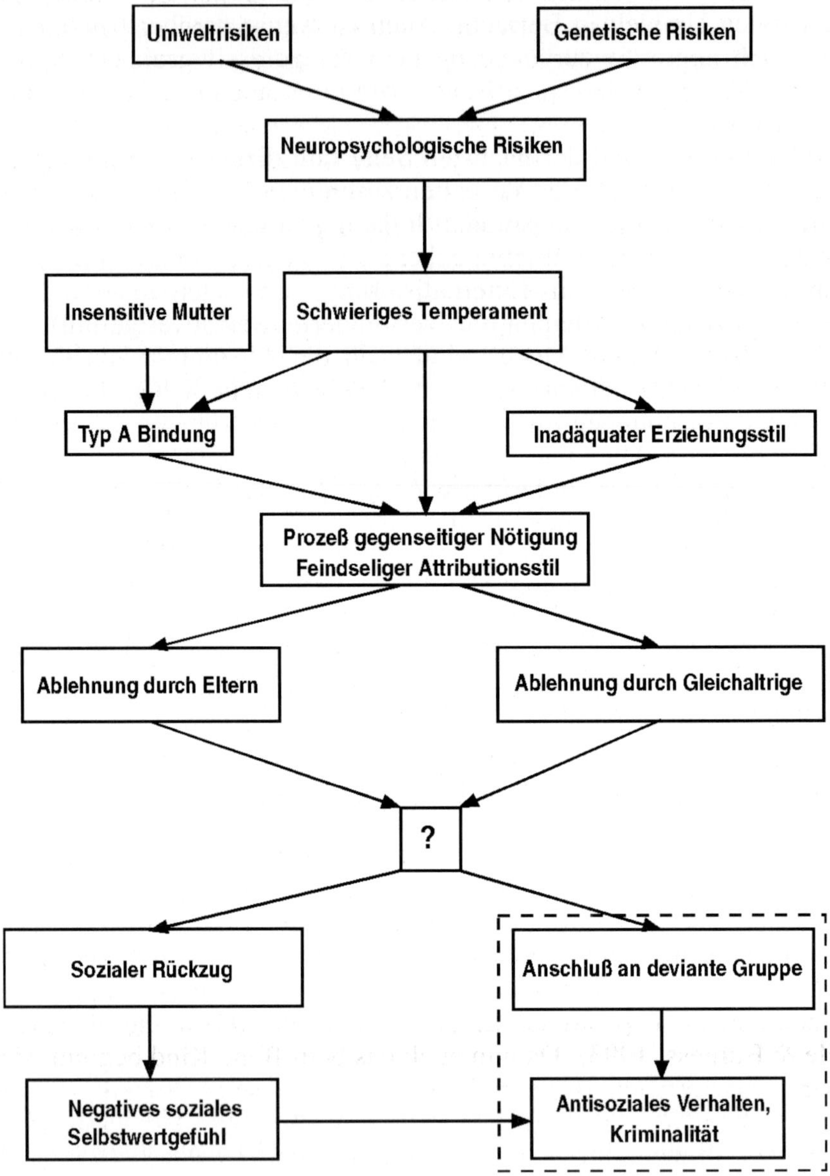

Abbildung 2.12. Ein Rahmenmodell für die Entwicklung von Externalisierungsproblemen.

In Wechselwirkung mit mangelnder Einfühlsamkeit der Mutter entwickelt das Kind Hemmungen unvertrauten Situationen gegenüber und eine *ängstlich-ambivalente Bindung* (Typ C) an die Mutter (Calkins & Fox, 1992; Vaughn, Stevenson-Hinde, Waters, Kotsaftis & Lefever et al., 1992). Die Mutter wiederum entwickelt möglicherweise als Reaktion hierauf einen autoritären *oder* permissiven Erziehungsstil dem Kind gegenüber, der die Schüchternheit des Kindes verstärkt. Korrelative Beziehungen zwischen diesen beiden Erziehungsstilarten und kindlicher Schüchternheit könnten allerdings auch auf gemeinsamen genetischen Faktoren für kindliches und mütterliches Verhalten beruhen.

Eine ängstlich-ambivalente Bindung an die Eltern und ein inadäquater Erziehungsstil können frühe Risiken für schüchternes Verhalten verstärken.

Die Schüchternheit eines solchen Kindes beim Eintritt in die Kindergartengruppe wird von den Peers mit häufiger *Nichtbeachtung* beantwortet und von den Erziehern als Ängstlichkeit und Unreife interpretiert. Diese negativen sozialen Erfahrungen verstärken die anfangs nur auf Angst vor dem Unbekannten beruhende Schüchternheit des Kindes. Ein Teufelskreis zwischen Hemmungen gegenüber Peers und Nichtbeachtung durch sie entwickelt sich, der zu *Rückzugstendenzen* des Kindes aus der Peer-Interaktion führen kann ("social withdrawal").

Schüchterne Kinder werden durch ihre Peers bis zur Grundschulzeit zwar nicht abgelehnt, aber häufig ignoriert; dies fördert Rückzugstendenzen.

Bis dahin wird das Kind aber nicht in der Gruppe abgelehnt. Dies wird erst dann zu einem realen Risiko, wenn etwa ab Beginn der 2. Klasse die Klassenkameraden beginnen, sich und andere in ihrer Persönlichkeit zu vergleichen. Jetzt fällt ihnen das untypische, zurückgezogene Verhalten des Kindes auf, und das verstärkt ihre Nichtbeachtung und führt bei fehlenden positiven Eigenschaften zur *Ablehnung* (Younger, Gentile & Burgess, 1993). Da nun auch das betroffene Kind beginnt, sich mit Klassenkameraden zu vergleichen, wird ihm seine Außenseiterstellung bewußt, was sein soziales Selbstwertgefühl mindert. Ablehnung durch die Klassenkameraden und durch sich selbst verstärken sich wechselseitig, besonders bei fehlenden positiven sozialen Erfahrungen außerhalb der Gruppe. Langfristig resultieren in diesem Fall Internalisierungsprobleme: Einsamkeit, depressive Verstimmungen und Schwierigkeiten,

Freundschaftsbeziehungen aufzubauen oder zu erhalten (Rubin, 1993). Abbildung 2.13 faßt dieses Modell zusammen.

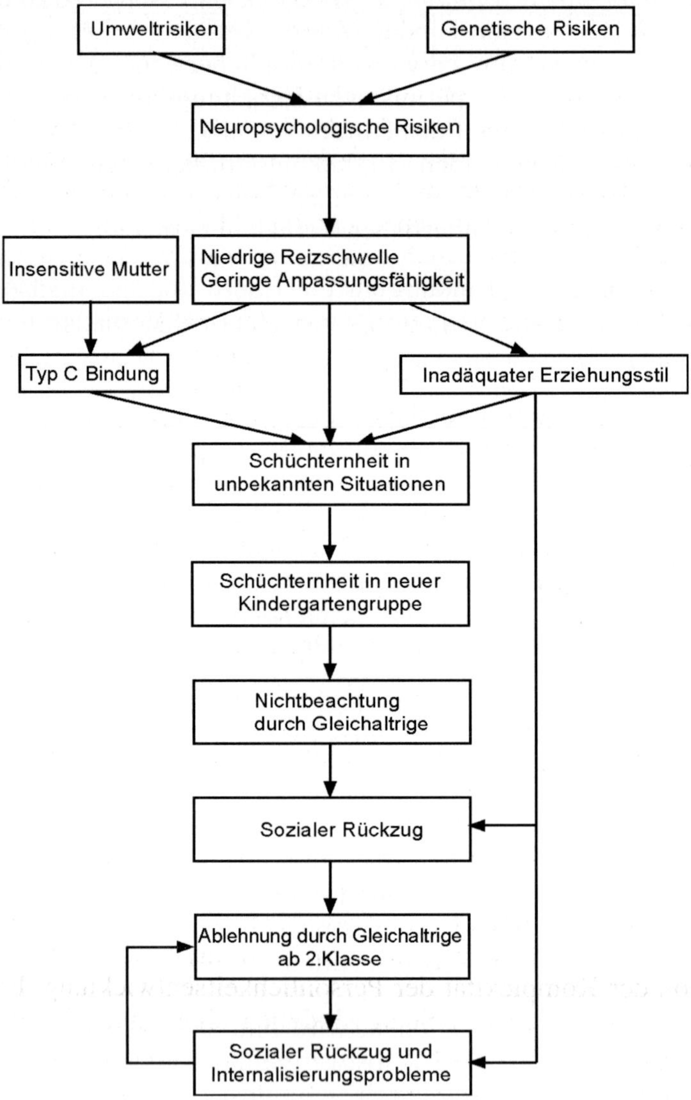

Abbildung 2.13. Ein Rahmenmodell für die Entwicklung von Internalisierungsproblemen.

Etwa ab der 2. Klasse werden schüchterne oder sozial zurückgezogene Kinder von ihren Peers zunehmend abgelehnt; dies fördert bei ihnen die Entwicklung von Internalisierungsproblemen.

Konsistent mit dem Modell sind auch die Ergebnisse von Olweus (1993) zu Langzeitkonsequenzen der Viktimisierung im Jugendalter. Während sich keine Kontinuität der Viktimisierung zeigte (die Opfer wurden im Erwachsenenalter nicht "gemobbt"; vgl. hierzu Abschn. 2.3.2), wiesen die Opfer im Erwachsenenalter (23 Jahre) ein erniedrigtes allgemeines Selbstwertgefühl und erhöhte depressive Tendenzen auf, zeigten also Internalisierungsprobleme.

Die Modelle für die Entwicklung von Externalisierungs- und von Internalisierungsproblemen sind stark interaktionistisch ausgerichtet. Es wird angenommen, daß neuropsychologische Risiken eine Funktion von Umweltrisiken *und* genetischen Risiken sind, daß eine unsicher-vermeidende Bindung an die Mutter auf der Insensitivität der Mutter *und* dem Temperament des Kindes beruht, daß der Prozeß der gegenseitigen Nötigung von der Mutter-Kind-Beziehung, dem Temperament des Kindes *und* dem Erziehungsstil der Eltern abhängt und daß die Reaktion auf soziale Ablehnung durch die Ablehnung seitens der Eltern *und* der Gleichaltrigen bedingt ist. Die "und"-Verknüpfung ist dabei wie in vielen Risikofaktormodellen eher multiplikativ als additiv zu verstehen: Die einzelnen Risikofaktoren addieren sich nicht nur, sondern potenzieren sich darüber hinaus wechselseitig; mit konstant zunehmender Zahl von Risikofaktoren wächst das Gesamtrisiko nicht linear, sondern exponentiell. Zudem werden sich selbst verstärkende Prozesse (Teufelskreise) angenommen, z.B. der Prozeß der gegenseitigen Nötigung oder der Teufelskreis zwischen Ablehnung durch Peers und Internalisierungsproblemen.

Wegen dieser nichtlinearen Beziehungen ist die Prädiktionskraft dieser Entwicklungsmodelle begrenzt. Sie vermitteln aber ein realistisches Bild von der Komplexität der Persönlichkeitsentwicklung. Persönliche Beziehungen spielen in beiden Modellen eine zentrale Rolle (im Prozeß der gegenseitigen Nötigung und in den Konsequenzen der Nichtbeachtung und der Ablehnung vor allem durch Peers), aber ihre Funktion kann letztlich nur im Kontext der schon entwickelten Persönlichkeit verstanden werden als Verstärker individueller Risikofaktoren.

Einfache Kausalmodelle der Form Beziehungsqualität → Persönlichkeit beschreiben die Persönlichkeitsentwicklung nicht angemessen. Beziehungen fungieren eher als Verstärker individueller Risikofaktoren.

Weiterführende Literatur

Rubin, K.H., Bukowski, W. & Parker, J.G. (1998). Peer interactions, relationships, and groups. In N. Eisenberg (Ed.), *Handbook of Child Psychology. Vol. 3: Social, emotional, and personality development* (5th Ed., pp. 619-700). New York: Wiley.

Salisch, M. v. (in Druck). Zum Einfluß von Gleichaltrigen (Peers) und Freunden auf die Persönlichkeitsentwicklung. In M. Amelang (Ed.), *Enzyklopädie der Psychologie. Band C/VIII/4: Differentielle Psychologie und Persönlichkeitsforschung: Determinanten individueller Differenzen*. Göttingen: Hogrefe.

2.3 Außerfamiliäre Beziehungen im Erwachsenenalter

Im Erwachsenenalter spielt die Altersähnlichkeit keine so große Rolle mehr wie im Kindesalter; dementsprechend selten findet hier der Peer-Begriff Anwendung. Neben Freundschaftsbeziehungen werden im Erwachsenenalter vor allem Beziehungen zu Nachbarn und zu Berufskollegen thematisiert.

2.3.1 Freundschaftsbeziehungen

Der Begriff der Freundschaft wird alltagspsychologisch sehr unterschiedlich verstanden. Ein Freund kann jemand sein, mit dem man zum Fußballspiel geht, mit dem man alle intimen Gedanken austauscht oder den man schon sein ganzes Leben lang kennt. Auhagen (1993) spricht sogar von einem *Freundschaftsparadox:* Ein Merkmal der Freundschaft ist, daß sie so wenig wirklich eindeutige Merkmale besitzt. Wir wollen im folgenden versuchen, einige zentrale Elemente der Freundschaft aus der Forschungsliteratur herauszuarbeiten.

Universelle Sicht

Nach Auhagen (1993) läßt sich Freundschaft wie folgt charakterisieren:

Begriffsbestimmung der Freundschaft (nach Auhagen, 1993)
Eine Freundschaft
(1) ist freiwillig im Gegensatz zu der Beziehung zu Eltern und Arbeitskollegen
(2) ist dyadisch und nicht gruppenspezifisch
(3) ist persönlich und nicht durch soziale Rollen vorgeschrieben
(4) ist eine informelle Sozialbeziehung, die keine offiziellen Verpflichtungen hat
(5) beruht auf Gegenseitigkeit
(6) besitzt einen individuellen emotionalen, sozialen und geistigen Wert
(7) ist zeitlich ausgedehnt; die Entstehung, der Fortbestand und die Auflösung sind freiwillig
(8) wird subjektiv als positiv erlebt (unabdingbarer Bestandteil)
(9) ist eine nichtsexuelle Beziehung (dennoch gibt es Hinweise auf sexuelle Anziehung; Mönkemeyer & Nordhoff, 1990)

Typische gemeinsame Aktivitäten von Freunden sind nach Argyle und Furnham (1983) Essen, Trinken, Reden sowie gemeinsame Freizeitaktivitäten. In einer Telefonumfrage in Deutschland (Groeneveld, Wisser & Wittstock, 1991) assoziierten die Befragten Begriffe wie Vertrauen, Helfen, Gespräche und gemeinsame Interessen, um ihre Freundschaften zu beschreiben. Nach Duck (1983) dienen Freunde dazu, Zugehörigkeitsgefühl, emotionale Integration und Stabilität zu vermitteln.

Freundschaften lassen sich als Prozeß auffassen, der sich in drei Phasen gliedert: Entstehung, Erhaltung und Auflösung. Von diesen drei Phasen ist bislang die *Entstehung* am häufigsten untersucht worden. Beim Aufbau einer Freundschaft wird nach Hays (1984) die Intimität der Kontakte gesteigert. In der Studie von Hays (1984) sollten Studienanfänger alle drei Wochen ihre Interaktionen aufzeichnen (z.B. Interaktionsarten wie Fernsehen oder intimer Gedankenaustausch). In den frühen Stadien der Freundschaft erklärte die Quantität der Interaktionen die Varianz der Bewertung der Freundschaftsintensität; je weiter die Freundschaft sich entwickelte, desto mehr wurde sie durch das Intimitätsniveau erklärt.

Das *Ende von Freundschaften* scheint mit verminderter Interdependenz sowie nachlassendem Belohnungswert der Beziehung einherzugehen. Vier Muster von Trennungen von Freundschaften sind nach Rose (1984) die *räumliche* Trennung (trifft weniger bei Männern zu), das *Ersetzen alter Freunde* durch neue Freunde, die zunehmende *Abneigung* gegenüber dem Freund und die Störung der Freundschaft durch *Partnerschaft* und *Kinder* (dieses trifft eher bei Frauen zu).

Zu Beginn einer Beziehung sagt die Anzahl der Interaktionen die Freundschaftsintensität vorher, bei weiterer Entwicklung der Grad der Intimität. Die Auflösung von Freundschaften erfolgt aus sehr unterschiedlichen Gründen.

In der Berliner Beziehungsstudie ließen sich Freundschaften anhand einer Einschätzung der psychologischen Nähe zur Bezugsperson von anderen Beziehungen zu Nichtverwandten abgrenzen (mindestens Wert 4 "ziemlich nahe" auf einer 5-stufigen Näheskala), wobei zusätzlich sexuelle Beziehungen (mindestens einmal Geschlechtsverkehr im letzten Monat) von nicht sexuellen Beziehungen abgegrenzt werden konnten. Insgesamt wurden von den Viertsemestern 38% aller Beziehungen zu Nichtverwandten als ziemlich oder sehr nahe beurteilt. Unter ihren nahen Beziehungen waren 3,9% sexuelle Beziehungen, unter ihren nicht nahen Beziehungen dagegen nur 0.5%.

Abbildung 2.14 zeigt die Veränderung in der Zahl der Freundschaften und nicht nahen Beziehungen im Verlauf der Studie. Es wird deutlich, daß beide Beziehungsformen im 1. Semester deutlich zunehmen, wobei das Wachstum für die Zahl nicht naher Beziehungen jedoch stärker ist. Nach Stabilisierung der Beziehungen zu Beginn des 4. Semesters gaben die Teilnehmer im Durchschnitt 12 nahe und 19 nicht-nahe Beziehungen zu Nichtverwandten an. Nur 40% hatten zu diesem Zeitpunkt eine sexuelle nahe Beziehung im letzten Monat (36% gaben genau eine und jeweils 2% gaben zwei bzw. drei sexuelle nahe Beziehungen an). Sexuelle Bezugspersonen waren im Durchschnitt 2 Jahre jünger als nichtsexuelle (nahe und nicht nahe) und praktisch genauso alt wie die Teilnehmer selbst.

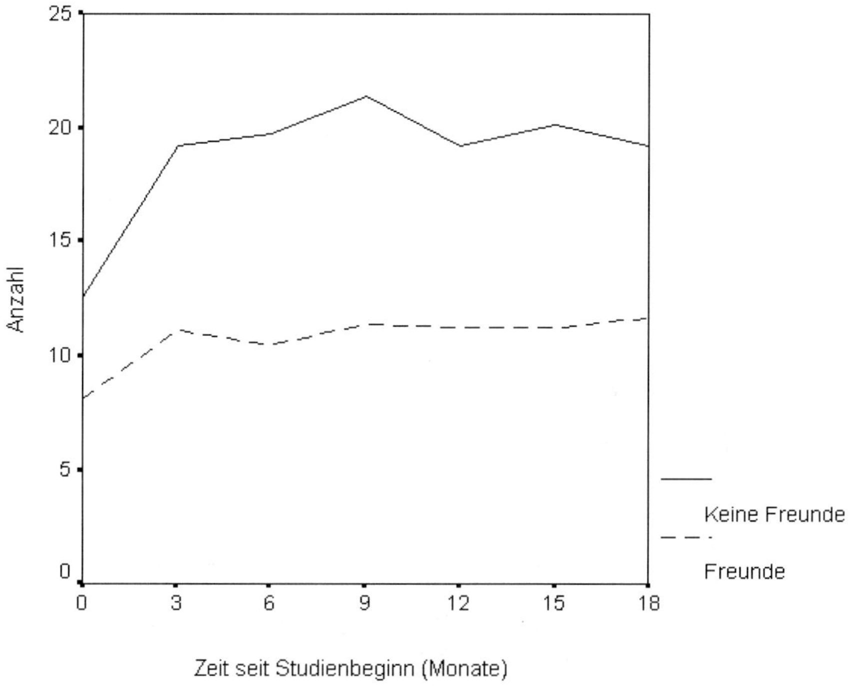

Abbildung 2.14. Zunahme der Beziehungen zu Nichtverwandten in der Berliner Beziehungsstudie.

Abbildung 2.15 kontrastiert die Qualität von drei Typen von Beziehungen zu Nichtverwandten bei den Viertsemestern in der Berliner Beziehungsstudie: sexuelle nahe Beziehungen, nahe Beziehungen und nicht nahe Beziehungen. Sexuelle nahe Beziehungen wurden im Durchschnitt als wichtiger, emotional unterstützender und konfliktreicher empfunden als nichtsexuelle Freundschaften, wobei die sexuellen Partner mit knapp 3 Jahren deutlich weniger lange bekannt waren als die nichtsexuellen Freunde und sogar kürzer bekannt waren als die nicht nahen Nichtverwandten. Freunde wurden als unterstützender und wichtiger eingeschätzt als nicht nahe Nichtverwandte, wobei die Konfliktstärke gleich gering beurteilt wurde (unter 2 auf einer Skala von 1-5). Die vergleichsweise geringe Konfliktstärke bei den Freunden (in Vergleich zu Eltern und Geschwistern mit Werten von über 2, vgl. Abb. 2.8) dürfte an der Freiwilligkeit der Beziehung liegen, die besonders hohe Konfliktstärke in den sexuellen Beziehungen an deren besonders großer Enge bei vergleichsweise wenig Erfahrung im Umgang miteinander.

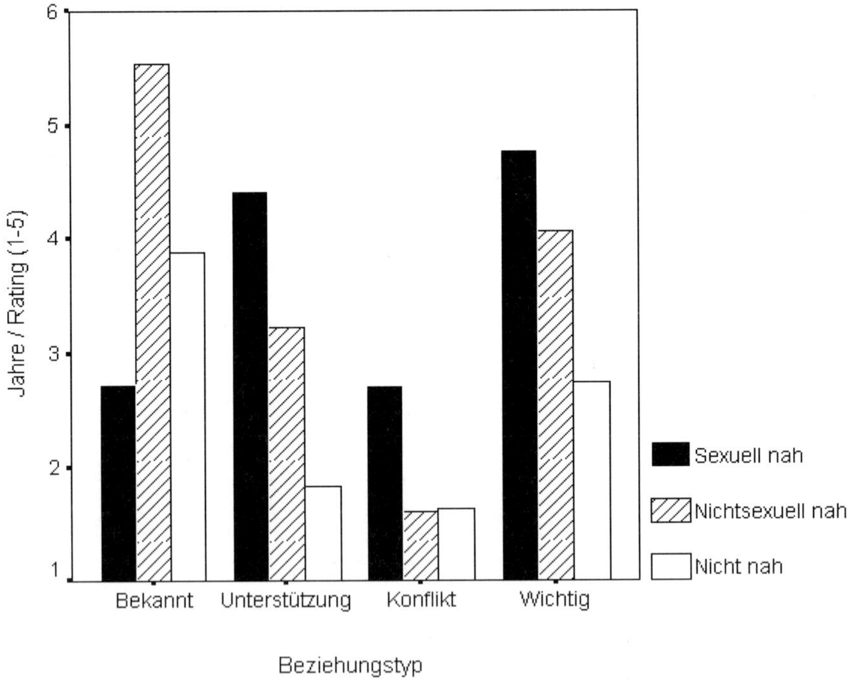

Abbildung 2.15. Qualität von drei Typen von Beziehungen zu Nichtverwandten bei Viertsemestern.

Von jungen Studierenden werden sexuelle, nahe Beziehungen konfliktreicher *und* unterstützender eingeschätzt als nichtsexuelle Freundschaften, während nichtsexuelle Beziehungen zu Nichtverwandten unabhängig von ihrer Nähe eher konfliktarm sind.

Insgesamt zeigen diese Ergebnisse, daß die Abgrenzung sexueller naher Beziehungen von Freundschaften ebenso sinnvoll ist wie die Abgrenzung zwischen Freundschaften und weniger nahen Beziehungen zu Nichtverwandten.

Differentielle Sicht

Ein großer Teil der Freundschaftsforschung beschäftigt sich mit Unterschieden zwischen den Freundschaften von Frauen und Männern. Nach Wright (1982) lassen sich Frauenfreundschaften eher als '*face to face*' beschreiben, Männerfreundschaften dagegen eher als '*side by side*' (vgl. Tab. 2.10).

Tabelle 2.10: Geschlechtstypische Freundschaften

Frauenfreundschaften	Männerfreundschaften
konzentrieren sich eher aufeinander	konzentrieren sich miteinander auf etwas Drittes (Wright, 1982)
haben als Gesprächsthemen enge Sozialbeziehungen, Gefühle, und Probleme	haben als Gesprächsthemen gemeinsame Aktivitäten (Aries & Johnson, 1983)
haben intime Interaktionen	haben weniger intime Interaktionen (Wheeler, Reis & Nezlek, 1983)
schätzen soziale Unterstützung hoch ein	schätzen soziale Unterstützung niedrig ein (Auhagen, 1991)
haben Schwierigkeiten im Umgang mit Konflikt	haben weniger Schwierigkeiten im Umgang mit Konflikt (Winstead, 1986)

Die in Tabelle 2.10 beschriebenen Geschlechtsunterschiede lassen sich meist auf allgemeine Geschlechtsunterschiede in der sozialen Interaktion von Männern und Frauen zurückführen (vgl. z.B. Asendorpf, 1999, Kap. 7.3.2), sind also nicht freundschaftspezifisch. Dies gilt vor allem für den Grad der Intimität (im Sinne des Teilens privater Gedanken und Gefühle; vgl. Abschn. 1.6). Gleichgeschlechtliche Freunde bieten im Gegensatz zu gegengeschlechtlichen Freunden mehr materielle Unterstützung und teilen mehr gemeinsame Interessen (Argyle & Furnham, 1983). Die Geschlechtsunterschiede nehmen jedoch nach Wright (1982) mit der Länge der Beziehung ab.

In der Berliner Beziehungsstudie konnte geprüft werden, ob Geschlechtsunterschiede in Freundschaften spezifisch für Freundschaften sind oder für alle Nichtverwandten gelten. Die Studentinnen im 4. Semester hatten mehr Beziehungen zu Nichtverwandten als die Studenten und schätzten sie als unterstützender ein (nicht aber als konfliktreicher oder wichtiger), wobei es in keiner der untersuchten Beziehungsqualitäten Interaktionen zwischen dem Geschlecht und der Nähe der Beziehung gab. Es handelte sich bei den Geschlechtsunterschieden in Freundschaftsbeziehungen also um allgemeine Geschlechtsunterschiede in Beziehungen.

Es gibt ausgeprägte Geschlechtsunterschiede in Freundschaften, die im wesentlichen auf allgemeine Geschlechtsunterschiede im sozialen Verhalten zurückführbar sind. Sie nehmen mit der Dauer der Beziehung ab.

Weiterführende Literatur

Auhagen, A.E. (1993). Freundschaft unter Erwachsenen. In A.E. Auhagen & M. von Salisch (Eds.), *Zwischenmenschliche Beziehungen* (pp. 215-233). Göttingen: Hogrefe.

2.3.2 Beziehungen im Berufsleben

Universelle Sicht

Das Thema der sozialen Beziehungen am Arbeitsplatz ist nicht neu. Auch wenn heute viele Arbeitspsychologen oder Personalmanager von sozialer Einbettung, Teamwork oder Human Resource Management reden, so begann dieses Thema bereits in den 20er Jahren diese Jahrhunderts eigentlich mehr per Zufall in das Bewußtsein der Menschen zu drängen, nämlich durch die *Hawthorne Studien.*

Das Ziel der Untersuchungen in der Hawthorne-Fabrik der Western Electronic Company war es, den Einfluß von Lichtstärke auf die Arbeitsproduktivität zu bestimmen und mit einem behavioristischen Ansatz die "richtige" Beleuchtung zu bestimmen. Eine ausgewählte Gruppe arbeitete in einem Kontroll-Raum, wo das Licht die ganze Zeit konstant gehalten wurde; eine andere Gruppe arbeitete in dem Test-Raum, wo der Helligkeitsgrad systematisch variiert wurde. Die Resultate waren jedoch unerwartet: In beiden Räumen steigerte sich die Produktion. Auch als in dem Untersuchungsraum das Licht fast Mondhelligkeit erreicht hatte, reduzierte sich die Produktivität nicht.

Mayo (Roethlisberger & Dickson, 1939) versuchte in mehreren Nachfolgeuntersuchungen den Einfluß von verschiedenen Faktoren auf die Produktivität zu untersuchen. Und wieder waren die Resultate überraschend: Die Produktivität steigerte sich beinahe jedesmal, wenn die Arbeitsbedingungen verändert wurden.

Diese Befunde, die als *Hawthorne-Effekt* in die Geschichte der Arbeitspsychologie eingingen, wurden damit erklärt, daß die Produktivität anstieg, weil die Personen in dem Test-Raum auf die spezielle Aufmerksamkeit, die ihnen durch die Versuchsleiter zukam, reagierten. Sie wußten, daß sie beobachtet wurden, fühlten sich wichtig und waren daher mehr motiviert; ihre Produktivität stieg deshalb an. Fazit der Studie und wohl meistzitiertes Ergebnis ist, daß es in einem Unternehmen - als Verschränkung von formeller und informeller Organisation - auf die menschlichen Beziehungen ankommt.

Die daraus von Mayo begründete Theorie, die *Human Relation Theory* (siehe auch Miles, 1980), betont Beziehungsmerkmale wie Offenheit, Vertrauen, Achtung, Solidarität, Wärme, Unterstützung, Sensibilität und Direktheit. Man untersuchte Arbeitsbeziehungen sowohl auf horizontaler Ebene (Kollegen) als auch auf vertikaler Ebene (Vorgesetzte). Später wurde den Verfechtern dieses Ansatzes oft vorgeworfen, nach dem Motto "Glückliche Kühe geben mehr Milch" (Rosenstiel, 1992) zu handeln, also Arbeiter bewußt auszubeuten.

Der "Hawthorne-Effekt" bezieht sich auf die Reaktion der Versuchspersonen auf die Untersuchungssituation der Hawthorne Studie, die auf die spezielle Aufmerksamkeit, die ihnen zuteil wurde, mit höherer Arbeitsmotivation und Produktivität reagierten. Dieser Effekt gab Anlaß zur Human Relation Theorie, in der die Qualität von horizontalen und vertikalen Beziehungen mit der Arbeitsproduktivität in Beziehung gesetzt wurde.

Arbeitsbeziehungen unterscheiden sich von anderen persönlichen Beziehungen entscheidend darin, daß sie in soziale *Organisationen* eingebettet sind. Wenn man von Arbeitsbeziehungen redet, muß man auch immer von der Organisation reden, in der sich die Beziehungen konstituieren. Von daher unterscheiden sich Arbeitsbeziehungen in vielen Kriterien von anderen sozialen Beziehungen:

Soziale Beziehungen innerhalb von Wirtschaftsorganisationen sind charakterisiert durch
(1) Einbettung in einen größeren sozialen Kontext
(2) Leistungsanforderung
(3) Fremdbestimmung
(4) Akzeptanz von Bewertungen
(5) finanzielle Belohnung
(6) Unausweichlichkeit von Kontakten
(7) Dualität von Identität und Rollenzugehörigkeit
(8) Undurchsichtigkeit der Vorgänge und Beziehungen in Abhängigkeit von der Größe und Komplexität der Organisation
(9) Knappheit von und Konkurrenz um Ressourcen

Die Bedeutung der Arbeit für das soziale Netzwerk wird vor allem in Untersuchungen deutlich, die sich mit dem Verlust von Arbeit (wie bei *Pensionierung* und *Arbeitslosigkeit*) beschäftigen. Eine Vielzahl von Untersuchungen zeigt, daß Arbeitslosigkeit Probleme in der Zeitstrukturierung, bei der physischen und psychischen Befindlichkeit und bei den Sozialkontakten hervorrufen (vgl. Kirchler, 1993). Soziale Isolierung tritt schon wenige Wochen nach Beginn der Arbeitslosigkeit auf, informelle Beziehungen außerhalb der Arbeit schwinden und soziales Prestige geht verloren. Das führt überwiegend zu Internalisierungsproblemen, häufig begleitet von Suchtverhalten. Auch bei der Pensionierung kommt es zu einer Umstrukturierung der zeitlichen und räumlichen Organisation. Obwohl die Pensionierung im Gegensatz zur Arbeitslosigkeit eher erwartet wird, ist dieser Lebensabschnitt durch den Aktivitäts- und Rollenverlust und speziell durch den Umbruch in den Beziehungsstrukturen oft konfliktreich.

Beziehungen am Arbeitsplatz unterscheiden sich in vielen Kriterien von anderen Beziehungen. Sie machen einen erheblichen Anteil des sozialen Gefüges einer Organisation aus.

Bei Studierenden gibt es den Sonderfall, daß es zwei Formen von Arbeitsbeziehungen gibt: Beziehungen zu Kommilitonen und Beziehungen zu Arbeitskollegen von Jobs zur Finanzierung des Studiums. In beiden Fällen handelt es sich überwiegend um Peers. In der Berliner Beziehungsstudie gaben praktisch alle Viertsemester Beziehungen zu Kommilitonen an und immerhin 22% Beziehungen zu solchen Job-Kollegen. Diese Arbeitsbeziehungen wurden aber im Durchschnitt als signifikant weniger unterstützend und weniger wichtig eingeschätzt als die Beziehungen zu den Kommilitonen oder die Peer-Beziehungen insgesamt, während sich die Qualität der Beziehungen zu Kommilitonen nicht von der Qualität der sonstigen Peer-Beziehungen unterschied (z.B. zu alten Schulfreunden, Clubmitgliedern).

Differentielle Sicht

Wegen der Einbettung von Arbeitsbeziehungen in eine soziale Organisation können sich persönliche Beziehungen am Arbeitsplatz weniger frei entwickeln als außerhalb, denn sie geraten leicht in Konflikt mit den Anforderungen der Organisation. Das wird besonders deutlich im Falle sexueller Beziehungen. Man kann zwei Arten von sexuellen Beziehungen unterscheiden: *sexuelle Belästigung* und *erotische Beziehungen*. Bei sexueller Belästigung werden typischerweise weibliche Untergebene von ihren männlichen Vorgesetzten oder Mitarbeitern immer wieder durch erniedrigende Bemerkungen und Handlungen mit sexueller Bedeutung belästigt oder gar gegen ihren Willen zu sexuellen Handlungen genötigt (oft unter Ausnutzung eines Statusunterschiedes in der Organisation). Erotische Beziehungen dagegen sind sexuelle Beziehungen zwischen Mitarbeitern der Organisation, die von beiden Partnern freiwillig eingegangen werden. Nach Untersuchungen von Anderson und Hunsaker (1985) waren in erotischen Beziehungen in nahezu 2/3 der Fälle die

Männer in höheren Positionen, in knapp 1/3 der Fälle beide auf einer hierarchischen Ebene und bei weniger als 1/10 der Fälle Frauen in höheren Positionen. Dieser Befund ist vor allem durch die Geschlechtsverteilung von Vorgesetzten und Untergebenen zu erklären.

Erotische Beziehungen am Arbeitsplatz lösen ambivalente Reaktionen aus: Informell werden sie mit hohem Interesse verfolgt, formell aber so lange wie möglich nicht wahrgenommen. Oftmals muß ein Partner die Organisation auch verlassen. Aus Tabelle 2.11 wird deutlich, welche Schwierigkeiten im Arbeitsteam und beim Paar auftreten können.

Tabelle 2.11: Auswirkungen erotischer Beziehungen am Arbeitsplatz (nach Neuberger, 1993)

Auswirkungen auf Kollegen	Auswirkungen auf das Paar
Bei mäßiger Beziehungsintensität: Die Gruppenstruktur zerfällt, weil das Paar sich von der Restgruppe abkapselt	Wohlbefinden, Stimulierung der Leistungsfreude
Bei hoher Beziehungsintensität: Das Gruppen- und Arbeitsklima verschlechtert sich (Klatsch, Eifersucht, Mißtrauen, Sabotage des Paars)	Vernachlässigung der Arbeit, Konzentrationsmängel
Wenn Geheimhaltung angestrebt wird: Der Kooperationsfluß ist gestört (Umgehung des Paars, Befangenheit)	ständiger psychischer Druck, soziale Isolierung seitens der Umwelt

Erotische Beziehungen am Arbeitsplatz werden informell mit größter Aufmerksamkeit verfolgt. Formell führen sie oftmals zu Problemen im Arbeitsteam.

Sexuelle Belästigung durch Mitarbeiter ist besonders in den USA ein viel diskutiertes und inzwischen auch empirisch gut untersuchtes Beziehungsphänomen. Fitzgerald (1993) schätzte auf der Basis dieser Untersuchungen, daß jede zweite Frau in den USA mindestens einmal im Verlauf ihrer Berufskarriere sexueller Belästigung ausgesetzt ist, wobei verbale Belästigung und obszöne Gesten ungleich häufiger sind als die Nötigung zu sexuellen Handlungen. Holzbecher, Braszeit, Müller und

Plogstedt (1990) befragten 2000 deutsche weibliche Gewerkschaftsmitglieder aus 10 Branchen nach ihrer Erfahrung mit sexueller Belästigung. 72% der Befragten gaben an, mindestens einmal ein Belästigungserlebnis gehabt zu haben, wobei nur solche Handlungen einbezogen wurden, die von mindestens 73% der Befragten als Belästigung eingestuft worden waren (z.B. pornographische Bilder am Arbeitsplatz, anzügliche Bemerkungen über Figur).

Diese eindrucksvolle Quote wird dadurch relativiert, daß Belästigungserlebnisse auch darin bestehen können, daß die Befragte nicht selbst belästigt wurde, sondern die Belästigung einer Kollegin miterlebte. Angaben über die Häufigkeit von Belästigungen, die auf die eigene Person gerichtet sind, fehlen leider in diesem Bericht. Da sexuelle Belästigung nicht selten in einem Gruppenkontext stattfindet (z.B. kamen 15% der berichteten Belästigungen auf Betriebsfesten vor), dürfte die Quote der direkt persönlich Belästigten bei etwa 50% liegen, was mit der Schätzung von Fitzgerald (1993) für die USA übereinstimmen würde. Weiter relativiert wird die Belästigungsquote durch den langen Zeitraum, auf den sie sich bezieht (bei 31% der Befragten lag die letzte erlebte Belästigung 5 oder mehr Jahre zurück), durch eine mögliche Verzerrung der Ergebnisse (nur 20% der Angeschriebenen sandten den Fragebogen zurück, und unter ihnen dürften sexuell Belästigte überrepräsentiert sein) und durch eine geringe Quote tatsächlicher sexueller Handlungen (3%).

In einer Vorstudie befragten Holzbecher et al. (1990) auch Männer in Betrieben nach ihrer Erfahrung mit sexueller Belästigung. Immerhin 19% der Männer gaben ein sexuelles Belästigungserlebnis an, wobei in 44% der Fälle die Belästiger Frauen waren und in 36% der Fälle männliche Kollegen oder Kunden/Patienten/Klienten. Sexuelle Belästigung von Männern wird allerdings in der öffentlichen Diskussion wie auch in der Forschung noch weitgehend ignoriert.

> Die sexuelle Belästigung von Frauen am Arbeitsplatz ist häufig; wenig beachtet ist bisher die sexuelle Belästigung von Männern.

Holzbecher et al. (1990) fanden eine charakteristische Täter-Opfer-Konstellation bei sexueller Belästigung von Frauen, die eindeutig auf ein starkes Statusgefälle zwischen Täter und Opfer hinweist. Die typischen Täter waren 40-50 Jahre alt, verheiratet und seit über 10 Jahren im Betrieb; die typischen Opfer waren 20-30 Jahre alt, alleinstehend, 1-3 Jahre im Betrieb und wiesen eine geringe berufliche Qualifikation auf bzw. befanden sich in untergeordneten Positionen.

Holzbecher et al. (1990) interpretierten dieses Machtgefälle zwischen Täter und Opfer als Hinweis darauf, daß es sich bei sexueller Belästigung um einen sexuellen Ausdruck von Machtausübung handle; nicht selten würden weibliche Konkurrentinnen durch sexuelle Belästigung gezielt verunsichert und dadurch am innerbetrieblichen Aufstieg behindert. Es gehe letztendlich nicht um Sexualität, sondern um Macht. Alternativ kann das Machtgefälle zwischen Täter und Opfer als Hinweis darauf interpretiert werden, daß es sich bei sexueller Belästigung um einen Ausdruck eines durch das Machtmotiv angeregten sexuellen Bedürfnisses handelt. Danach geht es letztendlich nicht um Macht, sondern um Sexualität. Werden Persönlichkeitsunterschiede bei den Tätern in die Überlegung einbezogen, sind beide Sichtweisen der Assoziation von sexueller Belästigung und Machtgefälle durchaus miteinander vereinbar: auf Täter A kann die eine, auf Täter B die andere Sichtweise zutreffen.

Sexuelle Belästigung von Frauen wird durch ein Machtgefälle zwischen der Frau und dem Belästiger gefördert. Dies kann als sexuelle Form des Ausdrucks männlichen Machtstrebens oder als aggressive Form des Ausdrucks männlicher Sexualität interpretiert werden. Je nach Täter können beide Interpretationen zutreffen.

Die häufige sexuelle Belästigung von Frauen geht auf eine vergleichsweise kleine Gruppe von Männern zurück. In anonymen Befragungen normaler Stichproben (z.B. Studierende, Belegschaft von Krankenhäusern) geben etwa 20% der Männer an, Frauen oder Kinder sexuell belästigt zu haben (Hanson & Bussière, 1998). Damit rücken Persönlichkeitsunterschiede in der Assoziation zwischen Machtbedürfnis und Sexualität in den Blickpunkt des Interesses. Pryor (1987) entwickelte eine Fragebogenskala zur Erfassung der Tendenz von Männern, weibliche *Untergebene* sexuell zu belästigen. Diese Skala sagte u.a. in einem nichtreaktiven Experiment die Tendenz männlicher Studenten vorher, weibliche Versuchspersonen, denen sie das Golfspielen beibringen sollten, unnötig zu berühren.

Bargh, Raymond, Pryor und Strack (1995) untersuchten in zwei Priming-Experimenten (vgl. hierzu Abschn. 3.2) den Zusammenhang zwischen Machtbedürfnis und der Tendenz zur sexuellen Belästigung. Im ersten Experiment assoziierten männliche Studenten mit starker Tendenz zu sexueller Belästigung machtbezogene Begriffe wie *Boss* und *reich* schneller mit sexuell-mehrdeutigen Begriffen wie *Bett* und *feucht* (relativ zu neutralen Worten) als Kommilitonen mit geringer Tendenz zu sexueller Belästigung. In Experiment 2 hielten männliche Studenten mit starker Tendenz zu sexueller Belästigung eine andere weibliche Versuchsperson dann für attraktiver als Kommilitonen mit geringer Tendenz zu sexueller Belästigung, wenn sie in einem scheinbar anderen Kontext machtbezogene Begriffe vervollständigen sollten, die unvollständig gezeigt wurden (z.B. *Bo.s*, *r..ch*). Die Autoren interpretierten dies als Beleg für die Annahme, daß sexuelle Belästigung durch das Machtmotiv entsprechend disponierter Personen angeregt wird.

Sexuelle Belästigung von Untergebenen scheint bei einer Teilgruppe von Männern durch ihr Machtmotiv angeregt zu werden.

Ein weiterer negativer Aspekt von Arbeitsbeziehungen wird inzwischen auch im Deutschen als *Mobbing* bezeichnet. Der Begriff des Mobbings wurde erstmals in der englischen Übersetzung von Lorenz (1963) zur Beschreibung von Verhalten gegenüber Außenseitern in Schule oder Militär verwendet. Ursprünglich stammt dieser Begriff aus der Biologie und bezeichnet dort kollektive Attacken gegen ein einzelnes Tier, welche sich typischerweise gegen einen natürlichen Feind richten, aber auch innerhalb der eigenen Art auftreten können (z.B. bei Seehunden).

Die Arbeiten von Leymann (1993) zu Schikane und Ausgrenzung am Arbeitsplatz in Schweden führten zu einer großen Bekanntheit dieses Begriffes auch in Deutschland. Mobbing wird danach definiert als negative Handlungen von Arbeitskollegen (einem oder mehreren), die gegen eine Person gerichtet sind, sehr oft und über einen längeren Zeitraum hinaus vorkommen und damit Beziehungen zwischen Täter(n) und Opfer kennzeichnen. Mobbing ist dann gegeben, wenn einige von 45 Handlungen über ein halbes Jahr oder länger mindestens einmal pro Woche vorkommen (vgl. Tabelle 2.12). Sexuelle Belästigung kann Mobbing sein, aber nur dann, wenn sie über einen längeren Zeitraum immer wieder vorkommt.

Es gibt bisher nur wenige empirische Untersuchungen zum Mobbing, die sich meist auf die Arbeiten von Leymann stützen. Danach berichteten 3,5% der Befragten, daß sie Mobbing an ihrem Arbeitsplatz erlebt hatten, wobei eine solche Episode im Durchschnitt 15 Monate dauerte. Mobbing ist von daher ähnlich stark verbreitet wie Viktimisierung in Schulklassen (vgl. Abschn. 2.2). Überhaupt sind Viktimisierung in Klassen und Mobbing am Arbeitsplatz sehr ähnliche Konzepte.

Tabelle 2.12: Kriterien für Mobbing (nach Leymann, 1993)

1. Einschränkungen der Kommunikationsmöglichkeiten
1.1 Der Vorgesetzte schränkt die Äußerungsmöglichkeiten ein
1.2 Ständige Unterbrechungen im Gespräch durch den oder die Schikaneure
1.3 Kollegen/innen begrenzen die Möglichkeit des Opfers, sich zu artikulieren
1.4 Beschimpfen und anschreien
1.5 Permanentes Kritisieren der Arbeit
1.6 Destruktive Kritik am Privatleben
1.7 Telefonterror
1.8 Verbale Drohungen
1.9 Schriftliche Dohungen
1.10 Kontaktabwehrende Gesten und Blicke
1.11 Verweigerung des Kontakts durch Andeutungen, ohne direkte Ansprache
2. Entzug der sozialen Unterstützung
2.1 Es wird mit dem/der Betroffenen nicht mehr gesprochen
2.2 Man läßt sich vom Mobbing-Opfer nicht mehr ansprechen
2.3 Versetzung in einen Raum weitab von Kollegen/innen
2.4 Kollegen/innen wird verboten, mit dem/der Betroffenen zu sprechen
2.5 Das Opfer wird wie "Luft behandelt"
3. Demontage des sozialen Ansehens
3.1 Hinter dem Rücken des/der Betroffenen wird schlecht über ihn gesprochen
3.2 Gerüchte werden über die betroffene Person verbreitet
3.3 Opfer wird lächerlich gemacht
3.4 Vermutungen über psychische Erkrankungen des Opfers machen die Runde
3.5 Es wird versucht, psychiatrische Untersuchungen zu erzwingen
3.6 Man macht sich über eine Behinderung des Opfers lustig
3.7 Stimme, Gesten oder Gang werden zur Belustigung imitiert
3.8 Politische oder religiöse Einstellungen des/der Betroffenen werden zur Zielscheibe des Spotts
3.9 Es wird über das Privatleben des/der Betroffenen hergezogen
3.10 Man macht sich über die Nationalität lustig
3.11 Das Selbstbewußtsein beeinträchtigende Arbeiten müssen ausgeführt werden

- Fortsetzung Tabelle 2.12 -

3.12 Der Arbeitseinsatz des Opfers wird in falscher und kränkender Weise beurteilt
3.13 Entscheidungen der betroffenen Person werden in Frage gestellt
3.14 Anstößige Schimpfwörter oder andere demütigende Ausdrücke werden ihm/ihr nachgerufen
3.15 Man macht verbale sexuelle Angebote oder nähert sich dem Opfer sexuell
4. Reduzieren der Arbeits- und Lebenszufriedenheit (meist durch Vorgesetztenverhalten realisiert)
4.1 Man weist keine neuen Aufgaben mehr zu
4.2 Dem/der Betroffenen wird jegliche Arbeitsaufgabe genommen, auch die Möglichkeit, sich Tätigkeiten auszudenken
4.3 Sinnlose Arbeiten werden aufgetragen
4.4 Fachlich unterfordernde Arbeiten werden zugewiesen
4.5 Permanent müssen neue Tätigkeiten ausgeführt werden
4.6 "Kränkende" Aufgaben müssen erledigt werden
4.7 Um das Opfer in Mißkredit zu bringen, werden fachlich überfordernde Aufgaben zugewiesen
5. Beeinträchtigung von Gesundheit und Wohlbefinden
5.1 Es wird Zwang ausgeübt, damit das Opfer gesundheitsschädliche Arbeiten verrichtet
5.2 Man droht körperliche Gewalt an
5.3 "Denkzettel" werden mittels leichter Gewalt "verpaßt"
5.4 Körperliche Mißhandlungen
5.5 Kosten für das Opfer werden verursacht, um ihm zu schaden
5.6 Man richtet physischen Schaden im Heim oder am Arbeitsplatz des/der Betroffenen an
5.7 Es kommt zu sexuellen Handgreiflichkeiten

Differentiell betrachtet hat das Geschlecht der beteiligten Akteure einen großen Einfluß darauf, wer wen in welcher Form angreift: Bei Leymann (1993) wurden 76 % der männlichen Opfer von Männern, 21% von Männern und Frauen und nur 3% ausschließlich von Frauen attakkiert. Frauen wurden vorwiegend von Frauen angegriffen (40%), aber auch nur von Männern (30%) oder von beiden zusammen (30%). In diesen Analysen wurden aber Geschlechtsunterschiede im Status im Betrieb nicht kontrolliert. Da Frauen seltener in höheren Positionen als Männer vorzufinden sind, könnte dies bereits den Geschlechtsunterschied erklären.

Auch Knorz und Zapf (1996) fanden in ihrer deutschen Studie, daß Frauen weniger häufig Männer angriffen (47%) als umgekehrt (77%). In ihren Angriffen verhielten sich darüber hinaus weibliche Angreifer gehässiger. Typisch weibliches Mobbing sei: hinter dem Rücken schlecht reden, lächerlich machen, Gerüchte verbreiten und sich über Behinderungen lustig machen. Typische männliche Handlungen hingegen seien: ständiges Zuteilen neuer Arbeiten, nicht mehr mit der Person reden, Angriffe auf religiöse und politische Einstellungen oder isolierte Arbeitsplätze zuweisen. Am häufigsten wird laut Leymann (1993) Mobbing zwischen Kollegen betrieben, die in der betrieblichen Hierarchie auf der gleichen Stufe stehen (44%), oder es wird von Statushöheren ausgeübt (37%). Nur 9% der Akteure sind Untergebene.

Wie bei der Viktimisierung in der Schulklasse werden Mobbing-Opfer meist nur von einem (34%) oder 2-4 Mitarbeitern (43%) gemobbt, und diese Dyaden sind zeitlich über Monate stabil. Es lassen sich also meist spezifische Mobbing-*Beziehungen* ausmachen. Wer mobbt und wer gemobbt wird, ist derzeit noch wenig bekannt. Leymann (1993) berichtete über ein stark erhöhtes Mobbing-Risiko für Behinderte und anderweitig von der Norm abweichende Mitarbeiter und erhöhte depressive Tendenzen der Gemobbten, die aber auch eine Konsequenz des Mobbing sein können.

Leymann (1993) schlug ein Phasenmodell für den Verlauf von Mobbing vor. Mobbing geht danach auf einen unausgetragenen Konflikt zurück (Phase 1), in dessen Verlauf es zu einer Personifizierung und Polarisierung von Täter und Opfer kommt (Phase 2) – also zu einer Beziehung, die vorher zwischen diesen beiden Personen nicht unbedingt bestanden haben muß. In Phase 3 wird der Konflikt unübersehbar für andere Mitarbeiter und Vorgesetzte und es kommt zu deutlichen Störungen der Arbeitstätigkeit. Nach Leymann (1993) erreicht Mobbing in 5%-10% der Fälle Phase 4, in der es zum Ausschluß aus der Organisation durch langfristige Krankschreibung, Kündigung durch Opfer oder Vorgesetzte, Frührente u.ä. kommt. Knorz und Zapf (1996) konnten dieses Phasenmodell wie auch die Liste der von Leymann (1993) vorgeschlagenen Mobbing-Symptome nur teilweise bestätigen.

In dieser nicht repräsentativen Untersuchung zeigte eine Analyse der erfragten Bewältigungsstile der Opfer von Mobbing, daß aktive Maßnahmen wie Betriebs- oder Personalrat einschalten oder Kündigung auf eigenen Wunsch eher dann berichtet wurden, wenn die Befragten der Meinung waren, daß sich ihre Situation durch ihr Verhalten eher verschlechtert hatte. Hieraus kann jedoch nicht der Schluß gezogen werden, daß diese aktiven Bewältigungsmaßnahmen ineffizient sind, weil das Ausmaß des Mobbing nicht kontrolliert wurde. Möglicherweise wurde z.B. der Betriebsrat nur in schweren Fällen eingeschaltet, in denen die Chancen auf Verbesserung der Situation durch eigenes Verhalten ohnehin schlecht waren.

Betrachtet man die Ergebnisse der Mobbing-Literatur zusammenfassend (vgl. auch Neuberger, 1995), so kann man sagen, daß Frauen und Untergebene die häufigsten Opfer von Mobbing sind, wobei Persönlichkeitsmerkmale von Mobbern und Gemobbten, der Ablauf des Mobbing und effektive Bewältigungsstrategien für die Mobbing-Opfer noch nicht ausreichend untersucht sind.

Mobbing beschreibt negative Handlungen von Arbeitskollegen, die gegen eine Person gerichtet sind, wobei sich meist spezifische Mobbing-Beziehungen ausmachen lassen. Frauen, Untergebene und Behinderte sind die häufigsten Opfer. Die Untersuchungen zu Geschlechtsunterschieden sind jedoch fragwürdig, da das Geschlechterverhältnis von Vorgesetzten und Untergebenen meist nicht beachtet wird.

Weiterführende Literatur

Neuberger, O (1993) Beziehungen zwischen Kolleg(inn)en. In A.E. Auhagen & M. von Salisch (Hrsg.) *Zwischenmenschliche Beziehungen* (pp.257-278). Göttingen: Hogrefe.

2.3.3 Nachbarschaftsbeziehungen

Beziehungen, die nicht auf Verwandtschaft, Freundschaft oder Kontakten am Arbeitsplatz beruhen, werden häufig zu der Restkategorie *Bekanntschaft* zusammengefaßt. Aus diesem Bereich haben lediglich Nachbarschaftskontakte etwas Beachtung gefunden, und zwar besonders in der Soziologie (siehe für einen Überblick Melbeck, 1993). Spärlich sind jedoch empirische psychologische Nachbarschaftsuntersuchungen.

Universelle Sicht

Fragt man nach der Bedeutung von Nachbarschaft, so wird oft die Meinung vertreten, daß eine *gute* Nachbarschaft wichtig sei. Fragt man aber gezielter nach den persönlichen Kontakten zu Nachbarn, so wird oftmals eine geringe soziale Einbindung deutlich. In einer groß angelegten Studie, der bekannten East-York Studie (Wellman, 1976), wurde in einem Stadtteil von Toronto (100.000 Einwohner) an insgesamt 854 Erwachsenen der Zusammenhang von psychischem Wohlbefinden und sozialem Netzwerk untersucht. Dabei wurden auch Nachbarschaftskontakte separat untersucht (vgl. Tab. 2.13).

Tabelle 2.13: Intensität von Nachbarschaftskontakten (nach Melbeck, 1993)

	Zahl der Nachbarn					
Intensität der Nachbarschaft	keine	1-2	3-5	6-10	11+	Gesamt
Nachbarn namentlich bekannt	7.0%	16.6%	23.5%	26.8%	26.1%	100%
Nachbarn, mit denen gesprochen wird	5.7%	21.8%	33.8%	24.9%	13.9%	100%
Nachbarn, die in der Wohnung besucht werden	23.6%	34.3%	31.1%	8.3%	3.6%	100%
Nachbarn, die im Notfall gerufen werden können	18.2%	51.6%	24.5%	3.8%	1.9%	100%

Aus der Tabelle wird deutlich, daß ein Großteil der Befragten zumindestens über schwache Beziehungen (Gesprächskontakt) zu einigen Nachbarn verfügten. Intensivere Beziehungen (Besuchskontakt, Hilfe im Notfall) unterhielten die meisten Befragten nur zu einer geringen Zahl ihrer Nachbarn. Insgesamt besaßen aber über 80 % einen Nachbarn, den sie im Notfall rufen konnten.

In einer Nachuntersuchung der East-York Studie von Wellman und Wortley (1990) gingen 344 dyadische Beziehungen ein. Aus 18 speziellen Formen der Unterstützung wurden faktorenanalytisch 5 Dimensionen von Unterstützungsformen gewonnen (vgl. Tab. 2.14). Die fünf Faktoren waren emotionale Hilfe, kleine und große Dienstleistungen, finanzielle Hilfe sowie Geselligkeit. Unterschieden wurden jeweils schwache Beziehungen mit wenig Kontakt und starke Beziehungen mit viel Kontakt.

Tabelle 2.14: Unterstützung und Art der Beziehung

Beziehungstyp	Emotionale Hilfe	Dienstleistung kleine	Dienstleistung große	Finanzielle Hilfe	Geselligkeit
Eltern Kind					
Schwache Beziehung	7%	5%	13%	15%	2%
Starke Beziehung	8%	7%	11%	15%	6%
Geschwister					
Schwache Beziehung	8%	7%	8%	7%	7%
Starke Beziehung	16%	15%	20%	1%	12%
Weitere Verwandtschaft					
Schwache Beziehung	5%	5%	0%	2%	2%
Starke Beziehung	2%	2%	2%	2%	2%
Nachbarschaft					
Schwache Beziehung	8%	10%	11%	2%	8%
Starke Beziehung	13%	14%	16%	13%	15%
Freund					
Schwache Beziehung	4%	5%	4%	6%	4%
Starke Beziehung	20%	21%	15%	9%	25%
Gemeinsame Organisationszugehörigkeit					
Schwache Beziehung	5%	5%	0%	9%	10%
Starke Beziehung	4%	4%	0%	6%	7%
Insgesamt					
Schwache Beziehung	37%	37%	36%	41%	33%
Starke Beziehung	63%	63%	64%	59%	67%

Es wird deutlich, daß 21% der emotionalen Hilfe von Nachbarn geleistet wurde. Aus der Unterstützungsforschung ist bekannt, daß bestimmte Unterstützungsformen von speziellen Personen abgedeckt werden. Bei diesen Daten zu den Nachbarschaftsbeziehungen fällt aber auf, daß die Nachbarn alle fünf Formen der Unterstützung leisteten; zwar wurden sie nie an erster, oft aber an zweiter oder dritter Stelle genannt. Interessanterweise ähneln in dieser Untersuchung die schwachen Nachbarschaftsbeziehungen bei den Unterstützungsformen "emotionale Hilfe" sowie "kleine und große Dienstleistungen" den schwachen Beziehungen zu Eltern, Kindern und Geschwistern.

Im Gegensatz dazu wurden in einer Untersuchung von Argyle und Furnham (1983) Nachbarn bezüglich der Zufriedenheit in einer Beziehung im Vergleich zu anderen Beziehungen am niedrigsten eingeschätzt. Von ihnen käme geringe materielle Unterstützung sowie geringe sozialemotionale Unterstützung.

Obwohl die Beziehungen zu Nachbarn in vielen Fällen nur schwach oder kaum existent sind, werden es mit ihnen eine Fülle von *Konflikten* erlebt. Linneweber (1990) berichtet, daß bei nur 18% der Befragten einer Telefonumfrage die Nachbarschaftsbeziehungen durchgängig positiv beschrieben wurden und 60% der Befragten von negativen Erfahrungen mit Nachbarn berichteten. In der Berliner Beziehungsstudie zeigte sich, daß Nachbarschaftsbeziehungen bei den schon eher nachbarschaftlich integrierten Viertsemestern eher selten waren (nur 32% der Stichprobe gab solche Beziehungen an) und im Vergleich zu anderen außerfamiliären Kontakten *nicht* signifikant konfliktreicher erlebt wurden; nur 12% der Nachbarschaftsbeziehungen wurden als konfliktreich beschrieben (Wert von mindestens 3 auf 5-stufiger Skala). Dies dürfte an der relativ geringen Nachbarschaftsintegration dieser Großstadt-Studierenden liegen.

Differentielle Sicht

Zum Zusammenhang zwischen Persönlichkeit und Nachbarschaftsbeziehungen gibt es unserer Kenntnis nach bisher keine Befunde in der Literatur. In der Berliner Beziehungsstudie korrelierten weder Persönlichkeitseigenschaften (Big Five und Unterfaktoren) noch das Selbstwertgefühl oder Einsamkeit mit der Inzidenz oder der Zahl von Nachbarschaftsbeziehungen. Dagegen ergab sich bei den Viertsemestern ein signifikanter Zusammenhang mit der Wohnsituation. Berliner, die das Elternhaus verlassen hatten, hatten doppelt soviele Nachbarschaftsbeziehungen

(42%) wie die noch zu Hause wohnenden Studierenden (21%); Neuberliner hatten ebenfalls schon mehr Nachbarschaftsbeziehungen (35%). Diese Unterschiede legen nahe, daß von Studierenden Nachbarschaftsbeziehungen überwiegend freiwillig eingegangen werden, denn die Kenntnis der Nachbarn war bei den zu Hause Wohnenden sicherlich am größten, aber gerade diese Gruppe gab am seltensten Beziehungen zu den Nachbarn an.

Die Beziehungen zu Nachbarn sind ein wenig bearbeitetes Gebiet der Psychologie. Nachbarschaftsbeziehungen können emotionale Unterstützung liefern und unterscheiden sich in vieler Hinsicht wenig von schwachen Beziehungen zu Eltern, Kindern und Geschwistern. Die Beziehungen zu Nachbarn werden als vergleichsweise konfliktreich beschrieben, nicht aber bei Studierenden, wo sie anscheinend so wie Freundschaften eher freiwillig eingegangen werden.

Weiterführende Literatur

Melbeck, C. (1993) Nachbarschafts- und Bekanntschaftsbeziehungen. In A.E. Auhagen & M. von Salisch (Hrsg.) *Zwischenmenschliche Beziehungen* (pp.235-254). Göttingen: Hogrefe.

3 Beziehungs-Paradigmen

Unter einem Paradigma einer Wissenschaft wird ein Bündel von theoretischen Leitsätzen, Fragestellungen und Methoden zu deren Beantwortung verstanden, das das Vorgehen einer größeren Zahl von Wissenschaftlern in einer bestimmten historischen Periode der Wissenschaftsentwicklung charakterisiert; zu einem bestimmten Zeitpunkt können unterschiedliche Paradigmen koexistieren (vgl. Kuhn, 1967). In diesem Kapitel geben wir eine Übersicht über die sieben wohl wichtigsten Paradigmen, die die heutige Beziehungsforschung beeinflußt haben oder immer noch beeinflussen.

3.1 Psychoanalytische Ansätze

Obwohl die Psychoanalyse nicht den Kriterien einer empirischen Wissenschaft genügt, haben psychoanalytische Vorstellungen einen bedeutenden Einfluß auf die empirische Beziehungsforschung ausgeübt und darüber hinaus auch unsere alltagspsychologischen Vorstellungen über Beziehungen beeinflußt. Hier ist nicht der Platz für eine Auseinandersetzung mit der psychoanalytischen Methodik (vgl. dazu Asendorpf, 1999, Kap. 2.2). Vielmehr sollen die wohl drei wichtigsten psychoanalytischen Grundannahmen über persönliche Beziehungen diskutiert werden, die sich bis zu Sigmund Freud zurückverfolgen lassen.

Drei Annahmen Freuds über persönliche Beziehungen

(1) *Primat der frühen Eltern-Kind-Beziehung*: Alle persönlichen Beziehungen seien durch die frühkindlichen Beziehungen zu den Eltern geprägt.

(2) *Unbewußte Übertragung*: Frühkindliche Gedanken, Gefühle, Wünsche und Verhaltenstendenzen gegenüber den Eltern würden auf Bezugspersonen im Erwachsenenalter übertragen; die Übertragung sei weitgehend unbewußt.

(3) *Internalisierung*: Persönlichkeitsmerkmale der Eltern, insbesondere Normen, Werte und geschlechtstypisches Verhalten, würden durch Identifikation - vor allem mit dem gleichgeschlechtlichen Elternteil - übernommen.

In Zusammenhang mit Annahme 1 sprach Freud (z.B. 1933) auch vom "Wiederholungszwang": Die frühkindlichen Elternbeziehungen zeigten eine Tendenz, sich später immer wieder zu wiederholen, z.B. in der therapeutischen Situation oder in der Partnerschaft. Aus dieser Annahme folgen zwei weitreichende Konsequenzen für persönliche Beziehungen. Erstens müßten alle persönlichen Beziehungen eines Erwachsenen zumindest zu gleich- bzw. gegengeschlechtlichen Bezugspersonen eine deutliche *Konsistenz* aufweisen, d.h. sich im Vergleich zu den entsprechenden Beziehungen anderer stark ähneln. Beziehungsqualitäten ließen sich von daher letztlich auf Persönlichkeitsmerkmale reduzieren, denn die Persönlichkeit der Bezugsperson und die Geschichte der Beziehung spielten nur eine untergeordnete Rolle. Und zweitens müßten alle Beziehungen im Erwachsenenalter eine klare *Kontinuität* zur Eltern-Kind-Beziehung aufweisen, insbesondere die Bindung des erwachsenen Kindes an seine Eltern.

Empirisch können beide Annahmen inzwischen als widerlegt gelten. Beziehungsqualitäten zeigen nur eine geringe Konsistenz zwischen verschiedenen Bezugspersonen, auch im Falle enger Beziehungen. Z.B. untersuchten Asendorpf et al. (1997) bei Studenten die Konsistenz der Bindungsstile "sicher - ängstlich" und "abhängig - unabhängig" zwischen Mutter, Vater, gleich- und gegengeschlechtlichen Freunden. Die mittlere Konsistenz lag bei 0.30, war ctwas höher beim Vergleich von Vater und Mutter bzw. Freund und Freundin als beim Vergleich von Eltern mit Freunden und hing beim letzteren Vergleich nicht davon ab, ob die Freunde dasselbe Geschlecht hatten wie der jeweilige Elternteil.

Baldwin, Keelan, Fehr, Enns und Koh-Rangarajoo (1996) ließen Studenten ihre 10 wichtigsten Beziehungen (stets aber die zu Mutter, Vater und eventuell vorhandenem Partner) retrospektiv hinsichtlich dreier Bindungsstile einschätzen. 88% wählten zur Beschreibung der 10 Beziehungen mindestens 2 und 47% alle 3 Stile. Selbst bei Beschränkung auf romantische Beziehungen ergab sich eine große intraindividuelle Variabilität (die vermutlich in retrospektiven Befragungen sogar noch unterschätzt wird, weil die Erinnerung durch die Erfahrung in aktuellen Beziehungen beeinflußt wird).

Eine hohe Beziehungsspezifität des Bindungsstils findet sich auch dann, wenn er durch ein Interviewverfahren erfaßt wird, das Abwehrmechanismen wie Idealisierung oder Abwertung der Bezugsperson einbezieht (das Adult Attachment Interview von George, Kaplan & Main, 1985; vgl. Abschn. 3.4). Owens, Crowell, Pan, Treboux, O'Connor und Waters (1995) führten bei Paaren das Adult Attachment Interview in bezug auf die Erfahrungen mit den eigenen Eltern und ein analog konstruiertes Interview in bezug auf die Erfahrungen mit Liebespartnern durch und fanden nur einen geringfügigen Zusammenhang zwischen den beiden Bindungsrepräsentationen (56% Übereinstimmung für die 4 Stile bei einer Zufallsrate von 37%).

Die geringe Konsistenz des selbstbeurteilten Bindungsstils zwischen verschiedenen Beziehungstypen und der Befund von Owens et al. (1995), daß die Repräsentation der Bindung an die Eltern nur geringe Ähnlichkeit mit der Repräsentation der Bindung an Liebespartner hat, stützt die Annahme, daß Bindung im Erwachsenenalter stark beziehungstypspezifisch organisiert ist. Welche Bindung mit einem Liebespartner eingegangen wird, scheint mit den Bindungserfahrungen mit den Eltern nur wenig zu tun zu haben. Wichtiger dürften frühere Erfahrungen mit anderen Liebespartnern sein, und möglicherweise wird der Bindungsstil in jeder neuen Beziehung zwischen den Bezugspersonen neu "ausgehandelt".

Auch die Annahme einer Kontinuität der frühkindlichen Bindungsqualität an die Eltern bis ins Erwachsenenalter hinein konnte in prospektiven Längsschnittstudien nicht bestätigt werden. Zimmermann (1995) fand keinen Zusammenhang zwischen der Bindungssicherheit im Alter von 16 Jahren und dem Bindungsstil zur Mutter im Alter von 12 Monaten oder zum Vater im Alter von 18 Monaten. Waters, Crowell, Treboux, Merrick und Albersheim (1995) fanden einen überzufälligen aber nur geringen Zusammenhang zwischen der Qualität der frühkindlichen Bindung an die Mutter und der Repräsentation der Bindung an die Mutter im Erwachsenenalter (erfaßt durch das Adult Attachment Interview). Diese Studie ist bis heute (1999) nicht veröffentlicht, was auf methodische Probleme hinweist.

Im Gegensatz zu psychoanalytischen Annahmen zeigt der Bindungsstil nur eine geringe Stabilität zwischen früher Kindheit und Erwachsenenalter und nur eine geringe Konsistenz zwischen unterschiedlichen engen Beziehungen im Erwachsenenalter.

Die Annahme 2 der unbewußten Übertragung soll den Mechanismus angeben, durch den frühkindliche Eltern-Kind-Beziehungen Einfluß auf spätere Beziehungen nehmen können. Wie die Übertragung vonstatten gehen soll, wird bei Freud allerdings nicht deutlich (Freud, 1917).

Erst in den nachfreudianischen *Objektbeziehungstheorien* (Mitchell, 1988) wurden Übertragungsprozesse genauer spezifiziert. Hier findet sich eine Entwicklung, die von Freuds Vorstellung, Objekte seien Triebziele (Freud, 1905), über Melanie Kleins Annahme, es handle sich um Phantasiefiguren (Klein, 1948), zu der Auffassung führte, es handle sich um psychische Repräsentationen realer Personen und der Beziehungen zu ihnen (Sandler & Rosenblatt, 1962; Stern, 1985). Diese Auffassung kommt dem heutigen Konzept des Beziehungsschemas (vgl. Abschn. 1.1) sehr nahe.

Nach Auffassung heutiger Objektbeziehungstheoretiker beruht der Einfluß der frühen elterlichen Beziehungen auf spätere Beziehungen darauf, daß das Kind in der frühen Interaktion mit den Eltern die erste Repräsentation einer engen Beziehung erwirbt. Diese beruhe nicht nur auf dem erlebten elterlichen Verhalten, sondern auch auf (Wunsch) Phantasien des Kindes über dieses Verhalten. Übertragung beruhe darauf, daß konkrete Erfahrungen in späteren Beziehungen unbewußt im Licht dieser frühen *Objektrepräsentationen* interpretiert würden. So würden die frühen Repräsentationen Einfluß auf spätere Beziehungen nehmen und als Vorlage ("template") für diese Beziehungen Kontinuität aufweisen. Einige Theoretiker nehmen zudem an, daß diese Objektrepräsentationen im Verlauf der kognitiven Entwicklung systematisch transformiert werden und durch Erfahrungen in nachfolgenden Beziehungen in engen Grenzen modifizierbar sind (vgl. z.B. Blatt & Lerner, 1983).

Uneinigkeit besteht in der Frage, "wo" die Bilder der Eltern in Freuds Instanzenmodell der Psyche anzusiedeln seien. Handelt es sich um Komponenten des Ich, des Über-Ich oder des Es (als Teile von Triebstrukturen)? Sind es "Kompromisse" aus solchen Anteilen? Oder gar eigenständige psychische Instanzen, an die Freud nicht gedacht hatte? Diese Diskussion zeigt exemplarisch, in welche Schwierigkeiten eine Theorie kommt, deren Grundbegriffe so unklar definiert sind wie die psychoanalytische Instanzenlehre.

Das Konzept der Objektrepräsentation hat inzwischen als Beziehungsschema Einzug in die empirische Beziehungsforschung gehalten (Baldwin, 1992; vgl. Abschn. 1.1), wenn auch entkleidet von der Annahme eines Primats frühkindlicher Beziehungen. Die psychoanalytische Auffassung, daß vorhandene Objektrepräsentationen die Wahrnehmung von Personen und Beziehungen beeinflussen, wurde dabei übernommen und hat in jüngster Zeit zu einer Reihe interessanter Untersuchungen zu Einflüssen vorhandener Beziehungsschemata auf die Informationsverarbeitung geführt, die psychoanalytisch als Übertragungsprozesse interpretiert würden (vgl. auch Abschn. 3.2).

Z.B. ließen Andersen, Glassman, Chen und Cole (1995) Psychologiestudenten eine sehr wichtige und eine unwichtige Bezugsperson ausführlich beschreiben; danach wurden sie gefragt, ob sie 2 Wochen später an einem Lernexperiment teilnehmen würden, das scheinbar mit dem gerade beendeten Experiment nichts zu tun hatte. In diesem zweiten Experiment, das in einem anderen Raum mit einem anderen Experimentator 2-4 Wochen später durchgeführt wurde, wurden 4 fiktive Personen durch jeweils 10 Sätze beschrieben. Eine der 4 Personen war so beschrieben, wie die Vp ihre wichtige Bezugsperson beschrieben hatte, eine zweite so, wie die Vp ihre unwichtige Bezugsperson charakterisiert hatte, und eine dritte und vierte so, wie eine zufällig ausgewählte *andere* Vp ihre wichtige bzw. unwichtige Bezugsperson beschrieben hatte.

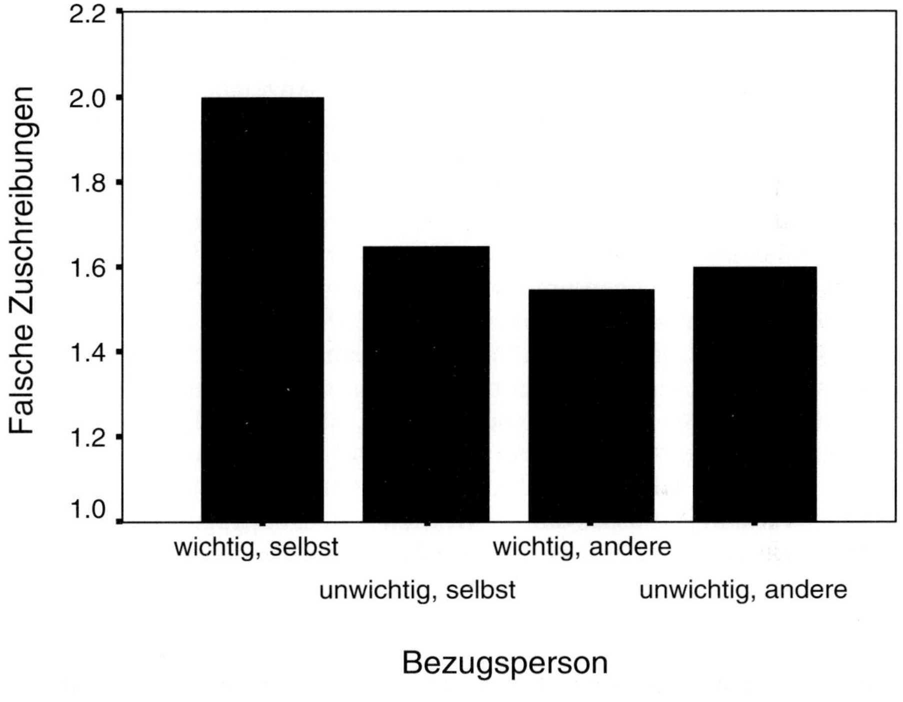

Abbildung 3.1. Anzahl der Eigenschaften von Bezugspersonen, die in einem Lernexperiment fiktiven Personen fälschlicherweise zugeschrieben wurden, weil sie Beschreibungen wichtiger bzw. unwichtiger Bezugspersonen der Vp selbst bzw. anderer Vpn ähnelten.

Anschließend wurden den Vpn in zufälliger Reihenfolge Namen-Satz-Paare gezeigt, wobei zu jedem Namen der 4 fiktiven Personen 15 Sätze gezeigt wurden; die Vpn sollten entscheiden, ob der Satz die jeweilige fiktive Person richtig beschreibt oder nicht. Unter den 15 Sätzen waren 8 *kritische Sätze*, die *nicht* gezeigt worden waren, wohl aber im früheren Experiment der zugehörigen Bezugsperson zugeschrieben worden waren. Abbildung 3.1 zeigt die Zahl derjenigen kritischen Sätze, die die Vpn *fälschlicherweise* den 4 fiktiven Personen zuschrieben (d.h. die im Lernexperiment vorher nicht mit deren Namen assoziiert worden waren, obwohl sie die entsprechende Bezugsperson beschrieben).

Wie die Abbildung deutlich macht, neigten die Vpn dazu, einer fiktiven Person dann Eigenschaften der zugehörigen Bezugsperson fälschlicherweise zuzuschreiben, wenn sie einer eigenen wichtigen Bezugsperson ähnelt. Die Autoren interpretierten dies als Anzeichen einer höheren *chronischen Zugänglichkeit* des Schemas wichtiger Bezugspersonen für die Informationsverarbeitung. Die Beschreibung der fiktiven Person hatte das Schema der wichtigen Person aktiviert, so daß der fiktiven Person Eigenschaften der wichtigen Person zugeschrieben wurden, die in der unmittelbar vorangehenden Lernphase gar nicht genannt worden waren. Das Schema einer eigenen unwichtigen Person oder die Schemata anderer Personen hatten dagegen keinen solchen Effekt.

Unklar bleibt, ob die Wirkung des Schemas der wichtigen Bezugsperson völlig unbewußt blieb oder ob die Vpn sich während der Lernphase spontan an diese Person erinnert fühlten, als sie die Beschreibungen der entsprechenden fiktiven Person hörten. Psychoanalytiker würden fordern, daß der schematisierende Effekt unterhalb der Bewußtseinsschwelle verlaufen müsse, damit wirklich von Übertragung gesprochen werden kann. Für kognitionspsychologische Ansätze ist diese Frage jedoch sekundär. Auch beschränken sie sich nicht auf die Übertragung der Elternbeziehung; chronische Zugänglichkeit ist ein Konzept, das auf *jedes* Beziehungsschema anwendbar ist und eine Quantifizierung der Übertragungsstärke erlaubt.

Die Konzepte der Objektrepräsentation und der Übertragung haben Eingang in die empirische Beziehungspsychologie gefunden. Dort werden sie jedoch verstanden als mentale Repräsentationen realer Beziehungen beliebiger Art und deren schematisierende Effekte auf die Informationsverarbeitung, gleichgültig ob sie bewußt oder unbewußt wirken.

Die Annahme 3 einer Internalisierung früher Objekte ist nicht so klar, wie es zunächst scheinen mag, weil unterschiedliche psychoanalytische Theoretiker unter Internalisierung, Inkorporation, Introjektion oder Identifikation manchmal dasselbe, manchmal aber auch Unterschiedliches verstehen. Freud verstand unter Internalisierung vor allem die Übernahme von Geschlechtsrollen, Normen und Werten durch Identifikation mit dem gleichgeschlechtlichen Elternteil als Lösung des Ödipus-Konflikts. Danach müßten Söhne ihren Vätern in ihrer Persönlichkeit ähnlicher sein als Töchter ihren Müttern. Das läßt sich aber nicht bestätigen: die Ähnlichkeit ist zu beiden Elternteilen gleich groß und nach Kontrolle des genetischen Einflusses (in Adoptionsstudien) sehr gering (vgl. Asendorpf, 1999, Kap. 7.5).

Freuds Annahme, wesentliche Teile der Persönlichkeit entstünden durch Identifizierung mit dem gleichgeschlechtlichen Elternteil, ist empirisch nicht haltbar.

In den Objektbeziehungstheorien wurde der Begriff der Internalisierung wesentlich ausgeweitet, wodurch er aber keineswegs an Klarheit gewann. Westen (1990) führte 6 verschiedene Verwendungsformen des Begriffes der Internalisierung auf. Danach kann z.B. ein abweisender Vater die Persönlichkeitsentwicklung dadurch beeinträchtigen, daß die Erfahrung "Ich bin aus Sicht meines Vaters nichts wert" generalisiert ins Selbstkonzept übernommen wird als "Ich bin nichts wert" und Erwartungen an spätere Beziehungen prägt (vgl. auch Kohut, 1971).

Sechs Verwendungsformen des Begriffes der Internalisierung

(1) Herausbildung einer Objektrepräsentation.
(2) Herausbildung einer Beziehungsrepräsentation.
(3) Herausbilden kognitiv-affektiver Strukturen, die interpersonale Wünsche und Ängste mit Objekt- oder Beziehungsrepräsentationen verbinden und so soziales Verhalten motivieren.
(4) Internalisierung einer Funktion, wodurch sie aus einem anfänglichen Beziehungskontext gelöst wird (z.B. Saugen an der Mutterbrust - Daumenlutschen bei Angst).
(5) Übernahme des Verhaltens anderer durch Imitationslernen.
(6) Übernahme moralischer Normen ins Über-Ich.

Internalisierungsprozesse werden auch in der empirischen Psychologie thematisiert, z.B. in symbolisch-interaktionistischen Theorien der Selbstkonzeptentwicklung durch soziales Spiegeln (vgl. z.B. Asendorpf,

1999, Kap. 4.7), in Hypothesen zur Entstehung unterschiedlicher Formen unsicherer Bindung (vgl. Abschn. 3.4) oder in Untersuchungen zu Auswirkungen der erfahrenen Ablehnung in Gleichaltrigengruppen (vgl. Abschn. 2.2). Dabei ist über die vermittelnden Prozesse der Informationsverarbeitung bisher nur wenig bekannt (vgl. z.B. Westen, 1991).

Einflüsse der Erfahrungen in wichtigen Beziehungen auf die Persönlichkeitsentwicklung, insbesondere die Selbstkonzeptentwicklung, werden auch in der empirischen Psychologie untersucht, wobei angenommen wird, daß der Prozeß der Internalisierung auf (noch wenig spezifizierten) Informationsverarbeitungsprozessen beruht.

Weiterführende Literatur

Westen, D. (1991). Social cognition and object relations. *Psychological Bulletin*, *109*, 429-455.

3.2 Kognitive Ansätze

Im letzten Abschnitt wurde anhand der Arbeiten von Andersen et al. (1995) gezeigt, daß das eher spekulative psychoanalytische Konzept der Übertragung präzisiert und mit experimentellen Methoden untersucht werden kann. Die experimentelle Untersuchung der kognitiven Repräsentation von Beziehungen ist in den letzten Jahren ein eigenes Forschungsthema mit einer rasch wachsenden Zahl von Publikationen geworden (für eine Übersicht siehe z.B. Baldwin, 1995; Fletcher & Fitness, 1996). Im folgenden soll zunächst dargestellt werden, warum kognitive Ansätze als eigenständiges Thema der Beziehungspsychologie behandelt werden. Im Anschluß werden einige grundlegende Konzepte der Kognitionspsychologie, deren Implikationen für die Beziehungsforschung, sowie klassische und neuere empirische Arbeiten aus diesem Bereich dargestellt.

Die Bedeutung mentaler Repräsentationen für die Beziehungsforschung

In der Psychoanalyse und in der Bindungstheorie ist die kognitive Repräsentation von beziehungsrelevantem Wissen von zentraler Bedeutung (siehe Abschn 3.1 und 3.4). Aber auch in anderen theoretischen Kontexten kommt man nicht ohne die Annahme einer Repräsentation von Beziehungen aus:

Jede Theorie von sozialen Beziehungen, die eine Wirkung vergangener Ereignisse auf das aktuelle Geschehen in der Beziehung zuläßt, setzt eine Speicherung beziehungsspezifischen Wissens im Gedächtnis voraus.

Persönliche Beziehungen werden durch die Persönlichkeit der beiden Bezugspersonen und die Interaktionsgeschichte bestimmt. Die Beziehungsqualität hängt also wesentlich davon ab, in welchem Ausmaß der Beziehungspartner in der Vergangenheit Bedürfnisse befriedigt, Erwartungen erfüllt oder Hoffnungen enttäuscht hat. Dabei geht es nicht um "tatsächliche" Ereignisse, sondern um deren Wahrnehmung oder Rekonstruktion durch die Bezugspersonen. Die Repräsentation der Beziehung bestimmt nicht nur die gegenwärtige Beziehungsqualität, sondern auch das Handeln der Bezugspersonen und damit die Zukunft der Beziehung.
Nun könnte eingewendet werden, daß die Analyse der kognitiven Repräsentation von Beziehungen keinen Beitrag zum Verständnis von Beziehungen leiste, der über das hinausgehe, was man durch die gängigen

Methoden der Beobachtung und Befragung der Beziehungspartner erfahren kann. Diesem Einwand kann jedoch mit einem inhaltlichen und einem methodischen Argument begegnet werden.

Erstens können kognitive Prozesse einen eigenen Einfluß auf die Dynamik von Beziehungen ausüben. So fanden z.B. Holmberg und Holmes (1994) bei unglücklichen Paaren eine negative Verzerrung der Wahrnehmung der aktuellen Beziehung und der Erinnerung an die vergangene Beziehung, die sich als Schemaeffekte interpretieren ließen. Schemaeffekte dieser Art können eine Verschlechterung der Beziehungsqualität ohne jeden Außeneinfluß erklären und ermöglichen so einen Erkenntnisgewinn, der ohne die Berücksichtigung kognitiver Prozesse nicht möglich wäre.

Zweitens können Antworten auf Fragen nach der Beziehungsqualität immer durch Antworttendenzen der Versuchsperson verfälscht sein. Die *direkte* Untersuchung von Beziehungsschemata erlaubt aber die Anwendung nichtreaktiver Verfahren, z.B. die Auswertung von Formaspekten verbaler Berichte, oder experimenteller Verfahren, bei denen die Probanden das Resultat nicht bewußt beeinflussen können. Weiterhin werden wir sehen, daß manche Aspekte von Beziehungsschemata nicht ohne weiteres verbalisiert werden können. Dies schränkt die Erkenntnismöglichkeiten von Methoden grundsätzlich ein, die auf Introspektion und verbalem Selbstbericht beruhen.

Die Erforschung der kognitiven Repräsentation von Beziehungen ist inhaltlich interessant, weil kognitive Phänomene die Beziehungsdynamik beeinflussen können. Ein methodischer Vorteil dieses Ansatzes besteht in der Anwendung von Paradigmen der Kognitiven Psychologie, die robust gegenüber Selbstdarstellungstendenzen sind und auch nicht verbalisierbare Inhalte zugänglich machen können.

Historische Vorläufer

Heiders (1958) Balancetheorie postuliert einfache kognitive Repräsentationen zwischen zwei oder drei Elementen. Die Elemente können beliebige Bewußtseinsinhalte sein (Gegenstände, Personen, Einstellungen), die durch Einheitsrelationen (z.B. Nähe, Kausalität, Besitz) oder Wertrelationen (z.B. Zuneigung, Abneigung) verbunden sind. Strukturen aus zwei Elementen sind balanciert, wenn alle Relationen das gleiche Vorzeichen haben (z.B. "Ich arbeite mit X und ich bewerte X positiv") und unbalanciert, wenn das nicht der Fall ist ("Ich mag B, aber B lehnt mich ab"). Strukturen aus drei Elementen sind balanciert, wenn entweder zwei oder keine Relationen ein negatives Vorzeichen haben. Alle anderen Fälle sind nicht balanciert (vgl. Abb. 3.2).

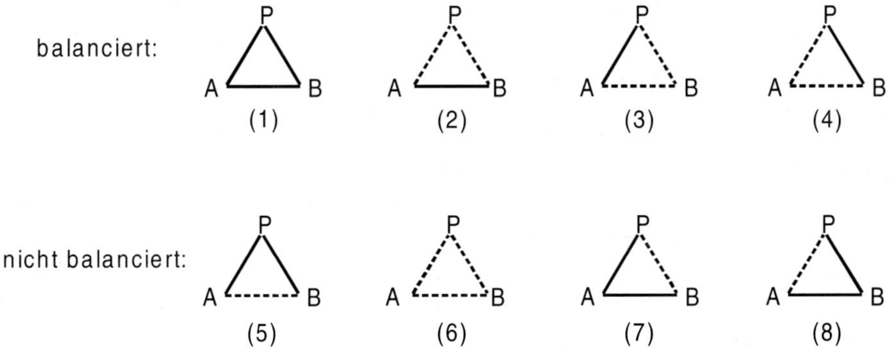

Abbildung 3.2. Balancierte und nicht balancierte kognitive Strukturen aus drei kognitiven Elementen. Durchgezogene Linien stellen jeweils positive, durchbrochene Linien negative Relationen dar.

Unbalancierte Strukturen werden als unangenehm empfunden. Daher sind Menschen bestrebt, balancierte Strukturen aufzubauen und unbalancierte in balancierte zu überführen. Wenn es sich bei den kognitiven Elementen um Personen handelt, lassen sich aus dieser Theorie eine ganze Reihe von Hypothesen ableiten, die für die Beziehungspsychologie relevant sind. So läßt die Theorie erwarten, daß Beziehungen zur Symmetrie tendieren. Wenn ich schon weiß, daß A mich mag, kann ich eine balancierte Struktur nur aufbauen, wenn ich A ebenfalls sympathisch finde. Wenn A von B nur weiß, daß sie die PDS schätzt, dann sagt die Theorie vorher, daß As Einschätzung von B der Einstellung von A zur PDS entsprechen wird. Wenn A mit der PDS sympathisiert, wird sie B positiv bewerten, wenn nicht, wird sie B ablehnen. Wenn eine Struktur unbalanciert ist, ist die Person bestrebt, sie in eine balancierte Struktur umzuformen. Die Balancetheorie sagt allerdings nicht voraus, welche der verschiedenen Möglichkeiten der Transformation die wahrscheinlichste ist.

Die Balancetheorie beschreibt nur elementare Formen der Repräsentation, liefert aber trotzdem Erklärungsansätze für eine ganze Reihe von Phänomenen der Personenwahrnehmung und der Beziehungspsychologie wie z.B. Halo- und Schemaeffekte. So werden Menschen mit einer negativen Eigenschaft häufig noch andere negative Eigenschaften zugesprochen, Menschen mit Einstellungen, die den eigenen ähneln, werden sympathisch gefunden, und die Wahrnehmung neuer Infomationen tendiert dazu, mit schon gespeichertem Wissen konsistent zu sein.

Verschiedene Autoren haben die Balancetheorie weiterentwickelt. So verallgemeinerten Cartwright und Harary (1956) die Balancetheorie auf kognitive Strukturen mit beliebig vielen Elementen. Newcomb (1953) postulierte in seinem ABX-Modell, daß in Strukturen mit drei Elementen nur dann ein balancierter Zustand angestrebt wird, wenn die A-B-Relation positiv ist. Wenn ich B ablehne, ist mir Bs Einstellung zu X gleichgültig. Tatsächlich sprechen die empirischen Belege für diese Einschränkung des Geltungsbereichs der Balancetheorie (Herkner, 1991).

Das Forschungsprogramm der sozialen Kognition

Die Sozialpsychologie der 50er und 60er Jahre war geprägt von Festingers (1957) Dissonanztheorie und Heiders Balancetheorie, in denen Motive eine zentrale Rolle spielten. In den 70er Jahren kam es zu einer "kognitiven Wende", nach der die Informationsverarbeitung der zentrale Prozeß und der emotions- und motivlose Computer zur bestimmenden Metapher im Menschenbild der Sozialpsychologie wurde. Trotz des vielversprechenden Titels "*Social Cognition*" war diese Forschung eher individuumzentriert als sozial und für die Beziehungspsychologie wenig ergiebig.

In einer neueren Studie benutzten Sedikides, Olsen und Reis (1993) jedoch ein typisches experimentelles Paradigma dieser Tradition um zu zeigen, daß Beziehungsinformation *spontan* genutzt wird, um neue Informationen über Unbekannte zu organisieren und abzuspeichern. Dazu wurden den Versuchspersonen Informationen über acht Zielpersonen schriftlich vorgegeben. Neben eher belanglosen Eigenschaften wie "Ist Vegetarier" oder "Lieblingsschriftsteller ist Hemingway" wurde allen acht Zielpersonen auch zugeschrieben, daß sie verheiratet seien. Die Hälfte der Versuchspersonen erfuhren zudem, mit welcher anderen Zielperson jeder verheiratet sei. Die Versuchspersonen wurden instruiert, die Zielpersonen zu bewerten und die Eigenschaften jeder Person möglichst gut zu behalten. Später mußten die erinnerten Informationen frei wiedergegeben werden.

Die zentrale Frage in einem Experiment dieser Studie war, ob die Beziehungsinformation (Carl ist mit Sara verheiratet) die Organisation des Materials im Gedächtnis beeinflussen würde. Tatsächlich war dies der Fall. Beim freien Erinnern wurde die zu verheirateten Personen gehörende Information stärker gruppiert als bei nicht verheirateten Personen. Außerdem wurden Eigenschaften von miteinander verheirateten Personen häufiger verwechselt. Durch die Manipulation des Zeitpunktes, zu dem die Beziehungsinformation gegeben wurde, konnte ferner belegt werden, daß der Beziehungseffekt beim *Speichern* der Information auftritt und nicht bei der Wiedergabe.

Versuchspersonen benutzen spontan Beziehungsinformationen, um personenbezogene Informationen im Gedächtnis zu organisieren.

In weiteren Experimenten konnten Sedikides et al. (1993) zeigen, daß der Beziehungseffekt von der Reihenfolge der Präsentation der Personen unabhängig war und daß die Enge der Beziehung eine entscheidende Rolle spielte. Bei Ehebeziehungen trat der Effekt auf, nicht aber bei Bekanntschaften oder wenn die Beziehung lediglich darin bestand, daß Personen mit dem gleichen Footballteam sympathisierten.

Verwechslungen sind ein für die Beziehungspsychologie recht ergiebiges Phänomen. Nicht nur Eigenschaften von Personen werden verwechselt, sondern auch die Personen selbst. Nach Fiske (1991) geschehen solche Verwechslungen keineswegs zufällig. So verwechselt ein dreijähriges Kind recht häufig Mutter und Vater, aber kaum seinen kleineren Bruder mit den Eltern. Wenn ein Mann seine Ehefrau mit einem falschen Vornamen anredet, so wird diese wahrscheinlich mißtrauisch, wenn er sich damit entschuldigt, daß es sich "nur" um eine Arbeitskollegin handelt. Dieses Mißtrauen gründet sich auf die alltagspsychologische Überzeugung, daß man vor allem solche Personen miteinander verwechselt, zu denen man ähnliche Beziehungen unterhält. In der Alltagspsychologie gibt es aber kaum genauere Vorstellungen darüber, in welcher Hinsicht Beziehungen sich ähneln können.

Fiske (1991) schlug eine allgemeine Theorie sozialer Beziehungen vor, die vier elementare Beziehungstypen postuliert, auf die sich alle menschlichen Beziehungen zurückführen lassen sollen (vgl. Tabelle 3.1).

Tabelle 3.1: Vier elementare Formen sozialer Beziehungen (nach Fiske, 1991)

Beziehungstyp	Beschreibung	Beispiel	Entscheidungsmodus	Transaktionen
Communal sharing (CS)	Äquivalenzbeziehung	Liebesbeziehung	einstimmige Entscheidungen	gemeinsame Güter
Authority Ranking (AR)	hierarchische Beziehung	Eltern - Kinder; Vorgesetzter - Untergebener	Kommandostruktur	Tribut des Untergebenen, Verpflichtung des Vorgesetzten
Equality matching (EM)	egalitäre Beziehung	Peer-Beziehungen; Verwandtschaftliche Reziprozität	One-man-one-vote, Lotterie	Auge-um-Auge, Teilen, gerechter Ausgleich von Verlust
Market Pricing (MP)	Beziehung beruht auf Proportionalität	Geschäftsbeziehung	Preise, Löhne, Zinssätze Angebot-Nachfrage	Preis-Nutzen Kalkül

Kulturspezifische Regeln legen fest, in welchen Situationen welches dieser Modelle angewendet wird. So kann es in einer Kultur als angemessen gelten, wenn ein Mann seine Ehefrau anweist, ihm etwas zu essen zu kochen, während dieses Verhalten in anderen Kulturen als ein schwerer Regelverstoß angesehen wird. Die Kulturen unterscheiden sich dann darin, ob in diesem Fall die Regeln des CS- oder des AR-Typs angewendet werden.

Die Klassifikation Fiskes charakterisert nicht so sehr die Beziehung von zwei Personen, sondern den Typ von Transaktionen, die in bestimmten Kontexten zur Anwendung kommen. So können z.B. in einer Freundschaftsbeziehung alle vier Transaktionstypen vorkommen, je nachdem ob es sich um die Benutzung der gemeinsamen Küche handelt (CS), Unterricht im Schachspiel (AR), das Begleichen einer Restaurantrechnung (EM) oder den Kauf eines Fahrrades (MP) vom Freund.

Das stärkste Postulat der Theorie Fiskes besteht darin, daß die vier Beziehungstypen kulturelle Universalien seien. Fiske stellt fest, daß diese Beziehungstypen nicht internalisiert, sondern *externalisiert* werden: "...Kinder zwingen ihrer sozialen Umwelt Transaktionen der vier Typen auf, *bevor* sie die kulturell angemessene Anwendung der Regel lernen" (Fiske, 1991, p. 717).

Um die Klassifikation empirisch zu stützen, ließen Fiske et al. (1991) Studenten in mehreren Studien Tagebuch über verschiedene Arten der Personenverwechslung führen. Die Verwechslungen äußerten sich durch die Verwendung falscher Namen, die Erinnerung an falsche Personen, das Ansprechen von Personen mit falschem Namen, oder dadurch, daß Aufforderungen an falsche Personen gerichtet wurden. Die Beziehung der Zielperson zu der gemeinten und der fälschlicherweise angesprochenen Peron wurde den vier Typen zugeordnet und kreuzklassifiziert. Fiske et al. (1991) fanden, daß eine Ähnlichkeit zwischen Personen in Bezug auf Alter, Rasse und Geschlecht Verwechslungen begünstigte. Wie erwartet wurden viel häufiger Personen verwechselt, zu denen eine Beziehung gleichen Typs unterhalten wurde, als Personen, die verschiedenen Beziehungstypen angehörten. Dieser Effekt blieb signifikant, wenn der Einfluß von Alter, Rasse und Geschlecht kontrolliert wurde. Dieser Befund stützt Fiskes Beziehungstypologie. Allerdings kann aufgrund der nur korrelativen Daten nicht ausgeschlossen werden, daß Personen, die dem gleichen Beziehungstyp angehörten, weitere Merkmale teilten, die eigentlich für die Verwechslung verantwortlich waren.

Die vier Beziehungstypen Fiskes (1991) können Verwechslungen zwischen Personen erklären, auch wenn die Ähnlichkeit zwischen den Personen in Hinblick auf Alter, Rasse und Geschlecht schon berücksichtigt ist.

Modelle der Wissensrepräsentation

In der Kognitionspsychologie werden verschiedene Typen von Wissen unterschieden, die im Langzeitgedächtnis gespeichert sind (Anderson, 1995). Eine für die Beziehungspsychologie wichtige Unterscheidung ist die zwischen prozeduralem und deklarativem Wissen. Letzteres ist Faktenwissen und läßt sich nochmals in semantisches und episodisches Wissen unterteilen. Unter prozeduralem Wissen versteht man Regeln und Fertigkeiten zur Erreichung von Zielen, die in Form von *wenn-dann* Verknüpfungen im Gedächtnis gespeichert sind. Im Gegensatz zu deklarativem Wissen kann man prozedurales Wissen nicht ohne weiteres abrufen und verbalisieren. Dieses Umstandes wird man sich z.B. bewußt, wenn man eine Standardtätigkeit wie Fahradfahren verbal beschreiben soll.

Auch Tätigkeiten, die nicht rein motorisch ablaufen, sondern kontinuierliche Denkprozesse erfordern, sind schwer verbalisierbar. Das wird z.B. deutlich, wenn man einer unerfahrenen Person per Telephon helfen will, eine Routinearbeit am Computer zu erledigen. Selbst wenn man die Ausführung der Handlung perfekt beherrscht, bleibt einem für die Verbalisierung nichts anders übrig, als die Handlung zu simulieren und sich selber dabei zu beobachten. Erst diese Beobachtung erlaubt eine verbale Beschreibung. Neben verschiedenen Typen von Wissen wurden in der Kognitionsspsychologie auch verschiedene Formen der Wissensrepräsentation diskutiert, die nun kurz dargestellt werden sollen (vgl. Tab. 3.2).

Andersen et al. (1995) konnten zeigen, daß man Personen, die man nicht gut kennt, manchmal fälschlicherweise Eigenschaften vertrauter Personen zuspricht, wenn zwischen ihnen eine gewisse Ähnlichkeit besteht (siehe Kap. 3.1). Solche Befunde lassen sich mit den Eigenschaften semantischer Netzwerke erklären. Die Funktion von semantischen Netzen beruht auf ihrer Struktur aus aktivierenden und hemmenden Verbindungen zwischen kognitiven Einheiten (Knoten) und dem Prinzip der Erregungsausbreitung.

Ein simples Netz dieses Typs enthalte z.B. einen Personenknoten sowie drei Eigenschaften dieser Person. Wenn der Knoten "Hartmut" aktiviert wird, werden auch die Eigenschaften "fährt Motorrad", "intelligent" und "symphatisch" aktiviert. Wenn nach den Eigenschaften von Hartmut gefragt wird, sind die Informationen "ist Motorradfahrer, intelligent und symphatisch" dem Bewußtsein verfügbar. Andersens Befund kann man nun in diesem Modell dadurch erklären, daß eine teilweise Überlappung von Eigenschaften bekannter und wenig bekannter Personen dazu führen kann, daß auch nicht geteilte Eigenschaften so stark aktiviert werden, daß sie überschwellig werden und damit *fälschlicherweise* ins Bewußtsein gelangen.

Tabelle 3.2: Formen der Wissensrepräsentation

Propositionale Repräsentation In propositionalen Modellen werden sprachliche oder bildhafte Wissensinhalte in Propositionen, d.h., kleinste autonome Sinneinheiten zerlegt. Diese werden dann als Argumente (meist Nomina) und Prädikate (Verben, Adjektive und relationale Ausdrücke) notiert. Empirische Befunde zeigen, daß die Reproduktion gelernter Sachverhalte sich eher an der propositionalen Struktur als an der Formulierung von Sachverhalten orientiert. Die propositionale Repräsentation läßt sich auch zweidimensional als Netzwerk modellieren. Die räumliche Anordnung der Elemente spielt dabei keine Rolle, lediglich die Verbindungen zwischen ihnen.
Semantische Netzwerke Das Wissen über spezifische Objekte ist in hierarchischer Form gespeichert. Oberbegriffe (Vogel) sind mit Eigenschaften verbunden, die für die meisten Unterbegriffe zutreffen (hat Federn, hat Flügel, kann fliegen). Die Zugriffszeit auf Gedächtnisinhalte (Hat ein Vogel eine Haut?) hängt davon ab, wie direkt die beiden Konzepte miteinander verbunden sind und wie häufig diese Verbindung in der Erfahrung vorkam.
Schemata Im Gegensatz zu semantischen Netzwerken speichern Schemata das Wissen über Kategorien oder Klassen von Sachverhalten. Eine Schema (z.B. Haus) enthält Leerstellen, die die Ausprägung bestimmter Eigenschaften enthalten (z.B. Größe, Aussehen, Baumaterial, Funktion, Form). Die Leerstellen enthalten Voreinstellungen, die die gewöhnlichen Eigenschaften der Kategorie enthalten (z.B. Form: eckig; Baumaterial: Stein; Funktion: Wohnung). Damit erleichtern Schemata Schlußfolgerungen über ein spezielles Objekt der Kategorie. Wenn jemand ein Haus erwähnt, haben wir eine ungefähre Vorstellung über dieses spezifische Haus.
Skripts Skripts sind eine spezielle Form von Schemata für Ereignisabläufe. So ist im Skript "Restaurantbesuch" wie in einem Drehbuch festgelegt, in welcher Reihenfolge Gast und Kellner eine ganze Reihe von Handlungen durchführen.

Semantische Netzwerke dieser Art lassen sich sehr gut mit sogenannten "neuronalen Netzwerken" per Computer modellieren. Abbildung 3.3 zeigt ein solches neuronales Netzwerk, das Informationen zu einigen Personen aus der "West Side Story" repräsentiert. Im Gegensatz zu semantischen Netzwerken enthalten neuronale Netze sogenannte "hidden units", die keine eigene Bedeutung haben, sondern die Person durch die Verbindung zu ihren Eigenschaften repräsentieren.

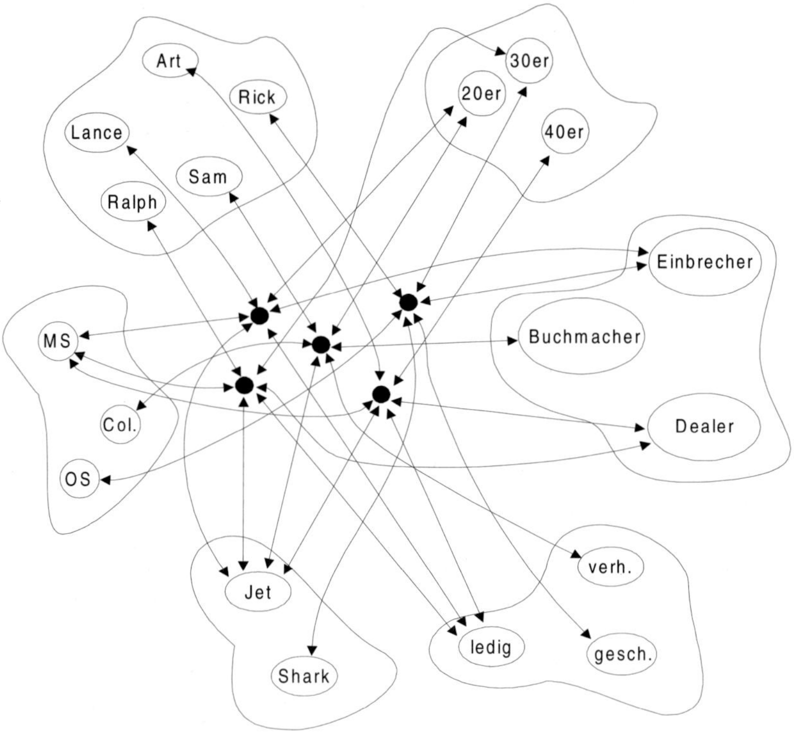

Abbildung 3.3. Repräsentation einiger Bandenmitglieder der "Westside Story". Alle Knoten innerhalb derselben Gruppe hemmen sich gegenseitig.

Man kann nun einen oder mehrere Knoten des Netzes aktivieren und den Verlauf der Aktivierung anderer Knoten über die Zeit verfolgen (vgl. Abb. 3.4). Dort führt die externe Aktivierung des Personenknotens "Art" zu einer starken Aktivierung des Namens "Art", der Repräsentation des Alters ("20er") und der Person Clyde. Schon simple neuronale Netze können abstrahieren (was sind typische Eigenschaften der Sharks?) und fehlende Informationen ergänzen (was ist der Beruf von Jack?).

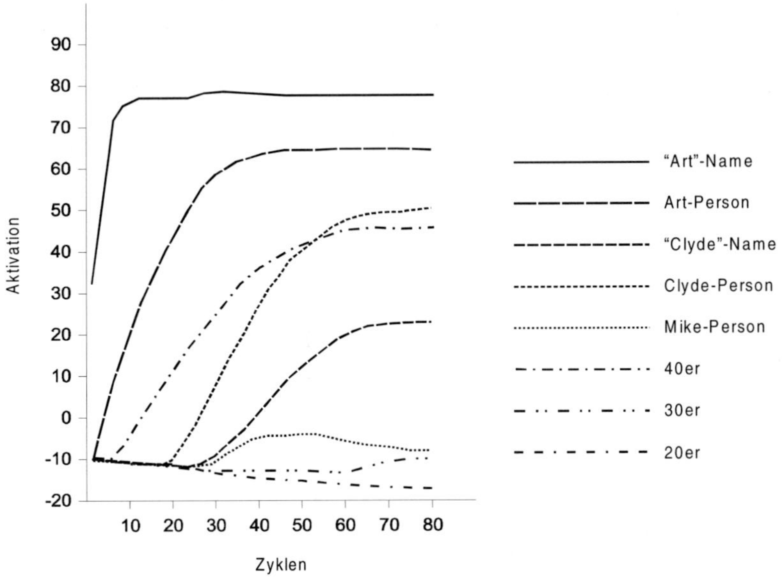

Abbildung 3.4. Verlauf der Aktivation mehrerer Knoten des neuronalen Netzes aus Abb. 3.3 nach der Aktivation des Namens "Art".

> Neuronale Netze erlauben die Modellierung von strukturellen und dynamischen Eigenschaften von Wissensrepräsentationen in semantischen Netzwerken. Unter bestimmten Annahmen kann aus Verhaltensmerkmalen wie Reaktionszeiten und Fehlerraten auf die Beziehungsrepräsentation geschlossen werden.

Das im Abschnitt 1.1 eingeführte Konstrukt des "Beziehungsschemas" und seine drei Komponenten weisen offensichtlich enge Bezüge zu den kognitionspsychologischen Konzepten Schema und Skript auf. Während man die Repräsentation der eigenen Person und des Beziehungspartners als spezielle Schemata auffassen kann, entspricht die Repräsentation des Interaktionsmusters einem oder mehreren speziellen Skripten, die *wenn-dann*-Verknüpfungen des Typs "wenn ich meinen Partner um Hilfe bitte, wird er mir beistehen" enthalten.

Personen lassen sich durch Schemata, Interaktionsmuster durch Skripte repräsentieren.

Effekte von Beziehungsschemata

Baldwin (1992) nennt häufig replizierte Effekte von Beziehungsschemata auf die Informationsverabeitung.

Effekte von Beziehungsschemata
Schemata können die Aufmerksamkeit, Wahrnehmung, Interpretation, Speicherung und Erinnerung von Informationen im Sinne höherer Schemakonsistenz beeinflussen und dazu führen, daß unvollständige Information in schemakonsistenter Weise ergänzt wird.

Es gibt zahllose Studien in der Tradition der Sozialen Kognitionsforschung, die solche Effekte belegen (für eine Übersicht siehe Markus & Zajonc, 1985). So zeigte Cohen (1977; zit. nach Markus & Zajonc, 1985) einen Videofilm über alltägliche Handlungen einer Frau. Den Probanden wurde entweder gesagt, daß die Frau Kellnerin sei, oder sie wurde als Bibliothekarin vorgestellt. Später erinnerten sich die Probanden häufiger an Einzelheiten des Films, die mit dem jeweiligen Berufsstereotyp konsistent waren (z.B. die Brille bei der Bibliothekarin). Allerdings gibt es auch Befunde, die zeigen, daß *schema-inkonsistenter* Information besonders viel Aufmerksamkeit geschenkt wird. Dieses scheint besonders dann der Fall zu sein, wenn neue Informationen einem gerade aktiven Schema widersprechen *und* wenn diese Informationen für die Aufgabe des Probanden relevant sind (Markus & Zajonc, 1985).

Neuere Studien belegen, daß sich Schemaeffekte auch für Beziehungsschemata demonstrieren lassen. Holmberg und Holmes (1994) untersuchten in einer zweijährigen Längsschnittstudie die Beziehungsschemata von 26 Paaren. Sie fanden, daß Paare, deren Zufriedenheit mit der Beziehung deutlich abnahm, nicht nur ein negativeres Schema ihres aktuellen Partners hatten, sondern daß auch die Erinnerung daran, wie sich ihr Partner zwei Jahre vorher verhalten hatte, negativ verzerrt war. Zudem beeinflußten bei eher unglücklichen Beziehungen positive Ereignisse das Schema des Partners viel weniger als bei glücklichen Paaren. Beide Befunde lassen sich als Schemaeffekte interpretieren, nämlich als schemakongruente Verzerrung der Erinnerung, der Wahrnehmung und der Speicherung von Information. Wenn die Beziehung aktuell eher unglücklich ist, ist zu erwarten, daß diese Schemaeffekte eine negative Entwicklung verstärken. Nicht nur die Gegenwart sondern auch die Vergangenheit wird negativ gesehen, und Information, die eigentlich zu einer positiveren Einschätzung führen könnte, wird tendenziell unterdrückt.

Eine Studie von Bugenthal, Blue, Cortez, Fleck, Kopeikin et al. (1993) demonstriert Effekte eines ungünstigen *Interaktionsskriptes* auf affektive und physiologische Variablen sowie das Verhalten während einer (simulierten) Interaktion von Erwachsenen und Kindern. Die Autoren verwendeten das Konstrukt "wahrgenommene Kontrolle" (*perceived control*), um die von den Erwachsenen erwartete Kontrolle über den Verlauf einer Interaktion mit Kindern zu charakterisieren. Erwachsene mit niedriger Kontrollerwartung glauben, daß ein Kind mehr Einfluß auf den Verlauf einer Interaktion hat als sie selber. Treffen solche Erwachsene auf ein schwieriges Kind, wird dieses Beziehungsschema aktiviert und führt zu negativem Affekt und defensiven Bewältigungsstrategien.

In einer simulierten Interaktion hatten Mütter die Aufgabe, Kindern zu helfen, erfolgreich ein Computerspiel zu meistern. Das Verhalten der Kinder wurde durch ein Computerprogramm simuliert. Während sich die Leistung des Kindes in einer experimentellen Bedingung scheinbar verbesserte, wurde sie in einer anderen schlechter, so daß der Eindruck entstand, daß das Kind zwar in der Lage war, die Aufgabe zu meistern, aber zunehmend desinteressierter am Spiel und den Hilfen des Erwachsenen wurde. Die Anzahl der Fehler war in beiden Fällen identisch, nur der Verlauf der Fehlerrate über die Zeit wurde variiert. Während Mütter mit hoher Kontrollerwartung auf scheinbar kooperative und unkooperative Kinder in gleicher Weise reagierten, zeigten sich bei den Frauen mit niedriger Kontrollerwartung deutliche Unterschiede. Bei unkooperativen Kindern zeigten sie stärkere physiologische Reaktionen (Herzrate und Änderungen des Hautwiderstandes), negativere Bewertungen des Kindes und bestätigten das Kind weniger.

Beide hier geschilderten Studien machen deutlich, daß Beziehungsschemata im Gegensatz zu den in der Kognitionspsychologie untersuchten Schemata häufig mit starken affektiven Reaktionen zusammenhängen. Im Falle enger persönlicher Beziehungen ist das Beziehungsschema *per Definition* über das beziehungsspezifische Selbstbild eng mit dem Selbst verknüpft, was dazu führt, daß positive oder negative beziehungsspezifische Ereignisse wichtig sind und daher häufig Emotionen auslösen. Aber auch Rollenbeziehungen können starke Affekte auslösen. Obwohl die Mütter in der Studie von Bugenthal et al. mit vermeintlich fremden Kindern interagierten, wurden insbesondere die Frauen mit niedriger wahrgenommener Kontrolle durch die Rolle als "Erzieherin" stark angesprochen, so daß sie je nach Verlauf der Interaktion mit starken positiven oder negativen Gefühlen reagierten.

Priming als Methode der Beziehungsforschung

Einige Methoden der kognitiven Psychologie sind besonders interessant für die Anwendung in der Beziehungsforschung, weil sie eine nichtreaktive Beziehungsdiagnostik erlauben könnten. Dazu gehören z.B. verschiedenen Varianten des Primings. Von Priming (auf deutsch etwa "Reaktionsbahnung") spricht man dann, wenn ein zuerst dargebotener Reiz (*prime*) die Reaktion auf einen nachfolgenden Reiz (*target*) erleichtert oder in anderer Weise beeinflußt. Wenn sich der Primingeffekt auf die Bedeutung von Worten bezieht, spricht man von semantischem Priming. So erkennt man das Wort BUTTER schneller, wenn unmittelbar vorher das Wort BROT dargeboten wurde. Beim affektiven Priming beeinflußt die Valenz des zuerst gezeigten Reizes die Bewertung eines neutralen Targetreizes (Murphy & Zajonc, 1993), oder erleichtert die Bewertung eines affektiv kongruenten Targetreizes (Fazio et al, 1986). Primingeffekte können sogar dann auftreten, wenn *primes* unterhalb der Schwelle der bewußten Wahrnehmbarkeit dargeboten werden. In diesem Fall spricht man von *subliminalem Priming*, das methodisch sehr anspruchsvoll ist, aber den Vorteil hat, daß bewußte Prozesse (z.B. der Selbstdarstellung) die Ergebnisse nicht beeinflussen können (Bargh, 1994).

Eine interessante aber sehr umstrittene Forschungstradition auf diesem Gebiet hat einen klinisch-psychoanalytischen Hintergrund. In diesen Untersuchungen wurde eine sogenannte subliminale psychodynamische Aktivierung durchgeführt, indem vor allem schizophrenen Patienten, aber auch nicht-klinischen Stichproben, ganze Sätze wie "MOMMY AND I ARE ONE" für 4 Millisekunden dargeboten wurden. Als abhängige Variablen wurden verschiedene Indikatoren für Psychopathie, Ängstlichkeit oder andere Therapieerfolgsmaße verwendet. Hardaway (1990) legte eine Metaanalyse über 56 solcher Studien vor, die zeigt, daß dieser Satz einen moderaten aber signifikanten Effekt (d = 0.41) verglichen mit Kontrollstimuli aufwies. Wenn die Worte MOMMY und ONE in anderem Zusammenhang verwendet wurden (z.B. DADDY AND I ARE ONE), traten zwar immer noch signifikante Effekte auf, waren aber schwächer (d = 0.14 bzw. 0.22). Die Metaanalyse ergab ferner, daß die publizierten Effekte homogen waren und nicht auf methodische Unzulänglichkeiten, bestimmte Arbeitsgruppen, oder eine selektive Publikationspraxis zurückzuführen waren.

Diese positive Einschätzung änderte aber nichts an der äußerst skeptischen Aufnahme dieser Ergebnisse durch Experimentalpsychologen, die selber mit subliminalen Primingverfahren arbeiten (z.B. Greenwald, 1992). Dies liegt vor allem an den unvereinbaren Auffassungen von unbewußter Informationsverarbeitung, die in der kognitiven Psychologie als eher rudimentär, in der psychoanalytischen Tradition jedoch als vergleichsweise leistungsfähig postuliert wird. So sieht Greenwald eine unbewußte Verarbeitung einzelner Worte als empirisch bestätigt an, nicht aber von ganzen Sätzen. Greenwalds "two word challenge", die Frage nämlich, ob mindestens zwei Worte subliminale Primingeffekte haben können, die über die addierten Effekte der Einzelworte hinausgehen, ist aber eine offene Frage, die inzwischen auch von Experimentalpsychologen untersucht wird (z.B. Beeman et al., 1994).

Eine ganze Reihe von beziehungspsychologisch interessanten Primingstudien, in denen weniger komplexe Primes benutzt wurden, stammen von Baldwin und Kollegen. Im folgenden werden zwei Untersuchungen dargestellt, in denen die unterschwellige Aktivierung eines Rollenschemas spezifische Effekte auf das Selbstbild hatte. Baldwin, Carrell und Lopez (1990) ließen Studenten drei Ideen für eigene Forschungsprojekte aufschreiben. Dann wurde ihnen für 2 Millisekunden entweder ein einfarbiges Kontrolldia, das Bild des finster dreinblickenden Leiters ihres Studienprogramms (Robert Zajonc) oder das Bild eines lächelnden unbeteiligten Assistenten gezeigt. Die Reihenfolge der beiden Gesichter wurde gegenbalanciert. Danach mußten die Studenten die Qualität ihrer Forschungsideen bewerten. Diese Bewertung fiel nach dem Bild des finster blickenden Zajonc deutlich negativer aus. Dieses Experiment sollte aufgrund methodischer Schwächen mit Vorsicht interpretiert werden. So ist die Stichprobe sehr klein (N=16) und die Rolle der gezeigten Person ist mit der Valenz des Gesichtsausdrucks konfundiert.

In einem zweiten Experiment nahmen 46 katholischen Studentinnen teil, die sich entweder als strenge oder nicht so strenge Katholikinnen schilderten. Diese lasen eine Textpassage, in der eine Frau eine eher liberale Einstellung zur Sexualität äußerte. Dann wurde ihnen entweder ein Bild von Papst Johannes Paul II, Robert Zajonc (der diesen Studentinnen unbekannt war) oder ein leeres weißes Bild unterschwellig dargeboten. Die beiden Gesichter waren in wesentlichen Merkmalen inklusive des mißbilligenden Gesichtsausdrucks ähnlich. Danach beantworteten die Probanden Fragebögen zum Selbstkonzept. Versuchspersonen, denen subliminal das Bild des Papstes gezeigt worden war, bewerteten sich negativer, und dies vor allem, wenn es sich um praktizierende Katholikinnen handelte. Auch in dieser Studie war die Stichprobe relativ klein, die Konfundierung von Gesichtsausdruck und Beziehungstyp (Rolle) war jedoch beseitigt. Baldwin et al. interpretierten dieses Ergebnis als Hinweis auf die Wirksamkeit von Beziehungsschemata, in diesem Fall von einer kritischen und wichtigen Autoritätsperson.

In einer weiteren Studie untersuchte Baldwin (1994) den Einfluß von persönlichen Beziehungen auf die Selbstbewertung. Es wurden dazu von Versuchspersonen die Namen jeweils einer sehr kritischen, ablehnenden Person und einer akzeptierenden Person erfragt. Die Probanden führten eine ganze Reihe kognitiver Aufgaben durch. Dann wurde der Name der kritischen oder der akzeptierenden Person in kurzen Intervallen zu kurz dargeboten, daß sie nicht bewußt wahrgenommen werden konnten. Anschließend führten die Probanden eine Aufgabe durch, die unerwartet schwer zu bewältigen war. Im Anschluß beantworteten sie wiederum Fragebögen zur Selbstbewertung. Die experimentelle Manipulation hatte einen Einfluß auf die Selbsteinschätzung der Angst vor negativer sozialer Bewertung. Nach dem Namen der ablehnenden Person wurde diese Angst höher eingeschätzt als nach dem Namen der akzeptierenden Person.

Die Studien Baldwins zeigen, daß die subliminale Aktivierung von Rollen- oder Beziehungsschemata Einflüsse auf das aktuelle Selbstbild haben können, die der Beziehungsqualität entsprechen.

Obwohl erst wenige empirische Arbeiten vorliegen, in denen Primingverfahren genutzt wurden, um Beziehungsschemata zu untersuchen, sind die Ergebnisse für die Beziehungspsychologie vielversprechend. Ein grundsätzliches Problem vieler subliminaler Primingverfahren besteht allerdings in den notorisch schwachen Effekten, die zwar Gruppenvergleiche erlauben, aber für eine reliable Erfassung interindividueller Unterschiede nicht ausreichen (Banse, in Druck). Der Nutzen dieses Paradigmas für die Beziehungspsychologie wird letztlich davon abhängen, ob es gelingt, die Verfahren so zu optimieren, daß auch individuelle Beziehungsschemata hinreichend genau erfaßt werden können.

Weiterführende Literatur

Baldwin, M.W. (1992). Relational schemas and the processing of social information. *Psychological Bulletin*, *112*, 461-484.

3.3 Evolutionspsychologische Ansätze

Wie alle anderen Lebewesen ist auch der Mensch ein Produkt der Phylogenese. Deshalb lassen sich viele Aspekte menschlichen Erlebens und Verhaltens als Anpassungen an die Umweltanforderungen unserer Vorfahren erklären. Darwins Evolutionstheorie stellt daher eine Art Rahmentheorie für die Psychologie und damit auch für die Beziehungspsychologie dar, denn psychologische Hypothesen oder Theorien, die mit der Evolutionstheorie unvereinbar sind (z.B. der von Freud postulierte "Todestrieb"), sollten mit großer Skepsis betrachtet werden.

Schon Darwin (1859) versuchte, menschliche Verhaltensweisen als phylogenetische Anpassungen zu erklären. In der Folge wurde dieser Ansatz als Teilgebiet der Biologie weitergeführt, zunächst in der Ethologie (z.B. Lorenz, 1963; Eibl-Eibesfeldt, 1973), und später in der Soziobiologie (Wilson, 1975; Dawkins, 1976), aus der dann schließlich die Evolutionspsychologie hervorging (Buss, 1995; Buss & Kenrick, 1998). Der Unterschied zwischen Soziobiologie und Evolutionspsychologie besteht darin, daß in der Soziobiologie lediglich versucht wurde, Verhaltensweisen als phylogenetische Anpassungen im Sinne einer Erhöhung der reproduktiven Fitness auszuweisen. Hingegen richtet die Evolutionspsychologie ihr Augenmerk auf die *vermittelnden Mechanismen*, die menschliches Verhalten hervorrufen.

Obwohl viele ältere psychologische Theorien Überlegungen zum adaptiven Wert mentaler Prozesse in der Phylogenese enthalten (z.B. die Bindungstheorie, sowie Motivations-, Emotions-, und Kognitionstheorien), wurde dieser Ansatz erst ab den 80er Jahren von einigen Autoren ernsthaft aufgenommen und konsequent verfolgt (vgl. Crawford, Krebs & Smith, 1989). Bis heute gibt es in der Psychologie starke Widerstände gegen den evolutionspsychologischen Ansatz. Die Gründe dafür sind vielfältig. Neben der (ungerechtfertigten) Identifikation dieses biologisch orientierten Ansatzes mit der faschistischen Rassenideologie machen sich hier offenbar noch späte Nachwirkungen des totalen Geltungsanspruches des Behaviorismus und der stark politisierten Erbe-Umwelt Debatte der 70er Jahre bemerkbar.

Ultimate versus proximale Erklärungen

Eine wichtige Unterscheidung im evolutionspsychologischen Ansatz ist die zwischen *ultimaten* und *proximalen* Erklärungen. Sie sei hier am Beispiel des Inzesttabus erläutert. Bei sich sexuell fortpflanzenden Arten sorgte ein starker Selektionsdruck dafür, Paarungen zwischen eng verwandten Individuen zu vermeiden. Inzucht beeinträchtigt die Fortpflanzung von Individuen, weil sie das Risiko für rezessive Erbkrankheiten erhöht und die genetische Variabilität vermindert, was die Anfälligkeit gegenüber Krankheitserregern erhöht. Die Vermeidung von Inzucht bietet somit einen klaren Selektionsvorteil. Dieses *ultimate* Ziel muß jedoch durch einen *proximalen* Mechanismus umgesetzt werden.

Idealerweise müßte jedes Individuum bei potentiellen Geschlechtspartnern eine Genomanalyse durchführen, die bei zu großer Ähnlichkeit zu einer Zurückweisung des anderen als Sexualpartner führt. Es gibt tatsächlich einen Mechanismus, der einer Genomanalyse recht nahe kommt. Das genetische Merkmal *Major Histocompatibility Complex (MHC)*, das eine entscheidende Rolle bei der Unterscheidung zwischen körpereigenem und körperfremdem Gewebe und damit für das Immunsystem spielt, kann im Geruch wahrgenommen werden. Man hat beobachtet, daß Frauen den Körpergeruch von solchen Männern als unerträglich empfinden, die den gleichen oder einen sehr ähnlichen MHC aufweisen wie sie selber (Eggert & Ferstel, 1996; Ziegler & Volz, 1998).

Männer mit dieser Eigenschaft sind für sie zwar ideale Organspender, aber als Vater ihrer Kinder ungeeignet, da Nachkommen aus einer solchen Verbindung in der Regel nicht lebensfähig sind und Schwangerschaften sehr früh in Spontanaborten enden. Diese "Früherkennung" histologisch inkompatibler Männer verhindert bei Frauen, daß sie Beziehungen ohne Aussicht auf Nachwuchs eingehen. Bei Frauen, die schwanger sind oder bei denen eine Schwangerschaft durch Ovulationshemmer simuliert wird, verschwindet der Effekt. Interessant ist, daß der Zusammenhang umgekehrt ist, wenn andere Frauen durch ihren Körpergeruch einen ähnlichen MHC signalisieren: Sie werden als sympathischer beurteilt. Auch dieser Effekt ist biologisch funktionell, da solche Frauen mit hoher Wahrscheinlichkeit Verwandte sind.

Frauen finden den Körpergeruch von Männern unangenehm, die denselben oder einen sehr ähnlichen "Kode" für die Kennzeichnung des eigenen Körpergewebes verwenden. Dieser Mechanismus sorgt dafür, daß eine große genetische Variabilität erhalten bleibt, was für die Leistungsfähigkeit des Immunsystems sehr wichtig ist. Das gleiche Merkmal im Körpergeruch anderer Frauen wird hingegen als angenehm empfunden.

Der wesentliche proximale Mechanismus zur Vermeidung von Inzest zwischen Geschwistern funktioniert jedoch anders. Der finnische Soziologe Westermarck vermutete schon 1891, daß Erwachsene Individuen des anderen Geschlechts als sexuell unattraktiv empfinden, mit denen sie im Kindesalter eng zusammengelebt haben (vgl. Durham, 1991). Hohe Vertrautheit in der Kindheit blockiert die sexuelle Attraktivität viele Jahre später. Dieser Mechanismus nutzt nur indirekte Information über genetische Ähnlichkeit, war aber anscheinend für die Umwelt unserer Vorfahren eine ausreichend gute Näherungslösung. Der Mechanismus geht allerdings fehl, wenn stark vertraute Personen der Kindheit nicht die eigenen Geschwister sind. So fand sich unter fast 3000 israelischen Ehepaaren, die in jeweils demselben Kibbuz aufgewachsen waren, nicht ein einziges, das in der Kindheit den gleichen Schlafraum geteilt hatte. Dieser Befund ist bemerkenswert, da die Mitglieder dieser Kindergruppen in der Regel nicht miteinander verwandt sind und es auch keine sozialen Normen gibt, die gegen eine solche Verbindung sprächen (Shepher, 1983).

Inzest zwischen Geschwistern wird beim Menschen dadurch vermieden, daß sehr vertraute Personen der Kindheit später als nicht sexuell attraktiv empfunden werden. Bei im Kibbuz aufgewachsenen Kindern führt dieser proximale Mechanismus dazu, daß nicht verwandte Kinder aus der eigenen Kindergruppe nie als Partner gewählt werden.

Grundannahmen der Evolutionspsychologie

Die Evolutionspsychologie versucht, das Erleben und Verhalten des heutigen Menschen als Anpassung an Umweltanforderungen zu erklären, mit denen die Vorfahren des Menschen konfrontiert waren. Dabei ist nur solches Verhalten und Erleben Gegenstand der Betrachtung, das zumindest teilweise genetisch determiniert ist. Das allgemeine Prinzip der genetischen Evolution von Verhaltensweisen ist identisch mit der genetischen Evolution morphologischer oder physiologischer Merkmale - vom langen Hals der Giraffe bis zur Fähigkeit, bei Gefahrensituationen den Blutdruck zu erhöhen.

Wenn eine genetisch determinierte Verhaltensweise ihrem Träger Reproduktionsvorteile bot (sei es durch eigene Nachkommen oder durch die Nachkommen Verwandter), dann breitete sich das verursachende Gen in der Population aus, bis es Teil des Bauplans vieler oder aller Mitglieder der Population wurde.

Ein zentraler Begriff der Evolutionspsychologie ist der *evolvierte psychologische Mechanismus* oder kurz EPM (Buss, 1995). Gene determinieren Verhalten nicht direkt, sondern indirekt über das Wirken von EPMs. Diese kann man sich als *black box* vorstellen, die bei einem bestimmten Input auf der Reizebene einen bestimmten Output auf der Verhaltensebene produzieren. Ein solcher EPM sorgt z.B. dafür, daß nahrhafte Speisen (die viel Zucker, Fett oder Protein enthalten) einfach besser schmecken und deshalb weniger nahrhaften Speisen vorgezogen werden. Unter ökologischen Bedingungen, bei denen Nahrung zumindest zeitweise knapp ist, ist es plausibel anzunehmen, daß Individuen mit diesem EPM gegenüber Individuen ohne besondere Präferenz für nahrhafte Speisen einen Überlebens- und damit Reproduktionsvorteil hatten. Daher ist die auf den EPM zurückgehende Vorliebe für nahrhafte Speisen eine Universalie geworden.

Im Gegensatz zu lerntheoretischen Erklärungen von Verhalten, die unabhängig vom jeweiligen Gegenstand sind, stellen EPMs *bereichsspezifische* Lösungen bestimmter Anpassungsprobleme dar. Der EPM für Nahrungspräferenzen reagiert nur auf die Wahrnehmung von Nahrung, ein EPM für Partnerpräferenzen nur auf die Wahrnehmung von potentiellen Partnern.

Evolvierte psychologische Mechanismen (EPMs) realisieren eine *bereichsspezifische* Lösung von wichtigen Adaptationsproblemen der Vorfahren des Menschen. Sie beantworten einen spezifischen Input auf der Reizebene mit einem spezifischen Output auf der Verhaltensebene. Gegenstand der Evolutionspsychologie ist die Identifikation von EPMs sowie der Algorithmen, mit denen Input und Output verknüpft sind.

Geschlechtsunterschiede aus evolutionspsychologischer Sicht

Männer und Frauen sahen sich in der Phylogenese teilweise unterschiedlichen Anpassungsforderungen gegenüber. Bei stark unterschiedlichem Selektionsdruck haben sie entsprechend spezifische Anpassungen entwickelt, die heute als Geschlechtsunterschiede beobachtbar sind. Insbesondere in Bezug auf die Fortpflanzung gibt es einige grundsätzliche Asymmetrien zwischen Mann und Frau. Der vielleicht wichtigste Unterschied besteht in der Höhe der Minimalinvestition, die beide Geschlechter erbringen müssen, um überhaupt Nachwuchs zu bekommen.

Während Frauen mindestens neun Monate Schwangerschaft und die Stillzeit investieren müssen, reicht bei Männern theoretisch ein einmaliger Sexualkontakt zur Fortpflanzung aus. Frauen sind nur bis zu einem bestimmten Lebensalter fortpflanzungsfähig, Männer hingegen bis ins hohe Alter. Ein Mann kann aus diesen Gründen theoretisch wesentlich mehr Nachkommen zeugen als eine Frau gebären kann. Um möglichst viele fortpflanzungsfähige Nachkommen zu haben, haben Männer die Wahl zwischen verschiedenen Fortpflanzungsstrategien: Sie können eher auf Quantität, auf Qualität oder eine Mischstrategie setzen. Frauen sind dagegen *gezwungen*, auf Qualität zu setzten (Trivers, 1972; Buss & Schmitt, 1993).

Qualität heißt in diesem Zusammenhang, daß die Eltern alles (oder zumindest viel) tun, um die Chancen ihrer Kinder zu maximieren, selbst Nachwuchs zu haben. Unter günstigen ökologischen Bedingungen sollten viele Sexualkontakte mit fortpflanzungsfähigen Frauen bei Männern zu einer erhöhten Fortpflanzungsrate geführt haben. Frauen konnten hingegen durch eine Erhöhung der Anzahl ihrer Sexualpartner die Anzahl ihrer fortpflanzungsfähigen Nachkommen nicht steigern, wohl aber durch die Auswahl von Partnern, die willens und in der Lage waren, Ressourcen in den Nachwuchs der Frau zu investieren.

Wenn eine Tendenz zu möglichst vielen Sexualkontakten mit fortpflanzungsfähigen Frauen bei Männern genetisch bedingt ist und diese Strategie tatsächlich zu mehr Nachkommen geführt hat, ist zu erwarten, daß sich die entsprechenden Gene in der (männlichen) Population ausgebreitet haben und schließlich Teil des "männlichen Bauplans" geworden sind. Wenn umgekehrt die "kluge" Auswahl von investitionswilligen Partnern genetisch bedingt ist, sollte diese Eigenschaft bei Frauen ein universelles Merkmal geworden sein.

Welcher proximale Mechanismus kann dieses Verhalten realisieren? In beiden Fällen kann man sich einen EPM vorstellen, der die Attraktivität von potentiellen Sexualpartnern gemäß den jeweiligen Kriterien bewertet (Jugend und Attraktivität bei weiblichen, Status und Ressourcen bei männlichen Partnern) und die Bereitschaft zu sexuellen Kontakten entsprechend reguliert.

Es sei noch einmal betont, daß all diese Überlegungen zunächst *nichts* mit bewußten Entscheidungen oder Wahlen wie etwa Kinderwunsch zu tun haben. Das subjektive Erleben kann sich darauf beschränken, einen potentiellen Partner mehr oder weniger attraktiv zu empfinden, sich mehr oder weniger zu ihm hingezogen zu fühlen oder mehr oder weniger bereit zu sein, sich mit ihm auf einen Sexualkontakt einzulassen. Die Theorie postuliert lediglich, daß die Attraktivitätskriterien, die diesen Bewertungsprozessen unterliegen, durch EPMs beeinflußt sind, die ihrerseits im Laufe der Phylogenese aufgrund einer hohen Reproduktionsrate selegiert wurden. Frauen finden Männer mit vielen Ressourcen und hohem Status attraktiv, weil Frauen mit diesen Attraktivitätskriterien sich über Tausende von Generationen erfolgreicher fortgepflanzt haben als Frauen, die Männer mit niedrigem Status und wenig Ressourcen bevorzugten oder denen diese Eigenschaften gleichgültig waren.

In der folgenden Übersicht sind die wichtigsten Asymmetrien zwischen den Geschlechtern und daraus abgeleitete Hypothesen für genetisch bedingte Geschlechtsunterschiede aufgeführt.

Asymmetrien zwischen Mann und Frau

Die minimale Investition zur Zeugung von Nachwuchs ist für Männer viel kleiner als für Frauen.

Ein Mann kann im Prinzip viel mehr Kinder zeugen, als eine Frau gebären kann.

Frauen können nur eine begrenzte Zeit Kinder gebären, Männer bis ins hohe Alter Kinder zeugen.

Frauen sind sich ihrer Elternschaft sicher, Männer nicht.

Hypothesen zu spezifischen Geschlechtsunterschieden

Männer haben mehr Interesse an unverbindlichen sexuellen Kontakten.

Männer haben mehr Interesse an einer großen Zahl von Geschlechtspartnern.

Männer sind bei unverbindlichen sexuellen Kontakten weniger wählerisch.

Männer bewerten bei Frauen Zeichen von Jugend und Fruchtbarkeit hoch, Frauen bei Männern eher die Ressourcen, die sie für Kinder bereitstellen können.

Männer reagieren eifersüchtiger auf sexuelle Seitensprünge der Frau, Frauen eher auf enge emotionale Beziehungen des Mannes.

Die aus der Theorie abgeleiteten Hypothesen wurden vielfach empirisch überprüft. Wenn man Frauen und Männer befragt, für wie wahrscheinlich sie einen sexuellen Kontakt mit einem Partner halten, den sie erst kurz oder schon länger kennen (Skala von +3 bis –3), findet man einen deutlichen Geschlechtsunterschied (Abb. 3.5). Während Frauen erst nach einer Woche Bekanntschaft eine gewisse Bereitschaft angeben, ist dieses bei Männern schon nach einer Stunde der Fall.

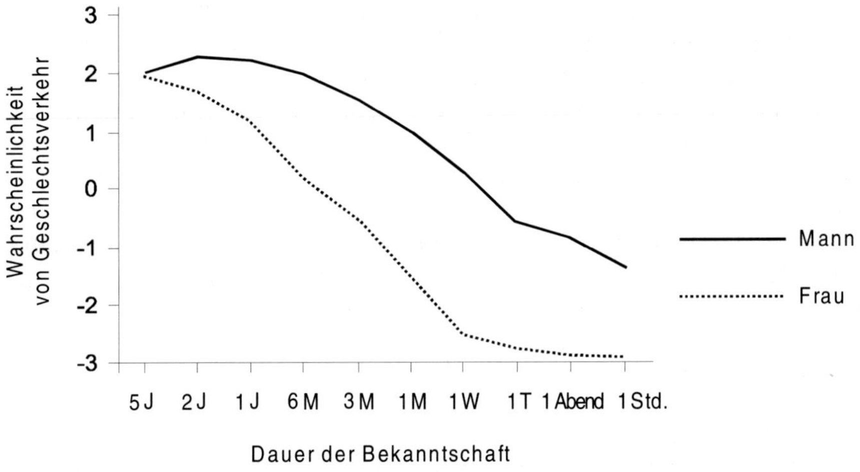

Abbildung 3.5. Berichtete Bereitschaft zu sexuellem Kontakt bei Männern und Frauen in Abhängigkeit von der Länge der Bekanntschaft (nach Buss & Schmitt, 1993).

Wenn nach der erwünschten Anzahl von Geschlechtspartnern gefragt wird, geben Männer wesentlich höhere Zahlen an als Frauen (Abb. 3.6).

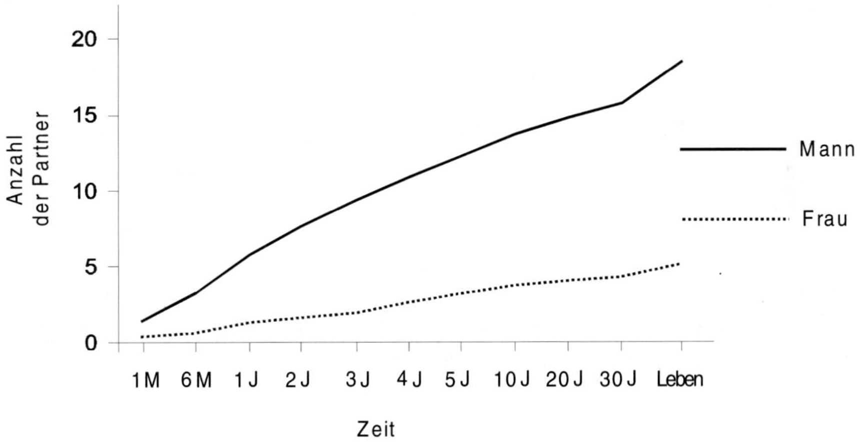

Abbildung 3.6. Erwünschte Anzahl von Sexualpartnern bei Männern und Frauen für verschiedene Zeiträume (Buss & Schmitt, 1993).

Obwohl diese Ergebnisse die ersten zwei Hypothesen stützen, bleibt bei solchen Befragungen natürlich unklar, ob die gefundenen Geschlechtsunterschiede lediglich soziale Normen widerspiegeln, oder ob sie auf das tatsächliche Verhalten von Männern und Frauen generalisierbar sind. Wesentlich überzeugender sind in dieser Hinsicht Daten aus einer Feldstudie von Clark und Hatfield (1989). In dieser Studie sprachen eine sehr attraktive Frau und ein sehr attraktiver Mann auf einem Universitätsgelände Studenten des anderen Geschlechts an. Nach einigen vorbereitenden Sätzen stellten sie eine der folgenden Fragen:
1) Gehst Du mit mir aus?
2) Kommst Du mit zu meinem Appartment?
3) Gehst Du mit mir ins Bett?

In Tabelle 3.3 ist dargestellt, wieviel Prozent der Befragten auf diese Einladungen eingingen. Die Zahlen sprechen für sich selbst. Während die Hälfte der Frauen den unvermuteten Kontakt bei einem Date vertiefen wollten, nahmen nur sehr wenige die unvermittelte Einladung in die Wohnung des Unbekannten an, und keine einzige von ihnen war bereit, mit dem Mann zu schlafen. Bei Männern nahmen ebenfalls 50% die Abendeinladung an. Im Gegensatz zum Verhalten der Frauen nahm das Interesse an einer weitergehenden Einladung der attraktiven Frau aber um so mehr zu, je eindeutiger sie auf einen sexuellen Kontakt hinauslief.

Tabelle 3.3: Bereitschaft, einer Einladung einer attraktiven Person des anderen Geschlechts zu folgen

Kriterium	% Frauen	% Männer
Ausgehen	50%	50%
Zu meinem Appartment kommen	6%	69%
Mit mir schlafen	0%	75%

Die *Parentale Investmenttheorie* (Trivers, 1972) sagt voraus, daß Männer bei unverbindlichen Kontakten weniger wählerisch sind als Frauen. Auch diese Hypothese konnte bestätigt werden. Kenrick (1994) fragte Männer und Frauen nach der minimalen Intelligenz, die sie bei Partnern fordern, wobei die Beziehungsdauer vom *"one night stand"* bis zur Ehebeziehung variiert wurde. Das Ergebnis belegt sehr gut die Hypothese, daß Männer auf Quantität *und* Qualität setzen können, Frauen jedoch *nur* auf Qualität. Bei einer langfristigen Bindung erwarten sowohl Männer als auch Frauen Partner von mindestens überdurchschnittlicher Intelligenz. Bei Männer nimmt dieser Anspruch jedoch drastisch ab, je weniger verpflichtend die Beziehung ist. Bei einem *"one night stand"* wird im Mittel lediglich gefordert, daß der IQ der Frau nicht im unteren Drittel liegt. Im Gegensatz dazu bleiben Frauen bei ihrem hohen Standard (vgl. Abb. 3.7).

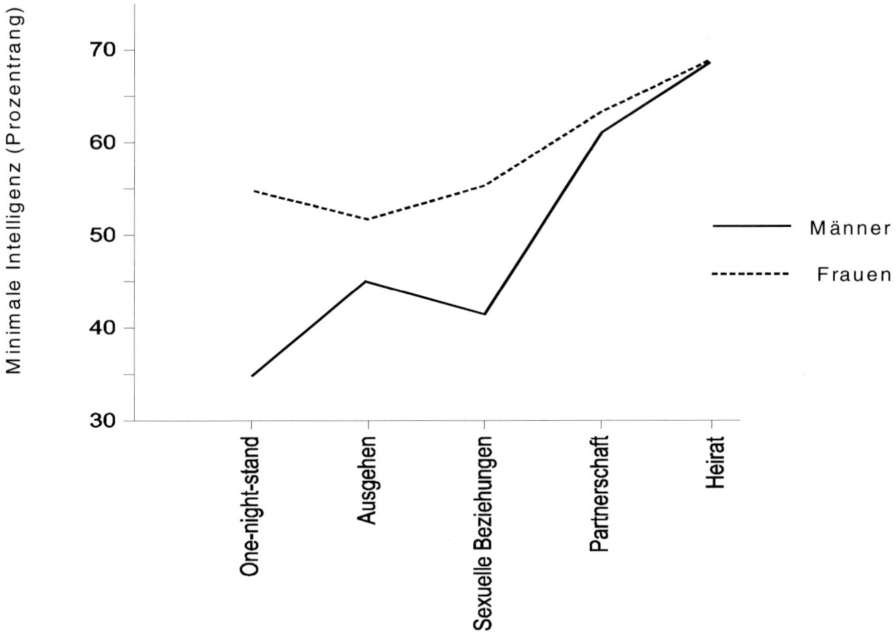

Abbildung 3.7. Geforderte minimale Intelligenz bei einem potentiellen Partner in Abhängigkeit vom Geschlecht und der Verbindlichkeit der Beziehung.

Neben dem unterschiedlich starken Interesse an sexuellen Kontakten sagt der evolutionspsychologische Ansatz auch einen Geschlechtsunterschied bezüglich der Attraktivitätskriterien von potentiellen Partner voraus. Während Männer Indikatoren für Fortpflanzungsfähigkeit positiv bewerten, können Frauen ihre Fortpflanzungsfähigkeit dann verbessern, wenn es ihnen gelingt, durch die Partnerwahl zusätzliche Ressourcen für ihren Nachwuchs zu sichern.

Da die Fortpflanzungsfähigkeit von Frauen mit der Menopause endet, ist zu erwarten, daß für Männer die Bevorzugung jüngerer Frauen einen Selektionsvorteil darstellte. Die soziale Norm für "angemessene" Altersdifferenzen bei Paaren geht tatsächlich in diese Richtung. Als Normalfall gelten Paare, bei denen die Männer etwas älter sind als die Frauen. Altersdifferenzen von wenigen Jahren in beiden Richtungen werden toleriert, sehr große Altersdifferenzen werden negativ bewertet. Dabei gibt es aber anscheinend eine Asymmetrie: Beziehungen zwischen Frauen und wesentlich jüngeren Männern werden schärfer sanktioniert als solche zwischen Männern und wesentlich jüngeren Frauen (man denke an den Film "Harold und Maud").

Zur empirischen Untersuchung von Alterspräferenzen bei der Suche nach Partnern steht eine sehr elegante Methode zur Verfügung. Heiratsannoncen enthalten alle wesentlichen Informationen zur Prüfung der Hypothese, daß Männer mit zunehmendem Alter immer jüngere Partnerinnen bevorzugen. Ferner erlauben Heiratsannoncen sowohl interkulturelle Untersuchungen als auch die Untersuchung verschiedener historischer Epochen. Kenrick (1994) untersuchte eine große Zahl von Heiratsannoncen in den USA und Indien. Wie in Abbildung 3.8 deutlich wird, suchen Männer um die 20 etwa gleichaltrige Frauen. Ältere Männer dagegen suchen Frauen, die jünger sind als sie selbst. Die angestrebte Altersdifferenz wird dabei mit steigendem Alter immer größer. Hingegen suchen Frauen im Mittel in allen Altersstufen gleichaltrige oder etwas ältere Männer.

Die Abbildung zeigt außerdem die Relevanz der Alterspräferenzen für das tatsächliche Verhalten. Das Alter der Partner, die tatsächlich im gleichen Zeitraum in Phoenix, Arizona, geheiratet wurden, fällt recht genau zwischen das mittlere Minimal- und Maximalalter der gesuchten Partner. Dieses Ergebnis hat sich bei Untersuchungen verschiedener Kulturen und historischer Epochen als sehr robust erwiesen.

Man kann nun einwenden, daß dieses Verhalten nicht durch irgendwelche EPMs verursacht ist, sondern durch die Verhaltenswirksamkeit kultureller Normen und der Geschlechtsstereotype der Werbung. Mit dieser "Erklärung" wird das Problem allerdings nur verschoben, da ungeklärt bleibt, *warum* gerade diese Alterspräferenzen kulturelle Norm geworden sind. Bei Kenrick (1994) findet sich ein starkes Argument, das gegen die Erklärung der Alterspräferenz durch soziale Normen spricht. Homosexuelle Männer präferieren mit zunehmendem Alter immer jüngere Männer. Wenn es überhaupt kulturelle Normen gibt, die dieses Verhalten beeinflussen, dann sollten sie entsprechend dem in der Werbung verbreiteten weiblichen Stereotyp eine Präferenz für relativ *ältere* Männer nahelegen. Das Gegenteil ist jedoch der Fall. Das Verhalten homosexueller Männer läßt sich schlüssig damit erklären, daß bei ihnen der gleiche EPM verhaltenswirksam ist wie bei heterosexuellen Männern.

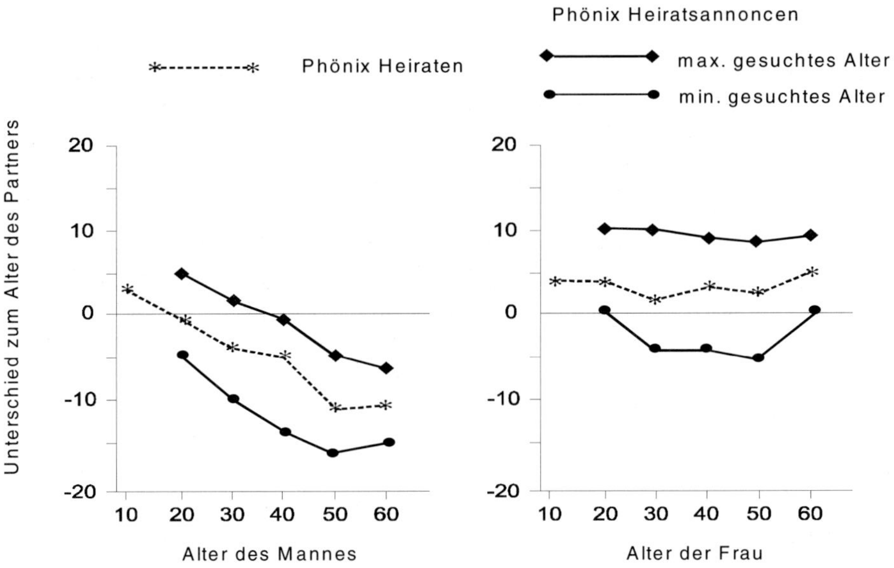

Abbildung 3.8. Minimales und maximales Alter der von Frauen und Männern gesuchten Partner sowie das Alter bei Eheschließungen.

Die evolutionspsychologische Hypothese, daß Männer mit zunehmendem Alter relativ jüngere Frauen bevorzugen, ließ sich empirisch gut bestätigen

Wenn man Frauen und Männern die Erwünschtheit von Eigenschaften eines potentiellen Ehepartners bewerten läßt, findet sich ein klarer Geschlechtsunterschied (vgl. Abb. 3.9). Während Männer die physische Attraktivität des Partners höher bewerten als Frauen, ist für Frauen die Aussicht ihres Partners, finanzielle Ressourcen zu erwerben, wesentlich wichtiger als für Männer. Dieser Effekt ist wiederum sehr robust und läßt sich in sehr unterschiedlichen Kulturen und Gesellschaftssystemen nachweisen.

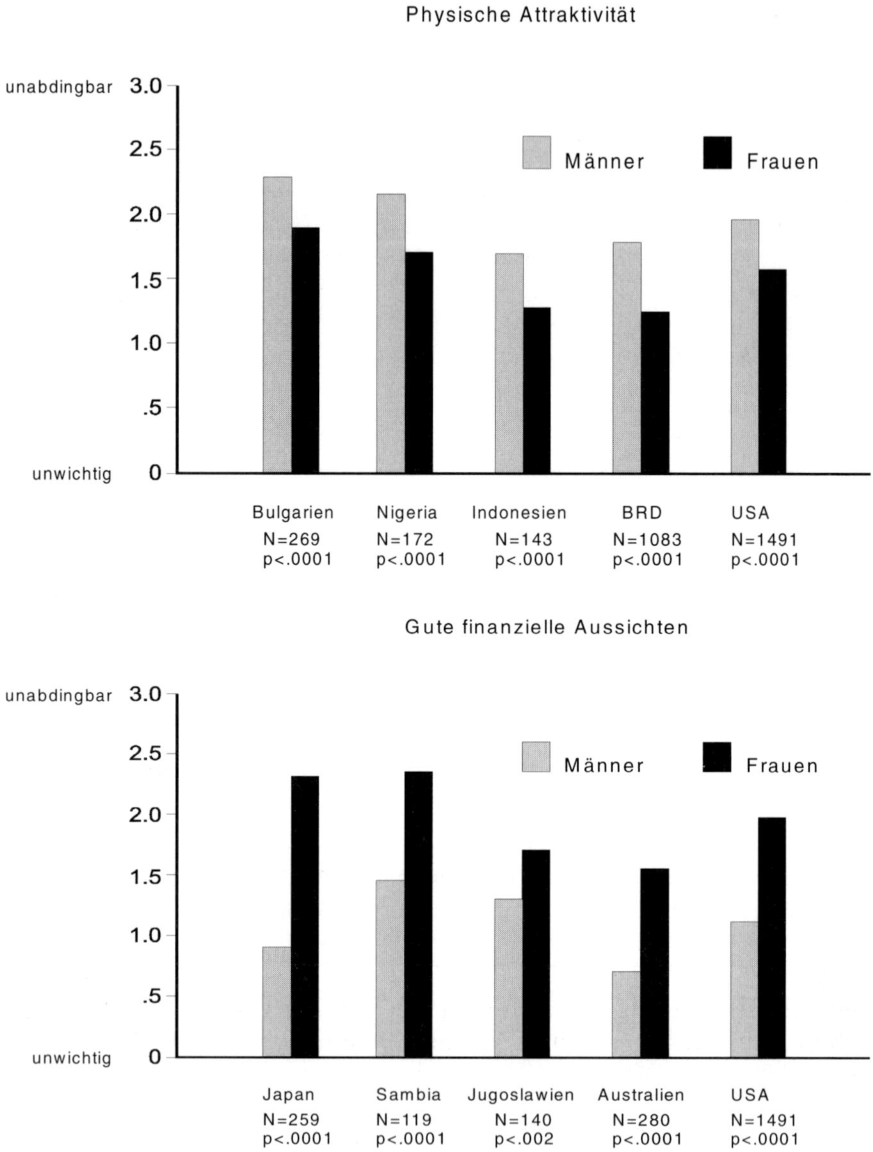

Abbildung 3.9. Wichtigkeit von physischer Attraktivität und Ressourcen bei Männern und Frauen in verschiedenen Kulturen.

Warum finden Männer gut aussehende Frauen attraktiv? In vielen Tausend Generationen war für den reproduktiven Erfolg von Männern entscheidend, daß ihre Partnerinnen fruchtbar waren, und das galt sowohl für unverbindliche als auch für langfristige Beziehungen. Die Fruchtbarkeit korreliert bei Frauen stark mit dem Alter und der Gesundheit. Beide Eigenschaften ließen sich in vorgeschichtlicher Zeit kaum objektivieren, aber es gibt beobachtbare Eigenschaften, die recht hoch mit Alter und Gesundheit korrelieren. Das sind die landläufigen Schönheitskriterien wie ein symmetrisches Gesicht, glatte Haut, glänzende Haare, ein kraftvoll-elastischer Gang und eine relativ zur Hüfte schmale Taille (Singh, 1993).

Daß gerade diese Attribute Schönheitskriterien sind, erklärt die Evolutionspsychologie mit der Existenz von EPMs, die sich durchgesetzt haben, weil eine Partnerwahl nach diesen Kriterien in der Phylogenese mit einer höheren Reproduktionsrate einherging. Frauen konnten ihren Fortpflanzungserfolg verbessern, wenn sie Partner ausgewählt hatten, die ihrerseits bereit und in der Lage waren, Ressourcen in den Nachwuchs der Frauen zu investieren. EPMs, die mit diesem Verhalten korrelierende Eigenschaften bei Männern identifizieren konnten, hätten sich entsprechend besser reproduziert.

Physische Attraktivität umfaßt sichtbare Marker von Alter und Gesundheit, die insbesondere bei Frauen mit der Fortpflanzungsfähigkeit korrelierten.

Eine mögliche Alternativerklärung für dieses weibliche Attraktivitätskriterium ist die Hypothese der strukturellen Machtlosigkeit (Buss & Schmitt, 1993). Nach dieser Hypothese hätten Männer überall auf der Welt materielle Ressourcen (Geld oder andere wertvolle Besitzstände) angehäuft, und Frauen seien entsprechend benachteiligt, sich durch eigene Tätigkeit in den Besitz von Ressourcen zu bringen. Daher bliebe ihnen gar nichts anderes übrig, als sich über die Wahl des Partners Ressourcen zu sichern. Aus dieser Annahme lassen sich drei Hypothesen ableiten:

1) In Ländern mit eher egalitären ökonomischen Bedingungen, in denen auch Frauen arbeiten und berufstätig sein können, werden Männern mit Ressourcen von Frauen als nicht so attraktiv eingeschätzt.

2) Reiche Frauen bewerten Ressourcen bei Männern nicht so hoch wie arme Frauen.

3) Arme Männer versuchen ähnlich wie Frauen, durch die Partnerwahl in den Besitz von Ressourcen zu kommen.

Empirisch läßt sich keine dieser drei Vorhersagen bestätigen. In ökonomisch eher egalitären Gesellschaften ist die Präferenz von Ressourcen gleich stark wie in Gesellschaften, in denen Frauen ökonomisch benachteiligt sind. Obwohl es natürlich vorkommt, daß reiche Frauen vergleichsweise arme Männer heiraten, ist die Bevorzugung von Status und Ressourcen bei reichen Frauen im Mittel eher noch stärker ausgeprägt als bei armen Frauen. Und schließlich bevorzugen arme Männer ebenso wie reiche Männer physisch attraktive Frauen und nicht Frauen mit Ressourcen (Bereczkei, Voros, Gal & Bernath, 1997; Buss & Kenrick, 1998, Buss & Schmitt, 1993).

Im Einklang mit der evolutionspsychologischen Hypothese bewerten Frauen hohen Status und Ressourcen bei potentiellen Partnern höher als Männer. Die alternative Hypothese der "strukturellen Machtlosigkeit" zur Erklärung dieses Geschlechtsunterschiedes konnte empirisch nicht bestätigt werden.

Der Evolutionspsychologie wird häufig vorgeworfen, daß sie zu bekannten empirischen Phänomenen eine passende evolutionäre Vergangenheit erfinden würde, die dann das Phänomen "erklären" soll. Obwohl solche *post-hoc*-Erklärungen natürlich auch in anderen theoretischen Kontexten gängig sind, ist es richtig, daß es viel überzeugender ist, wenn die Theorie *a priori* die Ableitung von Hypothesen zu bislang unbekannten Phänomenen erlaubt, die in der Folge empirisch bestätigt werden können. Genau dieses war der Fall für die Vorhersage, daß Männer besonders empfindlich auf einen sexuellen Seitensprung ihrer Partnerin reagieren sollten, während für Frauen eine emotionale Untreue ihrer Partner bedrohlicher wirken sollte.

Der Grund für diese Hypothese ist einleuchtend. Investitionen von Zeit und Ressourcen in genetisch *fremden* Nachwuchs wären ein echter Selektionsnachteil für Männer. Frauen sind sich ihrer Elternschaft sicher, sie sollten aber alles tun, um sicherzustellen, daß ihr Partner seine Ressourcen nicht anderweitig investiert. Wenn man Frauen und Männer befragt, welche dieser beiden Arten von Untreue ihres Partners sie mehr verletzten würde, findet man in verschiedenen Kulturen den erwarteten Unterschied (vgl. Abb. 3.10).

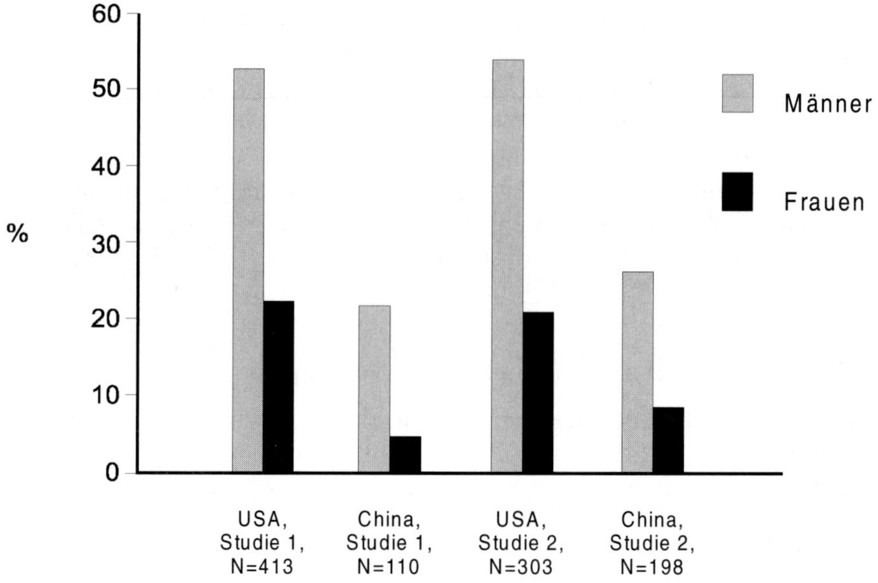

Abbildung 3.10. Anteil von Männern bzw. Frauen, die sexuelle Untreue bei ihrem Partner als verletzender empfinden als emotionale Untreue (aus Oubaid, 1997).

Die Evolutionspsychologie liefert nicht nur *post hoc* Erklärungen, sondern auch empirisch prüfbare Vorhersagen, z.B. bezüglich Eifersucht.

Die bisherige Darstellung stellt lediglich die Grundzüge evolutionspsychologischer Theoriebildung dar. Tatsächlich ist die Diskussion inzwischen wesentlich differenzierter. So analysierten z.B. Buss und Schmitt (1993) in ihrer "Sexual Strategies Theory" für beide Geschlechter verschiedene Strategien der Partnerwahl im Hinblick auf die *Zeitperspektive* dieser Verhaltensweisen. Die Autoren postulierten, daß auch ein kurzfristiger sexueller Kontakt für Frauen Reproduktionsvorteile hatte, wenn er dazu diente, einen potentiellen Langzeitpartner zu evaluieren, direkt in den Genuß von Schutz oder Ressourcen zu kommen und die Genqualität des Nachwuchses zu erhöhen.

Auf der anderen Seite sind für Männer unverbindliche sexuelle Kontakte mit nicht unerheblichen Risiken verbunden. So steigt z.B. die

Wahrscheinlichkeit einer Ansteckung mit Geschlechtskrankheiten mit wachsender Anzahl von Geschlechtspartnern erheblich an. Wenn Männer den Ruf erwerben, sich promiskuitiv zu verhalten, kann das ihren "Marktwert" bei potentiellen Partnerinnen erheblich senken, und dies insbesondere bei solchen Partnerinnen, die ihrerseits einen hohen "Marktwert" haben (Buss & Schmitt, 1993).

Die empirische Evidenz bestätigt die evolutionspsychologischen Hypothesen zu Geschlechtsunterschieden in verschiedenen Aspekten des Reproduktionsverhaltens.

Soziale Beziehungen aus der Sicht der Evolutionspsychologie

In der bisherigen Darstellung wurden nur einige Aspekte von Paarbeziehungen behandelt, nämlich die Partnerwahl, die Bereitschaft zu unverbindlichen sexuellen Kontakten sowie geschlechtsspezifische Varianten der Eifersucht. Andere Aspekte wurden nicht behandelt, wie zum Beispiel Gewaltanwendung oder auch Art und Verbreitung von verschiedenen Modellen von Paarbeziehungen wie Polygamie und Polyandrie (Daly & Wilson, 1983); vgl. aber auch Kap. 5.2.

Die Evolutionspsychologie bietet auch einen Ansatz zum Verständnis anderer Beziehungstypen (für eine knappe Übersicht siehe Kenrick & Trost, 1997). Zunächst ist es naheliegend, daß das Prinzip der *inklusiven Fitness* deutliche Verhaltensunterschiede bei Verwandtschaftsbeziehungen im Vergleich zu Nichtverwandten erwarten läßt (Hamilton, 1964): Die Beziehungsqualität sollte umso positiver sein, je genetisch ähnlicher die Bezugsperson der eigenen Person ist. Auf den ersten Blick mag es deshalb überraschen, daß ein hoher Anteil von Gewaltverbrechen innerhalb von Familien verübt werden. Unterscheidet man jedoch genetisch verwandte und nicht verwandte Familienmitglieder, erweist sich dieser Befund als durchaus kompatibel mit der evolutionspsychologischen Annahme. Tötungsdelikte sind bei zusammenwohnenden Nichtverwandten elfmal häufiger als bei zusammenwohnenden Verwandten. Bei Kindern im Vorschulalter ist das Risiko von Mißhandlung mit tödlichem Ausgang 70 bis 100 mal größer, wenn sie mit einem oder zwei Stiefeltern zusammenleben, als wenn sie mit beiden leiblichen Eltern zusammenleben (Daly & Wilson, 1994).

Betrachtet man Beziehungen zwischen verwandten Familienmitgliedern, erscheint die eher konfliktreiche Beziehung zwischen Geschwistern auf den ersten Blick schwer verständlich, da Geschwister genau so nah miteinander verwandt sind wie Kinder mit ihren Eltern. Unter den kargen ökologischen Bedingungen unserer Vorfahren könnte es sich jedoch für Kinder mehr ausgezahlt haben, sich einen größeren Anteil an den Ressourcen der Eltern zu sichern, als immer "brüderlich" mit Geschwistern zu teilen (Sulloway, 1997; vgl auch Abschn. 2.1.3). Einige interessante Vorhersagen für die Familienbeziehungen ergeben sich aus der Asymmetrie, daß sich Mütter ihrer Elternschaft sicher sind, Väter hingegen nicht. Diese Unsicherheit besteht nicht nur theoretisch. Verschiedenen Schätzungen zufolge, die sowohl auf Befragungen als auch auf Blutgruppenanalysen beruhen, liegt der Anteil von Kindern, deren vermeintliche Väter nicht die leiblichen Väter sind, in unserer Kultur zwischen 5% und 20% (Grammer, 1993).

Evolutionspsychologisch interessant ist die Qualität der Beziehung zwischen Großeltern und Enkeln, weil hier ein eventueller Unterschied zwischen väterlicher und mütterlicher Abstammungslinie weder alltagspsychologisch repräsentiert ist, noch durch einen Geschlechtseffekt erklärt werden kann. Wenn in einer Population die Wahrscheinlichkeit "illegitimer" Kinder deutlich über Null liegt, ergibt sich eine niedrigere Wahrscheinlichkeit patrilinearer Verwandtschaft (Großvater-Vater-Kind) als bei der unzweifelhaften matrilinearen Verwandschaft (Großmutter-Mutter-Kind). Aufgrund dieser Überlegung sollte man aus evolutionspsychologischer Sicht systematische Unterschiede in der Fürsorglichkeit von Großeltern gegenüber ihren Enkeln erwarten. Tatsächlich fanden Euler und Weitzel (1996), daß Großmütter mütterlicherseits am fürsorglichsten waren, gefolgt von Großvätern mütterlicherseits, Großmüttern väterlicherseits und Großvätern väterlicherseits. Zudem hing die Stärke der Fürsoge bei männlichen Großeltern stärker von der physischen Ähnlichkeit mit den Enkeln ab als bei weiblichen Großeltern, was auf einen entsprechenden proximalen Mechanismus hindeutet.

Auch Beziehungen zwischen nicht verwandten Individuen können aus evolutionspsychologischer Perspektive betrachtet werden. Bei Vampiren (eine tropische Fledermausart) wurde reziproker Austausch von Nahrung nicht nur bei verwandten, sondern auch bei nicht verwandten Tieren beobachtet (Wilkinson, 1990, zit. nach Buss & Kenrick, 1998). Bei Schimpansen gibt es Allianzen zwischen nicht verwandten Individuen, die es z.B. zwei schwächeren Männchen erlauben, ein stärkeres zu verdrängen (deWaal, 1989). Koalitionen dieser Art können den Beteiligten Schutz gewähren und die Chancen für Paarungen erhöhen. Die Fähigkeit zu reziproken Allianzen mit Individuen oder in Gruppen bot damit sicher Selektionsvorteile. Reziproke Allianzen setzen eine ganze

Reihe kognitiver Fähigkeiten voraus. Es ist nötig, die Tauschpartner individuell zu repräsentieren und wiederzuerkennen, Regeln für einen "gerechten" Tausch zu entwickeln und Betrüger zu entlarven (Cosmides & Tooby, 1992).

Es legt nahe, daß bei den Primaten und insbesondere beim Menschen die soziale Lebensweise die Entwicklung kognitiver Fähigkeiten begünstigte, die dann eine immer komplexere soziale Struktur ermöglichten. So ist die Dynamik der menschlichen Evolution vermutlich nicht zuletzt auf den Umstand zurückzuführen, daß unsere Vorfahren die Fähigkeit zur Kooperation auch mit nicht verwandten Individuen optimierten.

Verbreitete Mißverständnisse zur Evolutionspsychologie

Die Evolutionspsychologie wird in den letzten Jahren zunehmend als ernstzunehmendes Teilgebiet der Psychologie akzeptiert. Trotzdem halten sich einige Mißverständnisse äußerst hartnäckig, die im folgenden diskutiert werden sollen. Die Diskussion stützt sich in in weiten Teilen auf einer Kontroverse zwischen Bombar (1996) und Kirkpatrick und Haselton (1996). Sie betreffen Grundannahmen der Evolutionspsychologie, ihren epistemologischen Status sowie ihre gesellschaftlichen und sozialen Implikationen. Dieser Abschnitt soll nicht unkritisch für die Evolutionspsychologie werben, sondern eine kritische Auseinandersetzung mit den wirklichen Problemen der Evolutionspsychologie erleichtern.

1. "Die Evolution spielt heute keine Rolle mehr". Die evolutionäre Entwicklung vollzieht sich durch eine gerichtete Änderung der Frequenz von Genen im Genpool einer Art, die ihrerseits durch Mutation und differentielle Reproduktion getrieben wird. Man kann sich leicht davon überzeugen, daß beim heutigen Menschen selbst unter Optimalbedingungen sehr viele Generationen nötig wären, damit eine genetische Variante sich in ihrer Häufigkeit deutlich erhöht (z.B. im Falle einer HIV-Resistenz oder bei chronischer Nachlässigkeit bei der Schwangerschaftsverhütung). Im Gegensatz dazu hat jedoch die *vergangene* Evolution eine sehr große Bedeutung für den heutigen Menschen. Unsere Präferenz für nahrhafte Speisen (mit hohem Fett-, Zucker- oder Proteingehalt) war sicher eine funktionale Anpassung an eine Umwelt, die nur sehr unregelmäßig solche Nahrung bot. In einer Umwelt, die solche Speisen beinahe unbegrenzt zur Verfügung stellt, erweist sich dieser EPM jedoch als potentielle Gefahr für die Gesundheit.

2. "Genetisch bedingte Verhaltensweisen kann man nicht ändern". Nicht das Verhalten ist genetisch determiniert, sondern der Mechanismus, der unter bestimmten Reizbedingungen bestimmte Reaktionen hervorbringt oder begünsigt. Menschliches Verhalten hängt jedoch von vielen Faktoren ab. Obwohl der EPM für die Präferenz nahrhafter Speisen eine Universalie ist, zwingt er niemanden dazu, die ganze Zeit Schokolade zu essen. Menschen sind trotz dieses EPMs sogar in der Lage, eine Diät einzuhalten oder in einen Hungerstreik zu treten, wenn sie dazu motiviert sind. Daher sollte genetisch beeinflußtes Verhalten nicht als schicksalhaft aufgefaßt werden.

3. "Die Evolutionspsychologie ignoriert Umwelteinflüsse und sieht in den Genen die einzige Ursache für Verhalten". Die Evolutionspsychologie betont nicht nur die Wichtigkeit von Gen-Umwelt-Interaktionen, sondern verfügt auch über ein kohärentes Modell, wie diese funktionieren (Kirkpatrick & Haselton, 1996). Dies sei am Beispiel des genetisch determinierten Mechanismus der Hornhautbildung erläutert. Sind bestimmte Hautstellen wiederholt Reibung ausgesetzt, dann wird die Haut nicht abgerieben, sondern es bildet sich Hornhaut, die die Haut schützt. Ohne diese Reizung bleibt die Hornhautbildung aus. Obwohl die Stärke der Hornhautbildung perfekt mit der Stärke eines Umweltreizes kovariiert, ist sie weder durch den Umwelteinfluß alleine noch durch den genetischen Einfluß, sondern nur durch die Wechselwirkung beider Komponenten zu erklären.

4. "Verhaltensweisen, die interindividuelle oder interkulturelle Unterschiede aufweisen, können nicht genetisch bedingt sein". Unter verschiedenen Umweltbedingungen haben genetisch bedingte Mechanismen unterschiedliche Konsequenzen, die sich in interindividuellen oder interkulturellen Unterschieden manifestieren können. So gibt es Kulturen, in denen starke Hornhautbildung an den Füßen verbreitet ist, in anderen Kulturen findet man starke Hornhautbildung an den Händen, und in manchen Kulturen wie der unseren weder das eine noch das andere. Auch innerhalb von Kulturen sind große interindividuelle Unterschiede anzutreffen. Obwohl diese Unterschiede nahezu ausschließlich auf Variationen der Umwelt zurückzuführen sind, spricht dieser Befund nicht gegen die Existenz eines allen Menschen gemeinsamen genetisch determinierten Mechanismus zur Hornhautbildung. Die Evolutionsspsychologie beschäftigt sich nicht mit individuellen Unterschieden in der genetischen Ausstattung. Solche Unterschiede und ihre Auswirkung sind Gegenstand der *Verhaltensgenetik.* Evolutionspsychologie und Verhaltensgenetik sind gewissermaßen komplementäre Disziplinen, ähnlich wie die allgemeine und die differentielle Psychologie (vgl. Asendorpf, 1999, Kap. 6.2, 6.3.1).

5. "Die Evolutionspsychologie liefert nur post-hoc-Erklärungen schon bekannter Phänomene". Post hoc Erklärungen fallen nicht weiter auf, wenn sie der Alltagspsychologie oder dem jeweils herrschenden *mainstream* der akademischen Psychologie nicht widersprechen. So nimmt kaum jemand Anstoß daran, daß die Erklärung von Geschlechtsunterschieden durch eine unterschiedliche Sozialistion von Jungen und Mädchen *post hoc* erfolgte, obwohl es für diese Hypothese nicht einmal überzeugende empirische Belege gibt (vgl. Asendorpf, 1999, Kap.7). Der epistemologisch wahre Kern des Mißverständnisses liegt darin, daß es durchaus möglich ist, viele lerntheoretische Hypothesen empirisch direkt zu überprüfen, da sich die postulierten Prozesse in der Gegenwart abspielen. Dagegen ist es prinzipiell nicht möglich, evolutionspsychologische Hypothesen im *Prozess* der phylogenetischen Entwicklung empirisch zu testen, da dieser historisch ist.

Das bedeutet aber nicht, daß evolutionspsychologische Hypothesen nicht empirisch überprüft werden könnten, wie die obigen Abschnitte zeigen. Ein besonders starker Beleg für die heuristische Fruchtbarkeit der Evolutionspsychologie sind Fälle, in denen Hypothesen zu bisher unbekannten Tatsachen aus der Theorie abgeleitet wurden, und diese empirisch bestätigt werden konnten, wie im Falle der Geschlechtsunterschiede bei verschiedenen Formen der Eifersucht.

6. "Die Evolutionspsychologie rechtfertigt sozial unerwünschtes Verhalten". Dieses Mißverständnis ist eher grundsätzlicher Natur. Zunächst ist festzuhalten, daß keine empirische Theorie, sei sie empirisch haltbar oder nicht, irgendein Verhalten rechtfertigen kann. Dieser Schluß vom Sein auf das Sollen ist darum auch unter dem Namen "naturalistischer Fehlschluß" bekannt. Die Psychologie muß sich unvoreingenommen mit den empirischen Tatsachen auseinandersetzen. Falls empirische Tatsachen oder theoretische Einsichten tatsächlich Schwierigkeiten bei erwünschten sozialen oder gesellschaftlichen Veränderung erwarten lassen, dann ist es sicher erfolgversprechender, diesen realistisch Rechnung zu tragen, als die Augen davor zu verschließen.

Weiterführende Literatur

Buss, D.M. & Kenrick, D.T. (1998). Evolutionary social psychology. In D.T. Gilbert, S.T. Fiske & G. Lindzey (Eds.), *Handbook of social psychology* (4th ed, Vol. 2, pp. 982-1026). New York: McGraw Hill.

3.4 Bindungstheoretische Ansätze

Die Bindungstheorie von Bowlby (1969) begründete zunächst eine bedeutende Tradition in der Erforschung von Eltern-Kind-Beziehungen, die sich in letzter Zeit auch bei der Erforschung persönlicher Beziehungen bei Erwachsenen fortsetzt. Die Bindungstheorie verbindet Ideen der psychoanalytischen Objektbeziehungstheorie (Sandler & Rosenblatt, 1962) mit ethologischen (Tinbergen, 1951) und systemtheoretischen Überlegungen (Bertalanffy, 1968).

Bowlby postulierte ein bei Menschen und vielen Tieren biologisch tief verankertes Verhaltenssystem, das den Kontakt zwischen Kind und den Eltern aufrechterhält. Bei unseren Vorfahren bot die Nähe zur primären Pflegeperson in den ersten Lebensjahren eine wichtige und wirksame Hilfe in Mangel- und Gefahrensituationen. Daher habe ein starker Selektionsdruck bestanden, ein Verhaltenssystem auszubilden, das insbesondere bei Hunger, Krankheit, Müdigkeit, sowie Bedrohungen der Sicherheit durch Feinde und Artgenossen aktiviert wird. Das normale Funktionieren der Beziehung zur Bezugsperson führe zu einer sicheren Bindung, die es dem Kind erlaube, die Bezugsperson als "sicheren Hafen" zu benutzen, von dem aus die Umwelt exploriert werden könne. Bowlbys Erklärung für das beobachtbare Bindungsverhalten von Kleinkindern basierte also auf der Annahme einer evolutionären Anpassung.

Die Erfahrung mit der Bezugsperson werde in einem *inneren Arbeitsmodell* ("internal working model") kognitiv repräsentiert (ein Beziehungsschema im Sinne von Kap. 1.1 und 3.2). Bei einer sicheren Bindung werde die Bezugsperson als verfügbar und unterstützend und die eigene Person als liebenswert repräsentiert. Aus dem Arbeitsmodell würden Erwartungen über das Verhalten der Bezugsperson abgeleitet, die vor allem in kritischen Situationen das Verhalten des Kindes steuerten. Wenn die bisherigen Erfahrungen mit der Bezugsperson positiv waren, werde das Kind erwarten, auch zukünftig in Streßsituationen Schutz und Hilfe zu finden. Gibt es keine Bezugsperson oder ist die Beziehung zu ihr gestört, falle die kognitive Repräsentation der Bezugsperson oder der eigenen Person entsprechend negativ aus. In diesem Fall könne das Kind die Bezugsperson nicht ohne weiteres als "sicheren Hafen" benutzen.

> Bowlby postulierte ein bei Menschen und vielen Tieren biologisch verankertes Verhaltenssystem, das den Kontakt zwischen Kind und den Eltern aufrechterhält. Kinder repräsentierten ihre individuelle Bindungserfahrung in einem inneren Arbeitsmodell für Beziehungen.

Während Bowlby eher die universellen und klinischen Aspekte der kindlichen Bindung beschrieb, stand bei Ainsworth (Ainsworth & Wittig, 1969) die differentielle Perspektive im Vordergrund. Die große Bedeutung der Bindungstheorie für die Entwicklungspsychologie geht dabei vor allem auf Ainsworths Entwicklung des Fremde-Situation-Test (*Strange Situation Test*) zurück, ein Beobachtungsverfahren, das es erlaubt, sichere und unsichere Bindungsstile von Kindern im Alter von 12 bis 18 Monaten in einer standardisierten Laborsituation zu diagnostizieren (Ainsworth, Blehar, Waters & Wall, 1978; vgl. Tab. 3.4).

Tabelle 3.4: Der Fremde-Situation-Test von Ainsworth et al. (1978)

Nr	Personen	Dauer	Situation
1	Mutter, Kind, Experimentator	30 sec	VersuchsleiterIn zeigt Mutter und Kind den Versuchsraum, verläßt ihn
2	Mutter, Kind	3 min	Mutter bringt Kind zum Alleinspiel
3	Fremde, Mutter, Kind	3 min	1.Min: Fremde schweigt 2.Min: Fremde spricht mit Mutter 3.Min: Fremde spricht Kind an Mutter verläßt Raum ohne Verabschiedung
4	Fremde, Kind	3 min*)	Fremde reagiert auf Kind
5	Mutter, Kind	3 min oder mehr	*1.Wiedervereinigung*: Mutter begrüßt Kind, bringt es zum Alleinspiel, verabschiedet sich, verläßt Raum
6	Kind	3 min*)	Kind allein im Raum
7	Fremde, Kind	3 min*)	Fremde reagiert auf Kind
8	Mutter, Kind	3 min	*2.Wiedervereinigung*: Mutter begrüßt Kind, spielt mit ihm

*) kürzer, wenn Kind schreit

Der Fremde-Situation-Test umfaßt 8 Phasen (vgl. Tab. 3.4), von denen insbesondere die erste Wiedervereinigung mit der Bezugsperson diagnostisch relevant ist (Ainsworth et al., 1978). Das Kind befindet sich mit der Bezugsperson und einer unbekannten Frau in einem Raum. Während das Kind mit einem mäßig fesselnden Spielzeug spielt, verläßt die Bezugsperson den Raum unbemerkt, um nach spätestens drei Minuten zurückzukehren. Bei 12 bis 18 Monate alten Kindern löst diese Situation starken Streß aus. Tatsächlich muß die Trennungsphase bei manchen Kindern abgekürzt werden, weil die Belastung zu stark ist. Während der Trennung und bei der Wiedervereinigung mit der Bezugsperson zeigen die Kinder typische Verhaltensmuster, die Ainsworth in drei Bindungsstile klassifizierte (Tabelle 3.5). Die Quote sicher gebundener Kinder liegt in Stichproben stabiler Mittelschichtsfamilien bei 65% und in Stichproben, in denen die Kinder biologische oder soziale Risiken aufweisen (z.B. Frühgeburten, alleinerziehende Mütter der Unterschicht), unter 50%. In westlichen Kulturen gibt es mehr vermeidende als ängstlich-ambivalente Kinder (in stabilen Mittelschichtsfamilien liegen die Quoten bei 25% bzw. 10%).

Tabelle 3.5: Bindungsstile einjähriger Kinder

Bindungsstil	Verhalten bei 1.Wiedervereinigung
B: sicher	Keine Vermeidung des Kontaktes und der Nähe zur Mutter
A: vermeidend	Ignorieren oder aktives Vermeiden der Mutter
C: ängstlich-ambivalent	Annäherungs-Vermeidungs-Konflikt gegenüber der Mutter, der sich in aktiver Zuwendung *und* aggressivem Verhalten äußert

Main erweiterte diese Typologie durch Hinzunahme einer vierten Kategorie *desorganisiert-desorientiert* (Typ D; Main & Solomon, 1986). Diese Kinder zeigen in der *Strange Situation* einen regelrechten Zusammenbruch der normalen Verhaltens- und Aufmerksamkeitsstrategien. Main schildert das Verhalten der Kinder mit den Worten *"the look of fear and nowhere to go"* (Main, 1995, S. 128). Möglicherweise haben viele dieser Kinder Angst vor der Bezugsperson. In der Strange Situation kommen sie dann in die paradoxe Situation, bei der Person Schutz suchen zu müssen, vor der sie Angst haben. Diese Interpretation des Verhaltens paßt zu dem Befund, daß von mißhandelten Kindern etwa 80% als Typ D klassifiziert wurden (Main, 1995). Da die D-Kategorie bei einem Zusammenbruch des normalen Verhaltensmusters vergeben wird und kein neues Verhaltensmuster darstellt, wird die Kategorie zusätzlich zu der A-B-C Klassifikation vergeben. Die Prävalenz liegt in normalen Stichproben zwischen 15% und 25% (Main, 1995).

Ainsworth entwickelte ein Beobachtungsparadigma, das es erlaubt, bei Kleinkindern die drei Bindungsstile *sicher*, *ängstlich-ambivalent* und *vermeidend* gegenüber einer Bezugsperson zu unterscheiden. Main fügte dieser Typologie die Kategorie *desorganisiert-desorientiert* hinzu.

Obwohl Bowlbys Konzept des inneren Arbeitsmodells die Integration neuer Erfahrungen zuläßt und es daher möglich ist, daß sich der Bindungsstil eines Individuums ändert, wurde der frühkindlichen Bindung in der traditionellen Bindungstheorie ein geradezu prägender Charakter zugesprochen. Es wurde angenommen, daß der Bindungsstil ein Persönlichkeitsmerkmal sei, das bis in das Erwachsenenalter hinein die Qualität *aller* engen persönlichen Beziehungen stark beeinflusse. Neben der *Stabilität* des Bindungsstils wurde also auch eine *Generalisierung* der Mutter-Kind Bindung auf andere persönlichen Beziehungen wie die Partnerbeziehung angenommen. In der Tradition der Bindungstheorie wurde der frühkindlichen Bindung also eine beinahe schicksalhafte Bedeutung für das gesamte spätere Leben beigemessen.

Es sei schon hier angemerkt, daß zu diesen grundlegenden Fragen auch unter Bindungstheoretikern unterschiedliche Meinungen vertreten werden. Während die Pioniere der Theorie naturgemäß eher starke Annahmen vertraten und vertreten (z.B. Bolwby 1995), tendieren Bindungsforscher der zweiten und dritten Generation zu sehr differenzierten Aussagen und werfen ihrerseits den Kritikern der Bindungstheorie eine verkürzte Interpretation der Theorie vor (z.B. Zimmermann, Spangler, Schieche & Becker-Stoll, 1995). Im Interesse einer kurzen und prägnanten Darstellung sollen im folgenden nicht verschiedene Facetten der Bindungstheorie dargestellt werden, sondern starke Behauptungen der Bindungstheorie und die Kritik daran kontrastiert werden.

Nach Bowlby und Ainsworth stellt die Feinfühligkeit des mütterlichen (bzw. väterlichen) Verhaltens zum Kind den entscheidenden Faktor für die Differenzierung der Bindungsstile dar. Wenn die Mutter insbesondere in Streßsituationen in der Regel sensitiv und adäquat auf das Kind reagiert, bilde dieses eine "normale" sichere Bindung aus. Reagiere die Mutter häufig nicht adäquat, müsse das Kind mit seinem frustrierten Bedürfnis nach Nähe und Geborgenheit fertigwerden. Dieser Konflikt könne auf zwei Wegen gelöst werden: das Kind kann sein Nähemotiv unterdrücken (*abweisende* Bindung) oder es bleibt in einem ständigen Annäherungs-Vermeidungskonflikt befangen (*ängstlich-ambivalente* Bindung). Als eigentliche Ursache für die Ausbildung einer unsicheren Bindung wird in der Bindungstheorie also das regelmäßig inadäquate Verhalten der Mutter (bzw. der primären Bezugsperson) angesehen. Damit macht die Bindungstheorie starke Annahmen zur *Differenzierung*, *Stabilität* und *Generalisierung* der frühkindlichen Bindung. Alle drei Punkte werden jedoch nach wie vor kontrovers diskutiert, wie im folgenden deutlich werden wird.

Die Operationalisierung des Bindungsstils durch Ainsworths *Strange Situation Test* regte eine ganze Reihe von Studien in verschiedenen Ländern an, die aufgrund der standardisierten Methodik auch weitgehend vergleichbar sind. Trotz der relativ großen Datenbasis besteht jedoch vor allem bei älteren Untersuchungen das Problem, daß die Stichproben eher klein sind, so daß korrelative Befunde mit Vorsicht interpretiert werden müssen. Ein weiteres grundsätzliches Problem der Bindungsforschung kommt hingegen seiner Lösung näher: Eine empirische Überprüfung der Annahmen zur Stabilität der frühkindlichen Bindung in das frühe Erwachsenenalter und ihrer beziehungsübergreifenden Bedeutung verlangt Längsschnittstudien über mindestens 20 Jahre. Da man seit den späten 70er Jahren Bindungsdiagnostik mit der *Strange Situation* in größerem Umfang durchgeführt hat, werden jetzt solche Längsschnittdaten zunehmend verfügbar.

Bedingungen frühkindlicher Bindungsstile

Nach Bowlbys Theorie ist die Ausbildung einer sicheren Bindung immer dann zu erwarten, wenn die Bezugsperson adäquat auf das Nähebedürfnis des Kindes reagiert, wenn dessen Bindungssystem aktiviert ist. Eine unsichere Bindung sei auf das inadäquate Verhalten der Mutter (bzw. der Bezugsperson) zurückzuführen. Tatsächlich berichteten Ainsworth et al. (1978) hohe Korrelationen zwischen der *mütterlichen Sensitivität* gegenüber den kindlichen Bedürfnissen und der Bindungssicherheit ihrer Kinder. Dieser Befund konnte vielfach repliziert werden. Allerdings zeigt eine Metaanalyse von Goldsmith und Alansky (1987), daß die Effektgrößen in dieser Literatur nicht homogen sind. Während Ainsworth et al. enorme Effektstärken ($d > 2$) berichteten, streuten die von anderen Autoren gefundenen Effektstärken symmetrisch um $d = 0.30$, ein Wert, der konventionell als moderat eingestuft wird.

Auch in einer neueren Metaanalyse aller nichtklinischen Studien mit insgesamt über 1000 Eltern-Kind-Paaren fanden De Wolff und van IJzendoorn (1997) einen wahren, d.h. für die Unreliabilität der Bindungs- und Einfühlsamkeitsmessung korrigierten Zusammenhang von .24 zwischen Einfühlsamkeit und Bindungssicherheit. Insgesamt weisen die vorliegenden Daten darauf hin, daß der Zusammenhang signifikant ist, aber deutlich geringer als von Ainsworth et al. (1978) angenommen.

Die Interpretation dieser korrelativen Befunde ist nach wie vor kontrovers. Während Bindungstheoretiker die Hypothese von der entscheidenden Rolle mütterlichen Verhaltens bestätigt sehen, postulieren andere Autoren wie z.B. Fox, Kimmerly und Schafer (1991), daß das Temperament der Kinder (*distress proneness*) der entscheidende Kausalfaktor für die Entwicklung einer unsicheren Bindung sei. Kinder, die über lange Zeit häufig schreien und schwierig zu beruhigen sind, belasten ihre Mütter (und Väter) aufs äußerste. Das "schwierige" Temperament dieser Kinder führe dann dazu, daß die Bezugsperson nicht immer oder nicht sofort auf das Schreien reagiert. Dieses elterliche Verhalten wird in entsprechenden Studien dann als "insensitiv" oder "inadäquat" eingestuft. Tatsächlich sei aber das Verhalten des Kindes die treibende Kraft für ein wenig harmonisches Interaktionsverhalten. Der "wahre" Zusammenhang zwischen sehr heterogenen Temperamentsmaßen und der Bindungsqualität liegt ebenfalls bei $d = 0.20$ (Goldsmith & Alansky, 1987).

Seifer et al. (1996) versuchten in einer sehr aufwendigen Studie, beide Ansätze gegeneinander auszuspielen. Sie fanden, daß der Zusammenhang zwischen kindlichem Temperament und Bindungssicherheit bestehen blieb, wenn die mütterliche Sensitivität statistisch kontrolliert wurde. Es fand sich hingegen kein Zusammenhang zwischen der mütterlichen Sensitivität und dem Bindungsstil, wenn das Temperament des Kindes kontrolliert wurde. Dieses Ergebnis spricht gegen den primären Einfluß des mütterlichen Verhaltens.

Andererseits zeigte van den Boom (1995) in einer Interventionsstudie, daß eine gezielte Beeinflussung mütterlichen Verhaltens positive Konsequenzen für den Bindungsstil emotional labiler Kinder hatte. Sie trainierte die Einfühlsamkeit von Müttern solcher Kinder, als diese 6 und 9 Monate alt waren. Im Alter von 12, 18, 24 und 40 Monaten waren die Kinder der trainierten Mütter sicherer gebunden oder kooperativer als die Kinder einer nicht trainierten Kontrollgruppe von Müttern (van den Boom, 1995). Z.B. betrug der Anteil sicher gebundener Kinder im Alter von 18 Monaten in der Kontrollgruppe 26%, in der trainierten Gruppe jedoch 72%. Dies zeigt, daß kindliche Risikofaktoren für eine unsichere Bindung durch entsprechendes Training der Einfühlsamkeit ihrer Mütter erheblich reduziert werden können.

Die aktuelle Datenlage erlaubt keine endgültige Entscheidung, ob der kindliche Bindungsstil primär durch die elterliche Feinfühligkeit oder das kindliche Temperament verursacht wird. Neben dem Problem zu kleiner Stichproben gibt es andere methodische Probleme, die Schlußfolgerungen erschweren. So wurden die Variablen Sensitivität und Temperament häufig nicht unabhängig voneinander erfaßt. Z.B. gibt es Studien, in denen ein schnelles Beruhigen des Kindes durch die Mutter als Indikator von mütterlicher Sensitivität bewertet wurde, obwohl dieses Verhalten natürlich ebenso plausibel als Indikator eines unproblematischen kindlichen Temperaments benutzt werden könnte.

Empirische Studien zeigen, daß kindliches Bindungsverhalten ähnlich gut durch die Feinfühligkeit der Eltern wie durch das kindliche Temperament vorhergesagt werden kann.

Insgesamt wurde in der empirischen Literatur recht einseitig versucht, entweder mütterliches Verhalten oder kindliches Temperament als wesentlichen Prädiktor kindlichen Bindungsverhaltens auszuweisen. Diese Alternative könnte sich aber insgesamt als irreführend herausstellen. Es erscheint durchaus plausibel, daß der Bindungsstil aus einer *Wechselwirkung* dieser beiden Faktoren resultiert: Kinder mit besonders schwierigem Temperament könnten besonders stark von einfühlsamen und geduldigen Eltern profitieren, während das elterliche Verhalten bei "unproblematischen" Kindern vielleicht keine große Rolle spielt (siehe auch Spangler, 1995). So fanden z.B. Nachmias et al. (1996), daß unsicher gebundene schüchterne Kinder streßanfälliger waren als sicher gebundene, während eine unsichere Bindung bei wenig schüchternen Kindern keinen Zusammenhang mit der Streßreaktivität zeigte. Möglicherweise gehen die von Goldsmith und Alansky (1987) gefundenen schwachen Haupteffekte von Temperament und mütterlichem Verhalten tatsächlich auf eine starke Wechselwirkung zurück.

Diese Hypothese ist kompatibel mit Daten von Fox et al. (1991), die eine schwache Konsistenz der Bindung an Mutter und Vater bezüglich der Unterscheidung sicher–unsicher fanden, während die Konsistenz für die Unterscheidung ängstlich-vermeidend hoch war. Dieser Befund deutet darauf hin, daß die Sicherheit der Bindung von der Beziehung abhängt, die sowohl vom Verhalten als auch von der Persönlichkeit beider Personen beeinflußt wird. Wenn die Interaktion gestört ist, gibt jedoch vor allem das kindliche Temperament den Ausschlag, ob das Kind dazu tendiert, den Konflikt durch eher vermeidend-defensives oder ängstlich-aggressives Verhalten zu bewältigen.

Die Qualität der Bindung an die Eltern ist bei Kleinkindern sowohl von Merkmalen der Eltern (insbesondere Einfühlsamkeit als Prädiktor der Sicherheit) als auch von Temperamentsmerkmalen des Kindes (insbesondere emotionale Labilität) abhängig. Dabei können Risikofaktoren der Eltern und des Kindes in Wechselwirkung geraten, z.B. sich gegenseitig potenzieren.

Konsequenzen frühkindlicher Bindungsstile

Die im Alter von 12 Monaten erfaßten Bindungsstile weisen auch prädiktive Validität über mehrere Jahre für verschiede Verhaltensbereiche auf. So wurden sicher gebundene Kinder in Kindergarten und Grundschule als kompetenter eingeschätzt, vermeidende als aggressiver und ängstlich-ambivalente als ängstlicher (Sroufe, 1983; Suess, Grossmann & Sroufe, 1992). Daten der Bielefelder Längsschnittstudie zeigen, daß sicher gebundene auch mit 10 Jahren weniger soziale Probleme aufweisen und eher ein festes Freundschaftsnetz und einen "besten Freund" angeben können (Zimmermann, 1995). Für die Vorhersage ist zu beachten, daß der Bindungsstil nicht als einheitliches Persönlichkeitsmerkmal angesehen werden kann. Schon die im Alter von 12 bis 18 Monaten erfaßten Bindungsstile zu beiden Eltern weisen nur eine moderate Konsistenz auf. Entscheidend ist die Bindung zur primären Bezugsperson. So konnten Sagi, Lamb, Lewkowicz, Shoham, Dvir und Estes (1985) für Kibbuzkinder zeigen, daß die Bindung zur Tagesmutter, aber nicht zur leiblichen Mutter, späteres Verhalten vorhersagte.

Eine starke Version der Bindungstheorie nimmt an, daß die frühkindliche Bindung ein bedeutsames Persönlichkeitsmerkmal ist, weil sie bis in das Erwachsenenalter fortwirkt und die Qualität aller persönlichen Beziehungen beeinflußt. Nach schwächeren Versionen ist die frühkindliche Bindung ein Indikator für die aktuelle Beziehungsqualität, die weder konsistent über verschiedene Beziehungen noch stabil über das Kindesalter hinaus ist.

Stabilität von Bindungsstilen

In mehreren Studien wurde der Fremde-Situation-Test nach etwa 6 Monaten wiederholt (z.B. Waters, 1978; Owen, Easterbrooks, Chase-Lansdale & Goldberg, 1984). Nach Ausschluß von Kindern mit besonderen Risikofaktoren biologischer (Frühgeburten) oder sozialer Art (Armut der Eltern, Mißhandlungen) wurden etwa 75% der Kinder nach sechs Monaten in der gleichen Bindungskategorie klassifiziert (Belsky, Campbell, Cohn & Moore, 1996). In Risikogruppen fällt die Stabilität hingegen deutlich geringer aus (Lamb, Thompson, Gardner & Charnov, 1984). Allerdings fanden Belsky et al. (1996) in einer neueren Studie mit zwei relativ großen Stichproben (N = 125 und N = 120) und bei Berücksichtigung der schon per Zufall zu erwartenden Zuordnung in die gleiche Kategorie *keine* überzufällige Stabilität des Bindungsstils über 6 Monate. Es ist bisher nicht geklärt, ob dieser überraschende Befund auf historische Veränderungen der Lebensbedingungen von Kindern dieses Alters in den letzten 10 bis 15 Jahren zurückgeht, oder ob sich die Klassifikation der Kinder durch die Hinzunahme der D-Kategorie in neueren Studien entscheidend geändert hat.

Die Kontinuitätsannahme der Bindungstheorie postuliert nicht nur eine relativ kurzfristige Stabilität über einige Monate, sondern eine Stabilität von der frühen Kindheit bis in das Erwachsenenalter. Es wurden inzwischen für alle Altersgruppen Meßinstrumente zur Diagnose des Bindungsstils entwickelt, die die Bestimmung einer langfristigen Stabilität erlauben. Die Ergebnisse sprechen insgesamt nicht für eine hohe Stabilität. In der Bielefelder Längsschnittstudie (Zimmermann, 1995) wurden signifikante Zusammenhänge zwischen der Bindung zur Mutter mit 12 Monaten und 10 Jahren, und 10 Jahren und 16 Jahren, aber nicht zwischen 12 Monaten und 16 Jahren gefunden. Es ist allerdings denkbar, daß die Bindung an die Eltern im Jugendalter besonders instabil ist und bei einem noch längeren Retestintervall wieder zunimmt. Waters et al. (1995) berichteten eine überzufällige Stabilität frühkindlicher Bindung bis zum Alter von 20 Jahren (siehe Tabelle 3.6). Die absolute Höhe des Zusammenhangs ist allerdings eher schwach (Cohens Kappa = .40) und die Studie ist bis heute nicht publiziert.

Tabelle 3.6: Stabilität der Bindungsstile über 20 Jahre (Kreuzklassifikation; Waters et al., 1995, zit. nach Oatly & Jenkins, 1996)

AAI	Bindungsstil Strange Situation Test (18 Monate)		
(20 Jahre)	sicher	ängstlich-ambivalent	vermeidend
sicher-autonom	20	3	2
unsicher-verwickelt	3	4	2
unsicher-distanziert	6	2	8

Die Stabilität des Bindungsstils ist stark von der Stabilität der Umwelt abhängig und zwischen früher Kindheit und frühem Erwachsenenalter gering.

Bindungsstile von Erwachsenen

Bis zum Alter von etwa 8 Jahren kann der Bindungsstil von Kindern mit verschiedenen altersgemäßen Varianten der *Strange Situation* erfaßt werden. Bei Jugendlichen und Erwachsenen nutzt man hingegen eine Interviewmethode für die Diagnose des Bindungsstils. George, Kaplan und Main (1985) entwickelten das Erwachsenenbindungsinterview (*Adult Attachment Interview, AAI*). Eine deutsche Version wurde von Gloger-Tippelt und Hofmann (1997) vorgelegt. Im Kern besteht das ein- bis zweistündige Interview darin, daß die Befragten ihre Beziehung zu Mutter und Vater in der Kindheit durch 5 Adjektive frei beschreiben und diese Charakterisierung dann anhand von Erinnerungen an konkrete Erlebnisse belegen sollen.

Die Auswertung des Interviews, die einschließlich der Erstellung einer schriftlichen Fassung mindestens 8 Stunden dauert, beruht auf theoretischen Annahmen über Abwehrmechanismen bei den Befragten. Bei der Auswertung stehen deshalb nicht so sehr die Inhalte im Vordergrund, sondern Formaspekte der Schilderung der Beziehung (z.B. Kohärenz und Konsistenz) sowie das Verhältnis von Inhalt und Form. So werden Probanden, die offen und frei über detaillierte Erinnerungen an widersprüchliche und unangenehme Gefühle gegenüber den Eltern berichten, als sicher klassifiziert, während Probanden, die ihre Beziehung zu den Eltern als durchweg positiv schildern, ohne dies durch konkrete Erlebnisse belegen zu können, als unsicher klassifiziert werden. Unterschieden werden vier Typen von Bindungsstilen: sicher-autonom, unsicher-distanziert, unsicher-verwickelt und unverarbeitet-traumatisiert (vgl. Tab. 3.7).

Entsprechend der Klassifikation von Kindern in der *Strange Situation* kann auch im AAI die D-Kategorie zusätzlich zu einer der drei anderen Klassifikationen vergeben werden. Diese Kategorie wurde aber nicht in allen Untersuchungen verwendet. Obwohl sich das Interview stark auf bindungsrelevante Erlebnisse in der Kindheit bezieht, mißt das Instrument deren aktuelle Repräsentation und damit den aktuellen Bindungsstil. Die Quoten dieser Bindungsstile liegen in nichtklinischen Stichproben bei 60% (sicher), 15% (distanziert), 15% (unverarbeitet) und 10% (verwickelt). In klinischen Stichproben liegt der Anteil sicherer Bindungsmodelle bei nur 10%; entsprechend erhöht sind die Anteile unsicherer Modelle (van IJzendoorn & Bakermans-Kranenburg, 1996).

Tabelle 3.7: Klassifikation der Bindungsstile im Adult Attachment Interview (AAI)

Bindungsstil	Merkmale des Interviews
sicher-autonom	Wertschätzung der Beziehung, kohärente und objektive Darstellung
unsicher-distanziert	Auswirkung bindungsrelevanter Erfahrung wird abgestritten, abgewertet oder "geschönt"; z.B. kann die Darstellung fast perfekter Eltern nicht mit konkreten Erinnerungen belegt werden
unsicher-verwickelt	Aktiv-ärgerliche oder passive Verstrickung mit der vergangenen Beziehung, irrelevante langatmige Schilderungen
unverarbeitet-traumatisiert	Vor allem bei traumatischen Erlebnissen plötzlicher Wechsel im Sprachstil, Gedankenfehler

Rechtfertigen läßt sich der Einsatz dieses sehr aufwendigen Verfahrens vor allem durch die gute Vorhersage der im *Strange Situation Test* beobachteten Bindungsqualität des Kindes durch die AAI-Klassifikation seiner Mutter bzw. seines Vaters. Selbst dann, wenn das AAI vor der Geburt des Kindes erhoben wurde, so daß sein Ergebnis nicht durch die Bindungsqualität des Kindes beeinflußt werden konnte, fand van IJzendoorn (1995) in einer Metaanalyse von 5 derartigen Studien mit insgesamt 392 Kindern eine Übereinstimmung von 69% zwischen der ABC-Klassifikation von Ainsworth et al. und der Klassifikation distanziert-sicher-verwickelt ihrer Eltern nach dem AAI. Wurde der AAI nach der Geburt durchgeführt, war die Übereinstimmung in 13 Studien mit 661 Kindern praktisch identisch (70%). Das AAI-Ergebnis wird also nicht durch die Erfahrungen mit dem eigenen Kind verändert. Bei Betrachtung nur der Unterscheidung sicher-unsicher betrug die Übereinstimmung 75%, was einer Korrelation von .47 entsprach.

Worauf beruht dieser überraschend starke Zusammenhang? Zwar ergab eine weitere Metaanalyse von van IJzendoorn (1995) einen Zusammenhang von .34 zwischen AAI-Diagnose sicher/unsicher und der beobachteten Einfühlsamkeit, aber die Einfühlsamkeit korreliert selbst nach Kontrolle der Unreliabilität der Messungen nur zu .32 mit der Bindungssicherheit des Kindes, so daß der Zusammenhang zwischen AAI und kindlicher Bindungssicherheit durch die Einfühlsamkeit nicht ausreichend erklärt werden kann. van IJzendoorn (1995) sprach deshalb von der "Transmissionslücke" zwischen elterlichem Bindungsmodell und kindlicher Bindungsqualität (vgl. Abb. 3.11).

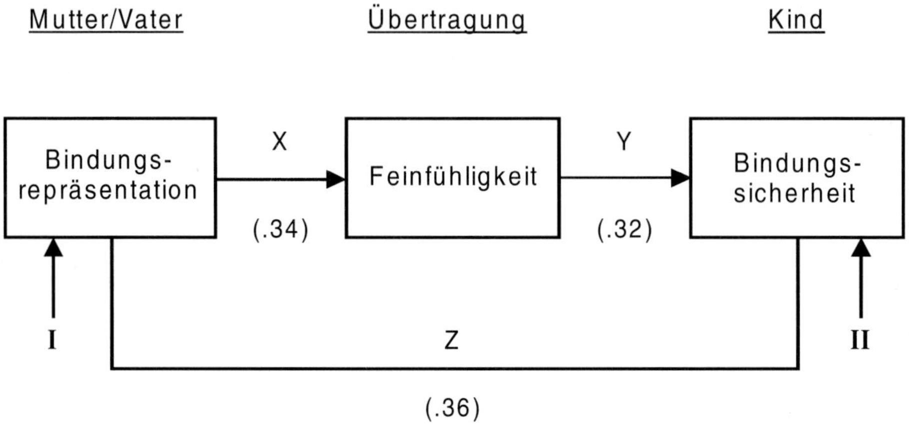

Abbildung 3.11. Zusammenhänge zwischen Bindungsrepräsentation und der Feinfühligkeit von Eltern mit der Bindungssicherheit ihrer Kinder (nach van IJzendoorn, 1995).

Familiäre Merkmale, die Vater und Mutter teilen, z.B. soziale Schicht, kommen zur Erklärung nicht in Betracht, weil die AAI-Ergebnisse ebensowenig konsistent zwischen Vater und Mutter sind wie der Bindungsstil des Kindes an Vater bzw. Mutter (van IJzendoorn, 1995). Es scheint weitere Persönlichkeitseigenschaften der Eltern zu geben, die durch den AAI erfaßt werden und von ihrer Einfühlsamkeit unabhängig sind, wohl aber die Art der Bindung ihres Kindes an sie (nicht aber ihren Partner) beeinflussen. Welche das sind, ist derzeit unbekannt. Denkbar sind z.B. genetische Merkmale, die Kind und Elternteil gemeinsam haben und einerseits den Bindungsstil des Kindes, andererseits den Bindungsstil des Elternteils beeinflussen.

Die kognitive Repräsentation der Bindung an die eigenen Eltern kann im Erwachsenenalter durch das AAI erfaßt werden. Die AAI-Diagnose sagt die Bindungsqualität eines eigenen Kindes selbst dann gut vorher, wenn sie vor Geburt des Kindes erhoben wird. Dies weist darauf hin, daß neben Einfühlsamkeit weitere elterliche Persönlichkeitsmerkmale die Bindungsqualität des Kindes beeinflussen. Welche das sind, ist derzeit unbekannt.

Während Main die Bindung Erwachsener an ihre Eltern untersuchte, übertrugen Hazan und Shaver (1987) Ainsworths Typologie auf die *Partnerbindung* von Erwachsenen. Dazu formulierten sie analog zu Ainsworths Typologie drei prototypische Beschreibungen von Partnerbindungen, denen sich die Probanden zuordnen mußten. Die Häufigkeiten der drei Bindungstypen (sicher = 56%, vermeidend = 25% und ängstlich-ambivalent = 19%) entsprachen recht gut der Verteilung der Bindungsstile bei amerikanischen Kindern. Die Autoren konnten ferner zeigen, daß Bindungsstile in theoretisch sinnvoller Weise mit Liebesstilen korrelierten (vgl. Abschn. 1.6).

> Hazan und Shaver wandten Ainworths Bindungstypologie auf partnerschaftliche Beziehungen von Erwachsenen an. Operationalisiert wurden die Bindungsstile in diesem Ansatz durch prototypische verbale Beschreibungen, denen sich die Probanden selber zuordnen.

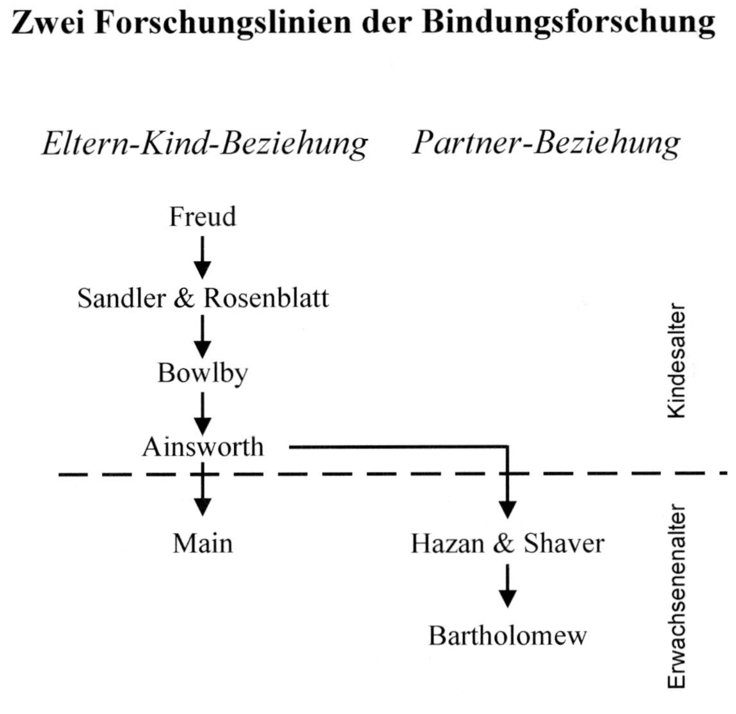

Abbildung 3.12. Meilensteine der Bindungstheorie.

Hazan und Shavers Publikation inspirierte eine ganze Forschungstradition (vgl. Abb. 3.12), die jedoch im Gegensatz zur entwicklungspsychologisch orientierten klassischen Bindungsforschung eher sozialpsychologisch geprägt ist. Im Gegensatz zur "klassischen" Bindungsforschung, die sich auf Verhaltenstests und aufwendige Interviewverfahren stützt, werden Bindungsstile in dieser Tradition vorwiegend mit Fragebogenverfahren erfaßt. Es gibt bisher nur sehr wenige Studien, in denen Fragebogen- und Interviewverfahren benutzt wurden. Erste Daten deuten aber darauf hin, daß die Korrelationen der verschiedenen Meßverfahren sehr niedrig sind, obwohl sich beide Traditionen auf das gleiche theoretische Konstrukt beziehen (Crowell, Treboux & Waters, 1999).

Trotz dieser unklaren Beziehung zur klassischen Bindungsforschung erwies sich die Anwendung der Bindungstheorie auf Parterschaften als recht ergiebig. Bei Studierenden in festen Beziehungen war die Anzahl von vermeidend und ängstlich gebundenen gegenüber unausgelesenen Stichproben signifikant vermindert (Kirkpatrick & Davis, 1994). Auch die Kombination der Bindungsstile bei Paaren wich deutlich von einer Zufallsverteilung ab: Kirkpatrick und Davis (1994) fanden in einer Stichprobe von 240 Paaren keine einzige "symmetrisch-unsichere" Paarung vom Typ ängstlich-ängstlich oder vermeidend-vermeidend. Dafür trat die "komplementär-unsichere" Kombination ängstlich-vermeidend deutlich überzufällig auf. Dieser Befund scheint aber nicht replizierbar zu sein. Wie andere Autoren auch fanden wir in einem Datensatz von 291 klassifizierbaren Ehepaaren mehr Kombinationen des Typs symmetrisch-unsicher (6%) als komplementär-unsicher (3,5%).

In Bezug auf die Qualität der Beziehung berichten sicher gebundene Personen höhere Beziehungszufriedenheit als ängstlich und vermeidend gebundene (Collins & Read, 1990; Simpson, 1990; Shaver & Brennan, 1992; Kirkpatrick & Davis, 1994). Auch für die Stabilität von Beziehungen konnten ähnliche Zusammenhänge mit dem Bindungstyp der Partner gezeigt werden (Shaver & Brennan, 1992; Kirkpatrick & Davis, 1994). Dennoch erschöpft sich der Erklärungswert der Partnerbindung nicht in der Differenzierung harmonischer und problematischer Partnerschaften. Das illustriert ein Befund von Kirkpatrick und Davis (1994). Bei ängstlich gebundenen Männern und Frauen, die zum ersten Meßzeitpunkt besonders niedrige Beziehungszufriedenheit angaben, waren die Beziehungen über drei Jahre besonders stabil. Die nur mäßig hohe Korrelation von Beziehungszufriedenheit und Stabilität wurde also vom Bindungsstil moderiert. In Kap. 3.5 wird erläutert, daß man die Existenz stabiler aber unglücklicher Paarbeziehungen im Rahmen der Austauschtheorie erklären kann. Personen bleiben dann in einer unglücklichen Beziehung, wenn alle vorgestellten erreichbaren Alternativen noch ungünstiger eingeschätzt werden als die aktuelle Beziehung. In der Perspektive der Bindungstheorie kann man darüber hinaus gut erklären, daß gerade ängstlich gebundene Menschen aufgrund ihrer chronischen Angst vor Zurückweisung besonders für diese pessimistische Sicht prädisponiert sind.

Es gibt deutliche und nicht triviale Zusammenhänge zwischen dem Bindungsstil in der Partnerbeziehung und der partnerschaftlichen Zufriedenheit und Stabilität.

Nur wenige Studien untersuchten bisher Effekte der Partnerbindung auf der Verhaltensebene. So benutzten Simpson, Rholes und Nelligan (1992) eine Laborsituation, die Ainsworths *Strange Situation* recht nahe kommt. Vor einem Raum mit bedrohlich wirkenden psychophysiologischen Gerätschaften warteten Studentinnen, die von ihrem Partner begleitet wurden, auf ein vermeintlich unangenehmes Experiment. Es wurde unbemerkt beobachtet, wie häufig sich die Studentinnen unter Streß an ihre Partner wandten und wie häufig diese unterstützendes Verhalten zeigten. Der interessanteste Effekt dieser Studie ist eine Wechselwirkung zwischen Bindungsstil und berichteter Angst. Während sich sicher gebundene Studentinnen um so mehr ihrem Partner zuwandten, je stärker sie Angst empfanden, kehrte sich der Zusammenhang bei abweisend gebundenen um. Sie suchten *um so weniger* Trost bei ihrem Partner, je stärker sie Angst empfanden.

Im Gegensatz zu Bindung bei Kleinkindern gibt es bisher nur wenige Versuche, das Bindungs*verhalten* von Erwachsenen zu untersuchen.

Eine wichtige konzeptuelle Weiterentwicklung der Bindungstheorie für Erwachsene wurde von Bartholomew vorgelegt (1990; Bartholomew & Horowitz, 1991). Unter Rückgriff auf Bowlby schlug Bartholomew ein zweidimensionales Modell für die Bindung von Erwachsenen vor. Bartholomew (1990) nahm an, daß die Bindung Erwachsener an ihren Partner durch die Positivität des Bildes von der eigenen Person in der Beziehung (Selbstbild) und des Bildes vom Partner (Partnerbild) determiniert wird. Wenn beide Dimensionen dichotomisiert werden, ergeben sich aus dem Modell die vier prototypischen Bindungsstile *sicher*, *besitzergreifend*, *ängstlich* und *abweisend* (vgl. Abb. 3.13). Der vermeidende Bindungsstil in der Typologie kindlicher Bindung Ainsworths wird in diesem Modell für Erwachsene in einen gleichgültig-vermeidenden und einen ängstlich-vermeidenden unterteilt.

Nach Bartholomew lassen sich vier Bindungsstile danach unterscheiden, wieweit das Selbstbild und das Bild der Bezugsperson positiv versus negativ ist.

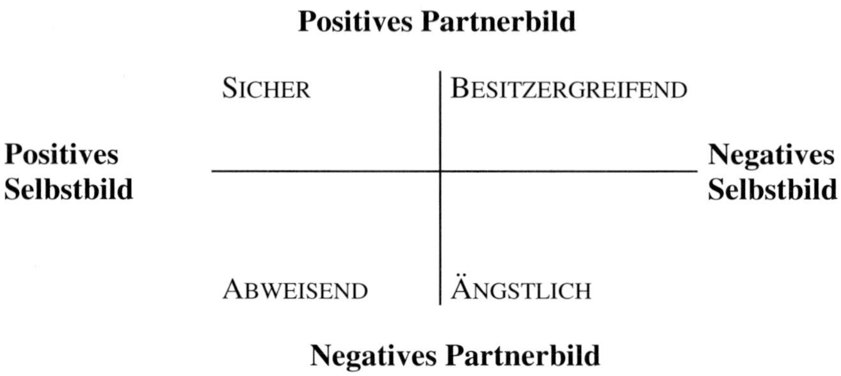

Abbildung 3.13. Das Bindungsmodell von Bartholomew (1990).

Zur Erfassung der Bindungsstile entwickelte Bartholomew ein detailliertes Interview sowie vier prototypische Beschreibungen, denen sich Probanden zuordnen können (vgl. Tab. 3.8). Bartholomew (1990) nahm an, daß beide Typen verschiedene Lösungen eines emotionalen Konflikts darstellen. Abweisendes oder distanziertes Verhalten der Mutter führe zur Ausbildung eines negativen Fremdbildes. Beim *ängstlichen* Bindungstyp führe das ständig frustrierte Bedürfnis nach Nähe zu der internen Attribution, wenig liebenswert zu sein, und damit zu einem negativen Selbstbild. Der *abweisende* Bindungstyp sei dagegen durch eine Unterdrückung des Bindungsbedürfnisses gekennzeichnet, der die Aufrechterhaltung eines positiven Selbstbildes erlaube. Damit teilt Bartholomew sowohl die Generalisierungs- als auch die Kontinuitätsannahme der traditionellen Bindungsforschung, nach der die ursprüngliche Bindung zu einer primären Pflegeperson den Typ der Bindung in engen Beziehungen im Erwachsenenalter beeinflußt. Abweichend von der klassischen Bindungstheorie betont Bartholomew jedoch, daß die vier Quadranten des Modells Idealtypen darstellen, die beliebige Mischformen zulassen.

Tabelle 3.8: Bindungs-Prototypen von Bartholomew (deutsche Adaption von Doll, Mentz & Witte, 1995)

Bindungsstil	Beschreibung
Sicher	Ich finde, daß es ziemlich leicht für mich ist, anderen gefühlsmäßig nahe zu sein. Es geht mir gut, wenn ich mich auf andere verlassen kann und wenn andere sich auf mich verlassen. Ich mache mir keine Gedanken darüber, daß ich allein sein könnte oder daß andere mich nicht akzeptieren könnten.
Abweisend	Es geht mir auch ohne enge gefühlsmäßige Bindung gut. Es ist sehr wichtig für mich, mich unabhängig und selbständig zu fühlen, und ich ziehe es vor, wenn ich nicht von anderen und andere nicht von mir abhängig sind.
Ängstlich	Ich empfinde es manchmal als ziemlich unangenehm, anderen nahe zu sein. Ich möchte Beziehungen, in denen ich anderen nahe bin, aber ich finde es schwierig, ihnen vollständig zu vertrauen oder von ihnen abhängig zu sein. Ich fürchte manchmal, daß ich verletzt werde, wenn ich mir erlaube, anderen zu nahe zu kommen.
Besitzergreifend	Ich möchte anderen gefühlsmäßig sehr nahe sein, aber ich merke oft, daß andere Widerstände dagegen errichten, mir so nahe zu sein, wie ich ihnen nahe sein möchte. Es geht mir nicht gut, wenn ich ohne enge Beziehung bin, aber ich denke manchmal, daß andere mich nicht so sehr schätzen wie ich sie.

Im Gegensatz zu Ainsworths empirisch gefundener Typologie ist das Modell Bartholomews theoretisch begründet und wirkt aufgrund der Orthogonalität der grundlegenden Dimensionen sowohl elegant als auch plausibel. Die empirischen Belege für die Orthogonalität (Griffin & Bartholomew, 1994) sind allerdings methodisch nicht überzeugend (Asendorpf et al., 1997). Während eine ganze Reihe von Befunden belegen, daß die mit Skalen erfaßten Bindungsstile sicher und ängstlich hoch negativ korrelieren, findet man statt der vom Modell postulierten negativen Korrelation zwischen den Stilen besitzergreifend und abweisend jedoch Nullkorrelationen (Grau, 1994; Asendorpf et al., 1997). Wenn das Model diesen empirischen Daten angepaßt wird, ergibt sich folgendes

Bild. Die vier Bindungsstile lassen sich zunächst auf einer Dimension sicher-unsicher anordnen, deren unsicherer Pol sich dann noch einmal in die drei unsicheren Stile differenzieren läßt (vgl. Abb. 3.14).

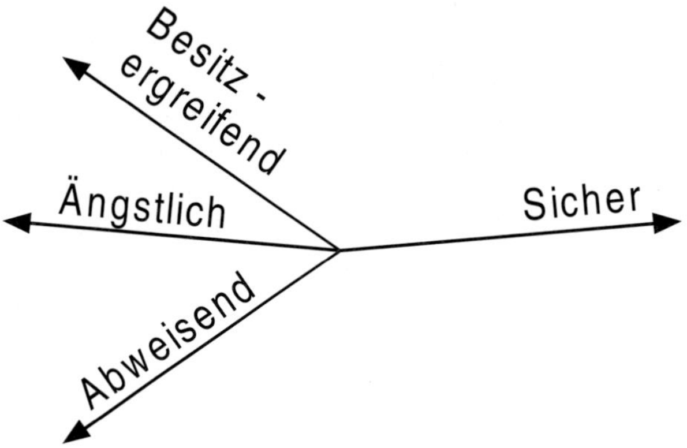

Abbildung 3.14. Empirisch gefundene Anordnung der vier Bindungsstile Bartholomews (1990) im zweidimensionalen Raum (aus Asendorpf et al., 1997).

Entgegen der ursprünglichen Annahme von Bartholomew erwiesen sich besitzergreifende und abweisende Bindungsstile nicht als konträr, sondern als unabhängig voneinander.

Ganz in der Tradition der klassischen Bindungsforschung wurden die Bindungsstile von Bartholomew als beziehungsübergreifende Persönlichkeitsmerkmale verstanden. Die empirischen Daten sprechen aber klar für eine *beziehungsspezifische* Konzeptualisierng. Wie schon erwähnt, ist die Konsistenz der frühkindlichen Bindung an die beiden Eltern zwar überzufällig aber nicht sehr stark (Fox et al., 1991). Bei Studierenden findet man Konsistenzen um r = .40 für die Bindung an die beiden Eltern, aber nur um r = .30 für die Bindung an Eltern und Gleichaltrige (Asendorpf et al., 1997).

Baldwin et al. (1996) erfaßte bei Studierenden den Bindungsstil für ihre 10 wichtigsten persönliche Beziehungen. Dabei zeigte sich, daß zwar die jeweils meisten Beziehungen dem allgemeinen selbstberichteten Bindungsstil entsprachen. Aber 88% der Befragten wiesen bei den 10 wichtigsten Beziehungen mindestens zwei verschiedene Bindungsstile auf, und 47% nannten sogar drei Bindungsstile mindestens einmal. Obwohl es möglich ist, über verschiedene Beziehungen zu aggregieren und so zu einem Generalfaktor der Bindungssicherheit zu kommen (analog zu einem g-Faktor der Intelligenz), spricht vieles dafür, Bindung beziehungsspezifisch zu betrachten.

Der Bindungsstil in verschiedenen persönlichen Beziehungen weist nur eine mäßige Konsistenz auf. Für beziehungsspezifische Fragestellungen sollte daher der Bindungsstil beziehungsspezifisch erfaßt werden.

Das von Bowlby postulierte "innere Arbeitsmodell" bildet den theoretischen Kern der Bindungstheorie, da es das Substrat der Bindung als Persönlichkeitmerkmal bildet. Das Konstrukt des innneren Arbeitsmodells kann als ein Beziehungsschema im Sinne Baldwins (1992) aufgefaßt werden. Allerdings kritisieren viele Autoren, daß durch den Einschluß von Bedürfnissen und verschiedenen Aspekten des emotionalen Erlebens und der Emotionsregulation der Begriff sehr strapaziert wurde (z.B. Shaver, Collins & Clark, 1996). Letztlich ist es aber eine empirische Frage, welche kognitiven Strukturen und Prozesse sich empirisch als funktionale Einheit ausweisen lassen. Daher scheint es auch in der Bindungsforschung sehr vielversprechend, Paradigmen der kognitiven Psychologie zu nutzen, um die kognitive Repräsentation von Bindungsstilen direkt zu erforschen.

Einen möglichen Zugang zu dieser kognitiven Struktur bildet das AAI. Die Diagnose unsicherer Bindung beruht auf spezifischen Inkonsistenzen des geschilderten Inhalts oder des Sprachstils sowie auf isolierten logischen Fehlern. Main (1995) spekulierte, daß diese Phänomene so wirken, als gäbe es mehrere Repräsentationen vor allem traumatischer Erlebnisse, die gegeneineinander abgeschottet sind. Obwohl das AAI prinzipiell geeignet erscheint, beziehungsspezifische Gedächtnisstrukturen zu erfassen, ist es aufgrund des enormen Zeitaufwands für Training und Durchführung nicht sehr ökonomisch.

Eine Alternative stellen eher experimentelle Methoden zur Erfassung kognitiver Strukturen dar (vgl. 3.2). In der Emotions- und der Einstellungsforschung wurden in den letzten 10 Jahren mehrere Paradigmen entwickelt, deren Anwendung in der Bindungsforschung nicht nur die Wissenskomponente des inneren Arbeitsmodells von Beziehungen erhellen könnte, sondern auch dessen emotionale und motivationale Aspekte. Eine konsequente Verfolgung dieses Ansatzes bietet die Chance, das nur vage beschriebene Konstrukt "inneres Arbeitsmodell" zu einem konkreten Gegenstand empirischer Forschung zu machen. Ein besonders vordringliches Ziel dieses Ansatzes könnte darin bestehen, experimentell zu untersuchen, welche Aspekte der Beziehungsrepräsentation mit den verschiedenen Meßverfahren erfaßt werden. Die Klärung dieser Frage würde zunächst dem unbefriedigenden Zustand abhelfen, daß verschiedene Verfahren der Bindungsdiagnostik nur unzureichend miteinander korrelieren. Weiterhin könnte dieser Ansatz dazu beitragen, die beiden Traditionen der Bindungsforschung (vgl. Abb. 3.12) zu einem einheitlichen Paradigma zu integrieren.

Die Forschung zu Bindung bei Erwachsenen kann möglicherweise von kognitionspsychologischen Ansätzen profitieren.

Weiterführende Literatur

Cassidy, J. & Shaver, P.R. (Eds.) (1999). *Handbook of attachment*. New York: Guilford Press.

Spangler, G. & Zimmermann, P. (Hrsg.) (1995). *Die Bindungstheorie*. Stuttgart: Klett-Cotta.

3.5 Austauschtheoretische Ansätze

Die Austausch- und Equitytheorien bilden eine Familie von Theorien, die soziale Interaktionsprozesse als Austausch von Handlungen betrachten, die von den Beteiligten bewertet werden (siehe Frey & Irle, 1985). Die Austauschtheorien gehen davon aus, daß Menschen in sozialen Interaktionen ein möglichst positives Ergebnis anstreben. Da aber die Ergebnisse beider Partner voneinander abhängig sind, können Gewinne in der Interaktion nicht beliebig maximiert werden, da die Partner die Interaktion nur fortsetzten, solange sich *beide* Vorteile davon versprechen.

In Equitytheorien ist das Leitmotiv der Interaktionspartner das Streben nach Ausgewogenheit (*equity*) oder Gerechtigkeit. Eine Beziehung würde als ungerecht und damit als unangenehm empfunden werden, wenn der Nutzen des Partners relativ zu seinem Einsatz größer ist als der eigene relative Nutzen. Im Gegensatz zur Austauschtheorie sagt die Equitytheorie vorher, daß eine Interaktion auch dann als unangenehm empfunden würde, wenn man ständig *größeren* Nutzen von der Beziehung hat als der Partner.

Nach den Austauschtheorien streben Menschen nach Maximierung des eigenen Nutzens in sozialen Interaktionen, nach der Equitytheorie nach Ausgewogenheit des Nutzens.

Austausch- und Equitytheorien sind sehr allgemein formuliert, so daß ihr Geltungsbereich relativ kurze soziale Interaktionen, aber auch Geschäftsbeziehungen, Freundschaften und Partnerschaften umfaßt. Es mag merkwürdig erscheinen, ausgerechnet Liebesbeziehungen als Austauschbeziehungen zu beschreiben, da sowohl die Alltagspsychologie als auch einige psychologische Theorien (z.B. Fromm, 1982) Liebe gerade als Gegensatz zu nutzenorientierten Tauschbeziehungen bestimmen. Das Unbehagen rührt wenigstens zum Teil daher, daß der Begriff Tausch zunächst mit materiellen Dingen wie Geld oder Waren in Verbindung gebracht wird, und nicht etwa mit Verständnis, Vertrauen, Unterstützung, Zuwendung, Zärtlichkeit oder zeitlicher Verfügbarkeit. Der Begriff des Tausches in Austauschtheorien umfaßt jedoch alle Dinge, die Partner in eine Beziehung einbringen können und die vom Partner erwartet werden. Es ist auch alltgspsychologisch nachvollziehbar, daß ein Ehepartner mit der Ehebeziehung unzufrieden sein kann, wenn er selber viel Unterstützung gewährt aber nur wenig Unterstützung erhält, nur daß diese Unzufriedenheit nicht als unfair erlebter Tausch verstanden wird.

Austauschtheorie und Paarbeziehungen

Die Theorie von Thibaut und Kelley (1959) eignet sich besonders gut zur Anwendung auf persönliche Beziehungen. Vor allem die theoretische Fortentwicklung dieses Ansatzes durch Rusbult (1980) hat einige empirische Studien zur Entwicklung von Paarbeziehungen angeregt. Deshalb wird dieser Ansatz in der folgende Darstellung exemplarisch vertieft. Im Anschluß werden wir sehr kurz auf die Equitytheorie und ihre empirische Bewährung zurückkommen. Eine kritische Würdigung von Austausch- und Equitytheorien findet sich bei Mikula (1992), die Anwendung auf Paarbeziehungen wird bei Bierhoff und Grau (1999, Kap. 7) ausführlich behandelt. In beiden Arbeiten werden auch die speziellen methodischen Probleme empirischer Überprüfungen dieser Theorien behandelt.

Wenn man die Handlungsmöglichkeiten beider Partner auf ein festes Repertoire einschränkt, kann man sich die Bewertung einzelner Handlungen mit Hilfe einer Auszahlungsmatrix (*pay-off Matrix*) veranschaulichen (vgl. Abb. 3.15). In diesem Beispiel stehen die Partner vor dem leidigen Problem, das Haus zu putzen oder nicht. Beide Partner hätten einen besonders hohen Nutzen, wenn nur der Partner putzen würde (8 Punkte Gewinn). Allerdings hat gerade diese Verhaltensalternative einen besonders niedrigen Nutzen für den Partner (4 Punkte Verlust).

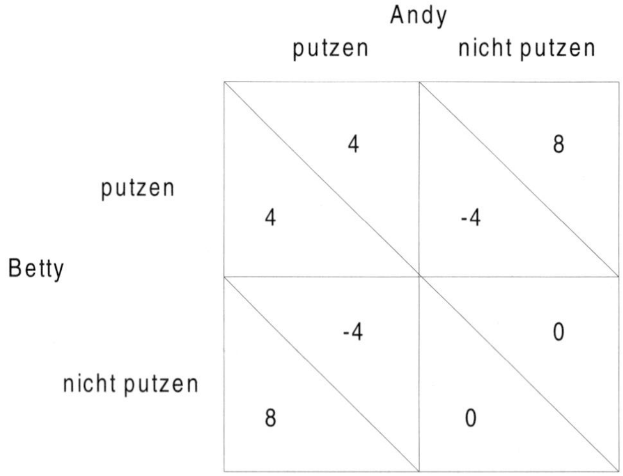

Abbildung 3.15. Auszahlungsmatrix einer sozialen Interaktion (nach Rusbult & Arriaga, 1996).

Wenn man nun spezifische Annahmen macht, wie Handlungen bewertet werden und wie diese Bewertungen über die Zeit verrechnet werden, kann man Vorhersagen zur Dynamik von Interaktionsprozessen und damit Beziehungen machen. Eine wichtige Frage ist zum Beispiel, welche Bedingungen dazu führen werden, daß eine Beziehung über die Zeit stabil ist oder daß mindestens einer der Partner das Verlassen der Beziehung anstrebt.

Nach der Interdependenztheorie von Thibaut und Kelley (1959) werden positive und negative Interaktionsergebnisse nicht absolut bewertet, sondern mit einem Vergleichsniveau (*comparison level*) verglichen. Das Vergleichsniveau bildet sich als eine Art fortlaufender Mittelwert von Bewertungen, auf den eigene Ergebnisse und die von Interaktionspartnern bezogen werden. Umgangssprachlich entspricht dieses Konzept etwa dem "Anspruchsniveau" dessen, was man zu Recht oder aus eigener Erfahrung erwarten kann. Wenn man in der Vergangenheit sehr viele positive Handlungsergebnisse erzielt hat, erwartet man dieses auch für die Zukunft. Mäßig positive Ergebnisse können dann sogar negativ bewertet werden. Umgekehrt kann ein mäßig positives Ergebnis sehr positiv bewertet werden, wenn das Vergleichsniveau sehr niedrig ist.

Ob eine Beziehung fortgesetzt wird oder nicht, hängt nicht nur davon ab, ob die Ergebnisse positiv oder negativ bewertet werden, sondern auch davon, welche Alternativen zu einer Fortsetzung der Beziehung zur Verfügung stehen. Wenn eine Person alle erreichbaren Alternativen (inklusive der Alternative, keine Beziehung zu haben) schlechter bewertet als die aktuelle Beziehung, wird sie die Beziehung nicht verlassen, selbst wenn der "pay-off" der Beziehung negativ ist. Aus der Differenz der Bewertung der Beziehung und möglicher Alternativen läßt sich also die *Abhängigkeit* von einer Beziehung ableiten. Die verschiedenen relativen Positionen der drei Konzepte Wert (W), Vergleichsniveau (CL) und Vergleichsniveau von Alternativen (CL_{ALT}) erlauben die Differenzierung dreier Beziehungstypen (siehe Abb. 3.16). Der interessanteste Typ ist der Fall unattraktiver Beziehungen, von denen die Person abhängig ist, weil alle Alternativen zu der Beziehung noch negativer sind als die aktuelle Beziehung. Mit dieser Konzeption bietet die Theorie von Thibaut und Kelley (1959) einen Ansatz, den auf den ersten Blick merkwürdigen Umstand zu erklären, daß Partner in Beziehungen bleiben, obwohl die Beziehung von ihnen als unglücklich erlebt wird (vgl. Kap. 2.1.1).

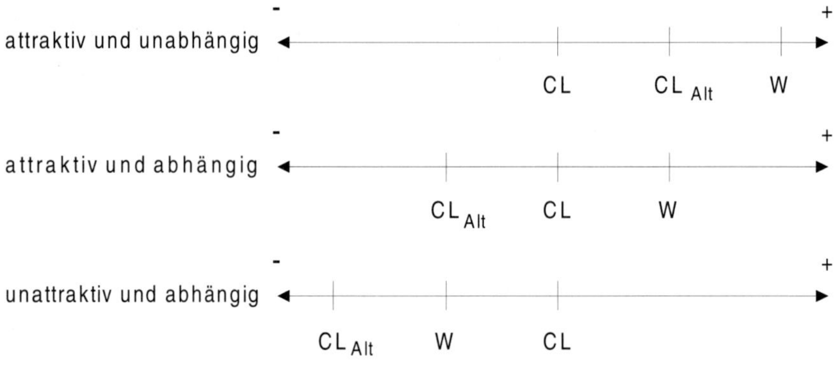

Abbildung 3.16. Relationen zwischen der Bewertung einer Beziehung, dem Vergleichsniveau und dem Vergleichsniveau von Alternativen und der resultierenden Beziehungsqualität (Abkürzungen siehe Text).

Die Interdependenztheorie von Thibaut und Kelley (1959) erklärt, warum es stabil-unglückliche Beziehungen gibt, selbst wenn diese beendbar sind.

Das Investmentmodell von Rusbult

In dem von Rusbult (1980) vorgeschlagenen Investmentmodell wird die Interdependenztheorie erweitert. Die Zufriedenheit (*satisfaction,* SAT) mit der Beziehung wird als Differenz zwischen Belohnung (*rewards,* REW) und Kosten (*costs,* CST) aufgefaßt, die mit dem Vergleichsniveau (*comparison level*, CL) verglichen werden. Formal läßt sich die Zufriedenheit mit der Beziehung x ausdrücken als:

(1) $SAT_x = (REW_x - CST_x) - CL_x$

Ein zentrales Konstrukt in diesem Modell ist das *Commitment* in einer Beziehung, ein Begriff der im Deutschen etwas umständlich mit "sich einer Beziehung verpflichtet fühlen" übersetzt werden muß. Das Commitment gibt an, wie stark man sich an eine Beziehung gebunden fühlt und diese Beziehung weiterführen wird. Unterschiedlich starkes Commitment bestimmt nach dem Modell, ob eine Beziehung aufrechterhalten oder beendet wird. Das Commitment ist um so höher, je größer die Zufriedenheit mit der Beziehung ist und je niedriger die Attraktivität von Alternativen zu der Beziehung bewertet wird.

Originell an Rusbults Modell ist ein dritter Faktor. Je mehr in die Beziehung investiert werde, desto stärker sei das Commitment. Rusbult unterscheidet *intrinsische* Investitionen, die direkt in die Beziehung investiert werden, z.B. Zeit, emotionale Anstrengung oder Selbstenthüllung. *Extrinsische* Investitionen sind dagegen solche, bei denen ursprünglich von der Beziehung unabhängige Dinge unauflösbar damit verbunden werden. Das können gemeinsame Freunde sein, gemeinsamer Besitz oder Aktivitäten, die mit der Beziehung verbunden sind. Diese Investitionen können positiv oder negativ bewertet werden. Im Unterschied zu Belohnungen und Kosten würden Investitionen bei Beendigung der Beziehung enorm an Wert verlieren oder verloren gehen. Insofern stellen Investitionen eine Barriere dar, die das Verlassen von Beziehungen erschweren (vgl. Abschn. 3.8 für ein anderes Konzept von Investitionen). Formal lassen sich die Zusammenhänge wie folgt ausdrücken:

(2) $COM_x = SAT_x - ALT_x + INV_x$

Etwas vereinfacht lassen sich die postulierten Zusammenhänge wie folgt zusammenfassen:

(3) $COM_x = (REW_x - CST_x) - ALT_x + INV_x$

Rusbult (1983) überprüfte die postulierten Zusammenhänge in einer einjährigen Längsschnittstudie an 30 studentischen Paaren. Bei den Probanden wurden alle relevanten Konstrukte zwölfmal im Laufe eines Jahres erfaßt. Dazu verwendete Rusbult jeweils zwei globale Items. Die Konsistenz der jeweiligen Skalen war dabei befriedigend bis hoch. Das längsschnittliche Design erlaubte nicht nur eine Überprüfung der querschnittlichen Zusammenhänge zwischen den Variablen, sondern auch der Zusammenhänge zwischen Änderungen der Variablen über die Zeit. In Regressionsanalysen wurden die in den Formeln (1) bis (3) postulierten Zusammenhänge getestet. Dabei zeigte sich, daß mit einer Ausnahme alle Variablen in den Gleichungen signifikante Regressionskoeffizienten in der erwarteten Richtung aufwiesen. Dies galt sowohl für die querschnittlichen als auch für die längsschnittlichen Zusammenhänge. Die Ausnahme bildete die Variable Kosten: weder die Beziehungszufriedenheit noch das Commitment wiesen systematische Zusammenhänge mit den subjektiven Kosten der Beziehung auf.

Das Ergebnis dieser Untersuchung stimmt gut mit dem Fazit überein, das Mikula (1992) in einem Übersichtsartikel zur empirischen Überprüfung der Austauschtheorien zieht: Die Modellannahmen sind im wesentlichen gut betätigt, lediglich die Variable Kosten zeigt uneinheitliche Zusammenhänge mit der Beziehungszufriedenheit und dem Commitment. Mikula merkt allerdings kritisch an, daß in den meisten Untersuchungen das Vergleichsniveau nicht erfaßt wurde. Das Argument, daß die Versuchspersonen nur schwer zwischen Belohnung und Vergleichsniveau unterscheiden könnten, läßt Mikula nicht gelten. Wenn eine wichtige Variable nicht empirisch erfaßt werden könne, sollte sie auch aus der zugrunde liegenden Theorie entfernt werden. Außerdem gebe es Untersuchungen, in denen die Erfassung dieser Variable gelungen sei.

Das Investmentmodell für Beziehungen von Rusbult läßt sich gut operationalisieren, und seine Vorhersagen konnten weitgehend bestätigt werden mit Ausnahme der Kosten-Variable, die nicht die erwarteten Zusammenhänge mit Zufriedenheit und Commitment zeigte.

In einer neueren Arbeit legten Rusbult, Martz und Agnew (1998) Skalen vor, die vier zentrale Konzepte (Commitment, Zufriedenheit, Investitionen und Bewertung von Alternativen) der Investmenttheorie erfassen. Zufriedenheit wird nicht mehr als Resultat einer Einschätzung von Nutzen und Kosten aufgefaßt, sondern direkt erfaßt. Das Modell sagt damit vorher, daß Zufriedenheit und Investitionen einen positiven, die Bewertung von Alternativen einen negativen Zusammenhang mit dem Commitment aufweisen, das seinerseits die Stabilität der Beziehung bestimmt. Diese Zusammenhänge konnten von Rusbult et al. (1998) bestätigt werden (vgl. Abb. 3.17).

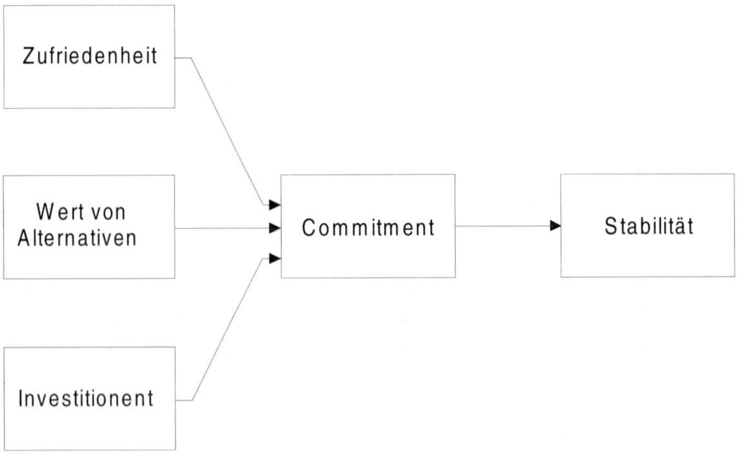

Abbildung 3.17. Das Investitionsmodell der Partnerschaft von Rusbult (nach Rusbult, Martz & Agnew, 1998).

Die Equitytheorie

Die zentrale Hypothese der Equitytheorie (Walster, Berscheid & Walster, 1973) ist etwas komplizierter als die Annahmen der Austauschtheorie. Statt einer einfachen Summe wird die Ausgewogenheit durch proportionale Verhältnisse ausgedrückt. Die Gewinne beider Partner müssen zu den Beiträgen ins Verhältnisgesetzt werden. Eine ausgewogene oder gerechte Beziehung liegt vor, wenn gilt:

$$\frac{Ertrag_1 - Beitrag_1}{Beitrag_1} = \frac{Ertrag_2 - Beitrag_2}{Beitrag_2}$$

In Tabelle 3.9 sind einige Beispiele für Beiträge und Erträge im Sinne der Equitytheorie aufgelistet.

Tabelle 3.9: Beispiele für Erträge und Beiträge in der Equitytheorie

Persönliche Beiträge	Aussehen, Intelligenz, soziale Fertigkeiten
Emotionale Beiträge	Ausdruck von Akzeptanz, Verständnis, Liebe, Wertschätzung, Sex
Tägliche Beiträge	Arbeiten im Haushalt, finanzielle Mittel, Geselligkeit
Erträge	Beiträge des Partners, Nichtalleinsein, Kontakt mit anderen, Wirkungen der Beziehung auf das Selbstbewußtsein, Autonomie, Zeitbudget

In empirischen Tests der Equitytheorie wurden bei der Operationalisierung der wesentlichen Konstrukte verschiedene Methoden angewandt, die sich in Bezug auf die Globalität der Variablen unterscheiden (Mikula, 1992). So wurden Beiträge und Erträge detailliert erfragt und dann zu globalen Maßen verrechnet, beide Variablen wurden global erfragt, oder die empfundene *Ausgewogenheit* wurde direkt erfragt. Falls mehrere Methoden in einer Studie benutzt wurden, war die konvergente Validität sehr schlecht. In querschnittlichen Untersuchungen zeigten sich tatsächlich positive Zusammenhänge zwischen der subjektiven Ausgewogenheit von Beziehungen und Beziehungsparametern wie der Beziehungszufriedenheit. Die Prädiktorqualität war aber nicht höher als die der absoluten Gleichheit, und sie war den austauschtheoretischen Prädiktoren Vergleichsniveau und absolutes Belohnungsniveau unterlegen (Mikula, 1992). In Längsschnittstudien hat sich die Equitytheorie bei der Vorhersage der Entwicklung der Beziehung deshalb nicht bewährt. Als Fazit kann festgehalten werden:

Das Investmentmodell erlaubt die Vorhersage der Entwicklung von Beziehungszufriedenheit und Beziehungsstabilität, während sich die Equitytheorie in Längsschnittuntersuchungen nicht bewährt hat.

Weiterführende Literatur

Bierhoff, H.W. & Grau, I. (1999). *Romantische Beziehungen.* Bern: Huber, Kap. 7.

Mikula, G. (1992). Austausch und Gerechtigkeit in Freundschaft, Partnerschaft und Ehe: Ein Überblick über den aktuellen Forschungsstand. *Psychologische Rundschau*, *43*, 69-82.

3.6 Systemische Ansätze

Bisher waren dyadische Beziehungen die primäre Einheit unserer Betrachtung. Systemische Ansätze dagegen betrachten komplette *soziale Systeme*. Der Begriff des Systems bezeichnet ganz allgemein eine Menge von Elementen, die durch Relationen untereinander verknüpft sind, welche die Systemstruktur ausmachen (vgl. Bertalanffy, 1968; Miller, 1978). *Soziale* Systeme bestehen aus Gruppen von mindestens 3 Personen, die in regelmäßiger Interaktion stehen und von daher meist auch dyadische Beziehungen zueinander aufweisen (vgl. auch den Begriff der sozialen Gruppe in Abschn. 1.4). Als Prototyp eines solchen Systems dient die Kernfamilie, bestehend aus Vater, Mutter und Geschwistern. Die Mutter-Kind-Beziehung zum Beispiel wird aus systemischer Sicht als Teil eines Beziehungs-Netzwerkes von Familienmitgliedern betrachtet: Vater-Kind-Beziehung, Mutter-Vater-Beziehung und Beziehungen der Geschwister untereinander und mit den Eltern. Dadurch rücken *Wechselwirkungen zwischen dyadischen Beziehungen* in den Mittelpunkt des Interesses. Beispielsweise kann eine Änderung der Mutter-Vater-Beziehung sich auf die Beziehung der Eltern zu ihren Kindern auswirken und umgekehrt.

Natürlich ist man immer auf der sicheren Seite, wenn man generell davon ausgeht, daß Wechselwirkungen zwischen *allen* Beziehungen eines sozialen Systems bestehen. Sparsamer und vermutlich auch realistischer ist die Annahme, daß die meisten Wechselwirkungen eher flüchtiger Natur sind und es darauf ankommt, die wenigen wirklich wichtigen zu identifizieren, indem die zeitliche Dynamik des Systemverhaltens genau unter die Lupe genommen wird. Das ist keineswegs einfach, weil es, wie Bischof (1995) deutlich macht, eine hohe methodische Kompetenz voraussetzt, über die die wenigsten Systemtheoretiker unter den Beziehungsforschern verfügen, nämlich eine gute Kenntnis der Differential- und Matrizenrechnung. Die Statistik, die Psychologiestudenten bis zum Diplom gelernt haben sollten, reicht hierfür nicht. So ist der systemische Ansatz z.B. in der Familienpsychologie oft auch heute noch eher ein verbal vorgetragener Anspruch als ein empirisch wirklich umgesetztes Paradigma. Aussagen wie "Das Familiensystem als Ganzes ist mehr als die Summe seiner Teile" sind trivial. Nicht trivial wird der systemische Ansatz erst dann, wenn die Wechselwirkungen zwischen den Teilen im Detail untersucht werden.

Im systemischen Ansatz wurden einige theoretische Konzepte entwickelt, die sich zur Beziehungsanalyse in sozialen Systemen eignen. In

Anlehnung an Schneewind (1999) seien hier 8 solcher Konzepte skizziert:

Acht systemische Konzepte
1. Zielorientierung
2. Regelhaftigkeit
3. Zirkuläre Kausalität
4. Rückkopplung
5. Homöostase
6. Wandel erster und zweiter Ordnung
7. Grenzen
8. Inneres Erfahrungsmodell

Zielorientierung: Familien richten ihr gemeinschaftliches Lebens nach mehr oder weniger expliziten Zielen aus, die dem Zusammenleben in der Familie Sinn und Kontinuität geben sollen. Diese Familienziele orientieren sich an *phasentypischen Entwicklungsaufgaben* wie zum Beispiel Karriereorientierung versus Kindererziehung.

Regelhaftigkeit: Bei Beziehungen zwischen den Mitgliedern der Familie lassen sich insbesondere bei längerer Beobachtung bestimmte Regelhaftigkeiten erkennen. Sie können bewußt oder unausgesprochen sein und werden auch als *Familienrituale* bezeichnet (Essenszeiten, Gutenachtgeschichten, Türen abschließen im Badezimmer).

Zirkuläre Kausalität: Wegen der wechselseitigen Beeinflussung der Beteiligten ist es oft schwierig, die kausalen Bedingungen hinter den beobachtbaren Interaktionsmustern zu erkennen. Die Frage der Kausalität reduziert sich so oft auf eine Frage der "Interpunktion" (Watzlawik, Beavin & Jackson, 1969), d.h. der subjektiven Interpretation der Kausalität durch die Beteiligten: "Du hast den Streit am Montag morgen angefangen" - "Nein, Du am Sonntag abend, als..." - "Du hast wohl vergessen, daß Du schon Freitag mittag ...". Familientheoretiker wie Minuchin (1985) halten es deshalb für einen Fortschritt, Interaktionsmuster als nicht weiter reduzierbare Einheiten anzusehen. Sie umgehen damit allerdings nur das größere Problem, die Dynamik dieser Muster wirklich systemtheoretisch im strengen Sinne zu beschreiben (Bischof, 1995) und so kausale Bedingungen zu identifizieren.

Rückkopplung: Rückkopplung bezeichnet einen Prozeß, der durch ein regelabweichendes Verhalten eines Familienmitgliedes ausgelöst wird und Effekte bei den übrigen Familienmitgliedern hervorruft, die ihrerseits wieder auf das Verhalten dieses Familienmitglieds zurückwirken. Es wird zwischen einer *positiven* (abweichungsverstärkenden) und einer *negativen* (abweichungsdämpfenden) Rückkopplung unterschieden. Eine positive Rückkopplung ist beispielsweise eine Ärgereskalation; sie bedroht die Stabilität des Systems. Eine negative Rückkopplung zielt dagegen auf die Rückkehr zu einer Ausgangslage und erhöht von daher die Stabilität des Systems (z.B. die Beruhigung eines weinenden Kindes).

Homöostase: Damit ist die Ausbalancierung des in einer Familie wirkenden Kräftegleichgewichts gemeint. Sie wird gewöhnlich durch negative Rückkopplungsprozesse hergestellt, indem sich die Familie an etablierten Zielen, Regeln und Handlungsabläufen orientiert. Ein Beispiel wäre die Einführung neuer Regeln des Zubettgehens bei Jugendlichen, die zunächst durch Streit um das Fernsehprogramm am späteren Abend das Familienklima beeinträchtigen und dann aber durch Aufstellen weiterer Regeln (wer darf an welchen Tagen zu welchen Zeiten das Programm wählen) entschärft werden. Nach Abschluß dieses Prozesses kommt es zu einem neuen Gleichgewicht der Kräfte.

Wandel erster und zweiter Ordnung: Wenn ein System einen Strukturwandel erfährt, lassen sich nach Watzlawik, Weakland und Fisch (1974) zwei Arten des Wandels unterscheiden. Ein *Wandel erster Ordnung* ist der Wandel von einem internen Zustand zu einem anderen innerhalb eines *invariant bleibenden* Systems. Das ist z.B. dann der Fall, wenn zur Lösung eines Problems immer derselbe inadäquate Lösungsversuch gemacht wird, so daß die Lösung selber zum Problem wird (z.B. immer härtere Bestrafung, wenn das Zimmer nicht aufgeräumt wird). Ein *Wandel zweiter Ordnung* hingegen bedeutet einen Wandel, der das *System selbst ändert* (z.B. Einführung einer Belohnung für das Aufräumen des Zimmers oder Aufgabe des Anspruchs, daß das Zimmer aufgeräumt wird).

Grenzen: Ein Merkmal von Systemen ist, daß mehr oder weniger klar definierte Grenzen zur Umwelt bestehen, einschließlich anderer Systeme. Das System Familie zum Beispiel ist in ein oder mehrere größere Systeme eingebettet (erweiterte Familie, Nachbarschaft, Vereine). Bronfenbrenner (1981) unterteilt dieses Suprasystem noch in weitere Facetten (Meso-, Exo,- und Makrosystem); vgl. Asendorpf, 1999, Kap. 2.6.1. Aber auch innerhalb der Familie lassen sich Subsysteme abgrenzen, die entweder aus einzelnen Personen (*personelles Subsystem*) oder aus Zusammenschlüssen von zwei oder mehr Personen bestehen (*interpersonales Subsystem*).

Nach Minuchin (1977) wird zwischen *starren, diffusen und klaren Grenzen* unterschieden. Bei starren Grenzen wird kein Austausch stattfinden. Diffuse Grenzen sind daran erkennbar, daß zwischen den einzelnen Systemen und Subsystemen keine Unterscheidungen gemacht werden können; somit wird es keine Privatheit geben. Klare Grenzen bezeichnen ein gewisses Maß an Durchlässigkeit nach außen bei gleichzeitiger Abwehr der Einmischung von außen. Z.B. ist Spielen und Schmusen mit den Eltern in deren Schlafzimmer zu bestimmten Zeiten erlaubt, zu anderen Zeiten jedoch tabu.

Internes Erfahrungsmodell: Mit dem internen Erfahrungsmodell ist die subjektive Repräsentation gemeint, die eine Person von sich, der Umwelt und den Beziehungen zu der Umwelt zu einem bestimmten Zeitpunkt hat. Das interne Erfahrungsmodell ist somit unterteilt in ein *internes Selbstmodell, ein internes Umweltmodell* und ein *internes Beziehungsmodell*, die in wechselseitiger Beziehung zueinander stehen. Hier besteht eine enge Verwandtschaft zum Begriff des Beziehungsschemas von Baldwin (1992) (vgl. Abschn. 1.1). Z.B. weiß ein Kind genau, wie es seine Wünsche durchbekommen wird: zuerst wird die Mutter nein sagen, ist aber dann doch irgendwie rumzukriegen. Häufig ist dieses Wissen implizit und unbewußt, aber dennoch sehr verhaltenswirksam. Die einzelnen Personen in den Familien verfügen in der Regel über unterschiedliche Sichtweisen der Familie. Sie verändern sich auch im Zuge der sich entwickelnden Familie. Dieser Prozeß wird dann Ko-Individuation bzw. Ko-Evolution genannt (Simon & Stierlin, 1984).

Die meisten dieser theoretischen Konzepte sind nicht spezifisch für soziale Systeme, sondern betreffen auch dyadische Beziehungen. Das gilt insbesondere für Rückkopplung, zirkulare Kausalität, Homöostase und die beiden Formen des Wandels. Diese Konzepte setzen eine genaue Analyse der Systemdynamik voraus und haben deshalb bisher kaum Eingang in die empirische Forschung gefunden.

Ein diagnostisches System, das es erlaubt, sowohl alle wesentlichen Beziehungen innerhalb einer Familie als auch übergreifende Aspekte des Familienklimas zu diagnostizieren, ist das *Familiendiagnostische Testsystem* (FDTS; Schneewind, 1999; vgl. Tab. 3.10). Es werden subjektive Selbstberichtsdaten über verschiedene Familiensystemebenen durch 29 Skalen erfragt, die je nach den spezifischen familiären Beziehungskonstellationen zwischen 4 und 13 Beziehungskonstrukte zum Gegenstand haben.

Tabelle 3.10: Das Familiendiagnostische Testsystem FDTS

Subsysteme	Eltern-Kind-Subsystem	Mutter - Sohn Mutter - Tochter Vater - Sohn Vater - Tochter	jeweils aus Perspektive des Elternteils und des Kindes
	Ehe-Subsystem	Mutter-Vater	jeweils aus Perspektive des Partners
Erziehungsaspekte	Eltern-Kind -Einstellung -Ziele -Verhalten	 Beurteilung der Beziehung z.B. Selbstständigkeit z.B. Belohnung, Bestrafung	
Gesamtes Familiensystem	Familienklimaskalen (FKS)	emotionale Beziehungsqualität persönliches Wachstum Systemerhaltung Familienkohäsion	

Auf diese Weise lassen sich viele individuell bedeutsame Aspekte der Familie differenziert erfassen. So kann beispielsweise der Grad der liebevollen Zuwendung, die ein Kind seitens anderer Familienmitglieder erfährt, zunächst für jedes Familienmitglied aus Sicht des Kindes oder des Familienmitgliedes eingeschätzt werden. Es entsteht ein Zuwendungsprofil, das die persönliche soziale Umwelt beschreibt. Zusätzlich können die Zuwendungswerte der Eltern und der Geschwister getrennt oder auch insgesamt gemittelt werden. Die volle Anwendung dieses Testsystems ist sehr aufwendig, aber je nach Fragestellung kann der Aufwand erheblich gesenkt werden, indem nur bestimmte inhaltliche Dimensionen, bestimmte Beziehungen oder bestimmte Perspektiven der Beziehungen diagnostiziert werden (vgl. Schneewind, 1999).

> Ein diagnostisches System zur Abbildung der Familienstruktur auf verschiedenen Ebenen und aus verschiedenen Perspektiven ist das FDTS.

Während der systemische Ansatz einen starken Einfluß auf die Psychotherapie gehabt hat (Entwicklung verschiedener Formen der Familientherapie), war sein Einfluß auf die Grundlagenforschung zu persönlichen Beziehungen gering. Vielleicht liegt es auch an der Komplexität des Gegenstandes, daß derzeit nur wenig empirisch gestützte, generalisierungsfähige Aussagen möglich sind. Das sei hier am Beispiel von drei wichtigen Wechselwirkungen zwischen familiären Beziehungen deutlich gemacht: zwischen der *Paarbeziehung und den Eltern-Kind-Beziehungen*, zwischen der *Eltern-Kind-Beziehung und Geschwisterbeziehungen* und zwischen der *Paarbeziehung und Geschwisterbeziehungen.*

Bei derartigen Wechselwirkungen lassen sich zwei grundverschiedene Annahmen unterscheiden: die *Konsistenzannahme* und die *Kompensationsannahme*. Sie werden hier exemplarisch für den Fall der Wechselwirkung zwischen Paar- und Eltern-Kind-Beziehungen geschildert (vgl. Tab. 3.11).

Tabelle 3.11: Zwei unterschiedliche Annahmen über die Wechselwirkung zwischen der Paarbeziehung und den Eltern-Kind-Beziehungen

Paarbeziehung	Eltern-Kind-Beziehungen
Konsistenzannahme	
konfliktbeladene Ehe	weniger Zuwendung zu den Kindern
warme und unterstützende Ehe	positive Unterstützung der Kinder
Kompensationsannahme	
konfliktbeladene Ehe	positive Unterstützung der Kinder
warme und unterstützende Ehe	weniger Zuwendung zu den Kindern

Empirische Befunde unterstützen bisher meist die Konsistenzannahme (vgl. z.B. Hetherington, Cox & Cox, 1982; Meyer, 1987). Z.B. untersuchten Quinton und Rutter (1987) eine Gruppe von Müttern, die in Heimen aufgewachsen waren. Deren Erziehungsstil hing stark davon ab, ob sie einen unterstützenden *Partner* besaßen. Von den Müttern, die keine eheliche Unterstützung erhielten, hatte keine einzige eine gute Beziehung zu ihren Kindern, während von denen, die partnerschaftliche Unterstützung erhielten, etwa die Hälfte eine gute Beziehung zu ihren Kindern unterhielten. Eine Kontrollgruppe von normalen Müttern zeigte ein nicht ganz so ausgeprägtes Muster. Von ihnen hatten etwa zwei Drittel, die keine Unterstützung durch den Partner bekamen, Probleme mit der Kindererziehung.

Es gibt aber auch abweichende Befunde. So fanden Goldberg und Easterbrooks (1984), daß die Sicherheit der Bindung der Kinder an die Mutter nicht mit der elterlichen Harmonie zusammenhing, wohl aber ihre Sicherheit der Bindung zum Vater. Es gibt auch Studien, die die kompensatorische Hypothese direkt unterstützen. Z.B. berichteten in einer Studie von Goth-Owens, Stollak, Messe, Peshkess und Watts (1982) glücklich verheiratete Männer, *weniger* mit ihren Kindern zu interagieren; in einer Studie von Engfer (1987) berichteten Mütter in konfliktbeladenen Ehen, daß sie in ihrer Beziehung zu den Kindern eine Rollenumkehr vollzogen hatten und eher ängstlich-überbehütend waren; und in einer Studie von Brody, Pillegrini und Sigel (1986) gingen Mütter mit vielen Partnerschaftsproblemen positiver mit ihren Kindern um, wenn sie ihnen etwas beibringen sollten.

Es gibt empirische Belege sowohl für die Konsistenz- als auch für die Kompensationsannahme.

Wann welche Annahme zutrifft, läßt sich derzeit nicht vorhersagen. Das liegt wohl daran, daß die Wechselwirkung zwischen der Paarbeziehung und den Eltern-Kind-Beziehungen auf vielfältigen, teilweise gegenläufigen Prozessen beruht:

Vermittelnde Prozesse zwischen Paarbeziehung und Eltern-Kind-Beziehungen

(1) Die positive Beziehung zwischen der unterstützenden elterlichen Partnerschaft und der Beziehung zu ihren Kindern wird durch Persönlichkeitsmerkmale der Eltern beeinflußt.

(2) Eine gute Paarbeziehung fördert das Wohlbefinden der Eltern, ihr Selbstwertgefühl und somit auch die Beziehung zum Kind.

(3) Eine schlechte Paarbeziehung führt zu einem Überspringen des negativen Affekts auf die Eltern-Kind-Beziehung.

(4) Schlechte Eltern-Kind-Beziehungen führen zu einer erhöhten Reizbarkeit der Eltern auch untereinander.

(5) Es gibt gemeinsame Umweltwirkungen auf Paar- und Eltern-Kind-Beziehungen, z.B. räumliche Enge, finanzielle Schwierigkeiten, Krankheiten.

(6) Schwierigkeiten mit dem Partner führen zu besonderer Hinwendung zu den Kindern, bis dahin, daß sie Partnerfunktionen übernehmen, z.B. Freude und Trost zu spenden.

Was die *Wechselwirkung zwischen Eltern-Kind und Geschwister-Beziehungen* angeht, wurde bisher vor allem die *Geburt eines Geschwisters* und der Einfluß der *unterschiedlichen Behandlung der Geschwister durch die Eltern* untersucht. Eine der detailliertesten Studien zum Einfluß der Geburt eines Geschwisters stammt von Dunn und Kendrick (1982). Die Kinder, die mit extremen Rückzug reagierten, so daß ihre Interaktion mit der Mutter drastisch eingeschränkt war, reagierten auch ein Jahr später negativ gegenüber dem jüngeren Geschwister. Auch wo das Verhältnis zwischen einer erstgeborenen Tochter und ihrer Mutter vor der Geburt des zweiten Kindes sehr eng war, entwickelte sich eine negative Beziehung zwischen den Geschwistern. Umgekehrt waren Geschwister in Familien, in denen es viel Konfrontation vor der Geburt zwischen Mutter und erstgeborener Tochter gegeben hatte, später ausgesprochen freundlich zueinander. Das könnte durch einen Kompensationseffekt erklärt werden: Kinder mit schwierigen Beziehungen zu den Eltern befriedigen ihre Bedürfnisse nach Nähe bei den Geschwistern.

Die Geburt eines Geschwisters führt nicht nur zu neuen Geschwister-Beziehungen innerhalb der Familie, sondern wirkt sich auch auf die Beziehung älterer Geschwister zu den Eltern aus. Hierbei lassen sich kompensatorische Effekte beobachten.

Untersuchungen zur unterschiedlichen Behandlung von Geschwistern durch die Eltern kamen übereinstimmend zu dem Ergebnis, daß eine ungleiche Behandlung (z.B. in bezug auf emotionale Zuwendung oder Eingehen auf Wünsche) von einer negativeren Geschwisterbeziehung begleitet ist (Brody, 1998). Die Kinder nehmen diese Diskrepanzen sehr genau wahr und interpretieren sie als Bevorzugung bzw. Benachteiligung gegenüber dem Geschwister.

Die Hauptschwierigkeit der Eltern bei der Gleichbehandlung von Geschwistern besteht darin, daß ein einfühlsames und altersgemäßes Eingehen auf die Bedürfnisse von Geschwistern unterschiedlicher Persönlichkeit und unterschiedlichen Alters oft eine ungleiche Behandlung der Kinder bedeutet. Entscheidend ist jedoch nicht die Ungleichbehandlung, sondern das Gefühl der Kinder, benachteiligt zu werden, also deren Interpretation der Ungleichbehandlung. Kowal und Kramer (1997) fanden in einer Studie an Geschwistern im Alter von 11-13 Jahren, daß 75% der Kinder, die eine ungleiche Behandlung durch die Eltern angaben, diese als fair empfanden und die Ungleichbehandlung durch Unterschiede in der Persönlichkeit und dem Alter der Geschwister erklärten. Dieses Verständnis können Eltern fördern, indem sie ihre Gründe für die Ungleichbehandlung deutlich machen. Bei jungen Kindern stößt dieser kognitive Weg jedoch nicht selten auf Schwierigkeiten; hier kommt es dann darauf an, dem Kind auf emotionalem Weg zu zeigen, daß man es genauso lieb hat wie sein Geschwister.

Wird die Ungleichbehandlung von einem Geschwister als Benachteiligung interpretiert, belastet das die Geschwisterbeziehung. Deshalb sollten Eltern eine gleiche Wertschätzung beider Geschwister emotional vermitteln und so früh wie möglich die Gründe für eine Ungleichbehandlung erklären.

Untersuchungen zu *Wechselwirkungen zwischen Paarbeziehung und Geschwister-Beziehungen* fanden ebenfalls sowohl konsistente als auch kompensatorische Effekte, wenn die Auswirkung von Streit der Eltern auf die Geschwister untersucht wurde (Brody, 1998). Geschwisterbeziehungen sind bei starken elterlichen Konflikten häufig ebenfalls konfliktreicher. Hierzu mag die Belastung der Geschwister durch den elterlichen Streit beitragen, aber es muß auch an Persönlichkeitsmerkmale gedacht werden, die Eltern und Geschwister teilen, z.B. Aggressivität, und an Begleiteffekte des elterlichen Streits, z..B. Übertragung des Ärgers gegenüber dem Partner auf die Kinder. Auch gibt es mehrere Befunde, die auf kompensatorische Effekte hinweisen, z.B. daß ältere Geschwister auf Streit der Erwachsenen mit einer besonderen Zuwendung zu jüngeren Geschwistern reagieren, möglicherweise um sie vor der Belastung durch den Streit der Erwachsenen zu schützen (Brody, 1998).

Entscheidend für den elterlichen Einfluß scheint feindseliges Verhalten der Eltern gegenüber den Kindern zu sein. Denn wenn der elterliche Streit auf die Eltern begrenzt blieb, ließen sich *keine* Effekte auf die Geschwisterbeziehung nachweisen (Brody, 1998). Von daher scheint trotz des klar nachgewiesenen Effekts einer Belastung der Kinder durch elterlichen Streit die Paarbeziehung nur dann die Geschwisterbeziehung zu beeinflussen, wenn die Eltern-Kind-Beziehung selbst mitbetroffen ist.

Elterlicher Streit beeinflußt nur dann die Geschwisterbeziehung negativ, wenn er von negativem Verhalten der Eltern gegenüber den Geschwistern begleitet ist.

Weiterführende Literatur

Dunn, J. (1988). Relations among relationships. In S.W. Duck (Ed.), *Handbook of personal relationships* (pp. 193-209). Chichester, U.K.: Wiley.

Schneewind, K.A. (1999). *Familienpsychologie* (2.Aufl.). Stuttgart: Kohlhammer.

3.7 Netzwerkansätze

Wechselwirkungen lassen sich nicht nur zwischen Beziehungen von Familienmitgliedern beobachten, sondern auch zwischen Beziehungen eines Familienangehörigen mit Bezugspersonen *außerhalb* der Familie. So können enge Freundschaften mit anderen Erwachsenen (also nicht nur die Beziehung zum Partner) Mütter im alltäglichen Streß mit den Kindern gegen Depression schützen (Brown & Harris, 1978). Auch andere Studien zeigen, daß soziale Unterstützung der Mutter von außen ein guter Prädiktor für die Sicherheit der kindlichen Bindung an die Mutter ist (Crockenberg, 1981). Dies scheint besonders bei Angehörigen ethnischer Minoritäten oder der Unterschicht, bei schlechter Paarbeziehung oder bei alleinerziehenden Müttern der Fall zu sein.

Wechselwirkungen kann es auch zwischen den Beziehungen eines Kindes zu seinen Eltern und zu Peers geben. So verglichen Tizard und Hodges (1987) drei Gruppen von Kindern: (1) adoptierte Kinder, die aber ihre frühen Jahre in Institutionen verbrachten, (2) zu ihren Eltern zurückkehrende und (3) im Heim verbleibende Kinder. Die Nachuntersuchungen dieser Kinder mit 8 und 16 Jahren zeigten, daß alle drei Gruppen Schwierigkeiten in der Beziehung zu Peers hatten. Obwohl die adoptierten Kinder am erfolgreichsten im Bindungsaufbau zu Erwachsenen waren, hatten auch sie mit 16 Jahren Schwierigkeiten, Peer-Beziehungen aufzubauen und seltener eine enge Freundschaft.

Es gibt Wechselwirkungen zwischen familiären und außerfamiliären Beziehungen

Wenn es also Wechselwirkungen zwischen familiären und außerfamiliären Beziehungen gibt, reicht die Betrachtung eines einzigen sozialen Systems, etwa der Familie in der Familienpsychologie oder der Peer-Gruppe in der Pädagogischen Psychologie, nicht aus. Es reicht aber auch nicht aus, mehrere soziale Systeme einzubeziehen, in denen eine bestimmte Person Mitglied ist. Das macht z.B. die Studie von van Aken und Asendorpf (1997) deutlich, in der alle wichtigen Bezugspersonen von 139 zwölfjährigen Schülern erfragt wurden (vgl. Abschn. 2.2, Tab. 2.9). Ein Kind lebte nicht zusammen mit der Mutter, 20 Kinder lebten nicht zusammen mit dem Vater. Wie Tabelle 2.9 zeigt, waren nur etwa die Hälfte der Bezugspersonen Mitglied in einem sozialen System, dem auch das Kind angehörte (Familie, Klasse). Aus systemischer Sicht werden also nur etwa die Hälfte der sozialen Beziehungen der Kinder erfaßt.

Hinzu kommt, daß in systemorientierten Untersuchungen typischerweise nur ein System im Mittelpunkt des Interesses steht; die anderen sozialen Beziehungen werden als sekundär angesehen. Familienpsychologen betrachten die Schulklasse, Pädagogische Psychologen die Familie als sekundär. Aus beziehungspsychologischer Sicht sind aber zunächst einmal *alle* Beziehungen einer Person relevant; es hängt dann von der jeweiligen speziellen Fragestellung und der empirisch festgestellten Bedeutsamkeit bestimmter Beziehungsarten für diese Fragestellung ab, welche Beziehungen und gegebenenfalls welche sozialen Systeme im Mittelpunkt des Interesses stehen sollten und welche nicht.

Auch der systemische Ansatz führt zu einer verengten Sicht der Beziehungen einer Person.

Beziehungspsychologisch angemessener erscheint der Tabelle 2.9 zugrundeliegende Ansatz, zunächst einmal alle wichtigen Bezugspersonen einer Person zu identifizieren und dann die Qualität ihrer Beziehung zu diesen Bezugspersonen zu bestimmen. Für diesen Zugang zu persönlichen Beziehungen hat sich in den letzten Jahren in der Psychologie die etwas mißverständliche Bezeichnung "Netzwerkansatz" eingebürgert (vgl. z.B. Baumann & Laireiter, 1996; Laireiter, 1993).

Der Begriff des *sozialen Netzwerkes* stammt aus der Soziologie und bezeichnet dort in durchaus zutreffender Weise die Vernetzung einer Gruppe von Personen durch ihre sozialen Beziehungen (vgl. Ziegler, 1987). Einheit der Betrachtungsweise ist hier das gesamte vernetzte System, nicht eine einzelne Person. Später wurde der Netzwerkbegriff von empirischen Sozialforschern individualisiert zum Begriff des individuellen, personalen oder egozentrierten Netzwerkes (vgl. z.B. McCallister & Fischer, 1983). Darunter wird die Auflistung weniger besonders wichtiger Bezugspersonen und ihre Beurteilung hinsichtlich psychologisch wenig ergiebiger Daten wie Kontaktfrequenz oder räumliche Entfernung verstanden, wie sie in den Massenuntersuchungen der Umfrageforschung praktikabel ist.

In neuerer Zeit gibt es eine zunehmende Zahl psychologischer Untersuchungen zu "sozialen Netzwerken", in denen alle persönlich bedeutsamen Bezugspersonen und die psychologisch relevanten Aspekte der Beziehung zu diesen Bezugspersonen erfaßt werden (vgl. Baumann & Laireiter, 1996; Laireiter, 1993). Tatsächlich werden aber hier keine Netzwerke erhoben, sondern nur eine *Beziehungsmatrix* der Art, daß eine Person alle oder fast alle Beziehungen zu den von ihr genannten Bezugspersonen hinsichtlich derselben Beziehungsqualitäten einschätzt. Die

Beziehungen, die die Bezugspersonen der fokussierten Person untereinander haben, werden gar nicht berücksichtigt.

Unter einem sozialen Netzwerk wird in der Psychologie meist nicht ein Netzwerk von Beziehungen, sondern eine Beziehungsmatrix verstanden.

Abbildung 3.18 zeigt einen Ausschnitt aus einer solchen Beziehungsmatrix, die in der Berliner Beziehungsstudie zur Erfassung der sozialen Beziehungen von Studierenden entwickelt wurde.

Nr.	**Typ**	**Vorname**	**Nachname**	**Geschlecht**	**Alter**	**Kontakt**	**zufrieden**	**Nähe**	**Konflikt**	**verliebt**	**Sex**
1.											
2.											
3.											
...											

Abbildung 3.18. Ausschnitt aus einer Beziehungsmatrix.

Die Versuchspersonen tragen zeilenweise zunächst alle ihre Bezugspersonen ein, d.h. die Menschen, mit denen sie im letzten Monat mindestens einmal direkten, telefonischen oder schriftlichen Kontakt hatten, oder die ihnen trotz fehlenden Kontaktes immer noch emotional wichtig sind, und geben objektive Daten an wie Geschlecht und Alter. Dann beurteilen sie spaltenweise die Qualität ihrer Beziehung zu diesen Bezugspersonen mit Hilfe mehrstufiger Skalen bezüglich Merkmalen wie Kontakthäufigkeit, emotionale Nähe zur Bezugsperson, Konflikthäufigkeit, Verliebtheit und Häufigkeit von Geschlechtsverkehr.

Aus diesen Variablen können dann Variablen des *Beziehungsstatus* auf individueller Ebene erzeugt werden, z.B. der Anteil der Bezugspersonen des eigenen Geschlechts unter allen Bezugspersonen, deren Altersvarianz, die Summe der Kontakte, die mittlere Nähe zu den Bezugspersonen, der Grad des Konflikts in der konfliktreichsten Beziehung oder der Grad der aktuellen Verliebtheit.

Im Netzwerkansatz kann der Beziehungsstatus einer Person umfassend bestimmt werden.

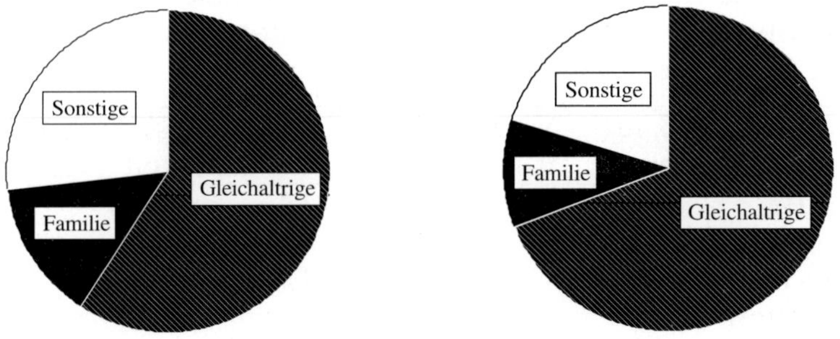

Abbildung 3.19. Relativer Anteil von Beziehungen zu Gleichaltrigen (18-27 Jahre) und Familienmitgliedern (Eltern, Geschwister) im Netzwerk von Studierenden zu Studienbeginn (links) und zu Beginn des 4. Semesters (rechts).

Dies sei hier anhand einiger Ergebnisse aus der Berliner Beziehungsstudie illustriert. Abbildung 3.19 zeigt die mittlere Zusammensetzung des Netzwerks zu Studienbeginn und 18 Monate später. Es wird deutlich, daß der relative Anteil von Beziehungen zu Gleichaltrigen deutlich zunahm (von 59% auf 69%). Unabhängig von der Tatsache, daß das Netzwerk ohnehin insgesamt zunahm (im Mittel von 26 auf 36 Beziehungen), wuchs der Anteil der Gleichaltrigen überproportional. Andere globale Netzwerkindizes waren stabiler; z.B. stieg der relative Anteil von Gleichaltrigen anderen Geschlechts unter allen Gleichaltrigen nur minimal von 42% auf 44%.

Tabelle 3.12 zeigt die Korrelationen zwischen wichtigen Beziehungsvariablen und den fünf Hauptfaktoren der Persönlichkeit zu Beginn des 2. Semesters (als Einflüsse des Ortswechsels auf den Beziehungsstatus bei einem Teil der Studienanfänger keine wesentliche Rolle mehr spielten) .

Tabelle 3.12: Korrelationen zwischen Persönlichkeit und Beziehungsstatus bei Studierenden im 2. Semester (Daten aus der Studie von Asendorpf & Wilpers, 1998)

Beziehungsstatus	Extraversion	Neurotizismus	Verträglichkeit	Gewissenhaftigkeit	Offenheit
Zahl aller Beziehungen	**0.38**	-0.04	0.12	-0.04	0.15
- mit Peers (Alter 18-27 Jahre)	**0.41**	-0.04	0.13	-0.14	0.11
Verliebt (ja/nein)	**0.18**	-0.02	0.08	-0.04	0.05
Unterstützung durch Peers	**0.32**	-0.04	0.07	-0.11	**0.21**
Konflikt mit Peers	0.03	0.03	**-0.18**	-0.02	**0.18**
Kontakthäufigkeit mit Mutter	0.01	-0.06	0.06	**0.29**	0.09

Anmerkung. Überzufällige Korrelationen sind fett gedruckt.

Die stärksten Beziehungen bestanden zwischen Extraversion und der Zahl und der erlebten Unterstützung von Peers. Gewissenhafte Studierende gaben mehr Kontakt mit der Mutter (aber auch mit Vater und Geschwistern, also mit Familienangehörigen im allgemeinen) an. Studierende, die höhere Werte in der Skala Offenheit gegenüber neuen Erfahrungen erzielten, berichteten über stärkere Unterstützung durch Peers und gleichzeitig auch über stärkere Konflikte mit ihnen, während verträglichere Studierende über weniger Konflikte berichteten. Die letzteren Korrelationen waren zwar überzufällig, aber gering. Einzig Neurotizismus zeigte keine Zusammenhänge mit dem Beziehungsstatus.

Der Beziehungsstatus korreliert im jungen Erwachsenenalter überzufällig, aber nicht sonderlich hoch mit Persönlichkeitseigenschaften.

Aus diesen Korrelationen kann nicht auf einen Persönlichkeitseinfluß auf den Beziehungsstatus geschlossen werden, denn sie könnten ja auch darauf zurückzuführen sein, daß der erlebte Beziehungsstatus das Selbstbild der Persönlichkeit beeinflußte (z.B. daß Studierende mit vielen Peer-Beziehungen sich deshalb für extravertierter hielten, weil sie viele Bekannte hatten) oder daß allgemeine Antworttendenzen künstliche Zusammenhänge erzeugten (z.B. weil die Nennung vieler Peers und die

Selbstbeurteilung als extravertiert sozial erwünscht sind). Asendorpf und Wilpers (1998) konnten jedoch diese Alternativinterpretationen ausschließen, weil sie durch Pfadanalysen zeigten, daß selbst nach statistischer Kontrolle des Zusammenhangs zwischen Persönlichkeit und Beziehungsstatus zu Studienbeginn ein Einfluß der Persönlichkeit auf den späteren Beziehungsstatus nachweisbar war. Extraversion und ihre Unterfaktoren Schüchternheit und Geselligkeit sagten die Zunahme von Peer-Beziehungen und Verliebtheit vorher, Gewissenhaftigkeit einen weniger stark abnehmenden Kontakt mit Familienmitgliedern und Verträglichkeit weniger starke Konflikte mit Peers des anderen Geschlechts.

Die Persönlichkeit hat im Erwachsenenalter einen deutlichen Einfluß auf die Gestaltung von Beziehungen.

Eine weitere, durch den Netzwerkansatz gut zu beantwortende Frage betrifft die Konsistenz von Veränderungen der Beziehungsqualität zwischen verschiedenen Beziehungstypen. Wenn beispielsweise die Qualität der Beziehungen zu den Eltern abnimmt, nimmt dann die Qualität der Beziehungen zu Gleichaltrigen oder Geschwistern ab oder zu - und umgekehrt (vgl. auch die Diskussion in Abschn. 3.6)? Dies ließ sich in der Berliner Beziehungsstudie prüfen, indem die *Veränderung* in der Qualität des einen Beziehungstyps zwischen zwei aufeinanderfolgenden Meßzeitpunkten (Abstand etwa 3 Monate) mit der *Veränderung* in der Qualität des jeweils anderen Beziehungstyps korreliert wurde (vgl. Tab. 3.13).

Tabelle 3.13: Konsistenz der Veränderung der Beziehungsqualität in bezug auf die Beziehung zur Mutter, zu den Geschwistern und zu Peers in der Berliner Beziehungsstudie.

	Mutter	Geschwister	Peers
Mutter		0.42	0.00
Geschwister	0.28		0.19
Peers	0.12	0.22	

Anmerkung. Angegeben sind Mediane der Korrelationen für 6 Veränderungen zwischen aufeinanderfolgenden Messungen im Abstand von jeweils 3 Monaten. Oberhalb der Diagonalen: beurteilte Nähe; unterhalb der Diagonalen: beurteilter Konflikt

Bei der Interpretation der Ergebnisse ist zu beachten, daß Korrelationen zwischen Veränderungswerten meist sehr niedrig ausfallen, da die Veränderungswerte meist weitaus unreliabler sind als die Ausgangswerte. Die Ergebnisse zeigen, daß Veränderungen der Beziehungsqualität innerhalb der Familie (Mutter versus Geschwister) mäßig konsistent sind, Veränderungen in bezug auf Geschwister und Peers eine nur geringe Konsistenz zeigen und Veränderungen der Beziehung zur Mutter und zu Peers nicht zusammenhängen. Keiner dieser Befunde stützt die Annahme von Kompensationseffekten; die Daten sprechen eher für die Konsistenzhypothese (vgl. Abschn. 3.6).

Werden individuelle Netzwerke mehrfach erhoben, lassen sich Hypothesen über Konsistenz und Kompensation der Veränderungen in verschiedenen Beziehungstypen testen. Die Berliner Beziehungsstudie bestätigte die Konsistenzannahme für familiäre Beziehungen und fand keinen Zusammenhang zwischen Veränderungen in der Beziehung zur Mutter und zu Peers.

Der Netzwerkansatz ist auch gut geeignet, um soziale Unterstützung beziehungsspezifisch zu untersuchen. Die potentielle soziale Unterstützung - der Glaube, bei anderen Unterstützung zu finden, wenn man Probleme hat - ist ein wichtiger Prädiktor psychischer Gesundheit und erfolgreicher Streßbewältigung (vgl. Asendorpf, 1999, Kap. 5.5; Sarason, Sarason & Pierce, 1990). Oft wird potentielle soziale Unterstützung beziehungsunspezifisch erfragt, also als Persönlichkeitsmerkmal aufgefaßt. Wie Ergebnisse der Berliner Beziehungsstudie zeigen (Asendorpf & Wilpers, in Druck), läßt sich potentielle soziale Unterstützung aber auch als Beziehungsqualität auffassen: erwartete Unterstützung durch eine bestimmte Bezugsperson oder einen bestimmten Typ von Beziehungen, z.B. Freundschaften.

In der Berliner Beziehungsstudie beurteilten die Teilnehmer separat für jede Bezugsperson in der Beziehungsmatrix den Grad der potentiellen sozialen Unterstützung durch diese Bezugsperson. Die zu beantwortende Frage lautete: "Wenn ich einmal Sorgen oder Probleme habe, würde ich mich an diese Person wenden, um mit ihr meine Sorgen oder Probleme zu besprechen" (Antwortskala 1=nie – 7=immer). Diese Urteile wurden ab Studienbeginn bis zum Beginn des 4. Semesters siebenmal erhoben. Die Daten wurden nach 4 wichtigen Beziehungstypen zusammengefaßt: Mutter, Vater, Gleichaltrige des gleichen Geschlechts und Gleichaltrige des anderen Geschlechts.

Da für die beiden letzten Beziehungstypen viele unterschiedliche Beziehungen genannt wurden, entstand das Problem, wie die mehrfachen Unterstützungswerte pro Beziehungstyp zusammengefaßt werden sollten (einige wenige Teilnehmer gaben zudem zwei Mütter oder zwei Väter an, weil sich ihre Eltern getrennt hatten und mit einem neuen Partner zusammenlebten, den die Teilnehmer als weiteren Elternteil betrachteten). Die Bildung eines Mittelwerts ist hier offensichtlich wenig sinnvoll, weil mit zunehmender Zahl der Bezugspersonen pro Typ die Wahrscheinlichkeit sinkt, daß alle zur Unterstützung gebraucht werden. Angemessener ist vielmehr hier die Betrachtung der *maximalen Unterstützung pro Typ*: Wichtig ist ja vor allem, ob Unterstützung von *irgendeiner* Beziehung dieses Typs erwartet wird; welche es konkret ist, ist zweitrangig. Tatsächlich korrelierte das Maximum der Unterstützungswerte pro Beziehungstyp regelmäßig stärker mit Kriterien wie z.B. Einsamkeit als der Mittelwert dieser Werte.

Die Beziehungsqualität von Beziehungen desselben Typs läßt sich im Netzwerkansatz auf unterschiedliche Weise zusammenfassen. Nicht immer ist der Mittelwert über die Beziehungen hierfür geeignet. Wie die Zusammenfassung erfolgen sollte (alternativ kommen z.B. Maximum, Minimum oder Variabilitätsmaße in Betracht), muß aufgrund inhaltlicher Überlegungen entschieden werden.

Tabelle 3.14 zeigt die Konsistenz der maximalen potentiellen Unterstützung über 4 verschiedene Beziehungstypen (Mutter, Vater, Freunde des gleichen und des anderen Geschlechts). Da sich die Konsistenzen nicht wesentlich zwischen den verschiedenen Meßzeitpunkten unterschieden, wurden sie über 4 Messungen im Abstand von jeweils 6 Monaten gemittelt, sind also besonders zuverlässig.

Wie die Tabelle zeigt, waren die Konsistenzen zwischen den Beziehungstypen weitaus geringer als die Reliabilität der Urteile, bestimmt durch ihre kurzfristige Stabilität (über 3 Monate). Dies bedeutet, daß potentielle soziale Unterstützung stark beziehungsspezifisch organisiert ist und nur wenig durch beziehungsunspezifische Persönlichkeitstendenzen beeinflußt ist. Wer von Freunden des anderen Geschlechts Unterstützung erwartet, erwartet dies nicht unbedingt auch von seinen Eltern, und die Ähnlichkeit der potentiellen Unterstützung durch die Eltern läßt sich nicht durch allgemeine Persönlichkeitsmerkmale erklären, sondern spiegelt Ähnlichkeiten in der Qualität der Beziehung zu Mutter und Vater wider.

Tabelle 3.14: Konsistenz maximaler potentieller sozialer Unterstützung über 4 Beziehungstypen bei Studierenden im Grundstudium (nach Asendorpf & Wilpers, in Druck)

	Beziehungstyp			
Beziehungstyp	Mutter	Vater	Peers gleiches Geschlecht	Peers anderes Geschlecht
Mutter	*0.78*	**0.53**	0.19	0.12
Vater		*0.81*	0.17	0.04
Peers gleiches Geschlecht			*0.75*	**0.38**
Peers anderes Geschlecht				*0.70*

Anmerkung. Reliabilitäten sind *kursiv* gesetzt, Konsistenzen zwischen ähnlichen Beziehungstypen **fett** gedruckt. Es handelt sich um Mediane über 4 Messungen.

Wenn potentielle Unterstützung so stark beziehungsspezifisch organisiert ist, könnte die Bedeutung potentieller Unterstützung für die psychische Gesundheit unterschätzt werden, wenn nur die Unterstützung durch einen oder wenige Beziehungstypen betrachtet wird, denn eine fehlende Unterstützung durch diese Beziehungen könnte ja durch Unterstützung durch andere, nicht berücksichtigte Beziehungen kompensiert werden. Daß dies tatsächlich der Fall sein kann, zeigte sich in der Berliner Beziehungsstudie, als wir versuchten, Einsamkeit als zentralen Indikator für Kontaktprobleme durch potentielle Unterstützung vorherzusagen.

Wie Abbildung 3.20 zeigt, betrug die Korrelation zwischen Einsamkeit und dem Fehlen potentieller Unterstützung im Mittel über die 4 Beziehungstypen 0.28. Bei Einbezug von mehr Beziehungstypen stieg die Vorhersagestärke (multiple Korrelation) deutlich an auf bis zu 0.46 bei Einbezug aller 4 Beziehungstypen. Einsamkeit bei Studienbeginn kann also durch fehlende Unterstützung in verschiedenen Typen von Beziehungen bedingt sein. Z.B. kann es sich um fehlende Unterstützung durch die Mutter oder um fehlende Unterstützung durch Freunde handeln. Nur ein Netzwerkansatz ist in der Lage, diese breit gestreuten Bedingungen von Einsamkeit im Beziehungsbereich ausreichend zu erfassen.

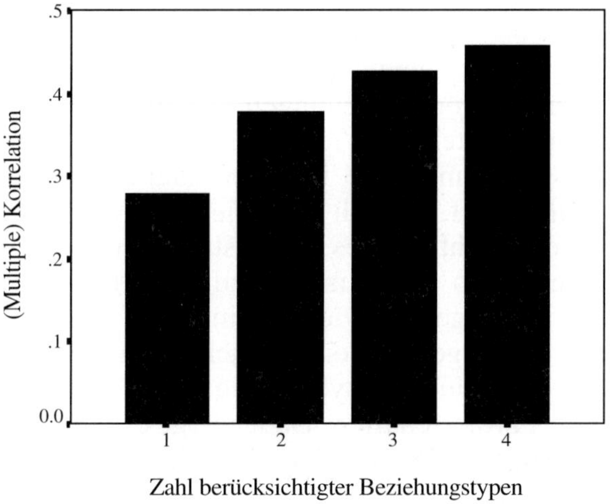

Abbildung 3.20. Vorhersage von Einsamkeit zu Studienbeginn durch Fehlen potentieller Unterstützung in bezug auf 1 bis 4 Beziehungstypen (Mutter, Vater, Peers des gleichen und des anderen Geschlechts).

Potentielle soziale Unterstützung ist stark beziehungsspezifisch organisiert. Deshalb sollten bei der Untersuchung ihrer Konsequenzen viele verschiedene Beziehungstypen berücksichtigt werden.

Weiterführende Literatur

Laireiter, A. (Ed.). (1993). *Soziales Netzwerk und soziale Unterstützung.* Bern: Huber.

3.8 Integration

Bei der Darstellung der verschiedenen theoretischen Ansätze zur Beschreibung und Erklärung von Beziehungen fällt auf, daß diese eher unverbunden nebeneinander stehen. Wie auch in anderen Gegenstandsbereichen der Psychologie nehmen die Theorien kaum aufeinander Bezug, und es wird selten diskutiert, ob sich verschiedene Ansätze miteinander vereinbaren lassen oder nicht. Dieses ist verständlich, wenn die jeweiligen Gegenstandsbereiche so wenig miteinander zu tun haben, daß sich kaum Berührungspunkte ergeben, wie z.B. im Falle kognitiver und systemischer Ansätze. Im Gegensatz dazu machen z.B. Bindungstheorie, Austauschtheorie und Evolutionspsychologie Aussagen zum gleichen Gegenstand, wie z.B. Partnerschaften. Daher liegt es nahe zu prüfen, ob sich aus diesen theoretischen Perspektiven widersprüchliche Hypothesen ableiten lassen oder ob die verschiedenen Ansätze eher als komplementär anzusehen sind. Tatsächlich soll im folgenden am Beispiel von Paarbeziehungen gezeigt werden, daß diese Ansätze nicht nur miteinander vereinbar sind, sondern sich auch sinnvoll ergänzen. Zum Abschluß dieses Kapitels sollen dann einige Elemente einer allgemeinen Beziehungstheorie erörtert werden.

Evolutionspsychologie, Austauschtheorie und Bindungstheorie

Obwohl das Investitionsmodell von Rusbult (1983) recht erfolgreich die Stabilität von Paarbeziehungen vorhersagt, bleibt eher unklar, mit welchen Inhalten das zentrale Konzept der Investition gefüllt ist. Rusbult (Rusbult et al., 1998) verwendete zwar einige konkrete Items ("Ich habe viel Zeit in unsere Beziehung investiert"), diese dienten aber eher dazu, den Probanden die Bedeutung der zentralen und viel abstrakteren Fragen zu erläutern, mit denen dann letztlich die Modellprüfung erfolgte ("Ich habe viel in unsere Beziehung hineingesteckt, das ich verlieren würde, wenn sie zu Ende ginge"). Ellis (1998) weist darauf hin, daß z.B. wichtige Geschlechtsunterschiede oder Unterschiede zwischen Beziehungstypen im konkreten Verhalten durch diese Praxis unentdeckt bleiben könnten. Tatsächlich ist es *im Rahmen* der Austauschtheorie nicht möglich zu begründen, warum bestimmte Personenmerkmale (z.B. physische Attraktivität) oder Handlungen (z.B. Zuwendung, Hilfe, Zärtlichkeit) positiv bewertet werden und andere nicht.

Das ist übrigens kein spezifisches Defizit der Austauschtheorie. Keine Theorie kann alle in ihr verwendeten Grundbegriffe erklären (bzw.

definieren) ohne zirkulär zu werden. So kann z.B. die Theorie des operanten Konditionierens nicht erklären, *warum* ein Verstärker (z.B. Zuckerlösung bei Ratten) ein Verstärker ist. In beiden Fällen kann die Evolutionstheorie als Rahmentheorie diese Lücken der jeweils untergeordneten Theorien füllen. Sowohl die Bevorzugung von Partnern mit hohem Status als auch die von zuckerhaltiger Nahrung führte in längst vergangenen Umwelten zu Fortpflanzungsvorteilen, die so groß waren, daß die Gene für diese spezifischen evolvierten psychologischen Mechanismen (EPMs) sich nach und nach über die ganze Population verbreitet haben (vgl. Kap. 3.3).

Ellis (1998) unterscheidet nun Investitionen, die man in die nächste Beziehung "mitnehmen" kann (z.B. Persönlichkeitseigenschaften, Ausbildung, Gesundheit) und solche, die mit der Beendigung einer Beziehung verlorengehen (z.B. investierte Zuwendung). Letztere nennt Ellis "partnerspezifische Investitionen". Während in Rusbults (1983) Modell Investitionen vor allem als Barriere fungieren (je mehr man in eine Beziehung investiert hat, desto schwerer wird es, sie zu beenden), haben sie in der evolutionspsychologischen Perspektive die Funktion, dem Partner zu signalisieren, daß man an einer langfristigen Beziehung interessiert ist. Im Gegensatz zu anderen Primaten bilden Menschen ja Partnerschaften, die für beide Geschlechter eine erfolgreiche Anpassung an frühere Umwelten darstellten. Ellis nennt als spezifische Anpassungsprobleme unserer Vorfahren die Nahrungsbeschaffung, Schutz, elterliche Fürsorge und Zugang zu Geschlechtspartnern. Diese Anpassungsprobleme würden wenigstens teilweise durch Partnerschaften gelöst. Aufgrund von Befragungen und theoretischen Überlegungen entwickelte Ellis ein umfassendes Inventar von 52 konkreten Verhaltensweisen der partnerspezifischen Investition, die sich faktorenanalytisch in zehn relativ unabhängigen Skalen gruppieren ließen (siehe Tabelle 3.15).

Tabelle 3.15: 10 Dimensionen partnerspezifischen Investitionsverhaltens

Ausdruck/Fürsorge	Gewährung von physischem Schutz
Zukunftsorientierung	Verleugnung des Partners in der Öffentlichkeit
Zeiteinsatz	Gute Beziehung zur Familie des Partners
Sexuelle Zugänglichkeit	Sexuelles Interesse an Anderen
Geldausgaben	Ehrlichkeit

Die Validität der Skalen wurde an zwei verschiedene Stichproben aus verschiedenen Regionen der USA überprüft (Mittlerer Westen und Südwesten). Als Validitätskriterium diente dabei die "soziosexuelle Orientierung" (Simpson & Gangestad, 1991), die individuelle Unterschiede in der Bereitschaft zu sexuellem Kontakt ohne emotionale Bindung erfaßt. Die Ergebnisse zeigen, daß Männer und Frauen mit hoher Bereitschaft zu sexuellem Verhalten ohne emotionale Bindung weniger partnerspezifisches Investitionsverhalten zeigten (mit Ausnahme der Skala "Sexuelle Zugänglichkeit"), auch wenn die Dauer der Beziehung statistisch kontrolliert war. Das partnerspezifische Investitionsverhalten der *Partner* hing nur bei Frauen von der soziosexuellen Orientierung ab. Die Partner von Frauen mit hoher Bereitschaft zu Sex ohne emotionale Bindung zeigten weniger partnerspezifisches Investitionsverhalten über alle Skalen (außer "Sexuelle Zugänglichkeit"), während es bei Männern nur einige signifikante Zusammenhänge in einer der beiden Stichproben gab.

Die Arbeit von Ellis (1998) macht deutlich, daß sich Austauschtheorie und Evolutionspsychologie eng aufeinander beziehen lassen. Während die Austauschtheorie beschreibt, unter welchen Bedingungen der Austausch von Werten in einer Beziehung als fair oder befriedigend erlebt wird, kann die Evolutionstheorie erklären, welchen "Tauschobjekten" *ein Wert zugemessen wird und warum.*

In ganz ähnlicher Weise lassen sich auch Berührungspunkte zwischen Bindungstheorie und Evolutionspsychologie ausmachen. So untersuchten Chappel und Davis (1998), wie die Bewertung von potentiellen Partnern und die Beziehung mit ihnen vom Bindungsstil des Partners abhängt. Aus evolutionspsychologischer Perspektive bot auch für Erwachsene eine stabile Bindung vermutlich Reproduktionsvorteile, weil sie die eigene Sicherheit erhöhte (der Aspekt des "sicheren Hafens") und gute Voraussetzungen bot, Nachwuchs bis zum fortpflanzungsfähigen Alter zu bringen. Entsprechend ist zu erwarten, daß sicher gebundene Partner bzw. eine Partnerschaft mit einem sicher gebundenen Partner positiver bewertet werden als unsicher gebundene Partner oder Partnerschaften mit unsicher gebundenen Partnern. Diese Hypothese konnte von Chappel und Davis (1998) bestätigt werden.

Dieser Befund sollte nicht überbewertet werden, da die Beschreibungen der unsicher gebundenen fiktiven Personen naturgemäß mehr negativ bewertete Verhaltensweisen enthielt als die Beschreibung der sicheren Personen. Es fanden sich jedoch nur einige Hinweise für spezifische Effekte der vier Bindungsstile, die über die sicher-unsicher Dichotomie hinausgingen. So wurden die eigenen (vorgestellten) Emotionen in einer Partnerschaft mit sicher *und* besitzergreifend gebundenen Partnern höher eingeschätzt als mit ängstlich oder vermeidend gebundenen Personen.

Ein Modell beziehungsspezifischen Verhaltens

Wie die Arbeiten von Ellis (1998) und Chappel und Davis (1998) zeigen, können verschiedene beziehungstheoretische Ansätze als komplementär aufgefaßt werden. Nun liegt die Frage nahe, ob nicht alle bisher besprochenen Ansätze systematisch zu einer "allgemeinen Beziehungstheorie" integriert werden könnten. Dieses Ziel ist natürlich äußerst verlockend für die Beziehungspsychologie. Es erscheint jedoch nicht besonders sinnvoll, dieses mit *allen* bisher diskutierten Ansätze zu versuchen, da diese zu heterogene Gegenstandsbereiche und zu unterschiedliche Abstraktionsniveaus aufweisen.

Ein theoretischer Integrationsversuch ist dann erfolgversprechender, wenn er sich zunächst an einem zu erklärenden Gegenstand orientiert und dann systematisch prüft, ob sich die Beiträge der verschiedenen theoretischen Ansätze zu einem allgemeinen Modell integrieren lassen. Dabei kann sich das Modell zunächst auf die Dyade als die elementare Ebene von persönlichen Beziehungen beschränken. Komplexere Beziehungen wie Triaden oder Gruppen können dann als Kombinationen mehrerer Dyaden aufgefaßt werden, die sich wechselseitig beeinflussen können. Wie im Kapitel 1.1 ausgeführt, sind persönliche Beziehungen wesentlich durch ein *spezifisches Verhaltensmuster* der beiden Interaktionspartner definiert. Daher erscheint es sinnvoll, beziehungsspezifische Verhaltensmuster als Ausgangspunkt für ein Integrationsmodell zu wählen. Abbildung 3.21 zeigt ein solches Modell.

Im Zentrum sind Verhaltensweisen zweier Interaktionspartner dargestellt, die zusammen als Verhaltensmuster aufgefaßt werden können. Dieses beziehungsspezifische Verhaltensmuster gilt es zu erklären. Postulierte kausale Beeinflussungen sind im Modell durch Pfeile gekennzeichnet. Die Komponente "Handlungssteuerung" modelliert die Verrechnung verschiedener Einflußfaktoren zu einem resultierenden Verhalten. Nur diese Komponente beeinflußt das Verhalten direkt. Das Modell enthält vier solche Einflußfaktoren, die über die Handlungssteuerung vermittelt das Verhaltensmuster bestimmen: Beziehungsschema, Beziehungsziele, beziehungsspezifische Handlungskompetenzen und individuelle Persönlichkeitsmerkmale. Im folgenden wird näher erläutert, wie sich bisher diskutierte Theorien und empirische Befunde in diesem allgemeinen Modell anordnen lassen (Banse, 2000).

Zur Erklärung eines stabilen und beziehungsspezifischen Verhaltensmusters ist die Annahme einer Repräsentation der Beziehung bei beiden Interaktionspartnern zwingend erforderlich. Diese Funktion wird im Modell durch das Konstrukt des Beziehungsschemas ausgefüllt. Im Beziehungsschema werden sowohl das Interaktionsverhalten repräsentiert (das Interaktionsskript), als auch ein beziehungsspezifisches Selbst- und Partnerbild. Die Beziehungsschemata beider Partner bilden gewissermaßen das Gedächtnis der Beziehung, das durch aktuelle Interaktionen ständig aktualisiert wird. Wie im Kapitel über kognitive Ansätze ausgeführt, geben Beziehungsschemata nicht die "objektive Realität" der aktuellen und der vergangenen Beziehung wieder, sondern unterliegen systematischen Verzerrungen (Schema-Effekte), die das Beziehungsgeschehen systematisch beeinflussen können. Im Modell ist weder eine direkte Wirkung des Verhaltens des Partners auf das eigene Verhalten vorgesehen, noch ein "Wahrnehmungsmodul", das vom Beziehungsschema unabhängig wäre. Wie im Abschnitt 3.2 beschrieben, kann das Interaktionsverhalten von beiden Partnern nur durch die "Brille" ihres Beziehungsschemas hindurch wahrgenommen werden. Gerade aus diesem Grunde werden Schema-Effekte wirksam und tragen zur Dynamik der Beziehungsentwicklung bei.

Das Modul Beziehungsziele bildet eine motivationale Komponente, die alle auf die Beziehung bezogenen Motive, Wünsche und Ziele umfaßt. Die Idee der Handlungskontrolle im Sinne einer kybernetischen Steuerung verlangt, daß spezifische Ziele verfolgt werden, an denen das Verhalten orientiert wird. Um das Modell möglichst sparsam zu gestalten, werden auch situationale Faktoren in diesem Modul untergebracht. So postuliert die Bindungstheorie, daß bei einem Kind das Bedürfnis nach Nähe zur Mutter besonders unter Streß salient ist (das Bindungssytem ist aktiviert). Aktuelle oder auch chronische Situationseinflüsse können im Modell daher über die aktuelle oder chronische Hierarchie von Zielen berücksichtigt werden. Die Bindungstheorie und die Evolutionspsychologie beschreiben Beziehungsziele bzw. Motive (wie z.B. Sicherheit, Nähe, Bindung, Sexualität) und erklären auch, warum diese Ziele verfolgt werden. Auch die Austauschtheorie nennt Verhaltensziele (z.B. das Erreichen des Vergleichsniveaus), kann diese jedoch inhaltlich nicht erklären. Der wichtige Beitrag der Austauschtheorie liegt eher darin, daß sie beschreibt, wie verschiedene Werte "verrechnet" werden und Handlungen beeinflussen.

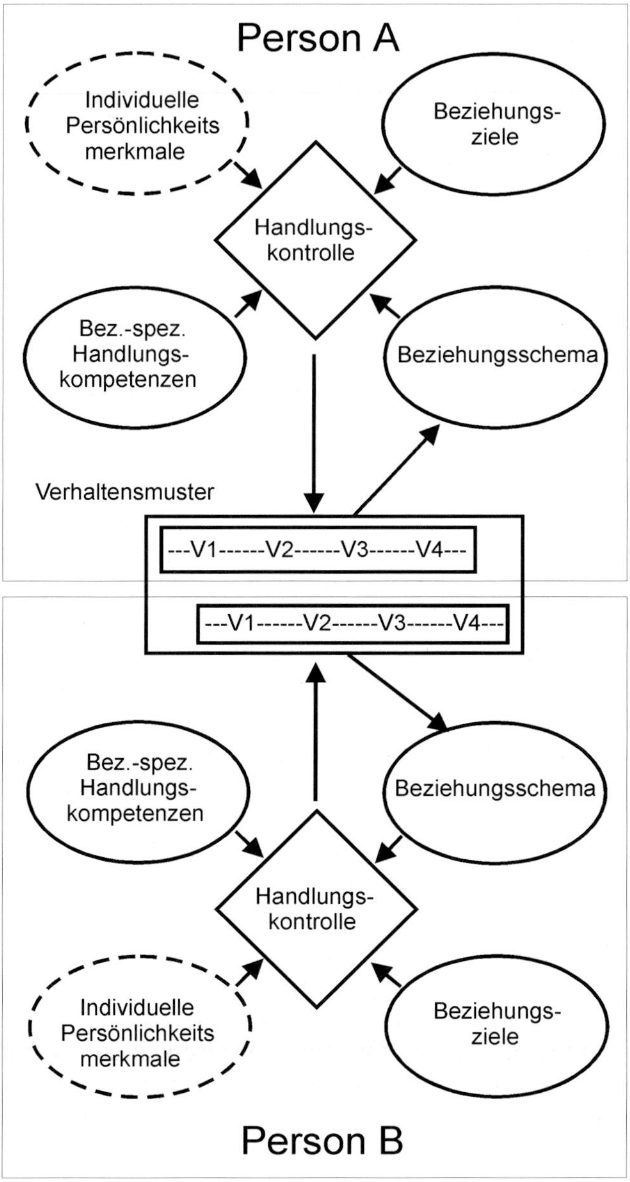

Abbildung 3.21. Ein Modell beziehungsspezifischen Verhaltens. Durchgezogene Linien bezeichnen beziehungsspezifische, gestrichelte Linien beziehungsunspezifische Konstrukte.

Aussagen der Austauschtheorie lassen sich leicht im Rahmen des Modells ausdrücken. Wenn z.B. die aktuelle Beziehung (wie im Beziehungsschema repräsentiert) deutlich von der angestrebten Beziehung abweicht (dem in den Zielen repräsentierten Vergleichsniveau CL), kann eine Verhaltensänderung eingeleitet werden, um das Partnerverhalten zu beeinflussen. Die "Verrechnung" von Ist- und Soll-Zustand sowie die gezielte Änderung des Verhaltens wird im Modell dem Modul "Handlungssteuerung" zugeordnet. Die in diesem Modul ablaufenden Prozesse müssen dabei keineswegs kontrolliert und bewußt ablaufen. Entscheidend ist lediglich, daß aus den verschiedenen im Modell postulierten Einflußfaktoren im Modul Handlungssteuerung das Verhalten determiniert wird. So wird in der Bindungstheorie postuliert, daß Kinder in einer dysfunktionalen Eltern-Kind-Beziehung den Konflikt dadurch lösen, daß sie entweder ängstlich-ambivalentes oder vermeidendes Verhalten zeigen. Diese "Wahl" wird natürlich nicht als bewußte, kontrollierte Entscheidung konzeptualisiert, sondern hängt vermutlich vom kindlichen Temperament ab.

Temperamentsfaktoren sind im Modell unter dem Begriff "individuelle Persönlichkeitsmerkmale" enthalten. Neben der Bindungstheorie hat sich auch in der Partnerschaftsforschung gezeigt, daß Temperamentsfaktoren wie z.B. Neurotizismus valide Prädiktoren der Beziehungsentwicklung darstellen. Im Gegensatz zu den drei Modulen Beziehungsziele, Beziehungsschema und beziehungsspezifische Handungskompetenzen werden mit Persönlichkeitsmerkmalen beziehungsrelevante Eigenschaften der Personen bezeichnet, die aber unabhängig von der spezifischen Beziehung sind. Dazu zählen Eigenschaften wie Neurotizismus, Gewissenhaftigkeit, Intelligenz, sozialer Status oder Gestaltmerkmale.

Die explizite Nennung von beziehungsspezifischen Handlungskompetenzen scheint geboten, weil sich deren Vorhandensein oder Fehlen als wichtig für die Entwicklung von Beziehungen erwiesen haben. So hat z.B. die Interventionsstudie van den Booms (1995) gezeigt, daß ein Training der Mütter den Anteil sicher gebundener Kinder in Risikostichproben wesentlich erhöht hat. Auch für Paare wurde gezeigt, daß die Vermittlung von Kompetenzen in konstruktiver Kommunikation und Konfliktbewältigung die Beziehungsqualität verbessern und die Trennungsquote senken kann (Hahlweg, Markman, Thurmaier, Engl & Eckert, 1998).

Im Modell können nun Wechselwirkungen zwischen individuellen Persönlichkeitsmerkmalen, Beziehungsschemata, Handlungskompetenzen und Verhalten ausgedrückt werden. Wenn die Beziehungsziele des

Kindes in Streßsituationen in der Interaktion mit der Mutter häufig nicht befriedigt werden, hängt es von den individuellen Persönlichkeitseigenschaften (und möglicherweise den Verhaltenskompetenzen) des Kindes ab, ob eher ein vermeidendes oder eher ein ambivalentes Beziehungsschema aufgebaut und entsprechendes Verhalten gezeigt wird.

Ähnlich wie das Modell von Karney und Bradbury (1995) ist dieses allgemeine Beziehungsmodell nicht als eine Theorie anzusehen, die empirisch getestet werden könnte, sondern als ein Ordnungsschema für empirische Sachverhalte und Hypothesen. Der heuristische Nutzen des Modells könnte darin bestehen, verschiedene theoretische Ansätze in einer einheitlichen Terminologie abzubilden und gegebenenfalls Widersprüche aufzudecken oder neue prüfbare Hypothesen abzuleiten.

Das Modell kann auch helfen, Lücken in der Theoriebildung sichtbar zu machen. So wird z. B. in der Bindungstheorie die Eltern-Kind-Beziehung sehr asymmetrisch konzeptualisiert, da bei den Eltern vor allem der Einfühlsamkeit Aufmerksamkeit geschenkt wird. Die im Abschnitt 3.4 beschriebene "Transmissionslücke" belegt aber, daß der Zusammenhang zwischen elterlichem Beziehungsschema und kindlichem Bindungsstil nicht vollständig durch die Feinfühligkeit des Verhaltens der Eltern erklärt werden kann. Neben einem genetischen Einfluß kommen dafür weitere Aspekte im Verhalten der Eltern in Frage. Die strikt symmetrische Anlage des hier vorgestellten Modells der Beziehung legt die Frage nahe, ob z.B. beziehungsunspezifische Persönlichkeitsseigenschaften der Mutter, andere beziehungsspezifische Handlungskompetenzen, ihr Beziehungsschema und auch ihre Beziehungsziele das Verhaltensmuster und damit den Bindungsstil des Kindes beeinflussen.

4 Beziehung und Entwicklung

In Kapitel 2 wurden die einzelnen Beziehungstypen bereits auch aus entwicklungspsychologischer Perspektive behandelt. Wie z.B. verändert sich die Geschwisterbeziehung im Verlauf des Lebens? In diesem Kapitel werden Entwicklungsfragestellungen diskutiert, die alle Beziehungstypen betreffen, nicht nur spezifische Beziehungstypen. Deshalb nehmen wir in diesem Kapitel die Netzwerkperspektive ein und fragen nach Veränderungen des *Beziehungsstatus* einer Person (vgl. Abschn. 3.7) und nach den Ursachen und Konsequenzen dieser Veränderungen. Dabei unterscheiden wir drei verschiedene Fragestellungen:

Drei Fragen zur Rolle des Beziehungsstatus in der Entwicklung
(1) *Universelle Entwicklungsveränderungen*: Wie verändert sich der Beziehungsstatus typischerweise im Verlauf des Lebens?
(2) *Differentielle Entwicklungsveränderungen*: Wie stabil sind interindividuelle Unterschiede im Beziehungsstatus im Verlauf des Lebens?
(3) *Konsequenzen differentieller Veränderungen*: Wie wirken sich differentielle Veränderungen des Beziehungsstatus auf die Persönlichkeitsentwicklung aus?

4.1 Universelle Veränderungen von Beziehungen

Das individuelle Netzwerk aller persönlichen Beziehungen und alle daraus ableitbaren Variablen des Beziehungsstatus (vgl. Abschn. 3.7) sind eine Funktion des Alters *aller* beteiligten Personen. Z.B. kann der Anteil meiner Beziehungen zu Personen meines Geschlechts, die mittlere potentielle Unterstützung durch meine Netzwerkmitglieder oder die Qualität meiner Beziehung zu meiner Mutter sich verändern, weil ich älter werde *oder* weil meine Bezugspersonen älter werden. Sinnvoll ist diese Unterscheidung immer dann, wenn eine klare Altersdifferenz besteht, weil dann die Entwicklungsveränderungen der beiden Bezugspersonen unterschiedlich sein können.

Daß sich der Beziehungsstatus mit wachsendem Alter verändert, wurde in Kapitel 2 schon mehrfach deutlich (z.B. wachsende Bedeutung von Peer-Beziehungen relativ zu der Bedeutung der Beziehungen zu den Eltern ab der mittleren Kindheit). Im folgenden werden vier Ansätze skizziert, übergreifende Prinzipien der universellen Veränderungen des Beziehungsstatus zu beschreiben.

Vier Ansätze zur Beschreibung der Entwicklung des Beziehungsstatus
(1) Entwicklung als Veränderung sozialer Bedürfnisse.
(2) Entwicklung als Veränderung der Beziehungsfunktionen.
(3) Entwicklung als Erfüllung von Entwicklungsaufgaben.
(4) Entwicklung als Funktion zunehmender kognitiver Kompetenz.

In der Tradition der klassischen motivationspsychologischen Bedürfnistheorien (vgl. z.B. die Bedürfnishierarchie von Maslow, 1954) versuchte Sullivan (1953), die Veränderung des Beziehungsstatus auf das Entstehen neuer *sozialer Bedürfnisse* zurückzuführen, wobei er sich vor allem für die Entwicklung bis zum Erreichen des Erwachsenenalters interessierte. Säuglinge hätten zunächst nur das Bedürfnis nach *Geborgenheit* ("tenderness"), einschließlich Schutz und Fürsorge. Mit etwa zwei Jahren komme das Bedürfnis nach *Geselligkeit* ("companionship") hinzu, mit etwa 6 Jahren das Bedürfnis nach sozialer *Akzeptanz* ("acceptance"), mit etwa 9 Jahren das Bedürfnis nach *Intimität* ("intimacy") im Sinne des engen wechselseitigen Austauschs von Gedanken und Gefühlen (vgl. auch Abschn. 1.5) und schließlich mit dem Erreichen der Pubertät das Bedürfnis nach *Sexualität* (vgl. Abb. 4.1).

Bedürfnisse und Schlüsselbeziehungen

Säuglingsalter (0-2 Jahre)	Kindheit (2-6 Jahre)	Jugendalter (6-9 Jahre)	Präadoleszenz (9-12 Jahre)	Frühe Adoleszenz (12-16 Jahre)
				Sexualität Partner des anderen Geschlechts
			Intimität Gleichgeschlechtliche Freunde	Freunde des anderen und des gleichen Geschlechts
		Akzeptanz Gesellschaft der Peers	Freundschaft Clique	Gemischtgeschlechtliche Menge/*Clique*
	Geselligkeit Eltern	Peers *Eltern*	Gleichgeschlechtliche Freunde	Freunde des anderen und *des gleichen Geschlechts*
Geborgenheit Eltern	Eltern	Eltern	Gleichgeschlechtliche Freunde *Eltern*	Freunde des anderen und *des gleichen Geschlechts*

Abbildung 4.1. Rekonstruktion von Sullivans Bedürfnishierarchie durch Buhrmester und Furman (1986) (nach Krappmann, 1993; © Hogrefe-Verlag).

Ältere Bedürfnisse blieben erhalten, würden aber im Verlauf der Entwicklung durch andere Beziehungen erfüllt. So werde z.B. das Bedürfnis nach Kameradschaft zunächst durch die Eltern, später durch gleichgeschlechtliche Freunde und schließlich durch Freunde beiderlei Geschlechts erfüllt. Wie alle klassischen Bedürfnistheorien leidet auch dieser Ansatz unter dem Problem, daß beobachtete Veränderungen im Verhalten auf Veränderungen in Bedürfnissen zu diesem Verhalten bezogen werden, ohne daß die Veränderungen der Bedürfnisse weiter erklärt werden. Insofern erklärt ein solches Modell nichts. Sein Wert liegt aber in einer *Beschreibung* von übergreifenden Prinzipien der Entwicklung.

Motivationspsychologische Entwicklungsmodelle können Veränderungen des Beziehungsstatus beschreiben, nicht aber erklären.

Weiss (1986) versuchte, Veränderungen des Beziehungsstatus zwischen Kindheit und Erwachsenenalter durch eine ähnliche Entwicklungssequenz zu beschreiben. Er bezog sich jedoch nicht auf individuelle soziale Bedürfnisse, sondern sozusagen spiegelbildlich auf *soziale Funktionen* ("social provisions") von Beziehungen, und zwar auf die 6 sozialen Funktionen von Beziehungen, die schon in Abschn. 1.7 erwähnt wurden: Bindung, soziale Integration, Verläßlichkeit, Selbstwertstärkung, Beratung und Gelegenheit zu eigener Unterstützung.

Die Funktion der sicherheitsspendenden Bindung werde zunächst von Eltern oder anderen primären Bezugspersonen, teilweise aber auch von Geschwistern ausgeübt; ab der Adoleszenz würden dann Liebesbeziehungen und schließlich Lebenspartnerschaften diese Funktion übernehmen. Soziale Integration werde vor allem durch Peer-Beziehungen erfahren, Verläßlichkeit in Beziehungen zu Verwandten, insbesondere Eltern und Geschwistern. Selbstwertstärkend seien vor allem zielorientierte, kooperative Beziehungen mit Peers (z.B. in Gruppen, am Arbeitsplatz). Beratung werde zunächst bei den Eltern und Geschwistern, zunehmend dann bei Peers gesucht. Gelegenheit zu eigener Unterstützung würden von früh an Beziehungen zu Jüngeren bieten, im Erwachsenenalter dann auch Beziehungen zu Älteren.

Ein Vergleich der Ansätze von Sullivan und Weiss zeigt Korrespondenzen zwischen Zärtlichkeit und Bindung, Kameradschaft und sozialer Integration sowie Anerkennung und Selbstwertstärkung. Die anderen Bedürfnisse bzw. sozialen Funktionen korrespondieren nicht. Beide Ansätze beruhen lediglich auf theoretischen Überlegungen und sind empirisch in vieler Hinsicht nicht haltbar. Z.B. gibt es Peer-Beziehungen bereits ab dem 2. Lebensjahr (vgl. 2.2), nicht erst ab dem sechsten, wie

Sullivan (1953) meinte, und selbstwertstärkend sind nicht nur zielgerichtete, kooperative Beziehungen mit Peers, sondern auch als unterstützend erlebte Beziehungen zu den eigenen Eltern (vgl. van Aken & Asendorpf, 1997). Eine ausführlichere Diskussion der Ansätze von Sullivan und Weiss und der empirischen Evidenz hierzu findet sich in Furman (1989).

Die Modelle von Sullivan (1983) und Weiss (1986) überlappen sich und sind empirisch nur teilweise belegt.

Andere Ansätze einer integrativen Beschreibung der Entwicklung des Beziehungsstatus benutzen das Konzept der *Entwicklungsaufgabe*. Darunter werden kulturelle Erwartungen an Kompetenzen in einem bestimmten Alter verstanden, die wiederum auf biologisch vorgegebenen Reifungsprozessen aufbauen (Havighurst, 1952). Dies ist im Gegensatz zum Konzept der Entwicklungsstufe nicht rein deskriptiv gemeint, sondern betont die Zielgerichtetheit der Entwicklung und ihre kulturelle Überformung. Z.B. könnte man folgende beziehungsrelevante Entwicklungsaufgaben für das frühe Erwachsenenalter angeben:

Entwicklungsaufgaben für das frühe Erwachsenenalter
(1) Partnerschaft eingehen und durch Zusammenleben vertiefen
(2) Kinder bekommen und erziehen
(3) Beziehungen am Arbeitsplatz aufbauen
(4) stabilen Freundeskreis aufbauen

Ein übergreifendes Modell der Beziehungsentwicklung auf der Grundlage von Entwicklungsaufgaben scheint es allerdings bisher nicht zu geben.

Ein letzter Ansatz, universelle Veränderungen im Beziehungsstatus zu beschreiben, aber auch zu erklären, bezieht ihn auf die kognitive Kompetenz in einem bestimmten Alter. Was die Entwicklung der frühesten Peer-Beziehungen angeht, formulierten z.B. Asendorpf und Baudonnière (1993) die Hypothese, daß die im Alter von etwa 18 Monaten sich entwickelnde Fähigkeit, sich im Spiegel zu erkennen, und die Fähigkeit, spontan die Perspektive anderer zu übernehmen, Ausdruck derselben Kompetenz zu "sekundärer Repräsentation" ist. Die Fähigkeit zu spontaner Perspektiveübernahme befähige nicht nur zu empathischer Hilfeleistung (vgl. Bischof-Köhler, 1989), sondern auch zu einer bestimmten Form der Interaktion, dem *synchronen Imitieren*, das eine vorsprachliche Verständigung zwischen Peers darstelle und ein "Wir-Gefühl" erzeuge; synchrones Imitieren wiederum ermögliche die Etablierung der ersten Beziehungen zu Peers.

Asendorpf und Baudonnière (1993) und Asendorpf, Warkentin und Baudonnière (1996) konnten in Querschnittstudien einen Zusammenhang zwischen Spiegelerkennen und synchroner Imitation von unbekannten Peers bestätigen, und Baudonnière, Garcia-Werebe, Michel und Liégois (1988) fanden, daß frühe Beziehungen in Kinderkrippen ab der Mitte des 2. Lebensjahrs durch häufiges synchrones Imitieren charakterisiert sind. Es bedarf jedoch noch Längsschnittstudien, um die Abfolge Spiegelerkennen → synchrones Imitieren → Peer-Beziehungen zu bestätigen (und die alternative Hypothese auszuschließen, daß Peer-Beziehungen das Erkennen im Spiegel fördern). Diese vermutete Abfolge wäre ein Beispiel dafür, daß frühe kognitive Reifungsprozesse sich auf Veränderungen des Beziehungsstatus auswirken. Ein anderes Beispiel ist die Veränderung der Qualität von Freundschaftsbeziehungen mit wachsender Fähigkeit zur bewußten Perspektivenübernahme (Selman, 1980; vgl. Abschn. 2.2). Eine übergreifende Theorie zum Einfluß der kognitiven Entwicklung auf die Entwicklung des Beziehungsstatus scheint es bisher jedoch nicht zu geben.

Entwicklungsveränderungen in kognitiver Kompetenz können Auswirkungen auf Beziehungen haben. Eine übergreifende Theorie hierzu fehlt noch.

Wenig beachtet wurde bis vor kurzem in der Entwicklungspsychologie die Tatsache, daß die Beziehungsqualität in dyadischen Beziehungen vom Alter *beider* Bezugspersonen abhängt (siehe jedoch Hartup, 1986). So wird z.B. die Mutter-Kind-Beziehung fast ausschließlich aus Sicht des sich entwickelnden Kindes betrachtet, nicht jedoch aus Sicht der sich entwickelnden Mutter. In den letzten Jahren gibt es jedoch vermehrt Studien zu sehr jungen Müttern, die zeigen, daß früh Mutter zu werden zwar statistisch mit vielen Risikofaktoren behaftet ist wie z.B. niedriger sozioökonomischer Status, keine Beziehung zum Vater oder Trennung vom Vater, daß aber die frühe Mutter-Kind-Beziehung auch ohne Kontrolle dieser Risikofaktoren nicht deutlich schlechter ist als die älterer Mütter (vgl. z.B. Ward & Carlson, 1995, für die Bindungsqualität). Immer noch rar sind Studien zur Eltern-Kind-Beziehung bei Müttern um 40 oder älter oder bei sehr alten Vätern (vgl. aber Daniels & Weingarten, 1980).

Ein weiteres Beispiel: Hartup (1986) wies darauf hin, daß die Veränderungen in den Eltern-Kind-Beziehungen während der Adoleszenz fast ausschließlich auf Veränderungen des Kindes zurückgeführt werden, obwohl damit zu rechnen ist, daß die Adoleszenz der eigenen Kinder oft mit Veränderungen der Eltern korrespondiert, z.B. bei späten Müttern mit der Menopause.

In altersasymmetrischen Beziehungen können die Entwicklungsveränderungen der beiden Bezugspersonen unterschiedliche Auswirkungen auf ihre Beziehung zueinander haben.

Universelle Veränderungen des Beziehungsstatus lassen sich nicht nur auf das Alter der Bezugspersonen beziehen, sondern auch auf alterskorrelierte universelle Veränderungen ihrer *sozialen Umwelt.* Dies klang bei der Diskussion der Entwicklungsaufgaben für Beziehungen schon an. *Transitionen* ("life transitions"; Elder, 1985) wie die Einschulung, das Verlassen des Elternhauses, Studien- oder Berufsbeginn, Zusammenziehen mit einem Partner, Geburt des ersten Kindes, Auszug des ältesten Kindes und Berentung führen zu bedeutsamen Veränderungen im Beziehungsstatus. Dies wurde in Abschn. 3.7 bereits am Beispiel der Berliner Beziehungsstudie illustriert, in der sich die Zusammensetzung des individuellen Netzwerkes im Verlauf der ersten 4 Semester des Studiums zugunsten eines höheren Anteils von Peers änderte.

Andere Transitionen mit starken Auswirkungen auf den Beziehungsstatus sind weniger stark alterskorreliert, z.B. der Umzug in eine andere Stadt. Zunächst scheint es klar, daß ein solcher Umzug starke Konsequenzen auf den Beziehungsstatus hat, da ja alle Beziehungen am alten Ort nunmehr nur noch Beziehungen auf Distanz sind. Gemildert wird der Umzugseffekt jedoch dadurch, daß im Zeitalter des Telefons und der E-mail gute Kommunikationsmöglichkeiten auch auf Distanz bestehen und daß losere Bekanntschaften relativ leicht durch neue Bekanntschaften am neuen Ort ersetzt werden können.

Das macht z.B. in der Berliner Beziehungsstudie ein Vergleich der zum Studienbeginn neu nach Berlin gekommenen Studierenden mit den zum Studienbeginn aus dem Elternhaus ausgezogenen Berlinern deutlich (ein Vergleich Berliner – Neuberliner ist nicht sinnvoll, da er die Effekte des Ortswechsels und des Auszugs aus dem Elternhaus nicht trennt) (vgl. Abb. 4.2). Die Abbildung zeigt, daß Neuberliner schneller neue Peers kennenlernten als Berliner, die aus dem Elternhaus ausgezogen waren. Der Wechsel nach Berlin, der ja mit einem tiefen Einschnitt in das Peer-Netzwerk verbunden war, scheint die Neulinge in Berlin besonders motiviert zu haben, ihr Peer-Defizit wieder aufzufüllen (sie unterschieden sich nicht von den beiden anderen Gruppen in Geselligkeit oder Schüchternheit, so daß die Unterschiede zwischen den Gruppen nicht durch Persönlichkeitsunterschiede erklärt werden können). Interessanterweise handelt es sich hier aber nur um ein vorübergehendes Phänomen, denn alle drei Gruppen endeten nach 18 Monaten mit einer sehr ähnlichen

Zahl neuer Peers. Die Transition "Umzug in eine neue Stadt" scheint also den Beziehungsstatus nur vorübergehend beeinflußt zu haben.

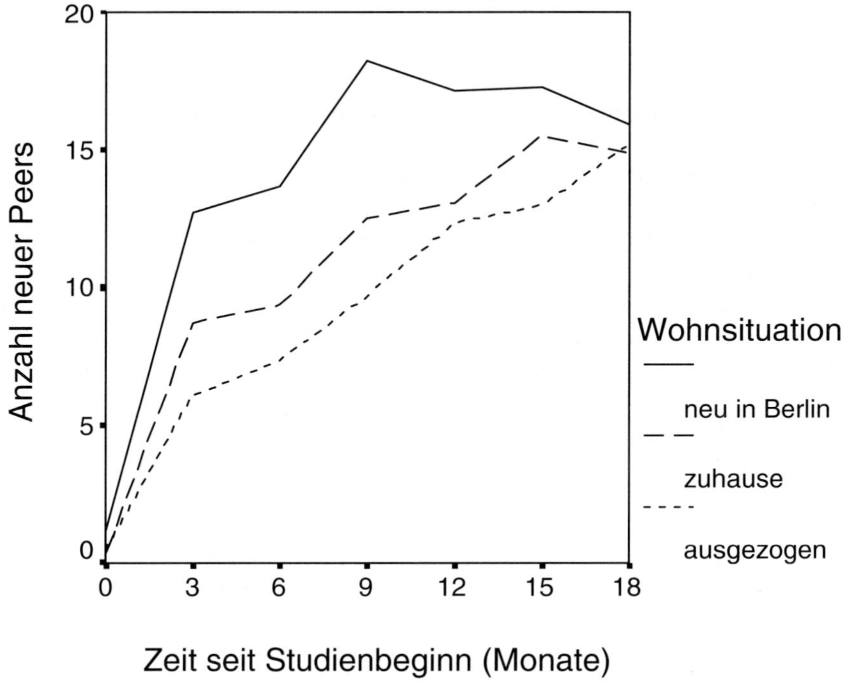

Abbildung 4.2. Anzahl der Peer-Beziehungen, die nach Studienbeginn geknüpft wurden, in Abhängigkeit von der Wohnsituation bei 171 Studierenden der Humboldt-Universität.

Ein weiteres Beispiel für Einflüsse von Transitionen auf den Beziehungsstatus sind die Veränderungen durch die Berentung. Van Tilburg (1992) untersuchte das soziale Netzwerk von 50 holländischen Männern kurz vor der Berentung und 1 Jahr später. Obwohl in dieser Zeit ein Drittel der Beziehungen verlorenging, vor allem zu Arbeitskollegen, wurden diese durch neue ersetzt, so daß die mittlere Netzwerkgröße unverändert 20 Beziehungen betrug. Das Kernnetzwerk stark reziproker und unterstützender Beziehungen blieb im wesentlichen erhalten, d.h. die Veränderungen betrafen eher periphere Beziehungen. Auch deshalb veränderte sich die wahrgenommene emotionale und instrumentelle Unterstützung im Mittel *nicht*. Die mittlere Kontakthäufigkeit pro Beziehung stieg, wohl auch deswegen, weil dafür nun mehr Zeit vorhanden war.

Diese Ergebnisse bestätigen nicht die verbreitete Meinung, daß die Berentung ein Risiko für soziale Beziehungen darstellt; tatsächlich fanden viele Studien übereinstimmend, daß die Berentung für viele Betroffene zu mehr Lebensqualität führt und die Einsamkeit im Mittel nach der Berentung *sinkt* (Revenson & Johnson, 1984). So hielten z.B. in einer repräsentativen Umfrage in den USA 60% der Befragten *unter 65 Jahren* Einsamkeit für ein schwerwiegendes Problem im Alter, nur aber 12% der eigentlich Betroffenen *über 65 Jahren*.

Transitionen können den Beziehungsstatus verändern; oft ist diese Veränderung jedoch nur vorübergehend.

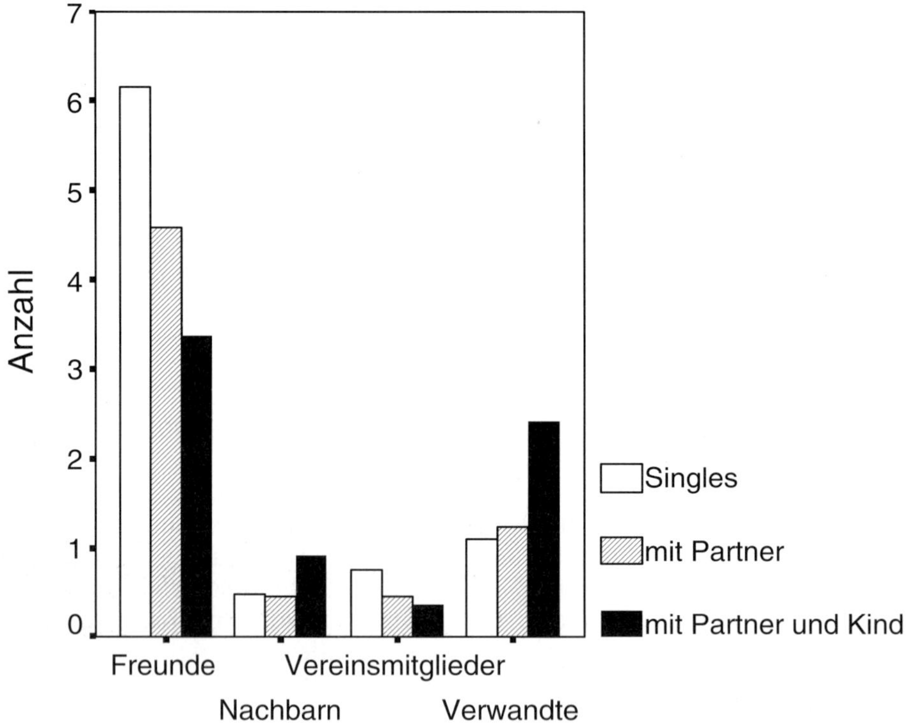

Abbildung 4.3. Netzwerkkomposition in Abhängigkeit von der Lebensform (Daten nach Neyer, 1999).

Dauerhaftere Veränderungen dürften sich vor allem bei Transitionen zwischen drei typischen *Lebensformen* im Erwachsenenalter ergeben: Single (im Sinne von alleinstehend, also ohne Partner und Kinder); mit Partner (nicht notwendigerweise im selben Haushalt lebend); mit Partner und Kind(ern). Neyer (1999) untersuchte in einer großen, repräsentativen Stichprobe deutscher Erwachsener die Variation der individuellen sozialen Netzwerke zwischen den Befragten in bezug auf die Kontakthäufigkeit mit bestimmten Bezugspersonen wie z.B. Eltern, Partner, Kinder, Freunde und Arbeitskollegen. Clusteranalysen zeigten drei gut unterscheidbare Netzwerktypen, die mit sehr hoher Übereinstimmung (κ=.94) den drei Lebensformen entsprachen. Die Netzwerkgröße variierte nicht zwischen den drei Lebensformen, wohl aber die Netzwerkkomposition (vgl. Abb. 4.3). Singles hatten mehr Freunde als Befragte mit Partner und diese hatten wiederum mehr Freunde als Befragte mit Partner und Kind. Letztere hatten dafür mehr Beziehungen zu Nachbarn und Verwandten.

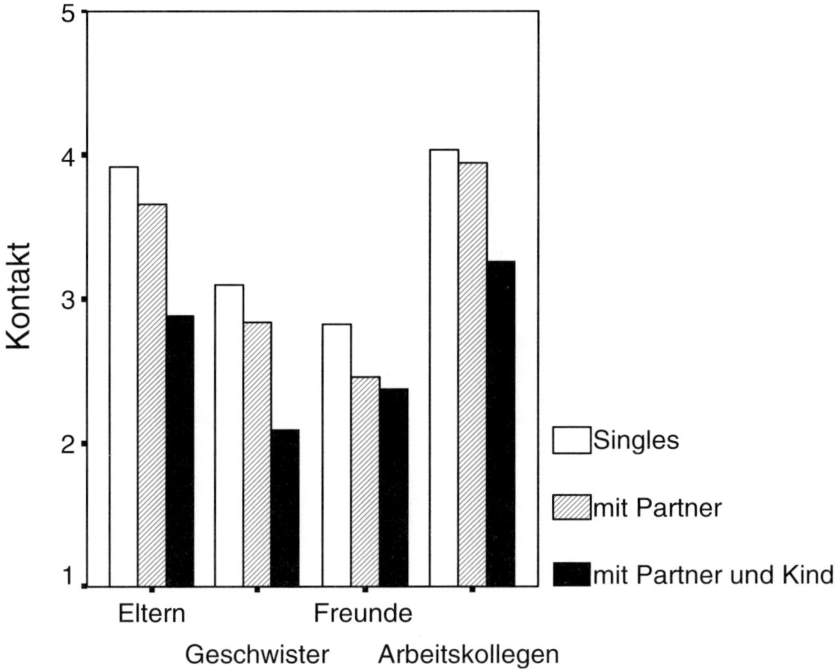

Abbildung 4.4. Mittlere Kontakthäufigkeit pro Beziehung in Abhängigkeit von der Lebensform (Daten nach Neyer, 1999).

Wird nicht das Vorhandensein von Beziehungen, sondern deren Intensität betrachtet, operationalisiert durch die mittlere Kontakthäufigkeit pro Beziehung, so zeigten sich ebenfalls Unterschiede zwischen den Lebensformen. Diese Unterschiede betreffen natürlich den Kontakt zum Partner und zu eigenen Kindern, darüber hinaus aber auch zu Eltern, Geschwistern, Freunden und Arbeitskollegen (vgl. Abb. 4.4). Gegenüber den Singles hatten die Befragten mit Partner etwas weniger intensiven Kontakt zu Freunden; hatten sie Kinder, war zudem der Kontakt mit Geschwistern, Eltern und Arbeitskollegen reduziert. Bei einer Partnerschaft werden also intensive Kontakte von Peers auf den Partner verschoben, bei Kindern Kontakte mit der Herkunftsfamilie und den Arbeitskollegen reduziert. Dies ist vor allem für den eigenen Kontakt mit den Eltern bemerkenswert, weil sie oft Betreuungsfunktionen für ihre Enkel übernehmen, wenn sie am gleichen Ort wohnen.

Die Interpretation der Unterschiede zwischen den Lebensformen muß nicht unbedingt auf die Lebensform selbst zurückgehen, sondern könnte durch andere Merkmale der Befragten bedingt sein, die mit der Lebensform variieren. Z.B. waren 71% der Befragten mit Partner und Kind weiblich, aber nur 40% der Singles; wer Partner und Kind hatte, war im Durchschnitt 4 Jahre älter als die anderen beiden Gruppen und hatte deutlich weniger häufig das Abitur erlangt (25%) als die beiden anderen Gruppen (41%). Ein Versuch, die drei Lebensformen aufgrund von 7 derartigen soziodemographischen Merkmalen vorherzusagen, war aber viel weniger erfolgreich (κ=.48) als die Vorhersage durch den Netzwerktyp (κ=.94). Dies spricht für einen nur schwachen Einfluß dieser soziodemographischen Merkmale auf das Beziehungsnetzwerk unabhängig von der Lebensform.

Netzwerkkomposition und Kontaktintensität variieren deutlich mit der Lebensform.

4.2 Differentielle Veränderungen von Beziehungen

Die Stabilität der interindividuellen Unterschiede im Beziehungsstatus über längere Zeiträume hängt wie die Stabilität von Persönlichkeitsunterschieden von mehreren Faktoren ab: Länge des *Zeitabstandes* zwischen den beiden Messungen (die Stabilität sinkt im allgemeinen mit wachsendem Zeitabstand), *Alter* bei der ersten Messung (die Stabilität steigt im allgemeinen mit wachsendem Alter), *Reliabilität* der beiden Messungen (je niedriger ihre Reliabilität, umso geringer die Stabilität), *Konstruktvalidität* der beiden Messungen (wenn eine der beiden Messungen weniger konstruktvalide ist als die andere, sinkt die Stabilität) und *Kontinuität* des Konstrukts zwischen den beiden Messungen (wenn das Konstrukt selbst sich altersabhängig ändert, sinkt die Stabilität, weil sie sich auf unterschiedliche Konstrukte bezieht) (vgl. Asendorpf, 1999, Kap. 6.1). Soweit lassen sich Ergebnisse der Psychologie der Persönlichkeitsentwicklung direkt auf die differentielle Beziehungsentwicklung übertragen.

Die Stabilität des Beziehungsstatus ist im allgemeinen umso höher, je kürzer das betrachtete Zeitintervall ist, je älter die Personen bei der ersten Messung sind, je reliabler und konstruktvalider die Messungen des Beziehungsstatus sind und je höher die Kontinuität des Beziehungsstatus auf Konstruktebene ist.

Etwas komplizierter wird es, wenn genetische und Umweltwirkungen auf die Stabilität des Beziehungsstatus betrachtet werden. Dies sei hier am Beispiel der Stabilität von Partnerschaften erläutert (der Beziehungsstatus ist in diesem Fall also einfach die Unterscheidung zusammenlebend/getrennt). Das Risiko einer Trennung vom Partner ist zu einem wesentlichen Anteil genetisch bedingt (vgl. Abschn. 2.1.1). Das gilt natürlich in gleicher Weise auch für den Partner. Dessen genetischer Einfluß auf das Trennungsrisiko ist jedoch ein Umwelteinfluß auf seinen Partner. Sofern die Wirkung bestimmter Gene auf das Trennungsrisiko altersabhängig ist (das ist bisher reine Spekulation, erscheint aber durchaus realistisch), destabilisiert dies Partnerschaften auf doppelte Weise: über die eigenen Gene und über die Gene des Partners als Umweltbedingung. Zwar sind die Gene von Partnern *immer* Teil der eigenen Umweltbedingungen für *beliebige* Persönlichkeitsmerkmale, aber dieser indirekte genetische Effekt dürfte im Fall der Partnerschaftsstabilität stärker sein, weil der Partner durch sein individuelles Verhalten bereits eine Trennung herbeiführen kann, während er Persönlichkeitseigenschaften seines Partners, z.B. dessen Temperament oder Werthaltungen, nur vergleichsweise schwach beeinflussen kann.

Für Umweltbedingungen des Trennungsrisikos gilt dies in analoger Weise. Wenn z.B. Konflikte am Arbeitsplatz das Trennungsrisiko erhöhen (vgl. Abschn. 2.1.1), gilt dies nicht nur für den eigenen Arbeitsplatz, sondern auch für den Arbeitsplatz des Partners. Destabilisierende Umweltbedingungen für einen Partner gelten meist auch für den anderen und verstärken so ihre Wirkung auf das Trennungsrisiko. Das läßt sich auf den Beziehungsstatus in engen Beziehungen verallgemeinern, z.B. auf Freundschaften, die Eltern-Kind- und Geschwisterbeziehungen:

Enge Beziehungen übertragen destabilisierende genetische und Umweltbedingungen zwischen den Bezugspersonen und erhöhen so ihre destabilisierende Wirkung auf die Beziehung.

Umgekehrt können nahe Bezugspersonen aber auch stabilisierend wirken, indem sie die Bewältigung von Belastungen ihres Partners durch soziale Unterstützung fördern. Bodenmann (1995) gab einen Überblick über Untersuchungen zum *dyadischen Coping*, d.h. der gemeinsamen Bewältigung von Belastungen durch die beiden Partner in einer Partnerschaft. In diesen Studien wurde gezeigt, daß der Partner eine wesentliche Stütze bei der Bewältigung von Belastungen sein kann; entsprechendes gilt für andere nahe Bezugspersonen. Von daher können nahe Bezugspersonen Belastungen abpuffern und so die Beziehung selbst stabilisieren:

In engen Beziehungen können die Bezugspersonen durch dyadisches Coping destabilisierende genetische und Umweltbedingungen der Bezugsperson abpuffern und so stabilisierend auf die Beziehung wirken.

Von daher läßt sich aus diesen Überlegungen noch keine Aussage dazu ableiten, ob der Beziehungsstatus prinzipiell stabiler oder instabiler sein muß als individuelle Persönlichkeitsmerkmale. Obwohl es auf den ersten Blick plausibel erscheinen mag, daß ein auf dynamischer Wechselwirkung zwischen zwei Systemen beruhendes Merkmal instabiler ist als die beiden Systeme selbst, muß das nicht so sein (vgl. hierzu Bischof, 1995). In der Physik, der Chemie, der Biologie und der Technik gibt es genügend Beispiele dafür, daß durch Komplexitätserhöhung die Stabilität von Systemen *steigen* kann. Beziehungsnahe Beispiele wären ein Arbeitsteam in der Autoindustrie, das trotz individueller Abwesenheit einzelner Mitglieder durch Krankheit und Urlaub ein konstantes Fertigungstempo gewährleisten kann, oder ein Elternpaar, in dem Vater und Mutter wechselseitig Funktionen im Haushalt und in der Kinderbetreuung übernehmen und so die Umwelt der Kinder insgesamt stabilisieren.

Ähnliches gilt für das Argument, daß der Beziehungsstatus dann instabiler ist, wenn die betreffenden Bezugspersonen wechseln. Zunächst scheint es plausibel, daß sich ein Wechsel der Bezugspersonen generell destabilisierend auf den Beziehungsstatus auswirkt, denn die neuen Bezugspersonen werden sich immer in bestimmten beziehungsrelevanten Persönlichkeitseigenschaften von den alten unterscheiden. Diese Argumentation übersieht jedoch destabilisierende Tendenzen, die in der Dynamik der Beziehung selbst liegen können. In langandauernden Partnerschaften z.B. kommt es nicht selten zu Konflikteskalationen und nachlassender sexueller Attraktion, die zur Destabilisierung der Beziehungszufriedenheit beitragen. Zumindest theoretisch ist es denkbar, daß diese destabilisierenden Tendenzen stärker sind als diejenigen, die ein Partnerwechsel hervorruft.

Ob der Beziehungsstatus stabiler oder instabiler als Persönlichkeitseigenschaften ist und ob ein Wechsel der Bezugspersonen immer destabilisierend wirkt, läßt sich nicht theoretisch vorentscheiden, sondern nur empirisch beantworten.

In der Berliner Beziehungsstudie erwiesen sich Merkmale des Beziehungsstatus wie z.B. Zahl der Peers, aktuell verliebt (ja/nein), Konfliktstärke in Peer-Beziehungen, potentielle Unterstützung durch Freunde oder Eltern und Kontakthäufigkeit mit der Mutter als zwar kurzfristig (3 Monate) recht stabil, mittelfristig (18 Monate) sank jedoch die Stabilität in allen diesen Merkmalen deutlich unter das Stabilitätsniveau von Persönlichkeitseigenschaften (Big Five) (vgl. Tab. 4.1).

Tabelle 4.1: Stabilität des Beziehungsstatus und der Big Five bei Studierenden im Grundstudium (nach Asendorpf & Wilpers, 1998)

	Stabilität über			
	3 Monate	6 Monate	12 Monate	18 Monate
Zahl Beziehungen	.86	.68	.41	.27
- mit Peers (18-27)	.86	.63	.44	.30
Verliebt (ja/nein)	.62	.37	.52	.42
Peer-Unterstützung	.67	.46	.40	.35
Konflikt mit Peers	.55	.26	.30	.28
Kontakthäufigkeit mit Mutter	.81	.63	.58	.49
Big Five (Mittelwert)	-	.83	.78	.75

Ein weiterer Befund unterstützt die Annahme, daß der Beziehungsstatus weniger stabil ist als Persönlichkeitseigenschaften. Die Stichprobe der 12-jährigen Kinder von Asendorpf und van Aken (1997) wurde jüngst im Alter von 17 Jahren nachuntersucht, so daß die Stabilität der wahrgenommenen Unterstützung seitens der Eltern und Peers mit der Stabilität der Big Five (Elternurteil) verglichen werden konnte. Tabelle 4.2 zeigt, daß auch in diesem Fall, in dem keine so klare soziale Transition vorlag wie in der Berliner Beziehungsstudie, die Stabilität der wahrgenommenen Unterstützung geringer war als die Stabilität der Big Five, und zwar auch nach Kontrolle der Stabilitäten für die unterschiedliche interne Konsistenz der Skalen (doppelte Minderungskorrektur). Während die mittlere wahre Stabilität der Big Five .65 betrug, fiel die mittlere wahre Stabilität der Unterstützung mit .36 deutlich niedriger aus.

Tabelle 4.2: Stabilität der wahrgenommenen Unterstützung durch wichtige Bezugspersonen und der Big Five zwischen 12 und 17 Jahren

Unterstützung durch	Reliabilität	Stabilität	Wahre Stabilität
Mutter	.79	.39	.50
Vater	.81	.39	.48
Engstes Geschwister	.80	.35	.44
Bester Klassenkamerad	.79	.18	.23
Bester sonstiger Freund	.82	.13	.16
Big Five (Mittelwert)	.87	.57	.65

Wohl am besten untersucht ist die Stabilität der Bindungsqualität von Kindern an die Eltern und von Erwachsenen an Liebespartner. Die Ergebnisse sind uneinheitlich, was die Stabilität der kindlichen Bindungsqualität an die Mutter angeht, zeigen aber relativ einheitlich, daß die Stabilität der Bindungsqualität an Liebespartner zumindest im jungen Erwachsenenalter deutlich niedriger ist als die Stabilität von Persönlichkeitseigenschaften (vgl. Abschn. 3.4). Mit aller Vorsicht kann deshalb die Schlußfolgerung gezogen werden:

Der Beziehungsstatus scheint generell weniger stabil zu sein als Persönlichkeitseigenschaften.

Asendorpf und Wilpers (in Druck) untersuchten in der Berliner Beziehungsstudie auch den Einfluß des Wechsels der Bezugsperson auf die Stabilität des Merkmals "maximale potentielle Unterstützung durch Peers" (Maximum der wahrgenommenen potentiellen Unterstützung durch die Peers des eigenen bzw. des anderen Geschlechts). Sie verglichen zunächst zwei Stabilitäten: die Stabilität der maximalen Unterstützung (die sich zu den beiden Zeitpunkten auf *unterschiedliche Peers* beziehen konnte, z.B. auf zwei als gleich stark unterstützend wahrgenommene Freunde zu Studienbeginn und auf einen einzigen neuen Freund 18 Monate später) und die Stabilität der Unterstützung durch einen Freund, der zum ersten Zeitpunkt als maximal unterstützend wahrgenommen wurde und von allen derartigen Freunden, die 18 Monate später noch im Netzwerk vorhanden waren, den höchsten Unterstützungswert bekam (also die beste kontinuierliche Freundschaft repräsentierte). Die erste Stabilität bezieht sich auf den Beziehungsstatus, die zweite auf eine konkrete Beziehung.

Tabelle 4.3: Stabilität der maximalen Unterstützung durch Peers und der Unterstützung durch einen besten Freund

	Unterstützung durch Peers des	
Unterstützung	gleichen Geschlechts	anderen Geschlechts
Maximum aller Peers (Beziehungsstatus)	.60	.53
Beste konkrete Freundschaft	.49	.40

Anmerkung. Angegeben sind Korrelationen zwischen Studienbeginn und Beginn des 4.Semesters.

Wie Tabelle 4.3 zeigt, war der Beziehungsstatus *stabiler* als die Beziehung zum besten konkreten Freund. Dies weist darauf hin, daß die Teilnehmer ihre maximale Unterstützung dadurch relativ stabil halten konnten, daß sie Verschlechterungen in einer Beziehung durch andere Beziehungen kompensierten. Selbst bei Teilnehmern, die sämtliche Freundschaften, die sie zum Studienbeginn als maximal unterstützend erlebten, im Verlauf der folgenden 18 Monate beendeten, so daß sich keine sinnvolle Stabilität der Unterstützung durch eine konkrete Beziehung mehr bestimmen ließ, war die maximale Unterstützung durch Peers nicht deutlich instabiler. Dies dürfte sich verallgemeinern lassen:

Aggregationsprinzip der Stabilität des Beziehungsstatus
Wenn sich ein Merkmal des Beziehungsstatus auf mehrere Beziehungen des gleichen Typs bezieht, dürfte es mindestens so stabil sein wie die zugrundeliegende Qualität jeder konkreten Beziehung.

Ob dieses Prinzip wirklich allgemeine Gültigkeit besitzt, läßt sich derzeit mangels einschlägiger Untersuchungen nicht mit Sicherheit sagen.

4.3 Konsequenzen von Beziehungen auf die Persönlichkeit

Eine der ältesten und gleichzeitig kontroversesten Annahmen der Persönlichkeitspsychologie ist, daß die Beziehungsgeschichte eines Menschen wesentlichen Einfluß auf seine spätere Persönlichkeit und Beziehungen hat. Diese Annahme wird u.a. wie folgt zu belegen versucht:

Argumente für einen Einfluß der Beziehungsgeschichte auf die spätere Persönlichkeit und Beziehungen
(1) Frühe soziale Deprivation führt bei Rhesusaffen zu sozialer Inkompetenz (Harlow & Zimmermann, 1959).
(2) Heimkinder weisen öfter Persönlichkeits- und Beziehungsstörungen auf (Tizard, 1977).
(3) Kleinkinder mit sicherer Bindung an die Mutter sind in der Kindheit sozial kompetenter (vgl. Abschn. 3.4).

Eine genauere Analyse zeigt jedoch, daß diese Argumentation auf tönernen Füßen steht. Heimkinder unterscheiden sich meist schon *vor* dem Heimaufenthalt in zahlreichen Risikofaktoren von Kindern, die in normalen Familien aufwachsen (Ernst & Luckner, 1985), so daß ein einfacher Vergleich von älteren Heimkindern mit "normalen" Kindern ohne Kontrolle dieser Risikofaktoren nicht sinnvoll ist. Auch Vergleiche von Kindern, die mehrfach die Adoptivfamilie wechselten, mit solchen, die in derselben Adoptivfamilie verblieben (Tizard, 1977) sind nicht schlüssig, weil der häufige Wechsel durchaus auch etwas mit der Persönlichkeit des Kindes vor der ersten Adoption zu tun haben könnte. Auch hier fehlt die Kontrolle früher Risikofaktoren. Die Korrelation der frühen Bindungsqualität mit späterer sozialer Kompetenz könnte auf einem Einfluß nicht kontrollierter Variablen beruhen, die beides bedingen (Bindungsqualität und Kompetenz), z.B. Persönlichkeitsfaktoren des Kindes, einschließlich genetische Faktoren. In allen Fällen wurde nicht ausgeschlossen, daß der beobachtete Zusammenhang zwischen früher Beziehungsqualität und späterer Persönlichkeit auf frühen Persönlichkeits- oder Umweltunterschieden beruhte (vgl. Abb. 4.5).

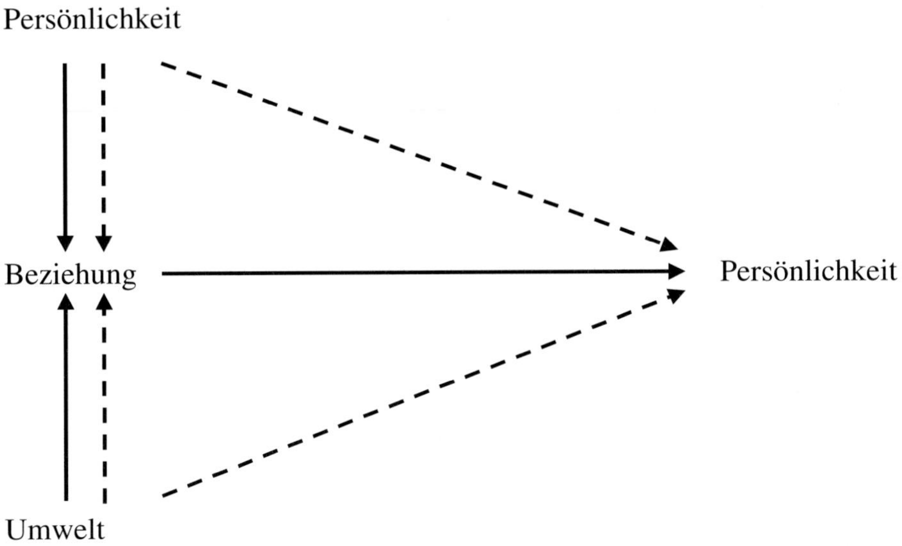

Abbildung 4.5. Klassische Interpretation von Korrelationen zwischen früher Beziehungsqualität und späterer Persönlichkeit (durchgezogene Pfeile) und alternative Interpretation (gestrichelte Pfeile).

Am klarsten interpretierbar sind noch die Ergebnisse von Harlow und Zimmermann (1959) an Rhesusaffen, da die soziale Deprivation (kein Kontakt mit Artgenossen, Ernährung nur durch eine an einem Drahtgestell befestigte Flasche) experimentell induziert wurde. Allerdings handelt es sich hier um eine extreme Beeinträchtigung der Entwicklung, die in analoger Form beim Menschen gar nicht vorkommt, und was für Rhesusaffen gilt, braucht deshalb noch lange nicht für Menschen Gültigkeit besitzen.

Zweifelhaft ist ebenfalls die Annahme von Objektbeziehungs- (vgl. 3.1) und Bindungstheoretikern (vgl. 3.4), daß in der frühen Kindheit ein inneres Arbeitsmodell von Beziehungen erworben werde, das alle weiteren Beziehungen präge. Erwachsene verfügen zweifellos über Beziehungsschemata (vgl. 3.2), aber deren Entwicklung ist bisher noch gar nicht direkt mit Hilfe kognitionspsychologischer Methoden (z.B. Priming) untersucht worden. Welche Beziehungsschemata Kleinkinder im Alter von 18 Monaten haben, ist noch immer unklar; Bowlbys "inneres Arbeitsmodell" ist noch immer eine Hypothese, kein kognitionspsychologisch nachgewiesenes Konstrukt.

Ein Einfluß der frühen Beziehungsqualität auf die spätere Persönlichkeit oder spätere Beziehungsqualität ist im strengen Sinne nicht nachgewiesen. Das gilt auch für die Annahme eines "inneren Arbeitsmodells" für Beziehungen im Kleinkindalter und dessen Kontinuität.

Transitionen, die mit einer starken Änderung der sozialen Umwelt verbunden sind wie z.B. Umzug in eine andere Stadt oder Studienbeginn, eröffnen eine gute Möglichkeit, den Einfluß des Beziehungsstatus auf die Persönlichkeitsentwicklung zu untersuchen. In der Berliner Beziehungsstudie wurde ein möglicher Beziehungseinfluß auf die Persönlichkeitsentwicklung in zweierlei Weise geprüft (vgl. Asendorpf & Wilpers, 1998). Zum einen wurde durch Pfadanalysen getestet, ob nach statistischer Kontrolle des zu Studienbeginn bestehenden Zusammenhangs zwischen Persönlichkeit (Big Five) und Beziehungsstatus Merkmale des Beziehungsstatus zu Studienbeginn Einfluß auf Persönlichkeitsveränderungen hatten. Führte z.B. eine große Zahl von Freunden oder eine gute Beziehung zu den Eltern zu Studienbeginn zu einer Verminderung des Schüchternheitsurteils im Verlauf der folgenden 18 Monate? Für keines der untersuchten Beziehungsmerkmale fand sich ein derartiger signifikanter Einfluß.

Nun kann mit gutem Recht eingewendet werden, daß der Beziehungsstatus zu Studienbeginn wenig Einfluß ausüben kann, weil die Beziehungen zu diesem Zeitpunkt bei vielen Studierenden durch Auszug aus dem Elternhaus oder Wechsel des Wohnortes und bei allen Studienanfängern durch den Eintritt in die neue soziale Welt der Universität mit all den Möglichkeiten der Knüpfung neuer Peer-Beziehungen stark destabilisiert sind. Instabile Faktoren können aber längerfristig wenig Einfluß ausüben. Deshalb wurde von Asendorpf und Wilpers (1998) zusätzlich geprüft, ob die *Veränderung* des Beziehungsstatus mit *Veränderungen* der Persönlichkeit korrelierte. Wurden z.B. diejenigen Studierenden, die während der 18-monatigen Untersuchung besonders viele neue Freundschaften schlossen, weniger schüchtern? Aber auch hier zeigten sich keinerlei signifikante Zusammenhänge zwischen Beziehungs- und Persönlichkeitsveränderungen.

Zusammen mit der hohen Stabilität der untersuchten Persönlichkeitsmerkmale legen diese Befunde nahe, daß schon im jungen Erwachsenenalter die Persönlichkeit so stark festgelegt zu sein scheint, daß unterschiedliche Beziehungserfahrungen keinen Einfluß mehr auf sie ausüben. Natürlich kann nicht ausgeschlossen werden, daß es Beziehungs- oder Persönlichkeitsmerkmale gibt, die nicht von Asendorpf und Wilpers (1998) untersucht wurden, für die dies nicht gilt. Asendorpf und Wilpers

(1998) spekulierten, daß möglicherweise Einstellungen und Werthaltungen der Studierenden von den Einstellungen und Werthaltungen ihrer Kommilitonen beeinflußt werden könnten, aber auch hierfür gibt es noch keinen schlüssigen Nachweis.

Weiterführende Literatur

Hartup, W.W. (1986). On relationships and development. In W.W. Hartup & Z. Rubin (Eds.), *Relationships and development* (pp. 1-26). Hillsdale, NJ: Erlbaum.

5 Beziehung im Kulturvergleich

Kulturen können als geographisch und historisch abgrenzbare Populationen von Menschen verstanden werden, die eine bestimmte Sprache, Normen und Werte teilen. Oft, aber nicht immer, gibt es eine Entsprechung zwischen Kultur und Nation. Kompliziert wird der Kulturbegriff durch die ständigen Migrationsbewegungen zwischen Kulturen, Mehrsprachigkeit, Handel, Tourismus und den rasant zunehmenden Einfluß von Massenmedien auf Kulturen, die zu einer Angleichung von Kulturen an wenige dominante Kulturen führen (z.B. an die nordamerikanische oder die indische "Medienkultur").

Diese Wechselwirkungen zwischen Kulturen führen zu einer ständigen Veränderung der einzelnen Kulturen. Unabhängig davon ändern sich Kulturen aber auch durch Anpassung an ökologische Veränderungen (z.B. Klimaschwankungen) und zufälligen "Drift". Kulturen unterscheiden sich deshalb sowohl querschnittlich - zum selben Zeitpunkt - als auch längsschnittlich - im historischen Vergleich. Der historische Vergleich von persönlichen Beziehungen wird dadurch erschwert, daß unser Wissen über Beziehungen in vergangenen Kulturen auf wenig systematischen, oft nur anekdotischen Berichten beruht, die schwer zu quantifizieren sind. Deshalb wird die historische Analyse von Beziehungen im folgenden nur exemplarisch am Fall der Beziehungen von Kindern in Nordamerika seit etwa 1800 illustriert (Hareven, 1989; vgl. Ariés, 1990, zur Geschichte familiärer Beziehungen in Europa).

5.1 Historische Beziehungsforschung

Das soziale Netzwerk von Kindern ist wesentlich abhängig von demographischen Variablen wie Geburtenrate, Sterberate, Scheidungsrate und Verstädterung. Die früher wesentlich höhere Sterberate vor allem im Säuglings- und Kindesalter wurde durch eine noch höhere Geburtenrate wettgemacht. So starben zwar in den USA noch 1870 ca. 30% der Kinder vor dem Alter von 10 Jahren, aber ein 1870 geborenes Kind hatte im Durchschnitt etwas mehr als 6 Geschwister (Uhlenberg, 1978). Die große Zahl von Geschwistern führte zu einer starken Heterogenität des Alters der Geschwister und dazu, daß die älteren wesentlich für die Betreuung der jüngeren verantwortlich waren. Eine Ausnahme waren Einwanderungsfamilien, in denen oft die ältesten Kinder als erste einwanderten und die Eltern und jüngeren Kinder erst später - wenn überhaupt - nachkamen.

Die etwas höhere Sterberate der Eltern, verbunden mit einem relativ späten Heiratsalter (aus ökonomischen Gründen) und den immer wiederkehrenden Schwangerschaften der Mutter bis zu ihrer Menopause, führte dazu, daß der Tod eines Elternteils nicht unerwartet und Waise zu sein nicht unüblich war. Die Wahrscheinlichkeit, Waise zu werden, war 1870 siebenmal größer als 1950 (Uhlenberg, 1978). Der Verlust eines Elternteils durch dessen Tod war daher ähnlich häufig wie heutzutage der Verlust durch die Trennung der Eltern (um 50%).

Nach Hareven (1989) ist es eine irreführende Vorstellung, daß Kinder früher normalerweise zusammen mit den Großeltern in einem Haushalt aufwuchsen. Oft waren die Großeltern schon tot, bevor das jüngste Kind der Familie geboren wurde, und ein gemeinsamer Haushalt von Eltern und Großeltern bestand eher selten. Allerdings wohnten die Großeltern oft in größter Nähe und beteiligten sich schon von daher stärker an der Kinderbetreuung als heutzutage. Dasselbe galt für andere Mitglieder der "erweiterten Familie" wie Onkel, Tanten, Cousins und Cousinen. Eine Ausnahme stellten die Immigrantenfamilien dar, deren älteste Mitglieder oft im Heimatland verblieben.

In den wohlhabenderen Familien der Kolonialzeit war es dagegen üblich, mehrere Nichtverwandte im Haushalt zu haben, z.B. Mägde und Knechte, aber auch mittellose Personen der Gemeinde, denen von den lokalen Behörden ein Platz in der Familie zugewiesen wurde. Zudem war es vor Beginn der Industrialisierung üblich, daß Jugendliche als "boarders" oder "lodgers" in andere Familien geschickt wurden, wo sie den Platz der ältesten Kinder einnahmen, die gerade die Familie verlassen hatten, und sich entsprechend auch an der Betreuung der jüngeren beteiligten. Dies sollte nicht nur ihren geistigen Horizont erweitern, sondern auch durch geschickte Wahl der Familie ihre Chance auf einen Arbeitsplatz erhöhen.

Die sozialen Beziehungen von Kindern waren wegen der großen Zahl von Geschwistern stark unterschiedlichen Alters und der nichtverwandten Haushaltsmitglieder erheblich heterogener als heute. Hinzu kam, daß Kinder viel stärker in den Alltag der Erwachsenen integriert waren, weil sie viel weniger Zeit in Bildungsinstitutionen wie Schule und Kindergarten verbrachten. Die Welt der Arbeit und die Welt der Vergnügungen der Erwachsenen war ihnen von früh an vertraut, und dies ermöglichte zahlreiche Beziehungen zu Personen beliebigen Alters außerhalb der Familie. Sozialisation war Teilnahme am familiären und öffentlichen Leben; formale Erziehung beschränkte sich meist auf Schreiben, Lesen und Religionsunterricht. Dies gilt auch für Mitteleuropa.

Die sozialen Beziehungen von Kindern und Jugendlichen waren zu Beginn des 19. Jahrhunderts vielseitiger als heute:
(1) größere Altersvarianz der Bezugspersonen
(2) größere Altersvarianz der Geschwister
(3) engere Beziehungen zu Verwandten außerhalb der Familie
(4) Beziehungen zu Nichtverwandten im Haushalt
(5) Frühes Verlassen der Familie als "boarder" oder "lodger"

Mit der ersten Welle der Verstädterung und Industrialisierung verlagerte sich die Erziehung in die Mutter-Kind-Beziehung und die Schule. Das ging keineswegs reibungslos ab, sondern oft rebellierten die Eltern, weil sie glaubten, daß die Konfrontation mit großen Peer-Gruppen den Charakter ihrer Kinder verderbe und ihren Einfluß auf die Kinder schmälere. Für die wachsende Mittelschicht war das vor allem ein Problem der Moral, während es für Arbeiter und Bauern ein wirtschaftliches Problem war, denn bis dahin war Kinderarbeit weit verbreitet.

Anfangs gab es ausschließlich Klassen für Kinder aller Altersgruppen (ursprünglich 8-12 Jahre). Dies blieb auf dem Land so bis weit ins 20. Jahrhundert hinein. In den Städten entwickelte sich sehr langsam ein System der Differenzierung nach Klassen, die aber zunächst nicht durch das Alter, sondern durch die Leistung ihrer Mitglieder bestimmt waren. Erst ab 1930 wurden Altersgruppen vermehrt getrennt unterrichtet. Entsprechend wurden die Peer-Beziehungen immer altershomogener.

Zwei Trends führten zu der heutigen extremen Altershomogenität der Beziehungen von Kindern und Jugendlichen: Die Trennung von der Welt der Erwachsenen durch Einführung der Schule und die Trennung von Schülern unterschiedlichen Alters durch die Bildung altershomogener Klassen.

Insgesamt ist also die Entwicklung der Beziehungen von Kindern und Jugendlichen seit 1800 durch eine zunehmende Homogenisierung der Beziehungen durch die Kleinfamilie und altershomogene Kindergarten- und Schulklassen gekennzeichnet. Erst die Zunahme der elterlichen Trennungen führte zu einer Umkehrung dieses Trends. Beziehungen zu Eltern, die nicht mehr im Haushalt wohnen, Beziehungen zu Stiefeltern und -geschwistern und zu "Stief-Großeltern" erweitern heute erneut das Spektrum der Beziehungen, wenn auch aufgrund ganz anderer Ursachen und in ganz anderer Form.

5.2 Kulturvergleichende Beziehungsforschung

Inzwischen gibt es sehr umfangreiche Daten über Kulturen im 20. Jahrhundert, die empirische Untersuchungen über Unterschiede in Beziehungsformen und ihren kulturellen Bedingungen erlauben. Viele dieser Daten sind in den *Human Relations Area Files* gesammelt, die über mehrere Klassifikationen erschließbar sind. Der *Ethnographic Atlas* (Murdock, 1967) enthält eine Übersicht über 863 Kulturen, das *Standard Cross-Cultural Sample* von Murdock und White (1969) eine für die Bestimmung von Korrelationen zwischen Kulturen gut geeignete Stichprobe von 60 nichtüberlappenden Kulturen. Die *Outline of Cultural Materials* (Murdock, Ford & Hudson, 1971) ist eine Klassifikation von 79 dokumentierten kulturellen Inhalten, darunter die beziehungsrelevanten Inhalte *Interpersonal Relations*, *Marriage* und *Family*.

Durch Kreuzklassifikation von Kulturen und Beziehungstypen lassen sich interkulturelle Unterschiede empirisch untersuchen. So fanden z.B. Daly und Wilson (1983), daß 83% der Kulturen des Ethnographic Atlas *Polygynie* erlaubten (ein Mann hat mehrere Ehefrauen). *Polyandrie* (eine Frau hat mehrere Ehemänner) oder *Polygynandrie* (mehrere Frauen sind mit mehreren Männern verheiratet) waren hingegen in nur 4 der Kulturen erlaubt (0.05%), und in diesen war gleichzeitig auch Polygynie akzeptiert. *Monogamie* (ein Mann und eine Frau pro Ehe) als *ausschließliche* Eheform war also im 20.Jahrhundert keineswegs der Normalfall. Geschichtlich betrachtet war es ebenso. Polygynie wurde nicht nur in allen islamischen Kulturen, sondern auch im alten China und Indien sowie von den vorchristlichen europäischen Stämmen praktiziert (Taylor, 1954).

Es gibt Polygynie, Monogamie und Polyandrie als Eheform. Die weitaus meisten Kulturen akzeptieren Polygynie, extrem wenige Polyandrie.

So untypisch wie das Polygamieverbot der christlichen Kulturen ist, so wenig allgemeingültig ist die *neolokale* Form des Zusammenwohnens des Ehepaares (sie wohnen nicht bei Verwandten der Frau oder des Mannes, sondern an einem neuen Ort). Verbreitet sind auch die *patrilokale* Form (die Verheirateten ziehen in den Haushalt der Eltern des Mannes) oder die *matrilokale* Form (sie ziehen in den Haushalt der Eltern der Frau).

Eheleute wohnen matrilokal, patrilokal oder neolokal zusammen.

Polygyne Ehen bestehen typischerweise aus einem Mann und mehreren Frauen, die er *nacheinander* heiratet. Oft handelt es sich um zwei oder drei *Schwestern*. Der sprichwörtliche Scheich mit seinen Dutzend Haremsdamen ist eine eher exotische Erscheinung (schon rein statistisch muß es so sein, da die Geschlechtszusammensetzung auch in den kriegerischsten Kulturen nur geringfügig von der Gleichverteilung von Frauen und Männern abweicht). Bei patrilokaler Polygynie ziehen die Frauen nach und nach in den Haushalt der Familie des Mannes. Verbreiteter sind matrilokale und neolokale Formen der Polygynie. Bei matrilokaler und in manchen Fällen der neolokalen Form ist der Mann immer nur temporärer Gast in den Haushalten seiner Frauen und von daher auch immer nur *temporärer Vater*. Typischerweise hält er sich einige Wochen bis zu wenigen Monaten bei einer Frau auf und zieht dann weiter zur nächsten. Schon von daher ist sein Einfluß auf das tägliche Leben seiner Frauen und Kinder gering.

Bei patrilokaler und in den anderen Fällen der neolokalen Form lebt der Mann mit allen Frauen und Kindern zusammen, wobei typischerweise jede Frau und ihre Kinder eine eigene Hütte haben. Auch hier werden die Besuche des Mannes in den einzelnen Hütten sorgfältig reguliert. Ein wesentlicher Teil dieser Regulation bezieht sich auf Schwangerschaft und Stillen. So gibt es in fast allen Kulturen ein Geschlechtsverkehrs-Tabu, dessen Dauer (1-8 Jahre) wesentlich von der kulturell geforderten Stilldauer abhängt (Stillen und Geschlechtsverkehr gelten meist als unvereinbar). In manchen patri- oder neolokalen Kulturen ziehen die Frauen zudem für einige Monate in den Haushalt ihrer Mutter, um dort zu gebären.

In polygynen Ehen ist die Geschlechtsverkehr-Abstinenz der Frauen mehr durch das Tabu während Schwangerschaft und Stillen geprägt als durch die Tatsache, daß sie denselben Mann mit anderen Ehefrauen teilen. So schätzte Ware (1983), daß eine statistisch typische westafrikanische Frau, die mit 16 heiratet, 6 Kinder und eine Fehlgeburt hat und mit 41 Witwe wird, 15 ihrer 25 Ehejahre sexuell abstinent ist.

Unter den Frauen eines Mannes gibt es stets eine ausgeprägte Dominanz-Hierarchie, die sich wesentlich nach ihrem Alter oder der Abfolge der Heiraten richtet. Entsprechend variabel sind die Beziehungen der Kinder untereinander: sie sind variabler in ihrem Alter als bei monogamen Ehen und zusätzlich durch den Status ihrer Mutter beeinflußt. Die sozialen Kompetenzen der Eheleute werden durch die Konfliktmöglichkeiten und Koalitionsbildungen zwischen verschiedenen Ehefrauen stärker gefordert als in monogamen Ehen. Im Islam besteht eine der wesentlichen Aufgaben des Mannes darin, seine Frauen trotz ihrer Statusunterschiede gerecht zu behandeln und Konflikte zwischen ihnen weise zu schlichten; das hat mit dem westlichen Bild des Harems, in dem alle Frauen ihrem Manne bedingungslos zu Füßen liegen, wenig zu tun.

In polygynen Ehen variieren Rolle und Einfluß des Mannes stark mit der Art des Zusammenlebens. Das Geschlechtsverkehr-Tabu während Schwangerschaft und Stillen ist bedeutsamer für die sexuelle Abstinenz von Frauen in polygynen Ehen als das Teilen eines Ehemannes.

Angesichts dieser Heterogenität der Eheformen und ihrer Wohnsituation ist es nicht einfach, den Begriff der *Familie* zu definieren. Die Römer verstanden unter "familia" eine soziale Einheit, die aus einem Haushaltsvorstand, allen seinen Blutsverwandten (also genetisch Verwandten) und seinen angeheirateten Verwandten sowie aus sonstigen Haushaltsangehörigen (vor allem Sklaven) bestand. "Familie" bezog sich also einerseits auf Verwandtschaft, andererseits auf einen gemeinsamen Haushalt. Der Vorteil dieses Familienbegriffs ist, daß er beliebige Formen des ehelichen Zusammenlebens einschließt, neolokale monogame Beziehungen ebenso wie matrilokale polygyne oder patrilokale polyandrische, und nichtverwandte Haushaltsangehörige einschließt (z.B. die "boarders" und "lodgers" in den USA im 19. Jahrhundert). Diese Flexibilität wird allerdings dadurch erkauft, daß der Familienbegriff mehrdeutig ist, weil er sich auf zwei unterschiedliche Kriterien bezieht: Verwandtschaft und Haushalt.

Es gibt deshalb Versuche, den Familienbegriff zu spezifizieren. Ein Versuch zielt auf den "Kernbestand" der Familie westlicher Prägung, die *Kernfamilie*, bei der Vater, Mutter und ihre Kinder im selben Haushalt leben. Sie beschreibt den Prototyp der neolokalen Monogamie. Davon abgegrenzt wird die *erweiterte Familie*, bei der Eltern-Kind-Paare gleichen Geschlechts (Vater-Sohn, Mutter-Tochter, Vater-Söhne, Mutter-Töchter) und deren Ehegatten und Kinder im gleichen Haushalt leben. Sie beschreibt den Prototyp der patri- bzw. matrilokalen Ehe. In westlichen Kulturen handelt es sich meist um eine Kernfamilie, in der zusätzlich die Eltern des Mannes oder der Frau leben. Schließlich gibt es den Begriff der *verbundenen Familie*, bei der Geschwister mit ihren Ehegatten und Kindern im gleichen Haushalt leben (z.B. eine polygyne Familie aus drei Schwestern, ihrem Mann und ihren Kindern oder drei Schwestern, ihren Männern und Kindern); es handelt sich also um eine "Verbindung von Kernfamilien". Wenn Kinder vorhanden sind, umfaßt die erweiterte Familie drei Generationen, die verbundene aber nur zwei.

Familienkonzepte
(1) *Familie* ist ein mehrdeutiges Konzept, das sich einerseits auf Verwandtschaft, andererseits auf einen gemeinsamen Haushalt bezieht
(2) *Kernfamilie* ist Haushalt aus Vater, Mutter und ihren Kindern
(3) *Erweiterte Familie* ist Haushalt aus gleichgeschlechtlichen Eltern-Kind-Paaren, deren Ehegatten und Kindern (Drei-Generationen-Familie)
(4) *Verbundene Familie* ist Haushalt aus Geschwistern, deren Ehegatten und Kindern (Zwei-Generationen-Familie)

Wie Valsiner (1989) betonte, äußert sich in dieser Klassifikation ein typisch westliches Vorurteil, nach dem die Kernfamilie der Prototyp der Familie ist. Historisch sei aber die Kernfamilie durch Übergang von der matri- oder patrilokalen zur neolokalen Wohnsituation entstanden, indem erweiterte oder verbundene Familienstrukturen durch Auszug junger Eheleute aufgespalten worden seien. Von daher seien Begriffe wie "Kern", "erweitert" oder "verbunden" fehl am Platze, weil sie davon ausgingen, daß Familien sich aus Kernfamilien zusammensetzten.

Warum sich bestimmte Familienformen entwickeln, läßt sich am besten dort untersuchen, wo sehr unterschiedliche Formen koexistieren. Die höchste Variabilität auf engstem Raum fand sich im 20. Jahrhundert in Tibet, wobei die Eheformen nicht direkt beobachtet, sondern aus Berichten von Flüchtlingen nach der Vertreibung durch die Chinesen rekonstruiert wurden (Durham, 1991). Danach fanden sich z.B. unter den 430 Ehen im D'ing-ri Tal in Südwest-Tibet *alle* denkbaren Formen, wenn auch die Monogamie zahlenmäßig dominierte (vgl. Tab. 5.1).

Tabelle 5.1:Eheformen im D'ing-ri Tal in Südwest-Tibet (nach Durham, 1991)

Eheform	Zahl	Prozent
Monogamie	308	71,6
Polyandrie mit Brüdern (2-6 Brüder)	80	18,6
Polygynie mit Schwestern (2-3 Schwestern)	14	3,3
Polygynie mit Mutter und Tochter	10	2,3
Polyandrie mit Vater und Sohn	8	1,9
Polygynie mit sonstigen Frauen	8	1,9
Polyandrie mit sonstigen Männern	2	0,5

Wenn eine Frau mit mehreren Brüdern verheiratet war, wohnte sie stets patrilokal. Die meisten polygyn verheirateten Männer wohnten matrilokal. Einige wenige polygyne Ehen enstanden aus monogamen oder polyandrischen Ehen, wenn die Frau unfruchtbar war. Ungewöhnlich sind die Fälle mehrgenerationaler Ehen. Polyandrie mit Vater und Sohn entstand, wenn ein Witwer wieder heiratete und einen Sohn aus erster Ehe in die Ehe einschloß. War die zweite Frau mit der ersten verwandt, war dem Sohn jeglicher Geschlechtsverkehr mit der neuen Frau verboten (eine Variante des Inzesttabus). Entsprechend entstand Polygynie mit Mutter und Tochter, wenn eine Witwe wieder heiratete und ihre Tochter in die Ehe einschloß.

Tabelle 5.2: Erwartete Eheformen der Thongpa aufgrund des Ein-Ehe-Prinzips und tatsächliche Eheformen (nach Durham, 1991)

		Anzahl Ehen		Ausnahmen	
Kinder	Erwartete Eheform	erwartet	real	Zahl	Art
Keine Söhne vorhanden					
1 Tochter	Matrilokale Monogamie	5	5	0	-
2 Töchter	Matrilokale Polygynie	1	0	1	Monogamie + Nonne
Söhne vorhanden					
1 Sohn	Patrilokale Monogamie	24	24	0	-
2 Söhne	Patrilokale Polyandrie	20	20	0	-
3 Söhne	Patrilokale Polyandrie aller 3 Söhne	8	6	2	Polyandrie von 2 Söhnen + 1 matrilokale Polygynie
4 Söhne	Patrilokale Polyandrie aller 4 Söhne	4	1	1 2	Polyandrie von 3 Söhnen[a] Polyandrie von 2 Söhnen[a]

[a] Verbleib der restlichen Söhne nicht rekonstruierbar.

Durham (1991) diskutierte anhand der Daten von 62 Ehen der Thongpa in Zentraltibet 8 verschiedene Theorien, die die extreme Variabilität der Eheformen in Tibet zu erklären versuchten. Danach erklärt eine *ökonomische Theorie* die Eheformen am besten. Die Thongpa vererbten ihr Land in väterlicher Linie; nur wenn es keinen Sohn gab, wurde es an die Töchter vererbt. Da das Land extrem karg war, hätte eine Teilung unter Söhnen bzw. Töchtern schnell dazu geführt, daß diese sich nicht mehr hätten ernähren können. Die Thongpa lösten dieses Problem dadurch, daß sie nicht mehr als eine Heirat pro Generation zuließen (*Ein-Ehe-Prinzip*). Dies förderte polyandrische oder - wenn nur Töchter vorhanden waren - polygyne Ehen. Wenn es nicht gelang, alle Söhne gleichzeitig zu verheiraten, wurden die übrigen Söhne ins Kloster geschickt bzw. ohne Land zu verheiraten versucht (matrilokale Ehen). Wie Tabelle 5.2 zeigt, gelang es Durham (1991), durch das Ein-Ehe-Prinzip 90% der Eheformen zu erklären.

Wie die Tabelle außerdem deutlich macht, gehen die Ausnahmen vor allem auf Fälle mit mindestens 3 Söhnen zurück. Nach Durham (1991) glaubten die Thongpas (vielleicht durchaus realistischerweise), daß Ehen mit mehr als 3 Männern konfliktreich sind, und versuchten deshalb in diesen Fällen, die Zahl der Ehegatten durch Entsendung eines Sohnes ins Kloster oder Verheiratung mit Schwestern ohne Bruder zu vermindern. Wie stark die Eheform von den ökonomischen Bedingungen abhing, wurde auch dadurch deutlich, daß die Thongpa-Flüchtlinge in Indien, denen jeweils ein Stück nicht-vererbbares Land zugewiesen wurde, fast ohne Ausnahme monogame Ehen eingingen.

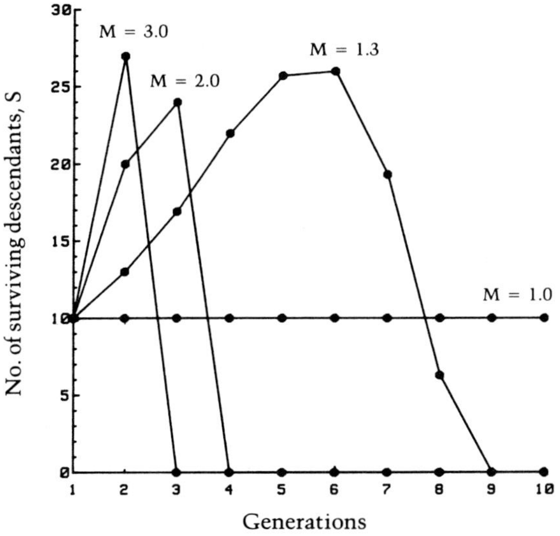

Abbildung 5.1. Zahl erwachsener Kinder einer fruchtbaren Thongpa-Frau bei einer durchschnittlichen Zahl von M=1, M=1.3, M=2 und M=3 Verheiratungen mit Land-Teilung (Computer-Simulation nach Durham, 1991; © Stanford University Press).

Warum entwickelte sich in Tibet überhaupt das Ein-Ehe-Prinzip? Hierzu führte Durham (1991) Computer-Simulationen für die langfristigen Konsequenzen der Teilung des Landes einer Familie mit anfänglich ausreichendem Land bei durchschnittlich 1-3 Verheiratungen pro Familie unter sonstigen realistischen Randbedingungen durch. Abbildung 5.1 zeigt, daß nur das Ein-Ehe-Prinzip das langfristige Überleben sichert, obwohl mehrere Verheiratungen kurzfristig eine größere Zahl von Enkeln produzieren. Die vernichtenden Konsequenzen mehrerer Verheiratungen (bedingt durch die rasch abnehmende Größe des verfügbaren Landes pro Kopf der Familie) sind aber schon nach 3-4 Generationen wahrnehmbar, so daß die Ein-Heirats-Regel der Thongpa durchaus auf Erfahrung zurückgeführt werden kann.

Die variabelsten Eheformen gab es in diesem Jahrhundert in Tibet. Ihre Variation kann gut auf ein Ein-Ehe-Prinzip zurückgeführt werden, das wiederum auf Erfahrungen mit alternativen Eheformen zu beruhen scheint und unter den extrem kargen Lebensbedingungen eine optimale langfristige Überlebenschance bot.

Welche Konsequenzen haben diese für uns so exotischen Familienformen auf die kindliche Entwicklung? Dies sei hier in Anlehnung an Valsiner (1989) für polygyne Familien skizziert (vgl. Tabelle 5.3).

Die kindlichen Beziehungen differieren zwischen Kulturen aber nicht nur hinsichtlich der Beziehungen innerhalb der Familie. Beschulung oder Nichtbeschulung und Besiedlungsdichte (wenige bis keine permanente Peers in der Nachbarschaft, z.B. auf abgelegenen Farmen) nehmen wesentlichen Einfluß auf die Peer-Beziehungen. Weniger Beachtung findet die Tatsache, daß der Wechsel von Kindern und sogar Säuglingen in andere Familien heute weit verbreitet ist. Während Säuglinge in andere Familien gegeben werden, um dort bessere Überlebensbedingungen zu finden (z.B. aus dem Großstadt-Slum oder in Kriegszeiten aufs Land) oder um die Arbeitsfähigkeit der Mutter zu sichern, werden ältere Kinder und Jugendliche auch zum Zweck der Berufsausbildung, der Arbeitssuche oder der Unterstützung ihrer Gastfamilie weggeschickt (vgl. auch die "boarders" und "lodgers" in den USA im 19. Jahrhundert).

Tabelle 5.3: Unterschiedliche kindliche Erfahrungen bei elterlicher Polygynie relativ zu elterlicher Monogamie (nach Valsiner, 1989)

Art der Erfahrung	Unterschied in der Erfahrung
Beobachtung der Interaktion von Erwachsenen in der Familie	Interaktionen zwischen (Vater und) mehreren Frauen ähnlichen Alters
Änderungen der Familie	Mehr Geburten und Tode von Geschwistern, erneute Heirat des Vaters (evtl. zusätzliche Frau im Haushalt)
Effekte auf die elterlichen Beziehungen	Geringere Effekte wegen größerer Distanz des Vaters zu seinen Frauen und geringerer elterlicher Beachtung des einzelnen Kindes
Effekte elterlicher Beziehungen	Effekte der Beziehungen verschiedener Frauen des Vaters untereinander auf das Kind; geringere Bedeutung elterlicher Konflikte für das Kind wegen größerer Elternzahl
Verlusterlebnisse	Einfachere Kompensation bei Tod der Mutter durch eine andere Ehefrau des Vaters
Beziehungen zu Kindern	Größere Zahl von (Halb)Geschwistern, besonders solchen ähnlichen Alters

Wie oft Pflegeeltern elterliche Funktionen übernehmen, wird z.B. in einer Studie von Isaac und Conrad (1982) an 562 Kindern der Mende in Sierra Leone (Westafrika) deutlich. Untersucht wurden Haushalte in Pendembu (3300 Einwohner) und Umgebung. Tabelle 5.4 zeigt die relative Häufigkeit für drei Wohnsituationen in Abhängigkeit vom Alter der Kinder: im väterlichen Haushalt, bei Pflegeeltern oder mit der Mutter außerhalb des väterlichen Haushalts (die Mende gebären traditionell im Haushalt ihrer Mutter, dadurch erklärt sich die starke Abnahme dieser Situation mit wachsendem Alter der Kinder).

Auffällig ist die starke Zunahme der Rolle der Pflegeeltern; in der späten Kindheit wuchs die *Mehrheit* der Kinder bei Pflegeeltern auf. 58% der 10-14jährigen befanden sich bei Geschwistern der Eltern in Pflege. Bei der Interpretation dieser Daten muß berücksichtigt werden, daß Pendembu die Distrikthauptstadt war, wo die Chancen auf einen Arbeitsplatz größer waren als auf dem Lande. Ältere Kinder wurden also in die Stadt geschickt, wenn möglich zu direkten Verwandten, um dort eine Berufschance zu haben.

Tabelle 5.4: Wohnsituation von 562 Kindern in einer Distrikthauptstadt in Sierra Leone in Abhängigkeit von ihrem Alter (nach Isaac & Conrad, 1982)

Wohnsituation	1-4 Jahre	5-9 Jahre	10-14 Jahre
Haushalt des Vaters	67,5%	64,2%	45,0%
Pflegeeltern	12,8%	30,9%	53,2%
Mit Mutter außerhalb des väterlichen Haushalts	19,7%	4,9%	1,8%

Die Eheformen in Tibet und die Übernahme elterlicher Funktionen durch Verwandte in der nächsten Stadt illustrieren die große Abhängigkeit sozialer Beziehungen von den ökonomischen Lebensbedingungen. Diese Abhängigkeit ist nicht neu, sondern dürfte im Verlauf der Entwicklung von *Homo sapiens* schon immer bestanden haben (vgl. Durham, 1991).

Die persönlichen Erfahrungen von Kindern variieren interkulturell mit der Familienform, der Besiedlungsdichte, dem Bildungssystem und der Sitte, Kinder von Pflegeeltern aufziehen zu lassen. Alle diese Faktoren sind stark von ökonomischen Bedingungen abhängig.

Wenn die persönlichen Erfahrungen von Kindern (aber auch von ihren Eltern) in der Familie so stark variieren, kann es problematisch sein, Verfahren zur Erfassung der Beziehungsqualität, die in westlichen Kulturen entwickelt wurden, auf andere Kulturen zu übertragen. Dies sei hier am Beispiel des Strange Situation Test zur Erfassung der Bindungsqualität illustriert (vgl. Abschn. 3.4). Dieses Beobachtungsverfahren wurde von Ainsworth aufgrund ihrer Beobachtung von Kindern in Uganda und den USA entwickelt, was bereits im Entwicklungsstadium eine allzu einseitige westliche Orientierung ausschließen sollte. Dennoch gibt es Probleme beim Vergleich der Testergebnisse zwischen unterschiedlichen Kulturen, wie hier am Beispiel japanischer und israelischer Kinder gezeigt werden soll.

Japanische Kinder wachsen in großer physischer Nähe zur Mutter auf. So schläft die Mehrheit auch im Kindergartenalter noch mit der Mutter in einem Bett, gemeinsames Baden ist sehr verbreitet, und japanische Mütter verlassen ihre Kinder in den ersten beiden Lebensjahren sehr selten und lassen sie fast nie in einem Raum alleine spielen. Von daher ist zu erwarten, daß die Trennung von der Mutter und das Alleingelassenwerden im Strange Situation Test für sie einen weitaus größeren Stressor darstellt als für Kinder westlicher Kulturen. Ein Vergleich zwischen japanischen und US-amerikanischen Kindern belegte dies (Takahashi, 1990). 93% der japanischen, aber nur 45% der US-Kinder begannen sofort zu schreien, wenn sie während des Tests allein gelassen wurden, so daß in Japan in *keinem* der 60 Fälle diese Situation wie geplant 3 min dauern konnte, während dies in den USA in 53% der Fälle möglich war.

Von daher ist es nicht erstaunlich, daß in Japan kein einziges Kind als vermeidend (Typ A) klassifiziert wurde und die Rate der ängstlich-ambivalenten Kinder (Typ C) mit 32% etwa doppelt so hoch war wie in den USA. Daß es sich hier nicht um eine unterschiedliche Reaktion auf die ungewohnte Testumgebung im allgemeinen handelte, wird daraus deutlich, daß die japanischen Kinder sich in ihrem Verhalten vor der ersten Trennung von der Mutter nicht von US-Kindern unterschieden. Offenbar ist also der Strange Situation Test nicht geeignet, die Bindungsqualität japanischer Kinder ausreichend differenziert zu erfassen.

Meßverfahren zur Erfassung der Beziehungsqualität können für manche Kulturen ungeeignet sein, weil sie aufgrund kultureller Besonderheiten nicht ausreichend zwischen Beziehungen differenzieren.

Eine erhöhte Rate ängstlich-ambivalenter Kinder fand sich auch in einer Untersuchung israelischer Kibbuz-Kinder von Sagi, Lamb, Lewkowicz, Shoham, Dvir und Estes (1985). Da bei Kibbuz-Kindern die tägliche Betreuung nicht durch die leiblichen Eltern, sondern durch eine Erzieherin erfolgt, die typischerweise für 3 Kinder zuständig ist, wurde der Strange Situation Test mit der Mutter, dem Vater und der Erzieherin durchgeführt und mit dem späteren sozialen und motivationalen Verhalten der Kinder in der Gleichaltrigengruppe in Beziehung gesetzt.

Im Gegensatz zu Studien in den USA und Deutschland sagte die Bindungsqualität zur Mutter oder zum Vater spätere soziale Kompetenz nicht vorher. Eine sichere Bindung zur Erzieherin im Alter von 11-14 Monaten korrelierte jedoch mit dominantem, selbständigem, leistungsmotiviertem und empathischem Verhalten im Kindergartenalter. Hier war der Test offenbar nur dann geeignet, wenn er kulturadäquat verändert wurde. Die frühe Bindungsqualität scheint prädiktiv für späteres Verhalten nur dann zu sein, wenn sie für enge, wichtige Beziehungen erhoben wird.

Standardisierte Tests müssen oft kulturspezifischen Bedingungen für das untersuchte Persönlichkeits- oder Beziehungsmerkmal angepaßt werden, damit ihre Ergebnisse zwischen Kulturen vergleichbar sind.

Die bisherige Darstellung kultureller Unterschiede bezog sich auf die Einbettung persönlicher Beziehungen in das Familiensystem. Dieser Ansatz ist fruchtbar für ein Verständnis von Beziehungen innerhalb von Familien, führt aber nicht allzu weit, wenn es um Beziehungen außerhalb von Familien geht, insbesondere um Arbeitsbeziehungen. Bedingt durch die Globalisierung der Wirtschaft hat das Interesse der kulturvergleichenden Forschung an Arbeitsbeziehungen in den letzten Jahren stark zugenommen, denn hier ist ein direkter Transfer des Wissens in die Praxis "interkulturellen Handelns" (Thomas, 1993) möglich, z.B. Training von Managern für Verhandlungen mit Wirtschaftspartnern, Umgang mit Mitarbeitern oder ein Familienleben in anderen Kulturen.

In einer extrem umfangreichen Studie versuchte Hofstede (1980), kulturelle Unterschiede in arbeitsbezogenen Wertvorstellungen zu erfassen. Dazu verteilte er 116.000 Fragebögen, in 20 Sprachen übersetzt, an Mitarbeiter aus 38 Berufssparten in 72 Niederlassungen von IBM in 40 Ländern. Erfragt wurden die Zufriedenheit mit verschiedenen Arbeitsaspekten (z.B. "Wie gefällt Ihnen die Arbeit, die Sie gegenwärtig verrichten"), die Bewertung von Arbeitsanforderungen (z.B. "Wie oft erwartet Ihr Vorgesetzter übermäßig viel Arbeit von Ihnen"), arbeitsbezogene persönliche Ziele (z.B. "Wie wichtig ist es für Sie, viel zu verdienen") und allgemeine arbeitsbezogene Einstellungen (z.B. "Wie beurteilen Sie die Behauptung, Konkurrenz zwischen den Angestellten sei wünschenswert").

Aufgrund faktorenanalytischer Untersuchungen der Korrelationen der untersuchten Variablen auf *individueller Ebene* (Einheit war die einzelne Person) und auf *kultureller Ebene* (Einheit war der Mittelwert aller Personen einer Kultur) gelangte Hofstede (1980) auf halb empirischem, halb theoriegeleitetem Weg zu 4 Dimensionen, auf denen *Kulturen* differieren. Er beachtete dabei nicht, daß Ergebnisse auf individueller Ebene gänzlich anders ausfallen können als Ergebnisse auf kultureller Ebene (vgl. hierzu Asendorpf, 1999, Kap. 8). Hier interessieren nur Ergebnisse, die sich auf kultureller Ebene bewährt haben. Hierzu gehören insbesondere die Dimensionen *Individualismus-Kollektivismus* und *Machtdistanz*:

Die Messung von Kulturen auf diesen Dimensionen beruhte bei Hofstede (1980) auf wenigen Items. Abbildung 5.2 zeigt die Verteilung der 40 Länder im zweidimensionalen Raum Individualismus × Machtdistanz. Es wird deutlich, daß diese beiden Dimensionen stark negativ korrelierten (-0.67); Individualismus korrelierte stärker mit dem nationalen Bruttosozialprodukt (0,82) als Machtdistanz (-0.65).

Nach Hofstede (1980) unterscheiden sich Kulturen u.a. auf 2 Wertedimensionen:
(1) *Individualismus* als Bevorzugung eines losen sozialen Netzwerks, in dem die Individuen zunächst nur für sich und ihre nächsten Familienangehörigen sorgen, versus *Kollektivismus* als Bevorzugung eines eng geknüpften sozialen Netzwerks, in dem die Individuen in *Bezugsgruppen* (Großfamilien, Clans oder Firmen) integriert sind, die ihnen im Austausch für unbedingte Loyalität Schutz und meist lebenslange Fürsorge gewähren.
(2) *Machtdistanz* als Ausmaß der akzeptierten Ungleichheit der Macht in Institutionen und Organisationen.

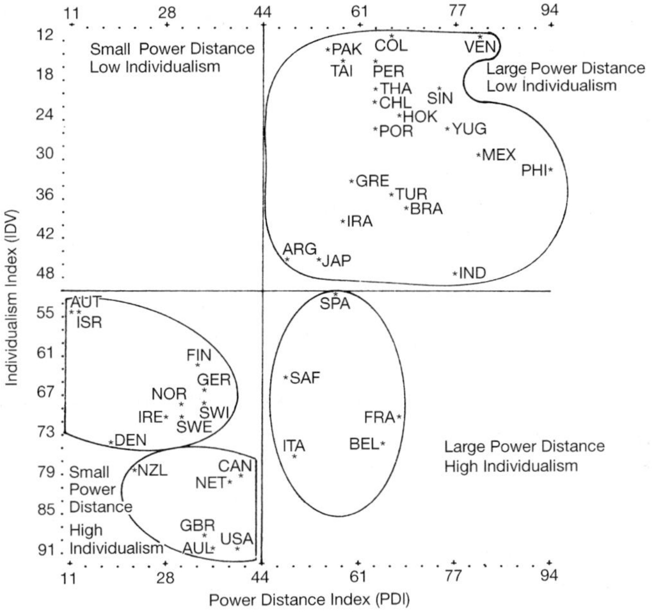

Abbildung 5.2. Korrelation von Individualismus und Machtdistanz über Kulturen (nach Hofstede, 1980; © Sage Publications).

Am meisten Beachtung gefunden hat Hofstedes Dimension Individualismus-Kollektivismus, auch wegen ihres engen Zusammenhangs mit dem Bruttosozialprodukt als Maß der "Entwickeltheit" einer Kultur. Als Prototyp einer individualistischen Kultur gelten die USA (vgl. Abb. 5.2). Kontrastiert werden deshalb oft Ergebnisse für die USA mit denen in kollektivistischeren Kulturen wie Hongkong (HOK in Abb. 5.2) oder Singapur (SIN). Hierzu werden oft auch Japan (JAP) und Indien (IND) gezählt, obwohl diese Länder nur mittelhohe Kollektivismus-Werte erreichten (vgl. Abb. 5.2). Als Prototyp kollektivistischer Kulturen können vielmehr China und südwestamerikanische Staaten wie Kolumbien, Venezuela und Peru gelten (COL, VEN, PER).

Wie sich kollektivistische Kulturen von individualistischen unterscheiden, wird plastisch deutlich in den Ratschlägen, die Triandis et al. (1988) Mitgliedern individualistischer Kulturen für den Umgang mit Mitgliedern kollektivistischer Kulturen gaben:

Ratschläge für den Umgang mit einem Angehörigen kollektivistischer Kulturen

(1) Widme seiner Mitgliedschaft in sozialen Gruppen größte Aufmerksamkeit.
(2) Hole vor Inanspruchnahme von Leistungen die Zustimmung der Autoritäten seiner sozialen Gruppe(n) ein.
(3) Rechne mit "Persönlichkeitsveränderungen" beim Wechsel sozialer Gruppen.
(4) Vermeide Wettbewerbssituationen.
(5) Gestalte die Beziehung kooperativ und harmonisch.
(6) Bringe Kritik nur indirekt vor und nur nach ausführlicher Schilderung der positiven Aspekte.
(7) Lege die Beziehung so an, als sei sie langfristig, z.B. durch beziehungsstiftende Zeremonien und Rituale und Plaudereien über Nebensachen.
(8) Werte höfliches, aber förmliches und distanziertes Verhalten im Erstkontakt nicht als Ablehnung, sondern als kulturelle Norm.
(9) Sei darauf gefaßt, daß bei Konflikten zwischen Arbeit und persönlichen Beziehungen letztere höher bewertet werden.

Markus und Kitayama (1991) kontrastierten das Selbstkonzept zwischen individualistischen und kollektivistischen Kulturen. Ersteres charakterisierten sie als *unabhängiges Selbst* ("independent self"), letzteres als *vernetztes Selbst* ("interdependent self"). Während das unabhängige Selbst die Individualität des einzelnen unabhängig von seinen sozialen Beziehungen betont, betont das vernetzte Selbst die Einbettung in bestimmte Bezugsgruppen. Auf die Frage "Wer bist Du?" würde z.B. in individualistischen Kulturen geantwortet "intelligent, sportlich", in kollektivistischen Kulturen "Abteilungsleiter bei Sony, Mitglied des Ski-Clubs Sapporo". Tabelle 5.5 charakterisiert diese beiden Formen des Selbstkonzepts in Anlehnung an Markus und Kitayama (1991).

Tabelle 5.5: Unabhängiges und vernetztes Selbst

Aspekt	Unabhängiges Selbst	Vernetztes Selbst
Kultur	Individualistisch	Kollektivistisch
Struktur	Abgegrenzt, einheitlich, stabil	Dehnbar, variabel
Merkmale	Privat (Fähigkeiten, Gedanken, Gefühle)	Öffentlich (Status, Rolle, Beziehung)
Ziele	Sei einzigartig Sei echt Realisiere innere Eigenschaften Verfolge eigene Interessen Sage, was Du denkst	Füge Dich ein Nehme Deinen Platz ein Verhalte Dich normkonform Fördere die Interessen anderer Versetze Dich in die Lage anderer
Rolle anderer	Selbstbewertung durch sozialen Vergleich	Selbstdefinition durch Beziehung mit anderen

Markus und Kitayama (1991) gaben eine Übersicht über kognitive, emotionale und motivationale Korrelate der beiden Selbstkonzept-Formen. So sei in individualistischen Kulturen das Selbstkonzept kognitiv elaborierter und kontextfreier, während in kollektivistischen Kulturen das *Konzept anderer* kognitiv elaborierter sei und das Selbstkonzept kontextabhängiger, insbesondere *beziehungsabhängiger* sei. In individualistischen Kulturen würden Gemeinsamkeiten von Unterschieden getrennt, in kollektivistischen Kulturen *Beziehungen* hergestellt. Auf die Frage, warum zwei von drei Figuren zusammengehören, würden z.B. nordamerikanische Kinder antworten "Beide leben auf einer Farm", während chinesische Kinder antworten würden "Die Mutter kümmert sich um ihr Kind". Kollektivistische Kulturen sollten danach elaboriertere Beziehungsschemata haben, individualistische Kulturen ein elaborierteres beziehungsunabhängiges Selbstschema.

Was Emotionen angeht, würden selbstbezogene Emotionen wie Stolz und Ärger häufiger in individualistischen Kulturen, auf andere bezogene Emotionen wie Scham und Verlegenheit häufiger in kollektivistischen Kulturen ausgedrückt und vielleicht auch gefühlt. Während in individualistischen Kulturen Emotionen auf den beiden Dimensionen *Erregung* und *Angenehmheit* variieren, variierten japanische Emotionen auf einer zusätzlichen Dimension der *Beziehungsrelevanz*. So gibt es z.B. in Japan die Emotion "amae", die niedrig in Erregung, weder angenehm noch unangenehm und hoch beziehungsrelevant sei (so etwas wie "passives sich hingeben"). Eine andere japanische Emotion, "oime", werde als extrem unangenehm erlebt und bezeichne das Gefühl, anderen etwas schuldig zu sein. In Japan scheint das beziehungsrelevante Gefühlsspektrum zumindest sprachlich differenzierter zu sein als in westlichen Kulturen.

Eine analoge Unterscheidung bezieht sich auf selbstbezogene versus auf andere bezogene Motivationen. Während das Leistungsmotiv beispielsweise in westlichen Kulturen ausgesprochen selbstbezogen-kompetitiv ist, sei es in China und Japan eher auf die Bezugsgruppen bezogen: Ich möchte nicht eine Leistung *für mich* vollbringen, sondern *für meine Bezugsgruppe*. Damit gehe ein weiterer Unterschied einher. In westlichen Kulturen gehört das Leistungsmotiv zu den "Wachstumsbedürfnissen" (Maslow, 1955): Das Bedürfnis, "gut" zu sein, müsse immer wieder neu unter Beweis gestellt werden, sei also letztlich nicht zu befriedigen. In kollektivistischen Kulturen zähle es dagegen eher zu den "Mangelbedürfnissen" (Maslow, 1955): Ein bestimmtes Ziel, z.B. ein Hochschuldiplom, wird für die Familie angestrebt; ist es erreicht, ist das Leistungsbedürfnis gestillt.

Kognitionen, Emotionen und Motivationen sind in kollektivistischen Kulturen stärker auf Bezugsgruppen orientiert.

Die Orientierung der eigenen Kognitionen, Emotionen und Motivationen an der eigenen *Bezugsgruppe* darf nicht mit einer *allgemeinen* Orientierung an anderen verwechselt werden. In individualistischen Kulturen grenze ich mich von anderen ab; in kollektivistischen Kulturen grenze ich mich samt meiner Bezugsgruppe von anderen ab. Von daher mache ich in kollektivistischen Kulturen größere Unterschiede zwischen Beziehungen zu Mitgliedern meiner Bezugsgruppe und Beziehungen zu anderen Menschen als in individualistischen Kulturen. Auch die Mafia oder Völkermord sind mit Kollektivismus vereinbar, "Brot für die Welt" zu spenden ist *nicht* kollektivistisch. Markus und Kitayama (1991) unterschieden deshalb *drei* Arten der Beziehung zwischen mir und anderen:

Drei Arten der Beziehung zwischen mir und anderen
(1) *Selbstbezogenheit* nützt mir auf Kosten anderer
(2) *Selbstlosigkeit* nützt anderen auf meine Kosten
(3) *Beziehungsbezogenheit* nützt meiner Bezugsgruppe auf Kosten anderer

Eine Haltung, die in anderen schlicht und einfach andere Menschen sieht, deren Bedürfnisse mit den eigenen Bedürfnissen in Einklang zu bringen sind, unabhängig von Rasse, Religion und Gruppenzugehörigkeit, ist weder individualistisch noch selbstlos noch kollektivistisch; sie könnte als *humanistisch* bezeichnet werden.

Weiterführende Literatur

Markus, H.R. & Kitayama, S. (1991). Culture and self: Implications for cognition, emotion, and motivation. *Psychological Review*, *98*, 224-253.

Triandis, H.C. (1995). *Individualism and collectivism.* Boulder, CO: Westview Press.

Literaturverzeichnis

Abramovitch, R., Corter, C., Pepler, D. & Stanhope, L. (1986). Sibling and peer interaction: A final follow-up and a comparison. *Child Development, 57,* 217-229.

Achenbach, T.M. & Edelbrock, C.S. (1981). Behavioral problems and competencies reported by parents of normal and disturbed children aged four through sixteen. *Monographs of the Society for Research in Child Development*, *46* (Serial No. 188).

Adams, B.N. (1968). *Kinship in an urban setting*. Chicago, IL: Markham Publishing.

Adler, A. (1926). *Menschenkenntnis*. Leipzig: Hirzel.

Ainsworth, M.D.S., Blehar, M.C., Waters, E. & Wall, S. (1978). *Patterns of attachment*. Hillsdale, NJ: Erlbaum.

Ainsworth, M. D. S. & Wittig, B. A. (1969). Attachment and the exploratory behavior of one-year-olds in a strange situation. In B. M. Foss (Ed.), *Determinants of infant behavior* (Vol.4, pp. 113-136). London: Methuen.

Albrecht, S.L. (1980). Reactions and adjustment to divorce: differences in the experience of males and females. *Family Relations, 29*, 59-68.

Amato, P.R. & Keith, B. (1991). Parental divorce and the well-being of children: A meta-analysis. *Psychological Bulletin, 110*, 26-46.

Andersen, S.M., Glassman, N.S., Chen, S. & Cole, S.W. (1995). Transference in social perception: The role of chronic accessibility in significant-other representations. *Journal of Personality and Social Psychology*, *69*, 41-57.

Anderson, C.A. & Hunsaker, P.L. (1985). Why there's romancing at the office and why it's everybody's problem. *Personnel*, 57-63.

Anderson, J.R. (1995). *Kognitive Psychologie* (2. Aufl.). Heidelberg: Spektrum Akademischer Verlag.

Argyle, M. & Furnham, A. (1983). Sources of satisfaction and conflict in longterm relationships. *Journal of Marriage and the Family, 45*, 481-493.

Aries, E.J. & Johnson, F.L. (1983). Close friendship in adulthood: Conversational context between same-sex friends. *Sex Roles*, *9*, 1183-1196.

Ariés, P. (1990). *Geschichte der Kindheit* (9.Aufl.). München: Hanser.

Asendorpf, J.B. (1990). Development of inhibition during childhood: Evidence for situational specificity and a two-factor model. *Developmental Psychology*, *26*, 721-730.

Asendorpf, J.B. (1997). Temperament. In H. Keller (Hrsg.), *Handbuch der Kleinkindforschung* (2. Aufl., pp. 455-482). Bern: Huber.

Asendorpf, J.B. (1998). Die Entwicklung sozialer Kompetenzen, Motive und Verhaltensweisen. In F.E. Weinert (Hrsg.), *Entwicklung im Kindesalter* (pp.153-176). Weinheim: Psychologie Verlags Union.

Asendorpf, J.B. (1999). *Psychologie der Persönlichkeit* (2.Aufl.). Berlin: Springer.

Asendorpf, J.B., Banse, R., Wilpers, S. & Neyer, F.-J. (1997). Beziehungsspezifische Bindungsskalen für Erwachsene und ihre Validierung durch Netzwerk- und Tagebuchverfahren. *Diagnostica*, *43*, 289-313.

Asendorpf, J.B. & Baudonnière, P.-M. (1993). Self-awareness and other-awareness: Mirror self-recognition and synchronic imitation amoung unfamiliar peers. *Developmental Psychology*, *29*, 88-95.

Asendorpf, J.B. & Schäfer, M. (1993). *Soziale Beziehungen in Gruppen aus persönlichkeitspsychologischer Perspektive* (Paper 13/1993). München: Max-Planck-Institut für psychologische Forschung.

Asendorpf, J.B. & van Aken, M.A.G. (1994). Traits and relationship status: Stranger versus peer group inhibition and test intelligence versus peer group competence as early predictors of later self-esteem. *Child Development*, *65*, 1786-1798.

Asendorpf, J.B. & van Aken, M.A.G. (1995). Social competence. In F.E. Weinert & W. Schneider (Eds.), *The Munich Longitudinal Study on the Genesis of Individual Competencies* (Report No. 12). München: Max-Planck-Institut für psychologische Forschung.

Asendorpf, J.B., Warkentin, V. & Baudonnière, P.M. (1996). Self-awareness and other-awareness II: Mirror self-recognition, social contingency awareness, and synchronic imitation. *Developmental Psychology*, *32*, 313-321.

Asendorpf, J.B. & Wilpers, S. (1998). Personality effects on social relationships. *Journal of Personality and Social Psychology*, *74*, 1531-1544.

Asendorpf, J.B. & Wilpers, S. (1999). KIT - Kontrolliertes Interaktions-Tagebuch zur Erfassung sozialer Interaktionen, Beziehungen und Persönlichkeitseigenschaften. *Diagnostica*, *45*, 82-94.

Asendorpf, J.B. & Wilpers, S. (in Druck). Security of attachment and available support: Closely linked relationship qualities. *Journal of Social and Personal Relationships.*

Auhagen, A.E. (1991). *Freundschaft im Alltag*. Bern: Huber.

Auhagen, A.E. (1993). Freundschaft unter Erwachsenen. In A.E. Auhagen & M. von Salisch (Hrsg.), *Zwischenmenschliche Beziehungen* (pp. 215-233). Göttingen: Hogrefe.

Auhagen, A.E. & Salisch, M. von (1993) (Hrsg.). *Zwischenmenschliche Beziehungen*. Göttingen: Hogrefe.

Bagwell, C.L., Newcomb, A.F. & Bukowski, W.M. (1998). Preadolescent friendship and peer rejection as predictors of adult adjustment. *Child Development*, *69*, 140-153.

Baillargeon, R. & DeVos, J. (1991). Object permanence in young infants: Further evidence. *Child Development*, *62*, 1227-1246.

Baldwin, M.W. (1992). Relational schemas and the processing of social information. *Psychological Bulletin*, *112*, 461-484.

Baldwin, M.W. (1994). Primed relationship schemas as a source of self-evaluative reactions. *Journal of Social and Clinical Psychology*, *13*, 380-403.

Baldwin, M.W. (1995). Relational schemas and cognition in close relationships. *Journal of Social and Personal Relationships*, *12*, 547-552.

Baldwin, M.W., Carrel, S.E. & Lopez, D.F. (1990). Priming relationship schemas: My advisor and the pope are watching me from the back of my mind. *Journal of Experimental Social Psychology*, *26*, 435-454.

Baldwin, M.W., Keelan, J.P.R., Fehr, B., Enns, V. & Koh-Rangarajoo, E. (1996). Social-cognitive conceptualization of attachment working models: Availability and accessibility effects. *Journal of Personality and Social Psychology*, *71*, 94-109.

Banse, R. (2000). *Zur Vereinbarkeit verschiedener Beziehungstheorien: Ein integratives Verhaltensmodell.* Unveröffentlichtes Manuskript. Humboldt-Universität zu Berlin.

Banse, R. (in Druck). Automatic evaluation of self and significant others: Affective priming in close relationships. *Journal of Social and Personal Relationships.*

Bargh, J.A. (1994) The four horsemen of automaticity: Awareness, intention, efficiency, and control in social cognition. In R.S. Wyer & T.K. Srull (Eds.), *Handbook of social cognition* (2nd ed.)(Vol. 1, pp. 1-40). Hillsdale, NJ: Lawrence Erlbaum.

Bargh, J.A., Raymond, P., Pryor, J.B. & Strack, F. (1995). Attractiveness of the underling: An automatic power→sex association and its consequences for sexual harrassment and aggression. *Journal of Personality and Social Psychology*, *68*, 768-781.

Baron, N.S. (1992). *Growing up with language: How children learn to talk.* Reading, MA: Addison-Wesley.

Bartholomew, K. (1990). Avoidance of intimacy: An attachment perspective. *Journal of Social and Personal Relationships*, *7*, 147-178.

Bartholomew, K. & Horowitz, L.M. (1991). Attachment styles among young adults: A test of a four-category model. *Journal of Personality and Social Psychology*, *61*, 226-244.

Baudonnière, P.-M., Garcia-Werebe, M.-J., Michel, J. & Liégois, J. (1989). Development of communicative competencies in early childhood: A model and results. In B.H. Schneider, G. Attili, J. Nadel & R.P. Weissberg (Eds.), *Social competence in developmental perspective* (pp.175-193). Dordrecht: Kluwer.

Baumann, U. & Laireiter, A. (1996). Individualdiagnostik interpersoneller Beziehungen. In K. Pawlik (Hrsg.), *Enzyklopädie der Psychologie. Band C/VIII/1: Differentielle Psychologie und Persönlichkeitsforschung: Grundbegriffe, Fragestellungen, Systematik* (pp. 609-643). Göttingen: Verlag für Psychologie.

Baumrind, D. (1971). Current patterns of parental authority. *Developmental Psychology Monographs*, *1*, 1-103.

Beardsall, L. & Dunn, J. (1992). Adversities in childhood: Siblings' experiences and their relations to self-esteem. *Journal of Child Psychology and Psychiatry*, *33*, 349-359.

Bedford, V.H. (1993). Geschwisterbeziehungen im Erwachsenenalter. In A.E. Auhagen & M. von Salisch (Hrsg.), *Zwischenmenschliche Beziehungen* (pp. 119-141). Göttingen: Hogrefe.

Beeman, M., Friedman, R.B., Grafman, J., Perez, E., Diamond, S. & Lindsay, M.B. (1994). Summation priming and coarse semantic coding in the right hemisphere. *Journal of Cognitive Neuroscience, 6*, 26-45.

Bell, R.Q. (1968). A reinterpretation of the direction of effects in studies of socialization. *Psychological Review*, *75*, 81-95.

Bell, R.Q. & Chapman, M. (1986). Child effects in studies using experimental or brief longitudinal approaches to socialization. *Developmental Psychology*, *22*, 595-603.

Belle, D. (Ed.) (1989). *Children's social networks and social supports*. New York: Wiley

Belsky, J., Campbell, S.B., Cohn, J.F. & Moore, G. (1996). Instability of infant-parent attachment security. *Developmental Psychology*, *32,* 921-924.

Benjamin, L.S. (1974). Structural analysis of social behavior. *Psychological Review*, *81*, 392-425.

Benjamin, L.S. (1996). *Interpersonal diagnosis and treatment of personality disorders (2nd ed.)*. New York: Guilford Press.

Bereczkei, T., Voros, S., Gal, A. & Bernath, L. (1997). Resources, attractiveness, family commitment; Reproductive decisions in human mate choice. *Ethology, 103*, 681-699.

Berndt, T.J. (1989). Obtaining support from friends during childhood and adolescence. In D. Belle (Ed.), *Children's social networks and social supports* (pp. 308-331). New York: Wiley.

Berndt, T.J. & Keefe, K. (1992). Friends' influence on adolescents' perceptions of themselves in school. In D.H. Schunk & J.L. Meece (Eds.), *Students' perceptions in the classroom* (pp. 51-73). Hillsdale, NJ: Erlbaum.

Berscheid, E. & Reis, H.T. (1998). Attraction and close relationships. In D.T. Gilbert, S.T. Fiske & G. Lindzey (Eds.), *Handbook of social psychology* (4th ed, Vol. 2, pp. 193-281). New York: McGraw Hill.

Berscheid, E., Snyder, M. & Omoto, A.M. (1989). The relationship closeness inventory: Assessing the closeness of interpersonal relationships. *Journal of Personality and Social Psychology, 57*, 792-807.

Bertalanffy, L.v. (1968). *General systems theory*. New York: Braziller.

Bickerton, D. (1983). Creole language. *Scientific American, 249*, 116-122.

Bierhoff, H.W. & Grau, I. (1999). *Romantische Beziehungen*. Bern: Huber.

Bierhoff, H.W. & Klein, R. (1991). Dimensionen der Liebe: Entwicklung einer deutschsprachigen Skala zur Erfassung von Liebesstilen. *Zeitschrift für Differentielle und Diagnostische Psychologie, 12*, 53-71.

Bigelow, B.J. (1977). Children's friendship expectations: A cognitive developmental study. *Child Development, 48*, 246-253.

Bischof, N. (1975). A systems approach toward the functional connections of attachment and fear. *Child Development, 46*, 801-817.

Bischof, N. (1995). *Struktur und Bedeutung: Eine Einführung in die Systemtheorie*. Bern: Huber.

Bischof-Köhler, D. (1989). *Spiegelbild und Empathie: Die Anfänge der sozialen Kognition*. Bern: Huber.

Blatt, S.J. & Lerner, H.D. (1983). Investigations in the psychoanalytic theory of object relations and object representations. In J. Masling (Ed.), *Empirical studies of object relations theories* (Vol.1, pp. 189-249). Hillsdale, NJ: Erlbaum.

Blenkner, M. (1965). Social work and family relationships in later life with some thoughts on filial maturity. In E. Shanas & G.F. Streib (Eds.), *Social structure and the family* (pp. 46-59). Englewood Cliffs, NJ: Prentice-Hall.

Blumstein, P. & Schwartz, P. (1983). *American couples*. New York: Simon & Schuster.

Bodenmann, G. (1995). *Bewältigung von Stress in Partnerschaften*. Freiburg/Schweiz: Universitätsverlag, Bern: Huber.

Bodenmann, G. (1997). *Stress und Partnerschaft*. Bern: Huber.

Bodenmann, G. & Cina, A. (1999). Der Einfluß von Streß, individueller Belastungsbewäligung und dyadischem Coping auf die Partnerschaftsstabilität: Eine 4-Jahres-Längsschnittstudie. *Zeitschrift für Klinische Psychologie, 28*, 130-139.

Bombar, M.L. (1996). Decide for yourself. *ISSPR Bulletin, 13*, 8-9.

Bornstein, M. (Ed.) (1995). *Handbook of parenting*. Hillsdale, NJ: Erlbaum.

Bowlby, J. (1969). *Attachment and loss: Vol. 1 Attachment*. New York: Basic Books.

Bowlby, J. (1995). Bindung: Historische Wurzeln, theoretische Konzepte und klinische Relevanz. In G. Spangler & P. Zimmermann (Hrsg.), *Die Bindungstheorie* (pp. 17-26). Stuttgart: Klett-Cotta.

Brody, G.H. (1998). Sibling relationship quality: Its causes and consequences. *Annual Review of Psychology*, *49*, 1-24.

Brody, G.H., Pillegrini, A.D. & Sigel, I. (1986). Marital quality and mother-child and father-child interactions with school-age children. *Developmental Psychology*, *22*, 291-296.

Brody, G.H., Stoneman, Z. & Burke, M. (1987). Child temperaments, maternal differential behavior, and sibling relationships. *Developmental Psychology*, *23*, 354-362.

Bronfenbrenner, U. (1981). *Die Ökologie der menschlichen Entwicklung*. Stuttgart: Klett-Cotta.

Brown, G.W. & Harris, T. (1978). *Social origins of depression: A study of psychiatric disorder in women*. London, U.K.: Tavistock.

Bugenthal, D.B., Blue, J., Cortez, V., Fleck, K., Kopeikin, H., Lewis, J.C. & Lyon, J. (1993). Social cognitions as organizers of autonomic and affective responses to social challenge. *Journal of Personality and Social Psychology*, *64*, 94-103.

Buhrmester, D. & Furman, W. (1986). The changing functions of friends in childhood: A Neo-Sullivan perspective. In V.J. Derlega & B.A. Winstead (Eds.), *Friendship and social interaction* (pp. 145-166). New York: Springer-Verlag.

Buhrmester, D. & Furman, W. (1990). Age differences in perceptions of sibling relationships in childhood and adolescence. *Child Development*, *61*, 1387-1398.

Buss, D.M. (1995). Evolutionary psychology: A new paradigm for psychological science. *Psychological Inquiry*, *6*, 1-30.

Buss, D.M. & Kenrick, D.T. (1998). Evolutionary social psychology. In D.T. Gilbert, S.T. Fiske & G. Lindzey (Eds.), *Handbook of social psychology* (4th ed, Vol. 2, pp. 982-1026). New York: McGraw Hill.

Buss, D.M. & Schmitt, D.P. (1993). Sexual strategies theory: An evolutionary perspective on human mating. *Psychological Review*, *100*, 204-232.

Calkins, S.D. & Fox, N.A. (1992). The relations among infant temperament, security of attachment, and behavioral inhibition at twenty-four months. *Child Development*, *63*, 1456-1472.

Cartwright, D. & Harary, F. (1956). Structural balance: A generalization of Heider's theory. *Psychological Review, 63*, 277-293.

Caspi, A., Herbener, E.S. & Ozer, D.J. (1992). Shared experiences and the similarity of personalities: A longitudinal study of married couples. *Journal of Personality and Social Psychology, 62*, 281-291.

Cavalli-Sforza, L.L., Feldman, M.W., Chen, K.H. & Dornbusch, S.M. (1982). Theory and observation in cultural transmission. *Science, 218,* 19-27.

Chappel, K.D. & Davis, K.E. (1998). Attachment, partner choice, and perception of romantic partners: An experimental test of the attachment security hypothesis. *Personal Relationships, 5*, 327-342.

Clark, R.D. & Hatfield, E. (1989). Gender differences in receptivity to sexual offers. *Journal of Psychology and Human Sexuality, 2*, 39-55.

Cohen, C.E. (1977). *Cognitive basis of stereotyping*. Paper presented at the American Psychological Assosciation Annual Meeting, San Francisco.

Coie, J.D., Dodge, K.H. & Kupersmidt, J.B. (1990). Peer group behavior and social status. In S.R. Asher & J.D. Coie (Eds.), *Peer rejection in childhood* (pp. 17-59). Cambridge, UK: Cambridge University Press.

Coie, J.D., Terry, R., Lenox, K., Lochman, J. & Hyman, C. (1995). Childhood peer rejection and aggression as predictors of stable patterns of adolescent disorder. *Development and Psychopathology, 7*, 697-714.

Collins, N. L. & Read, S. J. (1990). Adult attachment, working models, and relationship quality in dating couples. *Journal of Personality and Social Psychology, 58*, 644-663.

Collins, W.A. & Russell, G. (1991). Mother-child and father-child relationships in middle childhood and adolescence: A developmental analysis. *Developmental Review, 11*, 99-136.

Cosmides, L. & Tooby, J. (1992). Cognitive adaptations for social exchange. In J.H. Barkow, L. Cosmides & J. Tooby (Eds.), *The adaptive mind: Evolutionary psychology and the generation of culture* (pp. 163-228). New York: Oxford University Press.

Cowen, E.L., Pedersen, A., Bagigian, H., Izzo, L.D. & Trost, M.A. (1973). Long-term follow-up of early detected vulnerable children. *Journal of Consulting and Clinical Psychology, 41*, 438-446.

Crawford, C., Krebs, D. & Smith, M. (Eds.) (1989). *Sociobiology and psychology: Ideas, issues, and applications.* Hillsdale, NJ: Erlbaum.

Crockenberg, S. (1981). Infant irritability, mother responsiveness and social support influences on the security of infant-mother attachment. *Child Development, 52*, 857-865.

Crowell, J.A., Treboux, D. & Waters, E. (1999). The Adult Attachment Interview and the Relationship Questionnaire: Relations to reports of mothers and partners. *Personal Relationships, 6*, 1-18.

Cumming, E. & Schneider, D. (1961). Sibling solidarity: A property of American kinship. *American Anthropologist, 63*, 498-507.

Daly, M. & Wilson, M. (1983). *Sex, evolution, and behavior* (2nd ed.). Belmont, CA: Wadsworth.

Daly, M. & Wilson, M.I. (1994). Some differential attributes of lethal assaults on small children by stepfathers versus genetic fathers. *Ethology and Sociobiology, 15*, 207-217.

Daniels, P. & Weingarten, K. (1980). *Sooner or later: The timing of parenthood in adult lives*. New York: W.W. Norton.

Darwin, C. (1859). *On the origin of species by means of natural selection, or the preservation of favored races in the struggle for life.* London: John Murray.

Dawkins, R. (1976). *The selfish gene*. Oxford: Oxford University Press (Dt. (1978): Das egoistische Gen. Berlin: Springer).

De Cecco, J.D. (Ed.) (1988). *Gay relationships*. New York: Harrington Park Press.

DeWolff, M.S. & van IJzendoorn, M.H. (1997). Sensitivity and attachment: A meta-analysis on parental antecedents of infant attachment. *Child Development, 68*, 571-591.

DeCasper, A.J. & Fifer, W.P. (1980). Of human bonding: Newborns prefer their mothers' voices. *Science, 208*, 1174-1176.

DeRosier, M.E. & Kupersmidt, J.B. (1991). Costa Rican children's perceptions of their social networks. *Developmental Psychology, 27*, 656-662.

deWaal, F. (1989). *Chimpanzee politics*. Baltimore: John Hopkins University Press.

Dishion, T.J., Andrews, D.W. & Crosby, L. (1995). Anti-social boys and their friends in early adolescence: Relationship characteristics, quality, and interactional process. *Child Development, 66*, 139-151.

Dishion, T.J., Patterson, G.R., Stoolmiller, M. & Skinner, M.L. (1991). Family, school, and behavioral antecedents to early adolescent involvement with antisocial peers. *Developmental Psychology, 27*, 172-180.

Dodge, K.A. (1980). Social cognition and children's aggressive behavior. *Child Development, 51*, 162-170.

Dodge, K.A. (1983). Behavioral antecedents of peer social status. *Child Development, 54*, 1386-1399.

Dodge, K.A. (1986). A social information processing model of social competence in children. In M. Perlmutter (Ed.), *Minnesota Symposia on Child Psychology* (Vol. 18, pp. 77-125). Hillsdale, NJ: Erlbaum.

Dodge, K.A., Price, J.M., Coie, J.D. & Christopoulos, C. (1990). On the development of aggressive dyadic relationships in boys' peer groups. *Human Development, 33*, 20-27.

Doll, J., Mentz, M. & Witte, E.H. (1995). Zur Theorie der vier Bindungsstile: Meßprobleme und Korrelate dreier integrierter Verhaltenssysteme. *Zeitschrift für Sozialpsychologie*, *26*, 148-159.

Dreyer, D.C. & Horowitz, L.M. (1997). When do opposites attract? Interpersonal complementarity versus similarity. *Journal of Personality and Social Psychology*, *72*, 592-603.

Duck, S. (1983). *Friends for life*. Brighton: Harvester.

Duck, S.W. (1991). *Understanding relationships*. New York: Guilford Press.

Duck, S.W. (1996) (Ed.). *Handbook of personal relationships (2nd ed.)*. New York: Wiley.

Dunn, J. (1988). Relations among relationships. In S.W. Duck (Ed.), *Handbook of personal relationships* (pp. 193-209). Chichester, U.K.: Wiley.

Dunn, J. & Kendrick, C. (1982). *Siblings. - Love, envy and understanding*. Cambridge, MA: Harvard University Press.

Dunn, J. & Plomin, R. (1990). *Separate lives: Why siblings are so different*. New York: Basic Books.

Dunn, J. & Plomin, R. (1996). *Warum Geschwister so verschieden sind*. Stuttgart: Klett-Cotta.

Durham, W.H. (1991). *Coevolution: Genes, culture, and human diversity*. Stanford, CA: Stanford University Press.

Eggert, F. & Ferstl, R. (1996). Olfaktorische Expression immungenetischer Informationen. In M. Schedlowski & U. Tewes (Hrsg.), *Psychoneuroimmunologie*. Heidelberg: Spektrum.

Eibl-Eibesfeldt, I. (1973). *Der vorprogrammierte Mensch*. München: dtv.

Elder, G.H., Jr. (1985). Perspectives on the life course. In G.H. Elder, Jr. (Ed.), *Life course dynamics: Trajectories and transitions, 1968-1980* (pp. 23-49). Ithaca, NY: Cornell University Press.

Elliott, D.S., Huizinga, D. & Ageton, S.S. (1985). *Explaining delinquency and drug use*. Beverly Hills, CA: Sage.

Ellis, B.J. (1999). The partner-specific investment theory: An evolutionary approach to individual differences in investment. *Journal of Personality, 66*, 383-442.

Engfer, A. (1987). The interrelatedness of marriage and the mother-child relationship. In R.A. Hinde & J. Stevenson-Hinde (Eds.), *Relations between relationships*. Oxford, UK: Oxford University Press.

Epstein, J.L. (1986). Friendship selection: Developmental and environmental influences. In E. Mueller & C. Cooper (Eds.), *Process and outcome in peer relationships*. New York: Academic Press.

Erickson, M.F., Sroufe, L.A. & Egeland, B. (1985). The relationship between quality of attachment and behaviour problems in preschool in a high-risk sample. In I. Bretherton & E. Waters (Eds.), *Growing points of attachment theory and research. Monographs of the Society for Research in Child Development, 50* (1-2, Serial No. 209), 147-166.

Erikson, E.H. (1960). Youth and the life cycle. *Children Today, 7*, 187-194.

Ernst, C. & Angst, J. (1983). *Birth order*. Berlin: Springer.

Ernst, C. & Luckner, N. v. (1985). *Stellt die Frühkindheit die Weichen?* Stuttgart: Enke.

Euler, H.A. & Weitzel, B. (1996). Discriminative grandparental solicitude as reproductive strategy. *Human Nature, 7*, 39-59.

Eysenck, H.J. & Wakefield Jr., J.A. (1981). Psychological factors as predictors in marital satisfaction. *Advances in Behavior Research and Therapy, 3*, 151-192.

Fazio, R. H., Sanbonmatsu, D. M., Powell, M. C. & Kardes, F. R. (1986). On the automatic activation of attitudes. *Journal of Personality and Social Psychology, 50*, 229-238.

Festinger, L. (1953). *A theory of cognitive dissonance*. Stanford: Stanford University Press.

Fincham, F.D. & Bradbury, T.N. (1990). *The psychology of marriage*. New York: Guilford Press.

Fiske, A.P. (1991). The four elementary forms of sociality: Framework for a unified theory of social relations. *Psychological Review, 99*, 689-723.

Fiske, A.P., Haslam, N. & Fiske, S.T. (1991) Confusing one person with another: What errors reveal about the elementary forms of social relations. *Journal of Personality and Social Psychology, 60*, 656-674.

Fitzgerald, L.F. (1993). Sexual harassment: Violence against women in the workplace. *American Psychologist, 93*, 1070-1076.

Fitzpatrick, M.A. (1988). *Between husbands and wifes. Communication in marriage*. London: Sage.

Fletcher, G.J.O. & Fitness, J. (Eds.)(1996). *Knowledge structures in close relationships: A social psychological approach*. Mahwah, N.J.: Lawrence Erlbaum.

Fox, N.A. & Calkins, S.D. (1993). Pathways to aggression and social withdrawal: Interactions among temperament, attachment, and regulation. In K.H. Rubin & J.B. Asendorpf (Eds.), *Social withdrawal, inhibition, and shyness in childhood* (pp. 81-100). Hillsdale, NJ: Erlbaum.

Fox, N. A., Kimmerly, N. L. & Schafer, W. D. (1991). Attachment to mother/ attachment to father: A meta-analysis. *Child Development, 62*, 210-225.

Freud, S. (1905). *Drei Abhandlungen zur Sexualtheorie*. Leipzig: Deuticke.

Freud, S. (1917). *Vorlesungen zur Einführung in die Psychoanalyse*. Leipzig/Wien: Heller.

Freud, S. (1933). *Neue Folge der Vorlesungen zur Einführung in die Psychoanalyse*. Wien: Internationaler Psychoanalytischer Verlag.

Frey, D. & Irle, M. (1985). *Theorien der Sozialpsychologie*. Bern: Huber.

Fromm, E. (1982). *Die Kunst des Liebens*. Frankfurt/M.: Ullstein.

Fthenakis, W. (1985). *Väter* (Band 1 und 2). München: Urban & Schwarzenberg.

Furman, W. (1989). The development of children's social networks. In D. Belle (Ed.), *Children's social networks and social supports* (pp. 151-172). New York: Wiley.

Furman, W. & Buhrmester, D. (1985). Children's perceptions of the personal relationships in their social networks. *Developmental Psychology, 21*, 1016-1024.

Furman, W. & Buhrmester, D. (1992). Age and sex differences in perceptions of networks of personal relationships. *Child Development, 63*, 103-115.

George, C., Kaplan, N. & Main, M. (1985). *The Adult Attachment Interview*. Unpublished manuscript, University of California, Berkeley.

Gifford, R. & O'Connor, B. (1987). The interpersonal circumplex as a behavior map. *Journal of Personality and Social Psychology, 52*, 1019-1026.

Glenn, N.D. (1991). The recent trend in marital success in the United States. *Journal of Marriage and the Family, 53*, 261-270.

Glenn, N.D. (1998). The course of marital success and failure in five American 10-year marriage cohorts. *Journal of Marriage and the Family, 60*, 569-576.

Gloger-Tippelt, G. (1988). *Schwangerschaft und erste Geburt*. Stuttgart: Kohlhammer.

Gloger-Tippelt, G. & Hofmann, V. (1997). Das Adult Attachment Interview: Konzeption, Methode und Erfahrungen im deutschen Sprachraum. *Kindheit und Entwicklung, 6,* 161-172.

Goldberg, L.R. (1990). An alternative „Description of personality": The Big-Five factor structure. *Journal of Personality and Social Psychology, 59*, 1216-1229

Goldberg, W.A. & Easterbrooks, M.A. (1984). Role of marital quality in toddler development. *Developmental Psychology, 20*, 504-514.

Goldsmith, H. H. & Alansky, J. A. (1987). Maternal and infant temperamental predictors of attachment: A meta-analytic review. *Journal of Consulting and Clinical Psychology, 55*, 805-816.

Gonzalez, R. & Griffin, D. (1997). On the statistics of interdependence: Treating dyadic data with respect. In S. Duck (Ed.), *Handbook of personal relationships* (2nd ed., pp. 271-302). New York: Wiley.

Gortmaker, S.L., Kagan, J., Caspi, A. & Silva, P.A. (1997). Daylength during pregnancy and shyness in children: Results from Northern and Southern hemispheres. *Developmental Psychobiology*, *31*, 107-114.

Goth-Owens, T.L., Stollak, G.A., Messe, L.A., Peshkess, I. & Watts, P. (1982). Marital satisfaction, parenting satisfaction, and parenting behavior in early infancy. *Infant Mental Health Journal*, *3*, 187-197.

Gottman, J.M. (1994). *What predicts divorce?* Hillsdale, NJ: Erlbaum.

Gottman, J.M. & Krokoff, L.J. (1989). Marital interaction and satisfaction: A longitudinal view. *Journal of Consulting and Clinical Psychology, 57*, 47-52.

Gottman, J.M. & Levenson, R.W. (1992). Marital processes predictive of later dissolution: Behavior, physiology, and health. *Journal of Personality and Social Psychology*, *63*, 221-233.

Grammer, K. (1993). *Signale der Liebe*. Hamburg: Hoffmann & Campe.

Grau, I. (1994). *Entwicklung und Validierung eines Inventars zur Erfassung von Bindungsstilen in Paarbeziehungen*. Dissertation, Phillips-Universität, Marburg.

Greenwald, A.G. (1992). New look 3: Unconscious cognition reclaimed. *American Psychologist, 47*, 766-779.

Griffin, D. W. & Bartholomew, K. (1994). Models of the self and other: Fundamental dimensions underlying measures of adult attachment. *Journal of Personlity and Social Psychology*, *67*, 430-445.

Groeneveld, T., Wisser, B. & Wittstock, R. (1991). *Freundschaft im Erwachsenenalter*. Hagen: Fernuniversität.

Hahlweg, K. (1979). Konstruktion und Validierung des Partnerschaftsfragebogens PFB. *Zeitschrift für Klinische Psychologie, 8*, 17-40.

Hahlweg, K. (1991). Störung und Auflösung von Beziehungen: Determinanten der Ehequalität und - stabilität. In M. Amelang, H.J. Ahrens & H.W. Bierhoff (Hrsg.), *Partnerwahl und Partnerschaft* (pp. 117-152). Göttingen: Hogrefe.

Hahlweg, K. (1996). *Fragebogen zur Partnerschaftsdiagnostik*. Göttingen: Hogrefe.

Hahlweg, K., Markman, H.J., Thurmaier, F., Engl, J., Eckert, V. (1998). Prevention of marital distress: Results of a German prospective longitudinal study. *Journal of Family Psychology, 12*, 543-556.

Hahlweg, K., Reisner, L., Kohli, G., Vollmer, M., Schindler, L. & Revenstorf, D. (1984). Development and validity of a new system to analyse interpersonal communication (KPI). In K. Hahlweg, N.S. & Jacobson (Eds.), *Marital interaction: Analysis and modification* (pp. 182-198). New York: Guilford.

Halverson, C. & Victor, J. (1976). Minor physical anomalies and problem behavior in elementary school children. *Child Development*, *47*, 281-285.

Hamilton, S.F. & Darling, N. (1989). Mentors in adolescents' lives. In K. Hurrelmann & U. Engel (Eds.), *The social world of adolescents* (pp. 121-139). Berlin: de Gruyter.

Hamilton, W.D. (1964). The genetical evolution of social behavior. *Journal of Theoretical Biology, 7*, 1-32.

Hanson, R.K. & Bussière, M.T. (1998). Predicting relapse: A meta-analysis of sexual offender recidivism studies. *Journal of Consulting and Clinical Psychology*, *66*, 348-362.

Hardaway R.A. (1990). Subliminally activated symbiotic fantasies: Facts and artifacts. *Psychological Bulletin, 107*, 177-195.

Hareven, T.K. (1989). Historical changes in children's networks in the family and community. In D. Belle (Ed.), *Children's social networks and social supports* (pp. 15-36). New York: Wiley.

Harlow, H.F. & Zimmermann, R.R. (1959). Affectional responses in the infant monkey. *Science*, *130*, 431-432.

Harris, J.R. (1995). Where is the child's environment? A group socialization theory of development. *Psychological Review*, *102*, 458-489.

Hartup, W.W. (1983). Peer relations. In P.H. Mussen (Ed.), *Handbook of child psychology* (Vol. 4, pp. 103-196). New York: Wiley.

Hartup, W.W. (1986). On relationships and development. In W.W. Hartup & Z. Rubin (Eds.), *Relationships and development* (pp. 1-26). Hillsdale, NJ: Erlbaum.

Hartup, W.W. (1996). The company they keep: Friendships and their developmental significance. *Child Development*, *67*, 1-13.

Havighurst, R.J. (1952). *Developmental tasks and education*. New York: David McKay.

Hays, R.B. (1984). The development of maintenance of friendship. *Journal of Social and Personal Relationships*, *1*, 75-98.

Hays, R.B. (1988). Friendship. In S.W. Duck (1988) (Ed.). *Handbook of personal relationships* (pp. 391-408). New York: Wiley.

Hazan, C. & Shaver, P. R. (1987). Romantic love conceptualized as an attachment process. *Journal of Personality and Social Psychology, 52*, 511-524.

Heaton, T.B. & Albrecht, S.L. (1991). Stable unhappy marriages. *Journal of Marriage and the Family*, *53*, 747-758.

Heider, F. (1958). *The psychology of interpersonal relations*. New York: Wiley (deutsch: (1977). *Psychologie der interpersonalen Beziehungen*. Stuttgart: Klett).

Hendrick, C. & Hendrick, S. (1986). A theory and method of love. *Journal of Personality and Social Psychology*, *50*, 392-402.

Hendrick, C. & Hendrick, S. (1989). Research on love: Does it measure up? *Journal of Personality and Social Psychology*, *56*, 784-794.

Hendrick, S.S. (1988). A generic measure of relationship satisfaction. *Journal of Marriage and the Family, 50*, 93-98.

Herkner, W. (1991). *Sozialpsychologie*. Huber: Bern.

Hertzig, M. (1983). Temperament and neurological status. In M. Rutter (Ed.), *Developmental neuropsychiatry* (pp. 164-180). New York: Guilford Press.

Hetherington, E.M. & Clingempeel, W.G. (1992). Coping with marital transitions. *Monographs for the Society for Research in Child Development*, *57*, 1-242.

Hetherington, E.M., Cox, M. & Cox, R. (1982). Effects of divorce on parents and children. In M. E. Lamb (Ed.), *Nontraditional families: Parenting and child development*. Hillsdale, NJ: Erlbaum.

Hetherington, E.M., Reiss, D. & Plomin, R. (1994) (Eds.). *Separate social worlds of siblings*. Hillsdale, NJ: Erlbaum.

Hinde, R. (1993). Auf dem Wege zu einer Wissenschaft zwischenmenschlicher Beziehungen. In A.E. Auhagen & M. von Salisch (Hrsg.) (1993), *Zwischenmenschliche Beziehungen* (pp. 7-36). Göttingen: Hogrefe.

Hoffmann, R., Lautmann, R. & Pagenstecher, L. (1993). Unter Frauen – unter Männern: homosexuelle Liebesbeziehungen. In A.E. Auhagen & M. von Salisch (Hrsg.), *Zwischenmenschliche Beziehungen* (pp. 195-211). Göttingen: Hogrefe.

Hofstede, G. (1980). *Culture's consequences: International differences in work-related values*. Beverly Hills, CA: Sage.

Holmberg, D. & Holmes, J.G. (1994). Reconstruction of relationship memories: A mental models approach. In: N. Schwarz & S. Sudman (Eds.), *Autobiographical memory and the validity of retrospective reports*. New York: Springer.

Holzbecher, M., Braszeit, A., Müller, U. & Plogstedt, S. (1990). *Sexuelle Belästigung am Arbeitsplatz*. Stuttgart: Kohlhammer.

Hooley, J.M., Orley, J. & Teasdale, J.D. (1986). Levels of expressed emotion and relapse in depressed patients. *British Journal of Psychiatry*, *148*, 642-647.

Hunter, R.S., Kilstrom, N., Kraybill, E.N. & Loda, F. (1978). Antecedents of child abuse and neglect in premature infants: A prospective study in a newborn intensive care unit. *Pediatrics*, *61*, 629-635.

Hymel, S., Bowker, A. & Woody, E. (1993). Aggressive versus withdrawn unpopular children: Variations in peer and self-perceptions in multiple domains. *Child Development*, *64*, 879-896.

Isaac, B.L. & Conrad, S.R. (1982). Child fosterage among the Mende of Upper Bambara Chiefdom, Sierra Leone: Rural-urban and occupational comparisons. *Ethnology*, *21*, 243-258.

Joas, H. (1991). Rollen- und Interaktionstheorien in der Sozialisationsforschung. In K. Hurrelmann & D. Ulich (Hrsg.), *Neues Handbuch der Sozialisationsforschung* (4.Aufl., pp. 137-152). Weinheim: Beltz.

Jockin, V., McGue, M. & Lykken, D.T. (1996). Personality and divorce: A genetic analysis. *Journal of Personality and Social Psychology*, *96*, 288-299.

Johnson, M.D. & Bradbury, T.N. (1999). Marital satisfaction and topographical assessment of marital interaction: A longitudinal analysis of newlywed couples. *Personal Relationships, 6*, 19-40.

Jones, S.S. (1985). On the motivational bases for attachment behavior. *Developmental Psychology*, *21*, 848-857.

Jourard, S.M. (1971). *Self-disclosure: An experimental analysis of the transparent self.* New York: Wiley.

Kallenbach, K. (1996). Zur Vater-Kind-Beziehung heute: Bestandsaufnahme und Literaturüberblick. *Psychosozial*, *19*, 77-98.

Karney, B.R. & Bradbury, T.N. (1995). The longitudinal course of marital quality and stability: A review of theory, method, and research. *Psychological Bulletin*, *118*, 3-34.

Karney, B.R. & Bradbury, T.N. (1997). Neuroticism, marital interaction, and the trajectory of marital satisfaction. *Journal of Personality and Social Psychology, 72*, 1075-1092.

Kasten, H. (1993). *Die Geschwisterbeziehung* (Vol. 1 & 2). Göttingen: Verlag für Psychologie.

Kelley, H.H., Berscheid, E., Christensen, A., Harvey, J.H., Huston, T.L. et al. (1983). *Close relationships*. San Francisco, CA: Freeman.

Kelly, E.L. & Conley, J.J. (1987). Personality and compatibility: A prospective analysis of marital stability and marital satisfaction. *Journal of Personality and Social Psychology*, *52*, 27-40.

Kenny, D.A. & La Voie, L. (1984). The social relations model. In L. Berkowitz (Ed.), *Advances in Experimental Social Psychology* (Vol. 18, pp. 141-182). Orlando, FL: Academic Press.

Kenny, D.A. & LaVoie, L. (1985). Separating individual and group effects. *Journal of Personality and Social Psychology*, *48*, 339-348.

Kenrick, D.T. (1994). Evolutionary social psychology: From sexual selection to social cognition. *Advances in Experimental Social Psychology*, *26*, 75-21.

Kenrick, D.T. & Trost, M.R. (1997). Evolutionary approaches to relationships. In S. Duck (Ed.), *Handbook of Personal Relationships* (2nd Ed.). Chichester: Wiley.

Kimberly, J.R. (1980). The life cycle analogy and the study of organizations: Introduction. In J.R. Kimberly & R.H. Miles (Eds.), *The organizational life cycle: Issues in the creation, transformation, and decline of organizations*. San Francisco, CA: Jossey-Bass.

Kirchler, E. (1993). *Arbeitslosigkeit*. Göttingen: Hogrefe.

Kirkpatrick, L.A. & Davis, K.E. (1994). Attachment style, gender, and relationship stability: A longitudinal analysis. *Journal of Personality and Social Psychology*, *66*, 502-512.

Kirkpatrick, L.A. & Haselton, M.G. (1996). What is (and isn't) evolutionary psychology? *ISSPR Bulletin*, *13*, 4-8.

Klein, M. (1948). *Contributions to psycho-analysis, 1921-1945*. London: Hogarth.

Klein, R. (1991). Modelle der Partnerwahl. In M. Amelang, Ahrens, H-J. & H.W. Bierhoff (Hrsg.). *Partnerwahl und Partnerschaft. Formen und Grundlagen partnerschaftlicher Beziehungen* (31-69). Göttingen: Hogrefe.

Kleinke, C.L. (1986). Gaze and eye contact: A research review. *Psychological Bulletin*, *100*, 78-100.

Knorz, C. & Zapf, D. (1996). Mobbing, eine extreme Form sozialer Stressoren am Arbeitsplatz. *Zeitschrift für Arbeits- und Organisationspsychologie, 40*, 12-21.

Kohut, H. (1971). *The analysis of the self*. New York: International Universities Press (deutsch: (1992). *Narzißmus* (8.Aufl.). Frankfurt/Main: Suhrkamp).

Kowal, A. & Kramer, L. (1997). Children's understanding of parental treatment. *Child Development*, *68*, 113-126.

Krain, M. (1975). Communication among premarital couples at three stages of dating. *Journal of Marriage and the Family*, *37*, 609-618.

Krappmann, L. (1993). Die Entwicklung vielfältiger sozialer Beziehungen unter Kindern. In A.E. Auhagen & M. von Salisch (Hrsg.), *Zwischenmenschliche Beziehungen* (pp. 37-58). Göttingen: Hogrefe.

Kreppner, K. (1993). Eltern-Kind-Beziehungen: Kindes- und Jugendalter. In A.E. Auhagen & M. von Salisch (Hrsg.), *Zwischenmenschliche Beziehungen* (pp. 81-104). Göttingen: Hogrefe.

Kreppner, K., Paulsen, S. & Schütze, Y. (1982). Kindliche Entwicklung und Familienstruktur. *Zeitschrift für Pädagogik*, *28*, 221-244.

Krokoff, L.J., Gottman, J.M. & Haas, S.D. (1989). Validation of a rapid couples interaction scoring system. *Behavioral Assessment*, *11*, 65-79.

Kuhn, T.S. (1967). *Die Struktur wissenschaftlicher Revolutionen.* Frankfurt/Main: Suhrkamp.

Kurdek, L.A. (1991). Correlates of relationship satisfaction in cohabiting gay and lesbian couples: Integration of contextual, investment, and problem-solving models. *Journal of Personality and Social Psychology, 61*, 910-922.

Kurdek, L.A. (1992). Relationship stability and relationship satisfaction in cohabiting gay and lesbian couples: A prospective longitudinal test of the contextual and interdependence models. *Journal of Social and Personal Relationships, 9*, 125-142.

Kurdek, L.A. (1993). Predicting marital dissolution: A 5-year longitudinal study of newlywed couples. *Journal of Personality and Social Psychology, 64*, 221-241.

Kurdek, L.A. (1995). Lesbian and gay couples. In A.R. D'Augelli & C.J. Patterson (Eds), *Lesbian, gay, and bisexual identities over the life span* (pp. 243-261). Oxford: Oxford University Press.

Kurdek, L.A. (1998). Relationship outcomes and their predictors: Longitudinal evidence from heterosexual married, gay cohabiting, and lesbian cohabiting couples. *Journal of Marriage and the Family, 60*, 553-568.

Lacoursiere, R.B. (1980). *The life cycle of groups: Group developmental stage theory.* New York: Human Sciences Press.

Laireiter, A. (Hrsg.). (1993). *Soziales Netzwerk und soziale Unterstützung.* Bern: Huber.

Lamb, M.E., Thompson, R.A., Gardner, W.P., Charnov, E.L. & Estes, D. (1984). Security of infantile attachment as assessed in the "strange situation": Its study and biological interpretation. *Behavioral and Brain Sciences, 7*, 127-171.

Larson, R.W, Richards, M.H., Moneta, G., Holmbeck, G. & Duckett, E. (1996). Changes in adolescents' daily interactions with their families from ages 10 to 18: Disengagement and transformation. *Developmental Psychology, 32*, 744-754.

Leary, T. (1957). *Interpersonal diagnosis of personality.* New York: Ronald Press.

Lee, J.A. (1973). *The colors of love: An exploration of the ways of loving.* Don Mills, Ontario: New Press (1976: Englewood Cliffs, NJ: Prentice-Hall).

Leymann, H. (1993*). Mobbing - Psychoterror am Arbeitsplatz und wie man sich dagegen wehren kann.* Reinbek: Rowohlt.

Linneweber, V. (1990). Konflikte in nachbarlichen Beziehungen als Gegenstand sozial- und umweltpsychologischer Forschung. *Magazin Forschung der Universität des Saarlandes, 1*, 15-20.

Loeber, R. & Stouthamer-Loeber, M. (1986). Family factors as correlates and predictors of juvenile conduct problems and delinquency. In M. Tonry & N. Morris (Eds.), *Crime and Justice: An Annual Review of Research* (Vol.7, pp. 29-149). Chicago, IL: University of Chicago Press.

Lorenz, K. (1963). *Das sogenannte Böse.* Wien: Borotha-Schoeler.

Lykken, D. T. & Tellegen, A. (1993). Is human mating adventitious or the result of lawful choice? A twin study of mate selection. *Journal of Personality and Social Psychology, 65*, 56-68.

Lytton, H. (1990). Child and parent effects in boys' conduct disorder: A reinterpretation. *Developmental Psychology*, *26*, 683-697.

Lytton, H. & Romney, D.M. (1991). Parents' differential socialization of boys and girls: A meta-analysis. *Psychological Bulletin, 109*, 267-296.

Maccoby, E.E. & Martin, J.A. (1983). Socialization in the context of the family: Parent-child interaction. In P.H. Mussen (Ed.), *Handbook of child psychology*, (4th ed., Vol. 4, pp. 1-101). New York: Wiley.

MacFarlane, A. (1975). Olfaction in the development of social preferences in the human neonate. In CIBA Foundation Symposium No.33, *Parent-infant interaction* (pp. 103-113). Amsterdam, NL: Elsevier.

Magnus, K., Diener, E., Fujita, F. & Pavot, W. (1993). Extraversion and neuroticism as predictors of objective life events: A longitudinal analysis. *Journal of Personality and Social Psychology*, *65*, 1046-1053.

Main, M. (1995). Desorganisation im Bindungsverhalten. In G. Spangler & P. Zimmermann (Hrsg.), *Die Bindungstheorie. Grundlagen, Forschung und Anwendung* (pp. 120-140). Stuttgart: Klett-Cotta.

Main, M. & Solomon, J. (1986). Discovery of an insecure disorganized/disoriented attachment pattern: Procedures, findings, and implications for the classification of behavior. In T. B. Brazelton & M. Yogman (Eds.), *Affective development in infancy* (pp. 95-124). Norwood, NJ: Ablex.

Markus, H.R. & Kitayama, S. (1991). Culture and self: Implications for cognition, emotion, and motivation. *Psychological Review*, *98*, 224-253.

Markus, H. & Zajonc, R.B. (1985). The cognitive perspective in social psychology. In G. Lindzey & E. Aronson (Eds.), *The handbook of social psychology* (3rd ed.) (pp.137-230). New York: Random House.

Marx, W. & Laege, D. (1995). *Der ideologische Ring*. Göttingen: Hogrefe.

Mash, E.J. & Johnson, C. (1983). Sibling interactions of hyperactive and normal children and their relationship to reports of maternal stress and self-esteem. *Journal of Clinical Child Psychology*, *12*, 91-99.

Maslow, A.H. (1954). *Motivation and personality*. New York: Harper & Row.

Maslow, A.H. (1955). Deficiency motivation and growth motivation. In M.R. Jones (Ed.), *Nebraska Symposium on Motivation* (Vol. 3, pp. 1-30). Lincoln, NB: University of Nebraska Press.

McCall, G.J. (1988). The organizational life cycle of relationships. In S.W. Duck (1988) (Ed.). *Handbook of personal relationships* (pp. 467-484). New York: Wiley.

McCallister, L. & Fischer, C.S. (1983). A procedure for surveying personal networks. In R.S. Burt & M.J. Minor (Eds.), *Applied network analysis* (pp. 75-88). Beverly Hills, CA: Sage.

McCrae, R.R. (1996). Social consequences of experiential openness. *Psychological Bulletin*, *120*, 323-337.

McCrae, R.R. & Costa, P.T., Jr. (1989). The structure of interpersonal traits: Wiggins's circumplex and the five-factor model. *Journal of Personality and Social Psychology*, *56*, 586-595.

McGue, M. & Lykken, D.T. (1992). Genetic influence on risk of divorce. *Psychological Science*, *6*, 368-373.

Mead, G.H. (1934). *Mind, self, and society.* Chicago, IL: University of Chicago Press.

Meier, R.P. (1991). Language acquisition by deaf children. *American Scientist*, *79*, 60-70.

Melbeck, C. (1993) Nachbarschafts- und Bekanntschaftsbeziehungen. In A.E. Auhagen & M. von Salisch (Hrsg.), *Zwischenmenschliche Beziehungen* (pp.235-254). Göttingen: Hogrefe.

Meyer, H.J. (1987). Marital and mother-child relationships: The impact of developmental history, parental personality characteristics and child's difficulties. In R.A. Hinde & J. Stevenson-Hinde (Eds.), *Relations between relationships*. Oxford, UK: Oxford University Press.

Miegel, M. & Wahl, S. (1994). *Das Ende des Individualismus (2.Aufl.).* München: Verlag Bonn Aktuell.

Mikula, G. (1992). Austausch und Gerechtigkeit in Freundschaft, Partnerschaft und Ehe: Ein Überblick über den aktuellen Forschungsstand. *Psychologische Rundschau, 43*, 69-82.

Miles, R. H. (1980). *Macro organizational behavior.* Santa Monica, CA: Goodyear.

Miller, J.G. (1978). *Living systems.* New York: McGraw-Hill.

Minett, A., Vandell, D.L. & Santrock, J.W. (1983). The effects of sibling status on sibling interaction: Influence of birth order, age spacing, sex of child and sex of sibling. *Child Development*, *54*, 1064-1072.

Minuchin, P. (1985). Families and individual development: Provocations from the field of family therapy. *Child Development, 56*, 289-302.

Minuchin, S. (1977). *Familie und Familientherapie*. Freiburg: Lambertus.

Mitchell, S.A. (1988). *Relational concepts in psychoanalysis: An integration.* Cambridge, MA: Harvard University Press.
Moffitt, T.E. & Henry, B. (1991). Neuropsychological studies of juvenile delinquency and violence: A review. In J. Milner (Ed.), *The neuropsychology of aggression* (pp. 67-91). Norwell, MA: Kluwer Academic.
Mönkemeyer, K. & Nordhoff, I. (1990). *Ein platonisches Verhältnis: Freundschaft zwischen Männern und Frauen.* Reinbek: rororo.
Moskowitz, D.S. & Schwartzman, A.E. (1989). Painting group portraits: Studying life outcomes for aggressive and withdrawn children. *Journal of Personality, 57*, 723-746.
Mulvey, E.P. & Aber, M.S. (1988). Growing out of delinquency: Development and desistance. In R. Jenkins & W. Brown (Eds.), *The abandonment of delinquent behavior: Promoting the turn-around.* New York: Praeger.
Munn, P. & Dunn, J. (1989). Temperament and the developing relationship between siblings. *International Journal of Behavioural Development, 12*, 433-451.
Murdock, G.P. (1967). *Ethnographic atlas.* Pittsburgh, PA: University of Pittsburgh Press.
Murdock, G.P., Ford, C.S. & Hudson, A.E. (1971). *Outline of cultural materials* (5th ed.). New Haven, CT: Human Relations Area Files.
Murdock, G.P. & White, D. (1969). Standard cross-cultural sample. *Ethnology, 8*, 329-369.
Murphy, B.C. (1994). Difference and diversity: Gay and lesbian couples. In L.A. Kurdek (Ed.), *Social services for gay and lesbian couples* (5-31). New York: Harrington Park Press.
Murphy, S. T. & Zajonc, R. B. (1993). Affect, cognition, and awareness: Affective priming with optimal and suboptimal stimulus exposures. *Journal of Personality and Social Psychology, 64*, 723-739.
Nachmias, M., Gunnar, M., Mangelsdorf, S., Parritz, R.H. & Buss, K. (1996). Behavioral inhibition and stress reactivity: The moderating role of attachment security. *Child Development, 67*, 508-522.
Neuberger, O. (1993). Beziehungen zwischen Kolleg(inn)en. In A.E. Auhagen & M. von Salisch (Hrsg.), *Zwischenmenschliche Beziehungen* (pp. 257-278). Göttingen: Hogrefe.
Neuberger, O. (1995). *Mobbing. Übel mitspielen in Organisationen.* München: Rainer Hamp Verlag.
Newcomb, A.F. & Bagwell, C. (1995). Children's friendship relations: A meta-analytic review. *Psychological Bulletin, 117*, 306-347.
Newcomb, T.M. (1953). An approach to the study of communicative acts. *Psychological Review, 60*, 393-404.

Neyer, F.J. (1998). Zum Umgang mit dyadischen Daten: Neue Methoden für die Sozialpsychologie. *Zeitschrift für Sozialpsychologie, 29*, 291-306.

Neyer, F.J. (1999). Die Persönlichkeit junger Erwachsener in verschiedenen Lebensformen. *Kölner Zeitschrift für Soziologie und Sozialpsychologie, 51*, 491-508.

Neyer, FJ., Schäfer, M. & Asendorpf, J.B. (1998). Bindung, Gehemmtheit, soziale Netzwerke und die Entwicklung sozialer Beziehungen im Kindergarten. *Zeitschrift für Entwicklungspsychologie und Pädagogische Psychologie, 30*, 70-79.

Oatley, K. & Jenkins, J.M. (1996). *Understanding emotions*. Cambridge, MA: Blackwell.

Ollendick, T.H., Weist, M.D., Borden, M.G. & Greene, R.W. (1992). Sociometric status and academic, behavioral, and psychological adjustment: A five-year longitudinal study. *Journal of Consulting and Clinical Psychology, 60*, 80-87.

Olweus, D. (1993). Victimization by peers: Antecedents and long-term consequences. In K.H. Rubin & J.B. Asendorpf (Eds.), *Social withdrawal, inhibition, and shyness in childhood* (pp. 315-341). Hillsdale, NJ: Erlbaum.

Olweus, D. (1996). *Gewalt in der Schule: Was Lehrer und Eltern wissen sollten - und tun können*. Bern: Huber.

Oubaid, V. (1997). *Eifersucht aus evolutionspsychologischer Perspektive. Interindividuelle Differenzen und Zusammenhänge mit Personen-Merkmalen*. Aachen: Shaker-Verlag.

Owen, M., Easterbrooks, M., Chase-Lansdale, L. & Goldberg, W. (1984). The relationship between maternal employment status and the stability of attachment to mother and father. *Child Development, 55*, 1984-2001.

Owens, G., Crowell, J.A., Pan, H., Treboux, D., O'Connor, E. & Waters, E. (1995). Caregiving, cultural, and cognitive perspectives on secure-base behavior and working models. In E. Waters, B.E. Vaughn, G. Posada & K. Kondo-Ikemura (Eds.), *Monographs of the Society for Research in Child Development, 60, (Serial No. 244)*, 216-233.

Parker, J.G. & Asher, S.R. (1987). Peer relations and later personal adjustment: Are low-accepted children at risk? *Psychological Bulletin, 102*, 357-389.

Patterson, C.J. (1992). Children of lesbian and gay parents. *Child Development, 63*, 1025-1042.

Patterson, G.R. (1982). *Coercive family process*. Eugene, OR: Castalia.

Paulhus, D.L. & Martin, C.L. (1986). Predicting adult temperament from minor physical anomalies. *Journal of Personality and Social Psychology, 50*, 1235-1239.

Peplau, A.L. (1988). Research on homosexual couples: An overview. In J.D. De Cecco (Ed*), Gay relationships* (33-44). New York: Harrington Park Press.

Piaget, J. (1932). *The moral judgement of the child.* Glencoe: Free Press.

Pierce, G.R., Sarason, I.G. & Sarason, B.R. (1991). General and relationship-based perceptions of social support: Are two constructs better than one? *Journal of Personality and Social Psychology, 61*, 1028-1039.

Pike, A., McGuire, S., Hetherington, E.M., Reiss, D. & Plomin, R. (1996). Family environment and adolescent depressive symptoms and antisocial behavior: A multivariate genetic analysis. *Developmental Psychology, 32*, 590-603.

Plomin, R. (1994). The Emanuel Miller Memorial Lecture 1993: Genetic research and identification of environmental influences. *Journal of Child Psychology and Psychiatry, 35*, 817-834.

Pope, H. & Mueller, C.W. (1979). The intergenerational transmission of marital instability: Comparison by race and sex. In G. Levinger & O.C. Moles (Eds.) *Divorce and separation: Context, causes, and consequences* (pp. 99-113). New York: Basic Books.

Pryor, J.B. (1987). Sexual harrassment proclivities in men. *Sex Roles, 17*, 269-290.

Quinton, D. & Rutter, M. (1987). *Parenting breakdown: The making and breaking of intergenerational links.* Aldershot, UK: Gower.

Ramsey, E., Patterson, G.R. & Walker, H.M. (1990). Generalization of the antisocial trait from home to school settings. *Journal of Applied Developmental Psychology, 11*, 209-223.

Reis, H.T., Senchak, M. & Solomon, B. (1985). Sex differences in the intimacy of social interaction: Further examination of potential explanations. *Journal of Personality and Social Psychology, 48*, 1204-1217.

Reiss, D., Plomin, R., Hetherington, E.M., Howe, G., Rovine, M., Tryon, A. & Stanley, M. (1994). The separate worlds of teenage siblings: An introduction to the study of the nonshared environment and adolescent development. In E.M. Hetherington, D. Reiss & R. Plomin (Eds.), *Separate worlds of siblings* (pp. 63-109). Hillsdale, NJ: Erlbaum.

Rempel, J.K., Holmes, J.G. & Zanna, M.P. (1985). Trust in close relationships. *Journal of Personality and Social Psychology, 49*, 95-112.

Renken, B., Egeland, B., Marvinney, D., Mangelsdorf, S. & Sroufe, L.A. (1989). Early childhood antecedents of aggression and passive-withdrawal in early elementary school. *Journal of Personality, 57*, 257-281.

Revenson, T.A. & Johnson, J.L. (1984). Social and demographic correlates of loneliness in late life. *American Journal of Community Psychology, 12*, 71-85.

Roethlisberger, F. J. & Dickson, W. J. (1939). *Management and the worker*. Cambridge, MA: Harvard University Press.

Roff, M., Sells, B.B. & Golden, M.M. (1972). *Social adjustment and personality development*. Minneapolis, MI: University of Minneapolis Press.

Rogoff, B. (1990). *Apprenticeship in thinking: Cognitive development in social context*. Oxford, UK: Oxford University Press.

Rose, S. M. (1984). How frienships end: Patterns among young adults. *Journal of Social and Personal Relationships, 1*, 267-277.

Rosenbaum, M.E. (1986). The repulsion hypothesis: On the nondevelopment of relationships. *Journal of Personality and Social Psychology, 51*, 1156-1166.

Rosenstiel, L. von (1992). *Grundlagen der Organisationspsychologie*. Stuttgart: Schäffer Poeschel Verlag.

Rosenthal, R. (1984). *Meta-analytic procedures for social research*. Newbury Park, CA: Sage.

Ross, H.S., Conant, C., Cheyne, J.A. & Alevizos, E. (1992). Relationships and alliances in the social interactions of kibbutz toddlers. *Social Development, 1*, 1-17.

Ross, H.S. & Lollis, S.P. (1989). A social relations analysis of toddler peer relationships. *Child Development, 60*, 1082-1091.

Rossi, A. & Rossi, P. (1990). *On human bonding: Parent-child relationships across the life course*. Hawthorne, NY: Aldine & Gruyter.

Rowe, D.C. (1997). *Genetik und Sozialisation.* Weinheim: Psychologie Verlags Union.

Rubin, K.H. (1993). The Waterloo Longitudinal Project: Correlates and consequences of social withdrawal from childhood to adolescence. In K.H. Rubin & J.B. Asendorpf (Eds.), *Social withdrawal, inhibition, and shyness in childhood* (pp.291-314). Hillsdale, NJ: Erlbaum.

Rubin, K.H., Bukowski, W. & Parker, J.G. (1998). Peer interactions, relationships, and groups. In N. Eisenberg (Ed.), *Handbook of Child Psychology. Vol. 3: Social, emotional, and personality development* (5th ed., pp. 619-700). New York: Wiley.

Rubin, K.H., Chen, X., McDougall, P., Bowker, A. & McKinnon, J. (1995). The Waterloo Longitudinal Project: Predicting internalizing and externalizing problems in adolescence. *Development and Psychopathology, 7*, 751-764.

Rubin, K.H., LeMare, L.J. & Lollis, S. (1990). Social withdrawal in childhood: Developmental pathways to peer rejection. In S.R. Asher & J.D. Coie (Eds.), *Peer rejection in childhood* (pp. 217-249). Cambridge, UK: Cambridge University Press.

Rubin, K.H., Lynch, D., Coplan, R., Booth, C.L. & Rose-Krasnor, L. (1994). "Birds of a feather...": Behavioral concordances and preferential personal attraction in children. *Child Development, 65,* 1778-1785.

Rubin, K.H. & Mills, R.S.L. (1988). The many faces of social isolation in childhood. *Journal of Consulting and Clinical Psychology*, *56*, 916-924.

Rubin, Z. (1970). Measurement of romantic love. *Journal of Personality and Social Psychology*, *16,* 265-273.

Rusbult, C.E. (1980). Commitment and satisfaction in romantic associations: A test of the investment model. *Journal of Experimental Social Psychology, 16*, 172-186.

Rusbult, C.E. (1983). A longitudinal test of the investment model: The development (and deterioration) of satisfaction and commitment in heterosexual involvements. *Journal of Personality and Social Psychology, 45*, 101-117.

Rusbult, C.E. & Arriaga, X.B. (1997). Interdependence theory. In S. Duck (Ed.), *Handbook of Personal Relationships* (2nd ed.). Chichester: Wiley.

Rusbult, C.E., Martz, J.M. & Agnew, C.R. (1998). The Investment Model Scale: Measuring commitment level, satisfaction level, quality of alternatives, and investment size. *Personal Relationships, 5*, 357-391.

Russell, A. & Saebel, J. (1997). Mother-son, mother-daughter, father-son, and father-daughter: Are they distinct relationships? *Developmental Review*, *17*, 111-147.

Sagi, A. Lamb, M.E., Lewkowicz, K.S., Shoham, R., Dvir, R. & Estes, D. (1985). Security of infant-mother, -father, and -metapelet attachments among kibbutz-reared Israeli children. In I. Bretherton & E. Waters (Eds.), *Growing points of attachment theory and research* (pp. 257-275). *Monographs of the Society for Research in Child Development, 50*, (1-2, Serial No. 209).

Salisch, M. von (1993). Kind-Kind Beziehungen: Symmetrie und Asymmetrie unter Peers, Freunden und Geschwistern. In A.E. Auhagen & M. von Salisch (Hrg.), *Zwischenmenschliche Beziehungen* (S. 59-78). Göttingen: Hogrefe.

Sander, J. & Böcker, S. (1993). Die Deutsche Form der Relationship Assesment Scale (RAS): Eine kurze Skala zur Messung der Zufriedenheit in einer Partnerschaft. *Diagnostica*, *39*, 55-62.

Sandler, J. & Rosenblatt, B. (1962). The concept of the representational world. *Psychoanalytic Study of the Child, 17*, 128-145. (Dt. (1984). Der Begriff der Vorstellungswelt. *Psyche*, *38*, 235-253).

Saranson, B.R., Pierce, G.R. & Sarason, I.G. (1990). Social support: The sense of acceptance and the role of relationships. In B.R. Sarason, I.G. Sarason & G.R. Pierce (Eds), *Social support: An interactional view* (pp. 97-128). New York: Wiley.

Sarason, B.R., Sarason, I.G. & Pierce, G.R. (Eds.) (1990). *Social support: An interactional view*. New York: Wiley.

Schepank, H. (1996). *Zwillingsschicksale*. Stuttgart: Enke.

Schlemmer, E. (1991). Soziale Beziehungen junger Paare. In H. Bertram (Hrsg.), *Die Familie in Westdeutschland*. Opladen: Leske und Budrich.

Schmidt-Denter, U. (1988). *Soziale Entwicklung: Ein Lehrbuch über soziale Beziehungen im Laufe des menschlichen Lebens*. München: Psychologie Verlags Union.

Schneewind, K.A. (1999). *Familienpsychologie* (2. Aufl.). Stuttgart: Kohlhammer.

Schuster, B. (1997). Außenseiter in der Schule: Prävalenz von Viktimisierung und Zusammenhang mit sozialem Status. *Zeitschrift für Sozialpsychologie*, *28*, 251-264.

Schuster, B. (1999). Zu brav oder zu böse? Mobbing-Opfer und Abgelehnte im Prisoner's Dilemma-Paradigma. *Zeitschrift für Sozialpsychologie*, *30*, 179-193.

Schütze, Y. (1986). Der Verlauf der Geschwisterbeziehung während der ersten beiden Jahre. *Praxis der Kinderpsychologie und Kinderpsychiatrie*, *35*, 130-137.

Schütze, Y. (1993). Beziehungen zwischen erwachsenen Kindern und ihren Eltern. In A.E. Auhagen & M. von Salisch (Hrsg.), *Zwischenmenschliche Beziehungen* (pp. 105-118). Göttingen: Hogrefe.

Sedikides, C. Olsen, N. & Reis, H.T. (1993). Relationships as natural categories. *Journal of Personality and Social Psychology*, *64*, 71-82.

Seifer, R., Schiller, M., Sameroff, A.J., Resnick, S. & Riordan, K. (1996). Attachment, maternal sensitivity, and infant temperament during the first year of life. *Developmental Psychology, 31*, 12-25.

Selman, R.L. (1980). *The growth of interpersonal understanding: Developmental and clinical analyses*. New York: Academic Press.

Selman, R.L. & Schultz, L.H. (1990). *Making a friend in youth: Developmental theory and pair therapy*. Chicago, IL: University of Chicago Press.

Serbin, L.A., Powlishta, K.K. & Gulko, J. (1993). The development of sex typing in middle childhood. *Monographs of the Society for Research in Child Development*, *58* (2, Serial No. 232).

Shaver, P. R. & Brennan, K. A. (1992). Attachment styles and the "Big Five" personality traits: Their connections with each other and with romantic relationship outcomes. *Personality and Social Psychology Bulletin, 18*, 536-545.

Shaver, P. R., Collins, N. & Clark, C. L. (1996). Attachment styles and internal working models of self and relationship partners. In G. J. O.

Fletcher & J. Fitness (Eds.), *Knowledge structures in close relationships: A social psychological approach* (pp. 25-63). Mahwah, NJ: Erlbaum.

Shepher, J. (1983). *Incest: the biosocial view*. Cambridge, MA: Harvard University Press.

Sillars, A.L. (1981). Attributions and internal conflict resolution. In J.H. Harvey, W. Ickes & R. F. Kidd (Eds.), *New direction in attribution research* (Vol. 3, pp. 279-305). Hillsdale, NJ: Erlbaum.

Simon, F.B. & Stierlin, H. (1984). *Die Sprache der Familientherapie: Ein Vokabular*. Stuttgart: Klett-Cotta.

Simpson, J.A. (1990). Influence of attachment styles on romantic relationships. *Journal of Personality and Social Psychology*, *59*, 971-980.

Simpson, J.A. & Gangestad, S.W. (1991). Individual differences in sociosexuality: Evidence for convergent and discriminant validity. *Journal of Personality and Social Psychology, 60*, 870-883.

Simpson, J.A., Rholes, W.S. & Nelligan, J.S. (1992). Support seeking and support giving within couples in an anxiety-provoking situation: The role of attachment styles. *Journal of Personality and Social Psychology, 62*, 434-446.

Singh, D. (1993). Adaptive significance of female physical attractiveness: Role of the waist-to-hip-ratio. *Journal of Personality and Social Psychology, 65*, 293-307.

Snidman, N., Kagan, J., Riordan, L. & Shannon, D.C. (1995). Cardiac function and behavioral reactivity during infancy. *Psychophysiology, 32,* 199-207.

Spangler, G. (1995). Die Rolle kindlicher Verhaltensdispositionen für die Bindungsentwicklung. In G. Spangler & P. Zimmermann (Hrsg.), *Die Bindungstheorie* (pp. 178-190). Stuttgart: Klett-Cotta.

Spanier, G.B. (1976). Measuring dyadic adjustment: New scales for assessing the quality of marriage and similar dyads. *Journal of Marriage and the Family*, *38*, 15-28.

Spitznagel, A. (1986). *Sprechen und Schweigen: Zur Psychologie der Selbstenthüllung*. Bern: Huber.

Sroufe, L.A. (1983). Infant-caregiver attachments and patterns of adaptation in preschool. In M. Perlmutter (Ed.), *Minnesota Symposium on Child Psychology* (Vol. 16, pp. 41-83). Hillsdale, NJ: Erlbaum.

Sroufe, L.A. & Waters, E. (1977). Attachment as an organizational construct. *Child Development, 48*, 1184-199.

Stapf, K.H., Herrmann, T., Stapf, A. & Stäcker, K.H. (1972). *Psychologie des elterlichen Erziehungsstils*. Stuttgart: Klett.

Statistisches Bundesamt (1998). *Statistisches Jahrbuch für die Bundesrepublik Deutschland* (1998). Stuttgart: Metzler Poeschel.

Stern, D.N. (1985). *The interpersonal world of the infant: A view from psychoanalysis and developmental psychology*. New York: Basic Books.

Stevenson, M.B., Leavitt, L.A., Thompson, R.H. & Roach, M.A. (1988). A social relations model analysis of parent and child play. *Developmental Psychology*, *24*, 101-108.

Stinson, L. & Ickes, W. (1992). Empathic accuracy in the interactions of male friends versus male strangers. *Journal of Personality and Social Psychology*, *62*, 787-797.

Stocker, C. & Dunn, J. (1991). Sibling relationships in childhood: Links with friendships and peer relationships. *British Journal of Developmental Psychology*, *8*, 227-244.

Stoneman, Z. & Brody, G.H. (1993). Sibling temperaments, conflict, warmth, and role asymmetry. *Child Development*, *64*, 1786-1800.

Strack, F. (1988). Social Cognition: Sozialpsychologie innerhalb des Paradigmas der Informationsverarbeitung. *Psychologische Rundschau*, *39*, 72-82.

Suess, G., Grossmann, K.E. & Sroufe, L.A. (1992). Effects of infant attachment to mother and father on quality of adaptation in preschool. *International Journal of Behavioral Development*, *15*, 43-65.

Sullivan, H.S. (1953). *The interpersonal theory of psychiatry*. New York: Norton.

Sullivan, K. & Sullivan, A. (1980). Adolescent-parent separation. *Developmental Psychology*, *16*, 93-99.

Sulloway, F.J. (1997). *Der Rebell der Familie: Geschwisterrivalität, kreatives Denken und Geschichte*. Berlin: Siedler.

Szinovacz, M.E. (Ed.) (1998). *Handbook of grandparenthood*. Westport, CT: Greenwood Press.

Takahashi, K. (1990). Are the key assumptions of the "Strange Situation" procedure universal? A view from Japanese research. *Human Development*, *33*, 23-30.

Taylor, G.R. (1954). *Sex in history*. New York: Ballantine Books.

Tellegen, A. (1982). *Brief manual for the Multidimensional Personality Questionnaire*. Unpublished manuscript, Department of Psychology, University of Minnesota, Minneapolis.

Teti, D.M., Sakin, J.W., Kucera, E. & Eiden, R.D. (1996). And baby makes four: Predictors of attachment security among preschool-age firstborns during the transition to siblinghood. *Child Development*, *67*, 579-596.

Thibaut, J.W. & Kelley, H.H. (1959). *The social psychology of groups*. New York: Wiley.

Thomas, A. (1993). Psychologie interkulturellen Lernens und Handelns. In A. Thomas (Hrsg.), *Kulturvergleichende Psychologie* (S. 377-424). Göttingen: Hogrefe.

Thomas, A. & Chess, S. (1977). *Temperament and development*. New York: Brunner & Mazel. (Dt: *Temperament und Entwicklung*. Stuttgart: Enke, 1980).

Tinbergen, N. (1951). *The study of instinct*. London: Clarendon Press. (Dt. (1952): *Instinktlehre. Vergleichende Erforschung angeborenen Verhaltens*. Berlin: Parey).

Tizard, B. (1977). *Adoption: A second chance*. London: Open Books.

Tizard, B. & Hodges, J. (1978). The effect of early institutionalized rearing on the development of eight-year-old children. *Journal of Child Psychology and Psychiatry*, *19*, 99-118.

Tress, W. (Hrsg.) (1993). *SASB: Die strukturale Analyse sozialen Verhaltens*. Heidelberg: Asanger.

Triandis, H.C., Brislin, R. & Hui, C.H. (1988). Cross-cultural training across the individualism-collectivism divide. *International Journal of Intercultural Relations, 12*, 269-289.

Trivers, R.L. (1972). Parental investment and sexual selection. In B. Campbell (Ed.), *Sexual selection and the descent of man: 1871-1971* (pp. 136-179). Chicago, IL: Aldine-Atherton.

Trommsdorff, G. (1991). Sympathie und Partnerwahl: Enge Beziehungen aus interkultureller Sicht. In M. Amelang, H.J. Ahrens und H.W. Bierhoff (Hrsg.), *Partnerwahl und Partnerschaft* (pp. 185-219). Göttingen: Hogrefe.

Tronick, E.Z. (1989). Emotions and emotional communication in infants. *American Psychologist*, *44*, 112-119.

Tschann, J.M. (1988). Self-disclosure in adult friendship. *Journal of Social and Personal Relationships*, *5*, 65-82.

Tuckman, B.W. & Jensen, M.A. (1977). Stages of small group development revisited. *Group and Organizational Studies*, *2*, 419-427.

Uhlenberg, P. (1978). Changing configurations of the life course. In T.K. Hareven (Ed.), *Transitions: The family and the life course in historical perspective*. New York: Academic Press.

Valsiner, J. (1989). *Human development and culture*. Lexington, MA: Lexington Books.

van Aken, M.A.G. & Asendorpf, J.B. (1997). Support by parents, classmates, friends, and siblings in preadolescence: Covariation and compensation across relationships. *Journal of Social and Personal Relationships*, *14*, 79-93.

van den Boom, D.C. (1995). Do first-year intervention effects endure? Follow-up during toddlerhood of a sample of Dutch irritable infants. *Child Development, 66*, 1798-1816.
van IJzendoorn, M.H. (1995). Adult attachment representations, parental responsiveness, and infant attachment: A meta-analysis of the predictive validity of the Adult Attachment Interview. *Psychological Bulletin, 117*, 387-403.
van IJzendoorn, M.H. & Bakermans-Kranenburg, M.J. (1996). Attachment representations in mothers, fathers, adolescents, and clinical groups. A meta-analytic search for normative data. *Journal of Consulting and Clinical Psychology, 64*, 8-21.
van Tilburg, T. (1992). Support networks before and after retirement. *Journal of Social and Personal Relationships, 9*, 433-445.
Vanzetti, N. & Duck, S.W. (1996). *A lifetime of relationships.* Pacific Grove, CA: Brooks/Cole.
Vaughn, B., Egeland, B., Sroufe, L.A. & Waters, E. (1979). Individual differences in infant-mother attachment at twelve and eighteen months: Stability and change in families under stress. *Child Development, 50*, 971-975.
Vaughn, B., Stevenson-Hinde, J., Waters, E., Kotsaftis, A. Lefever, G. et al. (1992). Attachment security and temperament in infancy and early childhood: Some conceptual clarifications. *Developmental Psychology, 28*, 463-473.
Vygotski, L.S. (1978). *Mind in society: The development of higher psychological processes.* Cambridge, UK: Harvard University Press.
Walster, E., Berscheid, E. & Walster, G.W. (1973). New directions in equity research. *Journal of Personality and Social Psychology, 25*, 151-176.
Ward, M.J. & Carlson, E.A. (1995). Associations among adult attachment representations, maternal sensitivitiy, and infant-mother attachment in a sample of adolescent mothers. *Child Development, 66*, 69-79.
Ware, H. (1983). Female and male life-cycles. In C. Oppong (Ed.), *Female and male in West Africa* (pp. 6-31). London: Allen & Unwin.
Waters, E. (1978). The reliability and stability of individual differences in infant-mother attachment. *Child Development, 54*, 516-520.
Waters, E., Crowell, J., Treboux, D., Merrick, S. & Albersheim, L. (1995). *Attachment security from infancy to early adulthood: A 20-year longitudinal study.* Poster presented at the Biennial Meeting of the Society for Research in Child Development, Indianapolis, IN, USA.
Watzlawik, P., Weakland, J.H. & Fisch, R. (1974). *Lösungen.* Bern: Huber.
Weiss, B., Dodge, K.A., Bates, J.E. & Pettit, G.S. (1992). Some consequences of early harsh discipline: Child aggression and a

maladaptive social information processing style. *Child Development, 63*, 1321-1335.

Weiss, R.S. (1974). The provisions of social relationships. In Z. Rubin (Ed.), *Doing unto others*. Englewood-Cliffs, NJ: Prentice-Hall.

Weiss, R.S. (1986). Continuities and transformations in social relationships from childhood to adulthood. In W.W. Hartup & Z. Rubin (Eds.), *Relationships and development* (pp. 95-110). Hilldsdale, NJ: Erlbaum.

Wellman, B. (1979). The community question: The intimate networks of East Yorkers. *American Journal of Sociology, 84*, 1201-1231.

Wellman, B. & Wortley, S. (1990). Different strokes from different folks: Community ties and social support. *American Journal of Sociology, 96,* 558-588.

Wentzel, K.R. & Asher, S.R. (1995). The academic lives of neglected, rejected, popular, and controversial children. *Child Development, 66*, 754-763.

Westen, D. (1990). Psychoanalytic approaches to personality. In L.A. Pervin (Ed.), *Handbook of personality: Theory and research* (pp. 21-65). New York: Guilford Press.

Westen, D. (1991). Social cognition and object relations. *Psychological Bulletin, 109*, 429-455.

Wheeler, L., Reis, H. & Nezlek, J. (1983). Loneliness, social interaction, and sex differences. *Journal of Personality and Social Psychology, 45*, 943-954.

Wiggins, J.S. (1979). A psychological taxonomy of trait-descriptive terms: The interpersonal domain. *Journal of Personality and Social Psychology, 37*, 395-412.

Wiggins, J.S., Trapnell, P. & Phillips, N. (1988). Psychometric and geometric characteristics of the Revised Interpersonal Adjective Scales (IAS-R). *Multivariate Behavioral Research, 23*, 517-530.

Wilson, E.O. (1975). *Sociobiology: The new synthesis*. Cambridge, MA: Harvard University Press.

Winstead, B.A. (1986). Sex differences in same-sex friendship. In V.J. Derlega & B.A. Winstead (Eds.), *Friendship and social interaction*. New York: Springer.

Wright, P. H. (1982). Men's frienships, women's friendships and the alleged inferiority of the latter. *Sex Roles, 8,* 1-20.

Younger, A.J. & Boyko, K.A. (1987). Aggression and withdrawal as social schemas underlying children's peer perceptions. *Child Development, 58*, 1094-1100.

Younger, A., Gentile, C. & Burgess, K. (1993). Children's perceptions of social withdrawal: Changes across age. In K.H. Rubin & J.B. Asendorpf

(Eds.), *Social withdrawal, inhibition, and shyness in childhood* (pp. 215-235). Hillsdale, NJ: Erlbaum.

Youniss, J. (1980). *Parents and peers in social development.* Chicago, IL: University of Chicago Press.

Youniss, J. (1983). Social construction of adolescence by adolescents and parents. In H.D. Grotevant & C.R. Cooper (Eds.), *Adolescent development in the family* (pp. 93-110). San Francisco, CA: Jossey Bass.

Ziegler, A. & Volz, A. (1998). Geruchsbeeinflußte Partnerwahl, MHC und Fertilität. *Bioforum, 5*, 284-291.

Ziegler, R. (1987). Netzwerkanalyse: Metapher, Methode oder strukturales Forschungsprogramm für die Sozialwissenschaften? *Zeitschrift für Klinische Psychologie, 16*, 339-352.

Zimmermann, P. (1995). Bindungsentwicklung von der frühen Kindheit bis zum Jugendalter und ihre Bedeutung für den Umgang mit Freundschaftsbeziehungen. In G. Spangler & P. Zimmermann (Hrsg.), *Die Bindungstheorie* (pp. 203-231). Stuttgart: Klett-Cotta.

Zimmermann, P., Spangler, G., Schieche, M. & Becker-Stoll, F. (1995). Bindung im Lebenslauf: Determinanten, Kontinuität, Konsequenzen und künftige Perspektiven. In G. Spangler & P. Zimmermann (Hrsg.), *Die Bindungstheorie* (pp. 311-332). Stuttgart: Klett-Cotta.

Namenverzeichnis

Sachverzeichnis

Anzeigen